Halima

Halima Bashir *mit*
Damien Lewis

Halima
Tränen der Wüste

Aus dem Englischen von
Michaela Grabinger

Weltbild

Die englische Originalausgabe erschien 2008 unter dem Titel
Tears of the Desert bei Hodder & Stoughton, London.

Besuchen Sie uns im Internet:
www.weltbild.de

Genehmigte Lizenzausgabe für Verlagsgruppe Weltbild GmbH,
Steinerne Furt, 86167 Augsburg

Ein Unternehmen der Droemerschen Verlagsanstalt
Th. Knaur Nachf. GmbH & Co. KG, München
Übersetzung: Michaela Grabinger
Umschlaggestaltung: GROW communications, Augsburg
Umschlagmotiv: gettyimages, München // Corbis, Düsseldorf
Gesamtherstellung: CPI Moravia Books s.r.o., Pohorelice
Printed in the EU
ISBN 978-3-8289-9518-5

2012 2011 2010 2009
Die letzte Jahreszahl gibt die aktuelle Lizenzausgabe an.

Für Mo und Raz.
Und für meinen geliebten Vater.
Ruhe in Frieden.

HALIMA BASHIR, LONDON 2008

Inhalt

Dritter Teil: Feuerwüste
187

Vierter Teil: Wüste ohne Wiederkehr
341

»Einen Sklaven lässt man am besten
von einem Sklaven töten.«
SUDANESISCHES SPRICHWORT

LIBYEN
Eshborra
Sarafaya
Adré
Geneina
Millebeeda
Terchana
Hashaba
Goungor
Borota
Misterei
Mornei
Arara
Habila
Dureysa
Adé
Modoyna
Mororo
N
W
O
S
TSCHAD
SUDAN
Khartoum
Ausschnitt Hauptkarte
Libysche Wüste
SUDAN
Nord-Darfur
Nördl. Kurdufan
TSCHAD
Karnol
Zaghawa
Aish Barra
Kutum
West-Darfur
Zeeyadiya
Kawahla
Mazroub
Bani
Korma
Masa
Abéché
Heglig
Hashaba
Kabkabiya
El Fasher
Nuba
Adré
Geneina
Husein
Tina
Burunge
Berti
Bani Fadl
Nouri
Langya
Jebel Marra
Derzeitiges Krisengebiet siehe Detailkarte
Zalingel
Fur
Hamar
Deleig
Kas
Zawiyah
Arwalla
Garsila
Bergid
Westl. Kurdufan
Shattay
Nyala
Haskanit
Buranga
Bani
Mugjir
Hashabah
Halba
Duraysah
Haraza
Süd-Darfur
TSCHAD
Angata
Tullus
Rizeigat
Humr
Haraza
Taaisha
Habbaniya
Baggara
ZENTRAL-AFRIKANISCHE REPUBLIK
Fertit
Dinka
0
150 km
Bahr al Ghazal

Vorwort

Dies ist eine wahre Geschichte. Sie umfasst die Zeit zwischen meinem Geburtsjahr, 1979, und der Gegenwart.

Der Sudan, der größte Staat Afrikas, befindet sich seit Jahrzehnten im Kriegszustand. Zahlreiche Konflikte drohen das von Sklaverei, Stammeskämpfen, Religionskriegen sowie von Übergriffen durch ausländische Mächte gequälte Land zu zerreißen.

Seit einigen Jahren stehen sich der Süden und der Norden des Landes kriegerisch gegenüber. Das im Norden, von Khartoum aus herrschende Regime versuchte, im Süden eine arabistische, islamistische Politik durchzusetzen – dort, wo größtenteils moderat moslemische, christliche und animistisch orientierte Schwarzafrikaner leben. Die Stämme im Süden schlossen sich zur »Rebellengruppe« Sudanesische Volksbefreiungsarmee (SPLA – Sudan People's Liberation Army) zusammen, um Widerstand zu leisten und um ihr Überleben zu erkämpfen.

Nach jahrzehntelangem entsetzlichem Blutvergießen rangen sich der Norden und der Süden im Jahr 2004 zu einem Friedensabkommen durch. Die im Westen Sudans gelegene Region Darfur wurde jedoch in diesen Friedensschluss bedauerlicherweise nicht miteinbezogen. Darfur ist ein 500 000 km² großes, von Halbwüste geprägtes Gebiet; die Region weist annähernd die Fläche Frankreichs auf. Im Jahr 2003 entstand dort die Sudanesische Befreiungsarmee (SLA – Sudan Liberation Army), eine von zahlreichen Rebellengruppen, die in Darfur zu den Waffen griffen. Wie die Bevölkerung des gesamten Südens bestehen auch die Gruppen der Aufständischen zum größten Teil aus Schwarzafrikanern. Sie kämpfen gegen die vernichtende Herrschaft des

Regimes in Khartoum. Darfur wurde durch die Kämpfe besonders stark verwüstet. Hunderttausende Menschen wurden getötet, Millionen landeten in Flüchtlingslagern.

Durch das Verfassen dieses Buches habe ich meine Familie und mich selbst einem großen Risiko ausgesetzt, weil ich darin in meiner Heimat begangene Kriegsverbrechen beschreibe und die Mächte benenne, die für diese Greueltaten verantwortlich sind. Ich weiß nicht, welche Angehörigen meiner Familie – seien es meine Eltern und Geschwister oder weiter entfernte Verwandte – noch am Leben sind, und ich weiß auch nicht, wo sie sich befinden. Sollten sie überlebt haben, halten sie sich vielleicht irgendwo in Darfur auf oder sind im ganzen Sudan verstreut; oder aber sie hausen in Flüchtlingslagern im Tschad. Zum Schutz derjenigen, die vielleicht noch leben, habe ich die Personen- und Ortsnamen in diesem Buch verändert. Es geschah, um die Sicherheit von Verwandten, Freunden und ganzen Gemeinwesen zu gewährleisten; hätte ich es nicht getan, würde die Reaktion auf meine freimütigen Äußerungen für diese Menschen sehr gefährlich werden.

Abgesehen davon gibt es in meinem Stamm, dem Stamm der Zaghawa, und überhaupt in Darfur eine ungeschriebene Verhaltensregel, die besagt, dass Frauen, die eine Vergewaltigung erlitten haben oder denen irgendeine andere »Schande« zugefügt wurde, das Erlittene nicht öffentlich machen bzw. öffentlich darüber reden dürfen. Wer es dennoch tut, bringt dem allgemeinen Verständnis nach sogar noch mehr Schande über sich selbst, über die Familie und den gesamten Stamm. Zum Glück beginnen sowohl Zaghawa-Frauen als auch andere Frauen in Darfur allmählich das Schweigen zu brechen, auch wenn alte Traditionen und Regeln schwer zu überwinden sind. Vor allem in den Flüchtlingslagern, in denen bis zum heutigen Tag Hunderttausende grauenhaft missbrauchter Frauen leben, sprechen mehr und mehr Darfuri-Frauen über das, was ihnen angetan wurde.

Ich war nicht gewillt, mir von der Angst um die Sicherheit meiner Familie den Mund verschließen zu lassen oder aufgrund eines kulturell bzw. religiös bedingten »Schamgefühls« Selbstzensur auszuüben. Ich lasse mir kein Schweigen auferlegen. Dieses Buch wurde geschrieben, um der Welt meine Geschichte zu erzählen. Aber die Gefahr besteht fort – sowohl für mich als auch für meine Verwandten, sofern sie noch leben. Bis vor kurzem drohte mir selbst noch vonseiten der britischen Behörden die Abschiebung in den Sudan, da die Anträge auf Asyl in Großbritannien, die ich als politisch verfolgter Flüchtling gestellt hatte, wiederholt abgelehnt worden waren. Deshalb habe ich meine eigene Identität und die meiner Familienangehörigen so gut wie möglich verschleiert und das Buch unter einem Pseudonym geschrieben. Und auch das Umschlagfoto zeigt nicht mich, sondern eine anonyme junge Frau meines Landes. Ich denke, meine Leser werden dies verstehen.

Halima Bashir, im Mai 2008

ERSTER TEIL

Kind der Wüste

1. KAPITEL

Die Namensgebung

Komm, mein Liebling,
Ich singe dir ein Lied.
Komm, mein Liebling,
Ich schenk dir einen Traum …

Flüsternd singe ich meinem Kind, meinem winzigen Sohn, dieses Lied und wiege ihn in meinen Armen in den Schlaf. Draußen vor dem Fenster unserer verliesartigen Londoner Wohnung dröhnt der Straßenverkehr, aber hier sind wir beide in Sicherheit, dieses schläfrige kleine Wunder, das ich mit verzweifelter Freude an mich drücke, und ich. Und während ich singe, führen mich meine Gedanken nach Hause, in mein geliebtes Afrika.

Komm, mein Liebling,
Ich geb dir einen Kuss.
Komm, mein Liebling …

Dieses Wiegenlied hat meine liebe, sanfte Mutter mir immer vorgesungen, abends am Feuer. Meine kämpferische Großmutter Sumah sang es, wenn sie sich in der warmen afrikanischen Nacht ein bisschen Ruhe gönnte und ihre sonst oft verborgene Liebe anklingen ließ. Und mein wunderbarer, lustiger, kluger Vater flüsterte es mir ins Ohr, während er mich auf dem Schoß wiegte und mir übers Haar strich.

Komm, mein Liebling,
Dies Lächeln ist für dich …

Ich singe das Lied und bin wieder in Afrika, umgeben von der Liebe, von der Wärme und Geborgenheit meiner Familie. Ich singe das Lied und bin wieder bei meinem Stamm, den Zaghawa, einem kühnen schwarzafrikanischen Kriegervolk, dessen Angehörige die großzügigsten und zugänglichsten Menschen sind, wenn es gilt, einen Fremden mit offenen Armen bei sich aufzunehmen. Bin wieder in der heißen, herben, trockenen Wüstenluft meines Dorfes, ein verdrecktes, glückliches Kind, und alles in meinem Leben ist wundersam und gut.

Ich bin in meiner Heimat, bei meiner Familie, bei meinem Volk, in meinem Dorf, in Darfur.

Darfur. Ich weiß, dass dieses Wort für Sie mit Blut und Leid getränkt ist. Der Name beschwört grauenhafte Bilder von entsetzlichsten Schrecknissen und endlos Bösem herauf – Schmerz und Grausamkeit in einem für den Großteil der zivilisierten Welt völlig unvorstellbaren Ausmaß. Aber für mich war und ist Darfur etwas ganz anderes: meine Heimat, unergründliche, durch nichts zu ersetzende Beglückung.

Komm, mein Liebling,
Deine Heimat ist hier …

Ich singe dieses Lied für meinen kleinen Sohn, der noch kein Jahr alt ist, und denke zurück an das Wunder seiner Geburt – denn diese Geburt gab mir die Kraft und den Willen, weiterzuleben. Ohne dich, sage ich seinen glänzenden, müden Augen, hätte ich mich vor Scham und vor Entsetzen über all das Geschehene umgebracht. Dann wäre das Dunkel über mir zusammengeschlagen und hätte mich in die tiefste Tiefe gezogen.

Wir Zaghawa sind ein hitziges Kriegervolk, und der Tod – ein gewaltsamer, blutiger, selbstbestimmter Tod – gilt als weit besser denn Schande und Ehrlosigkeit. Das war schon immer so bei den Menschen meines Stammes.

Komm, mein Liebling,
Umarmen will ich dich …

»Weißt du, was Vergewaltigung heißt?« Das Gesicht ist eine Maske des Hasses – die Augen so dicht an meinen, dass ich seinen stinkenden Soldatenatem rieche. »Du meinst wohl, nur weil du Ärztin bist, weißt du, was eine Vergewaltigung ist!«

Ein zweiter Soldat stürzt sich auf mich, drückt mich zu Boden. »Wir zeigen dir mal, wie das ist, du schwarzer Hund, du …«

»Du glaubst, du könntest mit den Ausländern über Vergewaltigung reden!«, brüllt ein dritter. »Du hast ja keine Ahnung! Aber im Vergewaltigen sind wir die besten Lehrmeister!«

»Und wenn wir mit dir fertig sind, lassen wir dich vielleicht sogar am Leben«, faucht der erste. »Dann kannst du endlich losziehen und es der Welt erzählen …«

Ich versuche die Erinnerungen zu verdrängen, aber manchmal schaffe ich es nicht, und dann umzingeln sie mich immer dichter, dunkel und bedrängend, faulig und böse. Ich sehe ihre Gesichter noch vor mir, als wäre es erst gestern gewesen. Blutunterlaufene Augen, funkelnd vor Hass und Lust. Grau melierte Stoppeln. Mundgeruch, der Gestank von tagealtem Schweiß und ungewaschenen Uniformen. Eine Klinge blitzt auf, einer versucht, mir die Hose vom Leib zu schneiden. Ich trete mit aller Kraft nach ihm, ziele zwischen seine Beine. Er schreit vor Schmerz auf, fängt sich wieder und sticht mir das Messer in den Schenkel. Die Qual dieses Messerstichs und das volle Gewicht eines Menschen auf meinen gefesselten Händen.

Komm, mein Liebling,
Hier hast du ein Leben …

Ich presse meinen kleinen Sohn an mein angstvoll pochendes Herz. Du, du hast mir das Leben wiedergeschenkt, den Willen, durchzuhalten, die Kraft, weiterzumachen. Und für dich – und für die zahllosen Frauen und Kinder, die das Grauen nicht überlebten – werde ich mich jetzt, während du friedlich schläfst, an den Schreibtisch in unserem winzigen möblierten Zimmer setzen und meine Geschichte aufschreiben.

Komm, mein Liebling,
Ich erzähle dir eine Geschichte …

Ich heiße Halima. Das ist ein wichtiger Name, Sie müssen ihn sich gut merken. Wichtig ist er, weil mein Vater ihn mir sieben Tage nach meiner Geburt bei einer Namenszeremonie gab, an der das ganze Dorf teilnahm. Mein Vater erwies sich dabei gewissermaßen als Hellseher, denn der Name, den er mir schenkte, bezeichnet genau, wer und was ich dann tatsächlich wurde.

Ich war das erste Kind meines Vaters und sein Liebling. Das sagen alle Kinder, ich weiß, aber die Beziehung zwischen meinem Vater und mir war besonders eng. In meinen ersten fünf Lebensjahren wuchs ich als Einzelkind auf. Ich sehnte mich nach einem Bruder oder einer Schwester, wollte jemanden zum Spielen haben. Gleichzeitig war mir bewusst, dass ich meine Eltern mit einem Geschwisterchen würde teilen müssen, und das war das Allerletzte, wonach mir der Sinn stand.

Wenn mein Vater zu Hause war, saß ich immer bei ihm und lauschte seinen Geschichten. Er erzählte mir die Sagen unseres Stammes, der Zaghawa, oder erklärte mir die Abstammungslinie unserer Familie, die auf eine lange Reihe von Stammeshäuptlingen zurückblicken konnte. Oder er berichtete von seiner Arbeit, dem Handel mit Rindern, Ziegen und Kamelen, und von seinen Reisen durch die Wüsten und Berge Darfurs.

Eines Tages, ich war noch sehr klein, lagen wir auf Teppichen bei der Feuerstelle in der Mitte unseres Gehöfts. In jeder Ecke unseres umzäunten Grundstücks stand eine strohgedeckte runde Lehmhütte: eine für die Frauen, eine für die Männer, eine für meine Eltern und eine für Gäste. Und in der Mitte befand sich ein strohgedecktes, an allen Seiten offenes Häuschen. Dort kamen wir abends immer zusammen, lagerten uns um die Kochstelle, sahen zu den glitzernden Sternen hinauf, redeten und lachten.

Mein Vater spielte ein Spiel mit mir. Es ähnelt dem »Das ist der Daumen, der schüttelt die Pflaumen«-Spiel, das die Menschen im Westen mit ihren Kindern spielen. Er nahm meine linke Hand und beschrieb mit dem Finger einen Kreis auf der Innenfläche.

»Da wohnt das Kamel«, sagte er, den Blick auf meine Augen gerichtet. Dann strich er kreisförmig über meinen Unterarm: »Da wohnt die Kuh.« Und ein Stück höher: »Da wohnt das Schaf ...« Wir hatten dieses Spiel natürlich schon oft gespielt, und ich wusste, was als Nächstes kam. Lachend versuchte ich, meinen Arm seinem Griff zu entwinden und wegzulaufen.

»Da wohnt das Huhn ...«, fuhr er fort und zeichnete mir einen Hühnerstall auf den Oberarm. Und während ich mich zusammenkrümmte, fuhr er mit der Hand in meine Achselhöhle. »Und wer wohnt da?«

Er kitzelte mich, ich versuchte ihn abzuwehren, und wir kugelten uns vor Lachen. Als wir genug von dem Spiel hatten, legten wir uns wieder auf die Teppiche und blickten gedankenverloren in den schwarzen Nachthimmel.

»Du bist mein kleines Lieblingsmädchen«, flüsterte mein Vater und strich mir übers Haar. »Du hast unserer Familie so viel Glück gebracht.«

»Aber warum habe ich so viel Glück, abba?«, fragte ich ihn. »Abba« ist das Wort für »Papa« in der Sprache der Zaghawa. Ich war damals in dem Alter, in dem ein Kind ständig Warum-Fragen stellt.

Da erzählte mir mein Vater von der Zeremonie anlässlich meiner Namensgebung. In unserem Stamm muss jedes Kind spätestens sieben Tage nach der Geburt einen Namen bekommen. Meine Eltern waren so stolz auf ihre Erstgeborene, dass sie das ganze Dorf zu dieser Feier einluden. Mein Vater war ein vergleichsweise wohlhabender Mann in unserem Dorf, denn er besaß viele Rinder, Schafe und Ziegen sowie Dutzende wertvoller Kamele. Er schlachtete mehrere Tiere und bereitete ein großes Festmahl vor.

Meine Mutter musste sich noch von der Entbindung erholen – vierzig Tage lang, wie es unserer Tradition entsprach. Deshalb trommelte meine furchteinflößende Großmutter Sumah ein paar Frauen aus dem Dorf zusammen, die ihr beim Kochen helfen sollten. Auf den Platten türmten sich *kissra*, dünne Hirsefladen, die über offenem Feuer auf einer Metallscheibe gebacken werden. Die Kessel flossen fast über von *acidah*, einem dickflüssigen Maisbrei, und die Schüsseln waren gefüllt mit frischem Salat, angemacht mit Sesamöl und Zitronensaft. Und dazu gab es Unmengen von geräuchertem Rind- und Ziegenfleisch und scharf gewürzte Saucen.

Am Morgen meiner Namensgebung kamen die Leute und brachten Lebensmittel oder kleine Geschenke mit. Die Frauen hatten ihre *topes* angelegt, lange Gewänder aus dünnem Chiffon in allen Farben des Regenbogens. Die Muster mit den leuchtendsten Farben trugen die nicht verheirateten Mädchen: Feuerrot, Hellorange und Knallrosa. Aber auch die Männer sahen großartig aus in ihren weißen Gewändern, die den Körper von Kopf bis Fuß locker umhüllten, und ihren weißen gebundenen Turbanen, den *immahs*.

»Du warst in der Hütte«, erzählte mein Vater. »Ein winziger Säugling im Arm seiner Mutter. Die Leute strömten hinein, um dich anzusehen. Aber Großmutter Sumah war auch da, und du weißt ja, wie sie ist … Sie hatte dein Gesicht bedeckt. ›Dürfen wir bitte das Gesicht anschauen?‹, wurde immer wieder gefragt. Aber deine Großmutter sah die Leute nur finster an und zischte ihnen zu, das Kind müsse vor dem bösen Blick geschützt werden.«

Der böse Blick ist ein Fluch, an den alle Zaghawa – und viele andere Moslems – aus tiefstem Herzen glauben. Während meine Mutter sich ausruhte, sorgte Großmutter Sumah für mich, und sie war sehr, sehr abergläubisch. Sie duldete es nicht, dass ich genau betrachtet wurde – es hätte mich ja einer in schlimmer Absicht mit dem bösen Blick treffen können.

»›Wie schön sie ist – welchen Namen habt ihr für sie ausgesucht?‹, fragten die Leute. Doch deine Großmutter brummte daraufhin nur noch missmutiger und verweigerte selbst die kleinste Andeutung.«

Mein Vater hatte strikte Verhaltensanweisungen ausgegeben. Er war nicht bereit, meinen Namen zu verraten, bevor eine ganz bestimmte Person eingetroffen war – die Medizinfrau unseres Dorfes. Als sie da war, führte mein Vater sie in das Häuschen in der Mitte unseres Gehöfts. »Ich nenne mein erstgeborenes Kind Halima – nach *dir*«, teilte er ihr mit. Dann brachte er die Medizinfrau in die Hütte, damit sie mich segnen konnte.

»Aber warum hast du mich nach ihr benannt, abba?«, fragte ich meinen Vater. Denn in unserem Stamm erhalten die Kinder traditionell die Namen ihrer Großeltern. Ich hatte mich schon immer gefragt, woher mein Name kam.

»Ach, das ist eine lange Geschichte«, erwiderte mein Vater, und seine Augen erstrahlten im warmen Feuerschein. »Und du musst bald schlafen gehen …«

Ich wusste, dass er mich nur neckte, und bettelte darum, dass er die Geschichte erzählte, und nach einiger Zeit ließ er sich, wie immer, erweichen.

»Zuerst wollte ich dir den Namen deiner Großmutter Sumah geben, aber sie erlaubte es nicht …«, berichtete mein Vater augenrollend, und ich musste kichern. Wir wussten ja beide, wie Großmutter war: Wenn es sich irgendwie machen ließ, verweigerte sie ihre Zustimmung zu allem. »Doch dann fiel mir ein, dass ich als junger Mann einmal ein Versprechen gegeben hatte. Ich hatte eines Tages auf dem Kamel reitend Vieh zusammengetrieben, als das Tier in einem trockenen Flussbett stolperte und hinfiel. Ein paar Dorfbewohner fanden mich bewusstlos und waren überzeugt, dass ich im Sterben lag …«

»Aber du bist doch nicht gestorben, abba!«, protestierte ich. »Du bist doch nicht gestorben, oder?«

Mein Vater lachte leise in sich hinein. »Na ja, jedenfalls schafften sie es nicht, mich aufzuwecken. Kein Kraut und keine Arznei vermochte irgendeine Regung bei mir hervorzubringen. Da schnitten sie mich hier auf.« Er legte eine dicke weiße Narbe frei, die sich rings um seinen Hals zog. »Sie wollten, dass ich blute, damit die Infektion entwich, aber es klappte nicht. Nicht einmal die hijabs der Fakire halfen …«

Ich staunte. *Hijabs* sind mächtige Zaubergebete, die von den heiligen Männern des Dorfes – den *Fakiren* – ersonnen wurden, um Menschen zu schützen und zu heilen. Wir sind von ihrer Wirkmacht absolut überzeugt. Wenn selbst sie nichts hatten ausrichten können, musste mein Vater sehr krank gewesen sein.

»Es sah ganz danach aus, dass ich entschlossen war zu sterben«, fuhr mein Vater fort. »Da brachten sie mich zu Halima, der Medizinfrau. Monatelang behandelte und pflegte sie mich, bis es mir wieder gut ging. Sie hat mir das Leben gerettet, da bin ich mir ganz sicher. Jedenfalls versprach ich ihr, eines meiner Kinder nach ihr zu nennen. Deshalb heißt du Halima.«

Ich freute mich, endlich erfahren zu haben, wie es bei meiner Namensgebung zugegangen war. Die Medizinfrau war eine gütige alte Dame, die uns oft besuchen kam. Dann rief sie mich immer mit den Worten zu sich: »Komm, komm her, kleines Mädchen, das meinen Namen trägt!«, umarmte mich und tätschelte mir den Kopf. Ich hatte immer angenommen, sie fände es einfach schön, dass wir denselben Namen hatten – jetzt wusste ich, was das für sie, für meinen Vater und für mich selbst in Wahrheit bedeutete.

»Aber warum habe ich deswegen *Glück?*«, hakte ich nach. Diesen Teil der Geschichte hatte er mir immer noch nicht erzählt.

Mein Vater lachte auf, und seine Augen funkelten wie glühende Kohlen. »Du vergisst aber auch wirklich nichts, Rathebe!«

»Rathebe« – diesen Spitznamen hatte mir mein Vater gegeben. In einer der großen Städte hatte er einmal das Foto der berühmten Sängerin Dolly Rathebe gesehen. Sie hatte widerspenstiges, wuscheliges Haar wie ich und war eine temperamentvolle, feurige Künstlerin. Sie lebte in einem Land namens Südafrika und sang vom Leid der Schwarzafrikaner unter der Herrschaft von Menschen, die sich für etwas Besseres als wir hielten. Aus irgendeinem Grund glaubte mein Vater, dass ich einmal genau wie sie sein würde.

»An dem Tag, an dem du deinen Namen bekamst, wurde die alte Halima in die Hütte geführt«, erzählte mein Vater weiter. »Weil sie der Ehrengast war, erlaubte Großmutter ihr, dein Gesicht zu betrachten. Sie beugte sich tief hinunter, um dich zu küssen, und ihr Blick fiel auf deine weiße Wimper. Sie war zwar alt, aber ihren scharfen kleinen Augen entging nichts. Sie rief mich in die Hütte, zeigte mir, was sie entdeckt hatte, und erklärte, eine weiße Wimper sei ein ganz besonderes Himmelsgeschenk und bedeute, dass du der ganzen Familie Glück bringen würdest. Und so kam es auch ...«

Ich hob die Hand an mein Auge und berührte meine Wimper. Seit ich dazu verständig genug gewesen war, hatten meine Eltern mich darauf hingewiesen, dass meine weiße Wimper etwas Wertvolles sei und ich sie nie abschneiden dürfe. Bei den Zaghawa gilt eine weiße Wimper traditionell als Glückszeichen. Mein Vater behauptete steif und fest, der Erfolg beim Viehhandel habe sich für ihn erst in meinem Geburtsjahr eingestellt. Er hatte sich damals sogar einen alten Landrover zulegen können – das erste Kraftfahrzeug in unserem Dorf.

Der Landrover war ein altes, khakigrünes Ding, das mehr oder weniger von Schnüren und Drähten zusammengehalten wurde. Doch wir sahen in ihm eine wundersame Erscheinung aus der modernen Welt. Als ich schon etwas älter war, wollten wir meinen Vater dazu bringen, ihn zu verkaufen und einen schöneren, neueren zu erstehen, doch er weigerte sich. Für ihn waren zu viele Erinnerungen damit verbunden, die, so befürchtete er, zusammen mit dem Wagen verschwinden würden.

Mein Vater hieß Abdu, aber im Dorf wurde er von allen *Okiramaj* genannt; das bedeutet »der Mann, der viele Kamele besitzt«. Das Wort hat aber noch eine andere Bedeutung: »der, der alles vermag.« Denn ein Mann, der viele Kamele besitzt, ist reich und kann vieles bewerkstelligen. Er war groß und von dunkler Hautfarbe und hatte ein längliches, ovales Gesicht und einen dichten, glänzenden Schnurrbart. Für mich war er der schönste Mann der Welt. An seinen Schläfen zogen sich jeweils zwei vertikale Schmucknarben entlang. Die Schnitte hatte man ihm schon als kleiner Junge beigebracht, um ihn als Angehörigen des Zaghawa-Stamms auszuweisen. Außerdem glaubte man, dass durch diese beiden Schnitte Augeninfektionen verhindert würden, weshalb sie »Brillenschnitte« genannt wurden.

Wer diese Narben nicht hatte, wurde von den Leuten gefragt: »Warum hast du keine Brille? Siehst du trotzdem gut?«

Je mehr Schnitte ein Junge ertrug, umso mehr sahen die Leute in ihm den künftigen tapferen Kämpfer und Krieger; Hals und Brust mancher Zaghawa-Männer waren narbenübersät. Nicht so bei meinem Vater. Er entstammte einer langen Reihe von Stammesführern, und eine gute Ausbildung und händlerisches Geschick galten in seiner Familie viel. Er war mehr der Denker, der Dorfphilosoph. Er ließ sich nicht leicht provozieren und konnte schnell verzeihen, und in all den Jahren hat er kein einziges Mal die Hand gegen mich erhoben.

Mein Vater trug, kurz unterhalb der Schulter an den Arm geschnallt, einen traditionellen Zaghawa-Dolch. Der Dolch hatte einen Griff aus Holz, einen silbernen Knauf und eine Scheide aus Leder, die mit Schlangenhaut und schönen geometrischen Mustern verziert war. Alle Zaghawa-Männer hatten einen solchen Dolch; er zeigte, dass sie, sollte es nötig werden, zum Kampf bereit waren. Um die Hüfte hatte er sich eine Schnur mit *hijabs* geschlungen – kleine, von den *Fakiren* hergestellte Lederbeutel. Jeder Beutel enthielt eine auf einen Zettel geschriebene und eingenähte Zauberformel.

Bei seiner Hochzeit mit Bokheta, meiner Mutter, war mein Vater Mitte dreißig gewesen. Seine Frau war erst achtzehn und eine wirkliche Schönheit. Eines Tages sah er sie durchs Dorf gehen und verliebte sich auf den ersten Blick in sie. Er ging zu Großmutter Sumah und bat sie um die Hand ihrer Tochter. Meine Großmutter lebte schon lange von ihrem Mann getrennt; hinter ihr und ihren Kindern lagen harte Zeiten. Mein Vater war wohlhabend, und meine Großmutter wusste, dass er ein guter Mensch war. Sie glaubte, dass er ihrer ältesten Tochter ein vorzüglicher Ehemann sein würde, und stimmte der Verbindung bereitwillig zu.

Mein Vater und ich lagen beim Feuer und unterhielten uns bis spät in die Nacht hinein. Er erklärte mir, wie außergewöhnlich der Tag meiner Namensgebung dann noch geworden war, ganz abgesehen von der Entdeckung meiner weißen Wimper. Am Tor unseres Gehöfts war damals nämlich ein alter Mann auf einem Kamel erschienen. Obwohl ihn keiner kannte, wurde er hereingebeten, denn es entspricht unseren Sitten, Besucher willkommen zu heißen. Doch kaum hatte er meine Mutter und Großmutter Sumah erblickt, bekam er einen Wutanfall.

Er war der schon seit langem von seiner Frau getrennt lebende Ehemann von Großmutter Sumah. Viele Tagesritte hindurch hatte er nach ihr gesucht. Die Zaghawa gliedern sich in drei Clans – die Towhir, die Coube und die Bidayat. Meine Großmutter und mein Großvater entstammten verschiedenen Clans. Nach der Flucht vor ihrem Mann war meine Großmutter ins Kerngebiet ihres Clans, der Coube, zurückgekehrt. Mein Großvater dagegen lebte im weit davon entfernten Gebiet der Bidayat und hatte sie all die Jahre hindurch nicht aufzuspüren vermocht.

Dann waren ihm Berichte über ein schönes junges Coube-Mädchen aus Hadurah, unserem Dorf, zu Ohren gekommen. Er hatte erfahren, dass sie kurz vor der Heirat mit einem reichen und gutaussehenden Mann aus dem Clan der Towhir stand, machte die Nachnamen ausfindig, gelangte zu der Überzeugung, dass seine Ehefrau etwas damit zu tun hatte, und ritt auf seinem Kamel los, um herauszufinden, ob er seine verloren geglaubte Familie wiederentdeckt hatte. Bei seiner Ankunft bestätigte sich sein Verdacht, und er musste erkennen, dass seine älteste Tochter bereits verheiratet war. Wütend zückte er seinen Dolch und stürzte sich auf meinen Vater.

»Du hast es gewagt, meine Tochter zu heiraten!«, schrie er. »Wer hat dir die Erlaubnis dazu gegeben? Ich jedenfalls nicht, und ich bin ihr Vater!«

Bevor mein Vater etwas erwidern konnte, sprang Großmutter Sumah auf und zog einen Dolch aus dem Gewand. Den Frauen der Zaghawa ist es nicht erlaubt, eine solche Waffe mit sich zu tragen, deshalb starrten sie alle völlig verblüfft an. Fünfzehn Jahre lang hatte meine Großmutter ihren Mann nicht mehr gesehen, aber sie erkannte ihn auf den ersten Blick.

»Komm bloß nicht näher!«, brüllte sie, das Gesicht zu einer wilden Grimasse verzerrt. »Lass mich und meine Kinder in Ruhe!«

Es versteht sich von selbst, dass diese Einmischung nicht viel brachte. Und als mein Großvater sah, dass es mich gab und das Festmahl allein aus Anlass meiner Namensgebung stattfand, machte das die Sache nicht besser. Schlimm genug, dass er von seiner Frau verlassen und seine älteste Tochter ohne seine Einwilligung verheiratet worden war – nun hatte diese Tochter obendrein bereits ein Kind zur Welt gebracht. Mein Großvater forderte, mich in sein Dorf mitnehmen zu dürfen. Sollte mein Vater die Zustimmung verweigern, werde er einen ewig währenden Fluch über dessen Ehe aussprechen.

Weil in der Tradition der Zaghawa ein Mann einem anderen Mann nichts Schlimmeres antun kann, als ihm die Ehre zu rauben, war meinem Vater klar, dass er die Angelegenheit mit Bedacht regeln musste. Er rief die Dorfältesten zusammen – Männer im Alter meines Großvaters und sogar noch betagtere – und versuchte ihn mit ihrer Hilfe zu beschwichtigen. Sie versicherten ihm, dass es zwar allen leidtue, dass es aber nun einmal geschehen sei: Meine Eltern waren miteinander verheiratet, das Kind war auf der Welt, und es hatte an ebendiesem Vormittag seinen Namen bekommen.

Mein Vater ließ die Ältesten mit meinem Großvater allein und kehrte mit einem Kissenbezug voller Geld zurück. Er überreichte ihn meinem Großvater mit den Worten, dies sei eine Anzahlung auf die Mitgift, die er für die Verheiratung mit der Tochter zahlen werde. Besser spät als nie, muss sich Großvater in diesem Moment gedacht haben, denn seine Stimmung hellte sich schlagartig auf.

Mein Vater schlachtete noch eine Kuh und teilte allen mit, dass nunmehr dreierlei gefeiert werde: erstens meine Namensgebung, zweitens die Entdeckung meiner weißen Wimper und drittens die Zusammenführung einer seit langem auseinandergerissenen Familie. Einzig meine Großmutter zeigte sich mit dieser Wende der Ereignisse nicht sonderlich zufrieden und weigerte sich, auch nur ein Wort mit meinem Großvater zu wechseln. Sie stand nur da, starrte ihn grimmig an, griff immer wieder nach ihrem Messer und prüfte die Schärfe der Klinge.

Mein Großvater war ein, zwei Tage lang geblieben, ehe er sich auf den Heimweg machte. Meiner Großmutter teilte er mit, jetzt, da er wisse, wo sie lebe und dass sie glücklich sei, könne er beruhigt in sein Dorf zurückkehren. Meine Großmutter aber fuchtelte ihm trotzdem mit dem Dolch vor dem Gesicht herum und fuhr ihn an, er solle sich davonmachen.

Die Flucht meiner Großmutter vor meinem Großvater, das sei eine ganz außergewöhnliche Geschichte, fügte mein Vater noch hinzu. Nachdem sie ihm erzählt worden sei, habe er den aufbrausenden Charakter meiner Großmutter besser verstanden. Aber diese Geschichte wolle er sich für ein andermal aufheben. Alle anderen hatten sich zum Schlafen in ihre Hütten zurückgezogen, und es war Zeit, es ihnen gleichzutun.

Mein Vater wuschelte mir den müden Kopf. »So, jetzt weißt du, wie du zu deinem Namen gekommen bist. Und vielleicht wirst du ja einmal Heilerin, so wie Halima, die Medizinfrau unseres Dorfes.«

Ohne es zu wissen, hatte mein Vater damit die Zukunft vorhergesagt.

2. KAPITEL

Großmutters Marsch ins Verlorene Tal

Mein Vater ging oft schon frühmorgens und kümmerte sich den ganzen Tag lang draußen auf den Feldern um sein Vieh. Beim Frühstück – wir aßen *acidah* – ging mir die Geschichte von meinem Großvater und meiner Großmutter nicht mehr aus dem Kopf. Was, fragte ich mich, hatte er ihr angetan, dass sie ihn verließ?

Ich warf einen verstohlenen Blick zur qualmenden Feuerstelle hinüber. Großmutter rührte, grimmig in den riesigen schwarzen Kochtopf starrend, den *acidah*-Brei, bis er genau die richtige Konsistenz hatte. Einen Augenblick lang spielte ich mit dem Gedanken, sie zu fragen, was damals passiert war, aber ich besann mich sofort eines Besseren. Schließlich kannte ich meine Großmutter von zahllosen Standpauken und Schlimmerem her. Tief in ihrer Brust schlug zwar ein goldenes Herz, aber nach außen gab sie sich stets streng und furchteinflößend.

Ich nannte meine Großmutter »abu«, was in der Sprache der Zaghawa »Großmutter« bedeutet. Sie war groß und kräftig, und ihr rundliches Gesicht umgab geflochtenes Haar. Die Zaghawa-Frauen flochten ihr Haar immer dicht am Kopf, wobei eine Reihe parallel zur Stirn verlief und die restlichen Reihen zum Hinterkopf hin geflochten waren, von wo sie dann am Nacken herabhingen. Meine Großmutter hatte je zwei tiefe diagonale Schmucknarben an den Schläfen, und ihre linke Gesichtshälfte war übersät mit winzigen Schnittnarben. Jeder Stamm hatte seine eigenen, unverwechselbaren Narben, und ihre entsprachen der Tradition des Coube-Clans.

Wir vom Volk der Zaghawa finden, dass Schmucknarben eine Frau verschönern. Eines Tages hatte meine Großmutter mir erzählt, dass ihre Mutter und ihre Großmutter stundenlang an ihr herumgeschnitten hatten, als sie noch ein ganz kleines Mädchen war. Die beiden Schnitte an den Schläfen waren mit einer Rasierklinge entstanden, die winzigen oberflächlichen Schnitte in der Wange dagegen mit einem scharfen Steinsplitter. Sie gefielen mir sehr, und ich konnte es kaum erwarten, selbst Narben zu bekommen, sobald ich das entsprechende Alter hatte.

Meine Großmutter trug gern bunte *topes* in allen Farbnuancen, ganz so, als wäre sie noch immer jung und unverheiratet. Sie war zwar schon über vierzig Jahre alt, aber nach wie vor eine schöne, majestätische Frau und zu schwerer körperlicher Arbeit fähig. Sie trug goldene Ohrringe, Armreifen und Halsketten, die mit leuchtend roten Edelsteinen besetzt waren. Einige dieser Schmuckstücke hatte sie von ihren Vorfahren geerbt. Darfur ist reich an Gold, vor allem wenn man tief in den Bergen danach sucht.

Ich wagte es nicht, meine Großmutter zu fragen, warum sie ihren Mann verlassen hatte. Stattdessen beschloss ich, meiner Mutter zu Leibe zu rücken und ihr die Geschichte abzuringen. Meine wunderschöne Mutter galt in unserer Familie als leicht beeinflussbar. Sie hatte genau dieselben Schmucknarben wie meine Großmutter; wer sie zusammen sah, erkannte schon an den Narben, dass sie eng miteinander verwandt waren. Jede Familie hat andere, in Ausführung und Form jeweils typische Narben.

Meine Mutter war kleiner als meine Großmutter und ein bisschen füllig – genau so, wie die Zaghawa-Männer ihre Frauen gern hatten. Vor der Hochzeit soll die Braut *damirgha* essen – eine Grütze aus Hartweizen, Milch und Joghurt –, um am Hochzeitstag schön dick zu sein. Nach der Entbindung muss jede Mutter vierzig Tage lang im Bett liegen und *damirgha* essen. Der Grund ist wiederum, dass sie dick bleiben und das Kind mit viel Milch versorgen können soll.

Meine Großmutter, hieß es immer, werde nie dick. Sie sei zu »hitzig«, zu stürmisch, sagten die Leute, dadurch verbrenne alles, was sie esse. Meine Großmutter beklagte sich sogar selbst darüber. »Du wirst nie dünn sein wie ich«, knurrte sie meine Mutter an. »Du hast ein viel zu leichtes und behagliches Leben.« Ich selbst beschloss, wie meine Mutter zu werden: mollig genug, um als schön zu gelten, aber ohne dadurch körperlich eingeschränkt zu sein.

Ich ging also zu meiner Mutter, um sie zu fragen, warum meine Großmutter ihren Mann verlassen hatte. Ich wusste genau, wo ich sie finden würde. Sie hatte kurz zuvor ein Kind zur Welt gebracht, das aber während der sehr lange dauernden Geburt gestorben war. Das war nichts Ungewöhnliches in unserem Teil Afrikas: Wie in den meisten Dörfern in Darfur gab es auch bei uns keine ausgebildete Hebamme, keinen Arzt, keine Krankenschwester. Kaum war der winzige Säugling begraben, vergaß man ihn auch schon. Aber meine Mutter musste sich ja noch vierzig Tage lang ausruhen.

In ihrer Hütte war es kühl und dunkel, und meine Augen mussten sich erst an die Düsterkeit gewöhnen. Ich tastete mich an der glatten Lehmwand entlang zu dem niedrigen Bett meiner Mutter vor, das aus einem schlichten, mit einem Liegegitter aus altem Sackleinen versehenen Holzrahmen bestand. Diese Betten wogen nicht viel und waren leicht zu tragen. In der heißen Jahreszeit zogen wir sie immer nach draußen und schliefen im milden Wind unter den Sternen.

Ich schüttelte meine Mutter sanft. Sie schlug die Augen auf. Sie hatte nur gedöst. Lächelnd sagte sie: »Was ist denn, Rathebe?«

Ich hockte mich auf die Bettkante. »Warum ist Großmutter immer so böse, *eya?*« – »Eya« ist bei den Zaghawa das Wort für »Mama«. »Immer macht sie ein missmutiges Gesicht.«

Meine Mutter seufzte. »Was ist denn jetzt schon wieder los mit ihr?«

»Nichts. Aber sie sieht immer so aus, als ob sie wütend wäre. Und du musst hier drin bleiben, und Papa ist weg, und ich bin die ganze Zeit allein mit ihr ...«

»Sie hatte ein schweres Leben, Rathebe, viele Jahre lang war sie ganz allein. Sie ist kein schlechter Mensch. Im Grunde hat sie ein gutes Herz.«

»Alle *sagen* immer, dass sie ein schweres Leben hatte, aber nie erklärt mir einer, warum. Wenn ich es wüsste, könnte ich wenigstens Mitleid mit ihr haben. Es hat mit dem zu tun, was zwischen ihr und Großvater passiert ist, nicht wahr?«

Meine Mutter zuckte resigniert mit den Achseln. »Na gut, irgendwann musst du es ja erfahren.« Sie zog mich zu sich und senkte die Stimme, damit meine Großmutter sie nicht hören konnte, falls sie in der Nähe war. »Nach ihrer Hochzeit zogen deine Großeltern weit, weit weg in das Dorf deines Großvaters. Viele Jahre lang waren sie glücklich, aber eines Tages entdeckte deine Großmutter, dass ihr Mann sich eine zweite Ehefrau genommen hatte. Er war in ein entferntes Dorf geritten und hatte dort eine jüngere Frau geheiratet. Alle sagen, er tat es deshalb so weit weg, damit er die zweite Frau vor Großmutter geheim halten konnte.«

Ich lächelte in mich hinein. Da hatte mein Großvater wahrlich recht getan. Niemand bei klarem Verstand hätte es riskiert, meine Großmutter zu reizen.

»Sofort nachdem deine Großmutter davon erfahren hatte, beschloss sie, ihn zu verlassen. Seinen Eltern sagte sie, sie wolle ihr Heimatdorf besuchen. Mit nichts als den Kleidern, die sie am Leib trug, packte sie mich und meine beiden Brüder und machte sich auf den Weg. Dein Großvater ist ein reicher Mann, aber sie ließ alles dort, als sie fortging. Dann kehrte sie noch einmal zurück, um meine kleine Schwester, deine Tante Makka, zu holen. Sie schnallte sich den Säugling auf den Rücken und wollte gerade losziehen, da wurde sie von den Verwandten ihres Mannes aufgehalten …«

»Warum? Was haben sie denn gemacht?«, unterbrach ich meine Mutter mit vor Neugier geweiteten Augen.

»Sie beschuldigten deine Großmutter, die Kinder wegzaubern zu wollen. Es kam zu einem heftigen Streit, und schließlich wurde Großmutter gezwungen, die kleine Makka zurückzulassen. Die Verwandten deines Großvaters bemerkten schnell, dass ihr Verdacht berechtigt gewesen und deine Großmutter für immer fortgegangen war. Das machte sie unglaublich wütend. Sie beschlossen, das Baby im Haus zu behalten, und bewachten es Tag und Nacht, denn sie glaubten, dass deine Großmutter zurückkommen und die kleine Makka holen würde, und dann wollten sie sie schnappen. Aber deine Großmutter war viel zu schlau …«

»Was hat sie stattdessen getan?«, rief ich.

»Schschsch! Leise … Vier Jahre nach ihrer Flucht kehrte deine Großmutter verkleidet in das Dorf zurück. Sie ging zu den Nachbarn, gab ihnen Gold und bat sie, Makka zum Spielen mit der Tochter des Hauses einzuladen. Dann legte sie die Verkleidung ab, und deine Tante erkannte ihre Mama. Sie zauberte Makka weg und mahnte die Nachbarn, kein Sterbenswörtchen zu verraten.«

Ich schüttelte erstaunt den Kopf. »Puh, dann war Großmutter also schon damals knallhart …«

Meine Mutter nickte. »Sie ist schon so auf die Welt gekommen. Als die Mutter deines Großvaters Makka holen kam, war das Mädchen nirgends zu finden. Sie suchte überall, bis ihr endlich klar wurde, dass die Kleine weg war. Da wusste sie, dass deine Großmutter sich ihre Tochter heimlich geholt hatte. Einen Monat lang weinte sie ohne Unterlass … Sie hatte ihre Schwiegertochter und alle ihre Enkelkinder verloren.«

Mein Großvater war ein reicher Mann; meine Großmutter hätte mit ihm zusammen ein sehr angenehmes Leben führen können. Bei den Zaghawa ist es ganz normal, dass ein Mann sich mehrere Frauen nimmt. Aber meiner Großmutter ging es gegen den Strich, dass *ihr* Mann es tat, noch dazu heimlich. Sie war die Tochter eines Häuptlings, in ihren Adern floss königliches Blut. Eine solche Respektlosigkeit konnte sie nicht hinnehmen. Sie war gezwungen, ihre vier Kinder allein großzuziehen. Alle vier lernten nur das Nötigste, weil sie sich das Schulgeld nicht leisten konnte.

»Deine Großmutter hat recht getan«, fügte meine Mutter hinzu. »Es war richtig, wegzugehen – und lass dir nie von irgendwem das Gegenteil einreden! Sie hat es für uns getan, für unsere Familienehre.«

Meine Großmutter hatte meinem Vater auch deshalb die Einwilligung zur Eheschließung mit meiner Mutter gegeben, weil sein Vater immer nur eine Frau gehabt hatte. Er war ein relativ wohlhabender Mann und hätte viele Frauen haben können. Doch seine Frau hatte zu ihm gesagt: »Ich werde dir so viele Kinder schenken, wie du willst. Ich kann jedes Jahr eines auf die Welt bringen. Aber nur, wenn du dir keine zweite Frau nimmst.« Und sie hatte Wort gehalten: Mein Vater hatte vier Brüder und acht Schwestern – insgesamt waren es also dreizehn Kinder.

Der Vater meiner Großmutter hatte im Gegensatz dazu neun Frauen gehabt. Seine Familie wurde so groß, dass er sich die Namen seiner Kinder nicht mehr merken konnte. Meine Großmutter musste sich in einer Schlange aus Halbbrüdern und Halbschwestern anstellen, wenn sie mit ihm sprechen wollte. Dann stellte er jedem Kind dieselbe Frage: »Wer ist deine Mutter?« Nur so konnte er das jeweilige Kind zuordnen.

Lachend bemerkte meine Großmutter oft, ihr Vater habe »ganze Arbeit geleistet«: »Eine Armee hätte er aufstellen können – allein mit seinen Kindern!«, prahlte sie. Aber ich glaube, sie machte nur gute Miene zum bösen Spiel. Ihre Flucht vor meinem Großvater bewies, was sie von Männern hielt, die sich mehrere Frauen nahmen.

Nach der Hochzeit meiner Eltern hatte mein Vater ein neues Anwesen – ein *baa* – gebaut. Es bestand aus vier runden Lehmhütten, jede mit einem Pfahl in der Mitte, der die Balken und das grasgedeckte Dach stützte. Neben diesem Mittelpfahl befand sich die Feuerstelle. Es gab eine Hütte für meine Eltern und eine Frauenhütte, in der meine Großmutter und ich schliefen. Gegenüber standen die Männer- und die Gästehütte.

Im hinteren Teil des Gehöfts stand ein Hühnerstall. Nichts tat ich lieber, als Hühnereier zu suchen. Der Stall hatte zwei Ebenen. Unten befand sich die Stange für die Hennen, und oben an den Sparren hingen Holzkästen für die Tauben. Die meisten Zaghawa-Familien halten sich Tauben; sie dienen als Geschenk bei Hochzeiten und Geburten. Den Taubenkot sammelte meine Großmutter immer auf und vermengte die getrocknete, pulvrige Masse mit Öl zu einer Paste. Die strich sie uns auf die Haut, wenn wir an einer Allergie litten, und meist brachte sie tatsächlich Linderung.

Unser ganzes *baa* – die Hütten, der Wohnbereich in der Mitte und der Hühnerstall – war von einem Zaun aus Ästen umgeben, die man in den Boden getrieben hatte. Dieser Zaun war so hoch, dass ich nicht darübersehen konnte. Erwachsene dagegen konnten gerade so eben zu uns hineinlugen und im Vorbeigehen grüßen. Als ich etwas älter war, erfuhr ich, dass der Zaun vorwiegend der Verteidigung diente, da in unserer Region ständig Konflikte drohten.

Als ich noch klein und ohne Geschwister war, fühlte ich mich nie einsam, denn ich spielte immer mit den Dorfkindern. Tag für Tag war ich draußen und sprang lachend mit ihnen herum. Abends war ich dann wieder bei meiner Familie und lauschte den Geschichten meines Vaters. Im Hintergrund muhte und blökte das Vieh, die Hunde bellten, und die Kamele »unterhielten« sich miteinander. Und manchmal hörte ich tief aus dem Wald Tierlaute – das Brüllen des Leoparden, des *hjar*, oder das gespenstische Geheul einer Hyäne, das mir kalte Schauder über den Rücken jagte.

Wenn es Zeit war, ins Bett zu gehen, musste ich bei meiner Großmutter schlafen, denn ein alter Mensch durfte nie allein gelassen werden. Doch wenn mein Vater draußen auf den Feldern war, schlich ich mich in die Hütte meiner Mutter. Tagsüber nahm sich meine Mutter immer die Zeit, meinem Vater ein besonderes Gericht zu kochen, das wir witzelnd »das Bettbein« nannten. Normalerweise war das ein würziger Eintopf mit Hühnerfleisch, der dem Mann angeblich besonders viel Energie gab, damit er schöne, kräftige Kinder zeugen konnte.

Dieser Eintopf wurde jeden Abend an den Bettpfosten gestellt – daher der Spitzname. Ich lag in meinem kleinen Bett und tat, als würde ich schlafen, linste aber immer wieder zu der Tonschüssel mit dem »Bettbein« hinüber und sog den köstlichen, würzigen Duft ein, der die reglose Luft in der Hütte erfüllte. Wenn es dann irgendwann so spät geworden war, dass mein Vater bestimmt nicht mehr heimkommen würde, reichte meine Mutter mir die Schüssel herüber, und ich musste so tun, als wüsste ich nicht, was es war.

Meine Mutter wollte mir weismachen, es wäre ein Rest vom Mittagessen, und ich solle das Gericht leise verspeisen. Ich hob den Deckel und sah es mir an. In der kalten Jahreszeit brannte immer ein Feuer in der Mitte der Hütte, damit wir es warm hatten. Ich hielt die Schüssel in den Feuerschein, damit ich etwas sehen konnte, während ich aß. In der heißen Jahreszeit schlief ich immer draußen und hatte Licht vom schwachen Schein der Sterne. Der Genuss des »Bettbeins« war ein ausgezeichneter Grund dafür, in der Hütte meiner Mutter zu schlafen.

Wenn mein Vater von seinen Arbeitsfahrten zurückkehrte, brachte er meiner Großmutter immer etwas mit – meistens ein Stück Fleisch vom Dorfmarkt. Meine Großmutter aß nie zusammen mit meinem Vater oder mit irgendwelchen anderen Männern. Aber sie bereitete ihm oft einen besonderen Leckerbissen aus Anlass seiner Rückkehr zu: gekochtes und anschließend in schwimmendem Öl gebackenes Hühnchen oder über dem Feuer geräuchertes Lammfleisch. Wenn ich meine Großmutter dabei ertappte, dass sie etwas für ihn machte, bettelte ich darum, es doch mir zu geben. Dann sah sie mich böse an und erklärte, das sei kein Essen für ein faules, nichtsnutziges Mädchen, sondern ein Gericht für einen ganz besonderen Menschen – meinen Vater.

Meine beste Freundin im Dorf hieß Kadiga. Sie wohnte nebenan und war genauso alt wie ich. Wir trugen einfache Sachen – ein schlichtes Baumwollkleid, das ganz gerade von den Schultern zu den Fußknöcheln fiel –, und ständig liefen wir barfuß und ohne Kopfbedeckung herum. Unser Haar war genauso geflochten wie das meiner Großmutter; diese Frisur nannten wir *beeri*. Meine Großmutter wollte mir immer das Haar flechten, aber ich ließ das lieber meine Mutter machen. Sie ging viel sanfter vor, und die von ihr geflochtenen Zöpfe erschienen mir wesentlich hübscher.

Am besten gefiel mir die *gumbhor*-Frisur der Fur, eines schwarzafrikanischen Volks, dessen Gebiet an das der Zaghawa grenzt. Die Fur-Mädchen hatten ihre Zöpfchen zu einem starren Pferdeschwanz zusammengebunden. Doch meine Großmutter erklärte mir, alle Zaghawa-Mädchen müssten die *beeri*-Frisur tragen.

Die Haartracht der Fur bezeichnete sie verächtlich als etwas für *nasarra* – für Ausländer. Die allerverwerflichste Frisur aber war, meiner Großmutter zufolge, der »Bob Marley« – eine Masse loser Zöpfchen.

Immer wenn Kadiga kam und mich fragte, ob ich mit ihr spielen wolle, befahl uns meine Großmutter, unseren Kopf zu bedecken, sonst würde uns der böse Blick treffen. Doch meistens sausten wir davon, ohne auf ihre Worte zu achten. Kadiga war stark, eine gute Kämpferin. Bei Raufereien mit den anderen Dorfkindern standen wir beide Rücken an Rücken. Ihr Spitzname war Sundha, »die Dame mit dem fröhlichen Gesicht«. Sie hatte eine eher rötlich goldene Hautfarbe, während meine schwarzgrau war, und die Leute sagten, dass sie die Schönere von uns beiden sei.

Die Männer unseres Stammes bevorzugten hellere Frauen mit eher rötlicher Haut. Überhaupt waren sie ganz verrückt nach allem Roten. Die Lederscheiden ihrer Dolche färbten sie hellrot. Das Fleisch musste in einer würzigen Tomatensauce gekocht sein. Sie tranken sogar, wann immer es ging, Fanta, nur weil es rot war. Und jeder heiratete in Rot. Die Braut trug einen roten *tope*, ein rotes Kopftuch, rote Schuhe, mit roten Edelsteinen besetzten Schmuck, und Hände und Füße waren mit rotem Henna bemalt.

Aber ich sagte mir immer, dass meine schwarze Haut besser sei: Die Sonne konnte ihr nichts anhaben, und schließlich war dies die ursprüngliche Farbe von uns Afrikanern. Ich war viel robuster und besser an das Leben in unserer Heimat angepasst als Kadiga. Manchmal neckte ich sie mit der Bemerkung, sie sehe wie eine Araberin aus, und riet ihr, sie solle ihre Haut mit schwarzer Farbe bemalen. Dann entgegnete Kadiga, schwarze Mädchen wie ich müssten Unmengen von Schminke verwenden, um hübsch auszusehen, während sie mit ihrer hellen Haut auf natürliche Weise schön sei.

Am allermeisten aber schätzten die Zaghawa-Männer langes Haar bei Frauen. Meine Großmutter hatte das längste Haar, das ich je bei einer Frau gesehen hatte, aber sie zeigte es kaum. Eines Tages erzählte sie mir voller Stolz, dass drei Frauen fünf Tage gebraucht hätten, um ihre Hochzeitsfrisur zu machen. Meine Mutter hatte die langen Strähnen meiner Großmutter geerbt, aber mein Haar war so buschig und widerspenstig wie das meines Vaters. Kadiga hatte natürlich wunderschönes langes Haar, das zu ihrer hellen Haut passte. Manchmal stürzte ich mich auf sie, packte ein dickes Büschel und drohte ihr damit, es abzuschneiden.

Einmal pro Woche ging meine Großmutter mit mir in den Wald, um Feuerholz zu sammeln. Ich fragte dann immer, ob Kadiga mitdürfe, damit ich jemanden zum Spielen hatte. Unser Dorf lag inmitten einer trockenen Hochebene, und außer Dornenbüschen und stacheligen Akazien gab es keine Bäume. Die Flussbetten führten nur in der Regenzeit Wasser, und unser Trinkwasser kam aus einem Brunnen in der Dorfmitte. Aber zwei Stunden Fußmarsch entfernt stieß man auf die Ausläufer des *Djebel Marra* – des einen Berges –, eines Bergmassivs mit felsigen Gipfeln, dicht bewaldet und von wilden Tieren bevölkert. Zwei Stunden Fußweg war für uns ein Katzensprung; meine Großmutter hatte uns ganz bewusst daran gewöhnt, solche Strecken zu Fuß zurückzulegen.

Eines Tages hörte meine Großmutter von einer Stelle, an der es Feuerholz in Hülle und Fülle gab. Erst wenige Leute waren dort gewesen, denn die Stelle lag weit weg und war schwer zugänglich. Kadigas Verwandte hatten sie entdeckt und ihr den Namen Verlorenes Tal gegeben. Sie hatten es herumerzählt, und schon war meine Großmutter im Bilde. So lief es immer in unserem Dorf. Das Leben war schwer, und man half seinen Nachbarn, wo man konnte, weil sie einem auch halfen.

Kaum hatte sie vom Verlorenen Tal gehört, beschloss meine Großmutter, eine Feuerholz-Expedition zu unternehmen. Früh am Morgen packten wir Erdnüsse und ein paar alte, mit Wasser gefüllte Bratölflaschen zusammen und zogen los. Ich hatte von Anfang an das deutliche Gefühl, in ein völlig unnötiges Abenteuer hineingezogen zu werden. Schließlich konnten wir alles Feuerholz, das wir brauchten, auf dem Dorfmarkt kaufen. Doch meine Großmutter bestand darauf, dass wir unsere Pflicht erfüllten, so wie sie es als Kind getan hatte. Ihr habe es nicht geschadet, also werde es auch uns nicht schaden.

Kaum hatten wir das Dorf verlassen, blieb sie stehen und begann die Blätter einer unkrautartigen Pflanze einzusammeln. Kadiga und ich erkannten sie sofort. Meine Großmutter würde daraus *molletah* zubereiten, indem sie die rohen Blätter mit Zwiebeln, Erdnüssen und Zitronensaft vermischte. Es schmeckte grauenhaft bitter, aber meine Großmutter war überzeugt, dass es dem Körper gut tat. »Es reinigt den Bauch«, erklärte sie uns. Die *molletah*-Blätter wurden in einen eigenen Beutel gestopft, der aus altem Sackleinen bestand. Immer wenn sie zurückkam und diesen dann mit Blättern randvoll gefüllten Beutel dabeihatte, lief ich weg und versteckte mich bei Kadiga.

Für meine Großmutter war jeder Gang in den Wald immer auch eine Heilkräuter-Expedition. Sie blieb vor einem bestimmten Baum stehen, zupfte ein paar Blätter ab, zerrieb sie, schnupperte daran und lächelte wissend. »Gut gegen Malaria«, murmelte sie und stopfte die Blätter in ihren Beutel. Manchmal war es eine Baumrinde, manchmal eine Strauchwurzel. Von einer Pflanze, der *birgi*, nahm sie die Blätter und die Wurzeln. Diese Pflanze wurde getrocknet und verbrannt und die Asche mit Bratöl zu einer Paste vermischt, die bei Schnitten und Wunden ihre Heilkraft entfaltete.

Drei Stunden lang folgten wir einem Pfad, der sich in die Ausläufer des Djebel-Marra-Massivs hineinwand. Dann gingen wir nur mehr den winzigen Spuren wilder Tiere nach. Ich hatte Angst, dass wir uns verirren würden. Ich war müde, verschwitzt und hungrig. Immer wieder fragte ich meine Großmutter, wann wir endlich da seien. Plötzlich deutete Kadiga auf eine Felsspalte, hinter der in tiefem Schatten ein von hoch aufragenden Felswänden umgebenes Tal lag.

Es strahlte etwas Verbotenes, Gespenstisches aus, und es wunderte mich nicht, dass dort bisher kaum jemand Feuerholz gesammelt hatte. Hätte das aufbrausende Temperament meiner Großmutter mich nicht daran gehindert, hätte ich darauf bestanden, umzukehren.

Wir gingen durch die Felsspalte. Der dichte, schwarze, geheimnisvolle Wald rückte immer näher an uns heran. Ohne jeden Zweifel hatten wir die Stelle gefunden: Der Boden war übersät mit abgefallenen Ästen. Normalerweise musste man bei der Holzsuche nach dem Ausschau halten, was andere übersehen hatten. Hier stolperte man förmlich darüber. Während wir die Äste einsammelten, blickte ich mich immer wieder ängstlich um. Über dem Ort lag eine unheimliche Stille und Reglosigkeit, die nur vom lauten Knacken der zerbrechenden Äste und unseren keuchenden Atemzügen unterbrochen wurde.

Meine Großmutter, die auch jetzt nicht aus ihrer Haut herauskonnte, schnürte drei riesige Bündel. Offenbar war es ihr unerträglich, auch nur einen einzigen Ast liegen zu lassen. Sie befahl Kadiga und mir, unsere Tragetücher zu einem dicken Ring zusammenzurollen, den wir uns auf den Kopf legen sollten, um das Gewicht abzufedern. Ich warf Kadiga einen Blick zu und sah, dass sie dasselbe dachte wie ich. Wir hatten vier Stunden Fußmarsch vor uns, aber nur noch wenig Wasser – wie konnte meine Großmutter im Ernst glauben, dass wir es schaffen würden, etwas so Schweres zu tragen?

Das eingerollte Tuch auf dem Kopf balancierend ging ich in die Hocke und hob die Hände, um die schwere Last entgegenzunehmen. Ächzend hob meine Großmutter das Bündel hoch und legte es mir auf den Kopf. Ich hielt die rauen Äste mit den Fingerspitzen fest und versuchte, aus der Hocke hochzukommen, aber das Holz war einfach zu schwer für mich.

»Es geht nicht!«, stieß ich hervor. »Das schaffe ich nicht! Und Kadiga bestimmt auch nicht …«

»Unsinn!«, schnaubte meine Großmutter. »Glaubst du, wir haben den ganzen Weg für nichts und wieder nichts gemacht? Kommt überhaupt nicht in Frage, dass wir mit leeren Händen aufbrechen. Entweder trägst du das Holz, oder du bleibst hier!«

Meine Großmutter war eine ausgefuchste Schimpfexpertin. Unsere verzagten Mienen hatten ihr gezeigt, dass wir das Verlorene Tal nicht besonders mochten, und schon drohte sie damit, uns dort zurückzulassen.

»Abba wird mich niemals an so einem scheußlichen Ort warten lassen«, gab ich zurück. »Er wird losziehen und mich holen, du wirst schon sehen …«

Meine Großmutter hob entsetzt die Hände. »Wie hat dich dein Vater nur verwöhnt! Jetzt hör mir mal gut zu: Du wirst dieses Holzbündel tragen, ob du willst oder nicht! Oder muss ich mir einen Stock suchen und dir eine Tracht Prügel verabreichen?«

Meine Großmutter war viel zu klug, um uns nur zu drohen. Sie nahm mir das Holzbündel vom Kopf, zog zwei kleinere Äste heraus und versuchte mir einzureden, es sei jetzt viel leichter als zuvor. Dann rupfte sie eine Handvoll trockener Grashalme aus und brachte sie in eine Kreisform, damit unsere Köpfe zusätzlich gepolstert waren. Und zum Schluss gab sie uns ein Versprechen. Wenn wir wieder zu Hause seien, werde sie unsere Lieblingsspeise kochen. Das konnte nur eines bedeuten – *libah*. Ich war schon so hungrig und durstig, dass mir beim bloßen Gedanken daran das Wasser im Mund zusammenlief.

Libah wird aus dem Kolostrum gemacht, der Erstmilch, die die Zicke ihrem neugeborenen Zicklein gibt. Wenn man diese Milch einige Minuten lang kocht, sieht sie aus wie dicker Reispudding und schmeckt wie süßer Hüttenkäse. Die Kombination aus großmütterlichen Drohungen und der Aussicht auf *libah* brachte Kadiga und mich dazu, uns die Holzbündel auf den Kopf zu legen und loszugehen.

Schon als ganz kleines Mädchen hatte ich gelernt, Lasten auf dem Kopf zu tragen – Töpfe mit Wasser, Feuerholz, Schüsseln mit Obst. Es war etwas völlig Selbstverständliches für mich. Doch der Rückweg über den gewundenen Pfad mit dem enormen Gewicht auf dem Kopf erforderte all meine Kraft und Geschicklichkeit. Mit der einen Hand hielt ich das Holz, mit der anderen mich selbst im Gleichgewicht, und meine Blicke schossen ständig zwischen dem Boden und dem dichten Geäst vor uns hin und her, durch das ich mir einen Weg zu bahnen versuchte.

Plötzlich ertönte neben mir ein markerschütterndes Kreischen, und die Äste wurden von etwas Dunklem, das sich schnell und kraftvoll auf mich zubewegte, auseinandergerissen. Ich schrie entsetzt auf, ließ das Holzbündel fallen und floh. Wir Mädchen waren oft draußen beim Holzsammeln, aber wir wussten, dass wir bei einem Angriff wilder Tiere oder noch Schlimmerem um unser Leben rennen und sofort ins Dorf zurückkehren mussten. Das hatten mir meine Eltern immer wieder eingebleut.

In Todesangst sauste ich den Pfad entlang. Spitze Äste und Dornen zerrissen meine Kleider und zerschrammten meine Haut. Ich schlug wild mit den Armen um mich, um mir einen Weg zu bahnen, und in meinem Kopf rauschte das Blut. Dann bemerkte ich, dass Kadiga dicht hinter mir lief. Ich warf einen raschen Blick über die Schulter und sah, dass auch meine beste Freundin mit angstvoll aufgerissenen Augen um ihr Leben rannte. Hinter ihr nahm ich schemenhaft etwas Dunkles wahr, das zwischen den Bäumen hindurchflitzte. Ich richtete den Blick wieder auf den Pfad und lief, was ich konnte.

Innerlich aber war ich vor Schreck wie gelähmt. Es musste der gefürchtete *agadim* sein, der da hinter uns her war. Meiner Großmutter zufolge war der *agadim* so groß wie ein riesiger Hund, über und über mit struppigem schwarzem Fell bedeckt, und wer ihm begegnete, dem sprang er auf die Schulter und biss ihn in den Hals. Mit ihm, dem *agadim*, drohte mir meine Großmutter immer, wenn ich nachts hinauswollte. Ich hatte noch nie einen gesehen und war nicht einmal überzeugt, dass es ihn wirklich gab – aber wenn er tatsächlich irgendwo lebte, dann bestimmt im Verlorenen Tal.

Ich rannte weiter und hörte plötzlich hinter mir einen Schrei. Meine Großmutter brüllte, wir sollten stehen bleiben. Sie klang sehr, sehr wütend. Wir hatten gerade die schmale Felsöffnung erreicht, die aus dem Tal hinausführte. Während wir darauf zurasten, warfen Kadiga und ich uns einen Blick zu, und uns beiden schoss ein und dieselbe Frage durch den Kopf: Was war furchtbarer – *das Ding* dort hinten im Wald oder Großmutter Sumah in Wut? Offenbar gelangten wir beide zu derselben Antwort, denn wir blieben stehen und lehnten uns keuchend an die kalte Felswand.

Hinter uns quälte sich meine Großmutter den Weg entlang.

Auf dem Kopf trug sie ein riesiges Bündel Äste, und unter jedem Arm steckte ein weiteres. Sie warf das Holz vor uns auf den Boden und setzte zu einem gewaltigen Donnerwetter an. Wäre sie nicht darauf angewiesen gewesen, dass wir in guter körperlicher Verfassung blieben, um das Holz tragen zu können, hätte sie uns bestimmt auch geschlagen. Das Ding, so erfuhren wir, war eine große Eule gewesen – völlig harmlos, aber grauenerregend, wenn man sie aus den Augenwinkeln im Halbdunkel hervorschießen sah.

Durch den Vorfall mit der Eule schwer gedemütigt nahmen Kadiga und ich unsere Bündel wieder auf. Zwei Stunden später hatten wir den Wald hinter uns gelassen und erreichten Ackerland. Wir waren erschöpft und ausgetrocknet. Die Sonne brannte unbarmherzig vom Himmel, und noch lag gut die Hälfte des Heimwegs vor uns. Mit jedem Schritt fühlte sich meine Kopflast schwerer an, mein Körper war am Ende seiner Kraft. Insgeheim verfluchte ich meine Großmutter. Sie hatte uns zu viel aufgebürdet und ließ uns hungern und dürsten. Warum tat sie uns das an?

Kurz bevor ich glaubte, keinen einzigen Schritt mehr gehen zu können, befahl meine Großmutter uns, stehen zu bleiben. »Na bitte«, sagte sie. »Was jammert ihr denn? Ich habe euch doch gesagt, dass ich Wasser finde!«

Mein Blick folgte ihrem ausgestreckten Zeigefinger. Neben dem Feld erstreckte sich ein seichter Bewässerungsgraben, der bis zur Hälfte mit stehendem Wasser gefüllt war. Normalerweise hätte ich nicht im Traum daran gedacht, davon zu trinken. Das Wasser aus dem Dorfbrunnen war prickelnd und klar. Doch unter diesen Umständen zögerte ich keine Sekunde. Ich stolperte die Uferböschung hinunter und kniete mich am Rand des Wassers hin. Mit einer Hand schob ich den schlickigen Schaum beiseite, mit der anderen schöpfte ich mir gierig Wasser in den Mund. Es war warm und bräunlich und schmeckte nach Erde und Staub. Dennoch empfand ich es als eine köstliche Erfrischung.

Kurz darauf befahl meine Großmutter schroff, wir sollten weitergehen. Ich hatte nicht mitbekommen, ob sie selbst überhaupt getrunken hatte, und mir schoss der Gedanke durch den Kopf, dass sie offenbar unverwüstlich war. Wurde sie denn nie müde oder ängstlich? Als wir endlich daheim ankamen – verschwitzt, schmutzig, mit Kratzern und zerrissener Kleidung –, war ich viel zu müde, um den Landrover meines Vaters zu bemerken, der vor dem Tor stand. Er war gerade von den Feldern zurückgekommen.

Wir ließen unsere Holzbündel fallen, dass es nur so krachte. Es war eine solche Erleichterung – ich fühlte mich plötzlich schwerelos, so als würde ich mehrere Zentimeter über dem Boden schweben. Kadiga und ich ließen uns auf die Teppiche im »Wohnzimmer« fallen, während meine Großmutter geschäftig zu ihrer Hütte lief, um unser Lieblingsgericht zu kochen. Sie hatte uns *libah* versprochen, und wir würden es bekommen – mit extra viel Zucker, um die verbrauchte Energie zurückzubringen. Ob wir lange genug wach bleiben würden, um den Leckerbissen essen zu können, war allerdings eine andere Frage.

Ich spürte schon, wie mir die Augen zufielen, doch da ertönte die Stimme meines Vaters. Er war hörbar aufgebracht, was an sich schon sehr selten vorkam.

»Du hast sie den ganzen Weg dorthingeschickt, *um Feuerholz zu sammeln?* Wie kommst du überhaupt dazu? Sieh dir an, wie sie beieinander sind! Die beiden sind fertig! Weißt du, wie weit das ist? Da hätte ja wer weiß was passieren können …«

Mein Vater erhob diese Vorwürfe gegen meine Mutter. Niemals hätte er meine Großmutter direkt angegriffen, denn sie war die Familienälteste und musste respektiert werden. Er wies meine Mutter darauf hin, dass es Männer gab, die davon lebten, dass sie mit einem Eselskarren Feuerholz sammelten. Jeden Morgen würden sie kommen und »*Orwa! Orwa!*« rufen – Feuerholz! Feuerholz! Warum, fragte er, hatte sie nicht einen von diesen Händlern beauftragt, eine Karrenladung Holz zu liefern?

Dieselbe Debatte hatte mein Vater schon einmal angestoßen – damals war es um Wasser gegangen. Meine Großmutter schleppte mich immer zum Dorfbrunnen mit. Dann standen wir stundenlang an, wobei ich fast die ganze Zeit über mit den anderen

Kindern im Schlamm spielte. Wenn sie an die Reihe kam, füllte meine Großmutter zwei große Töpfe. Meiner war zwar kleiner als ihrer, dennoch stimmten die Relationen hinsichtlich unserer jeweiligen Körpergröße ganz und gar nicht. Doch wenn ich sie darauf aufmerksam machte, erklärte meine Großmutter, ich hätte schließlich junge Knochen und Muskeln und solle aufhören zu jammern.

In unserem Dorf lebte ein Mann, der auf einen quietschenden Eselskarren ein altes Ölfass montiert hatte. Nachts, wenn niemand am Brunnen war, füllte er es mit Wasser und drehte morgens, mit einem Stock auf das Fass schlagend, seine Runden. Wenn man den Lärm hörte, wusste man, dass der Wasserverkäufer da war, und konnte ihm zurufen, er solle stehen bleiben. In dem Ölfass war ein Loch, aus dem ein Stück Fahrradschlauch hing. Mit einem bestimmten Wasserbehälter, einem *koli*, maß er dann die Menge Wasser ab, die man haben wollte.

Mein Vater konnte nicht verstehen, warum wir unser Wasser nicht vom Wasserverkäufer bezogen. Das war fast genauso dumm wie der Marsch in den Wald, zu dem meine Großmutter uns gezwungen hatte, um Feuerholz zu sammeln. Nachdem er meine Mutter zurechtgewiesen hatte, ging sie zu meiner Großmutter. Die hatte Kadiga und mir gerade die *libah* serviert. Sie war heiß und süß und köstlich. Sie schmeckte derartig gut, dass ich meiner Großmutter den grauenhaften Fußmarsch fast verziehen hätte. Aber das war natürlich gerade die große Begabung meiner Großmutter: Innerhalb weniger Stunden hatte sie uns die Härte des Lebens vor Augen geführt und uns dann etwas Schönes gegönnt. Dieser Kontrast bewirkte, dass ich besser zu schätzen lernte, wie gut es meiner Familie ging.

»Abba Abdu ist nicht gerade erfreut ...«, setzte meine Mutter an, doch meine Großmutter brachte sie mit einer Handbewegung zum Schweigen.

»Glaubst du, ich weiß das nicht? Jetzt sage ich dir mal etwas: Mein Vater war ein vermögender Mann, aber wir mussten trotzdem hart arbeiten und unsere Aufgaben im Haushalt erfüllen. Er hat immer gesagt: ›Vielleicht ist das alles eines Tages weg, und dann müsst ihr wissen, wie man überlebt.‹ Glaubst du, dein Schicksal wird sich nie ändern? Glaubst du, wir werden immer in Wohlstand und Frieden leben?«

»Nein, aber dieser unglaublich weite Weg ins Verlorene Tal …«, entgegnete meine Mutter, wurde aber sofort wieder unterbrochen.

»Es geht dich nichts an, wohin wir drei gegangen sind. Wie will deine Tochter jemals einen Mann bekommen, wenn sie nicht lernt, was arbeiten heißt? Und wenn sie auf wundersame Weise doch einen findet, willst du, dass sie dann geschieden wird, weil sie nie gelernt hat, was es heißt, hart zu arbeiten?«

Darauf wusste meine Mutter nichts zu erwidern. Bei den Zaghawa gibt es nichts Schlimmeres als die Vorstellung, die eigene Tochter könnte keinen Zaghawa-Mann finden oder halten.

3. KAPITEL

Das verrückte Mond-Knochen-Spiel

Die Zaghawa sind berühmt für ihre Unabhängigkeit, für ihren Kampfgeist und das starke Gefühl der eigenen Identität. Unser Volk bewohnt die gesamte Grenzregion zum Tschad hin, das heutige Darfur. Doch dieses Gebiet war jahrhundertelang das alte Afrikanische Königreich Kanam, ein riesiges Land, das von Zaghawa-Häuptlingen regiert wurde. Durch die Jahrhunderte seines Bestehens hindurch blieb unsere Sprache eine rein mündliche Kommunikationsform.

Erst 1986 hat man versucht, diese Sprache zu verschriftlichen. Unter Verwendung der Symbole, mit denen die Zaghawa ihr Vieh brandmarken, schuf ein Forscher ein grundlegendes Alphabet. Heute wird in jedem der Zaghawa-Clans – bei den Towhir, den Coube und den Bidayat – ein eigener Dialekt gesprochen. Der Dialekt, den ich als kleines Mädchen sprach, war stark an den der Coube angelehnt, denn aus diesem Clan stammte meine Großmutter.

Mein Vater war stolz auf die Geschichte der Zaghawa, vor allem auf unseren Widerstand gegen die Briten. Immer wieder erzählte er mir davon, dass wir nie von den *Khawa* – den weißen Männern – erobert worden waren. Zwischen den Zaghawa-Kriegern und den britischen Soldaten hatte es heftige Kämpfe gegeben. Eines Tages beschloss der Kommandant der Briten, die Zaghawa ein für alle Mal zu vernichten. Er zog mit einer Flotte gepanzerter, waffenbestückter Fahrzeuge los. Andere Volksstämme flohen beim Anblick der furchteinflößenden mechanischen Monster, die zu uns unterwegs waren.

Der Zaghawa-Häuptling rief die besten Krieger zu sich und ritt mit ihnen dem Feind entgegen. Der britische Kommandant zeigte sich vom Kampfgeist des Häuptlings und von seinem hochmütigen Auftreten beeindruckt. Der Häuptling deutete auf den Panzerwagen und fragte: »Was ist das? Braucht es Futter? Frisst es? Trinkt es? Stirbt es?« Der Übersetzer gab die Worte des Häuptlings weiter. Der Brite lächelte. »Nein. Es ist eine Art ›eisernes Pferd‹. Es braucht nichts von alledem und lebt ewig.«

Nun schlug der Häuptling der Zaghawa einen Tausch vor: sein Pferd gegen den Panzerwagen. Der britische Kommandant erwiderte, nur gegen eine ganze Armee von Pferden aus Fleisch und Blut würde er das eiserne eintauschen. Da musste der Häuptling lachen. Er setzte sich mit dem Kommandanten hin, um das Geschäft auszuhandeln, und im Verlauf dieser Verhandlung einigten sie sich auf ein historisches Friedensabkommen, das den Zaghawa die Macht über ihr Land sicherte, den Briten aber Unterstützung im Kampf gegen andere rebellische Stämme zusagte.

Unser ausgeprägtes Unabhängigkeitsgefühl bedeutete nicht, dass wir anderen Stämmen oder Rassen feindlich gesinnt waren. Wenn sie in friedlicher Absicht kamen, hießen wir Fremde stets als Ehrengäste willkommen. Für einen Zaghawa war es unvorstellbar, die Gastfreundschaft zu verweigern – so wie es unvorstellbar war, allein zu essen. Allein zu essen wurde als Sünde betrachtet, es war genauso schlimm, wenn nicht noch schlimmer, wie allein zu leben. Und besser war man tot als der eigenen Familie beraubt.

Bei den Mahlzeiten riefen wir den Nachbarn in unserem *gini* – unserem kleinen Dorf – immer zu: »Habt ihr schon gegessen? Kommt und esst mit uns! Ihr könnt doch nicht allein essen!«

Wir glauben, je größer die Gruppe beim Essen ist, umso größer wird der Appetit. Wir essen alle von einer großen Platte in der Mitte. Jeder nimmt sich das Essen mit der rechten Hand und steckte es sich in den Mund. Dabei sitzen wir draußen an der frischen Luft, trinken frisch gemolkene Kuhmilch, essen das Fleisch frisch geschlachteter Tiere und frisches Gemüse aus dem Garten. In unserem Dorf war jedes Essen eine Feier mit köstlichen Speisen, angenehmer Gesellschaft, guten Gesprächen und körperlichem Wohlgefühl.

Meine Lieblingsspeise war *acidah*, der dicke Maismehlbrei. Er schmeckte hervorragend zu *mullah*, einem kräftig gewürzten Fleischeintopf. Doch am allerbesten war er, wenn man ihn mit einem dunklen Pulver, *kawal*, vermischte. Meine Großmutter bereitete es aus den Blättern eines bestimmten Baumes zu. Sie legte sie mit etwas Wasser und Gewürzen in eine Tonschüssel und ließ die Mischung mehrere Tage in einem Erdloch stehen. Wenn sie den klebrigen Brei herausnahm, stank er zwar fürchterlich, aber sobald er getrocknet und zu Pulver zerrieben war, strömte er ein starkes, kerniges Aroma aus.

Zum Frühstück aß ich am liebsten *acidah* mit frischem Joghurt. Das Herstellen des Joghurts gehörte zu meinen Aufgaben. Jeden Abend ging meine Großmutter mit mir zum Kühemelken hinaus aufs Feld. Ich setzte mich auf einen niedrigen Schemel, packte den Hinterlauf des nächststehenden Tiers und klemmte ihn mir fest zwischen die Knie. Dann stellte ich eine Tonschüssel unter die Kuh, ergriff zwei Zitzen und begann gleichzeitig zu ziehen und zu drücken. Wenn mir die Hände wehtaten, bat ich meine Großmutter, weiterzumachen.

Die warme, schaumige Milch goss ich in einen *tagro*, einen Flaschenkürbis mit einem Loch, in das ich einen Korken steckte. Dann hängte ich den *tagro* an einen Dachsparren in der Hütte meiner Großmutter. Drei, vier Tage später band ich den Kürbis los, und dann musste geschüttelt werden, geschüttelt und geschüttelt. Irgendwann schied sich die Milch in eine dicke Schicht Butter und eine darunterliegende dünnere Schicht Joghurt. Je länger ich schüttelte, umso mehr Butter bekamen wir.

Auf derselben Weide wie die Kühe grasten auch unsere Ziegen und der Esel. Meine Großmutter war sehr stolz auf unsere Ziegenherde, und kurz vor der Entbindung einer Ziege war sie immer unglaublich aufgeregt. Entweder verkaufte sie nämlich die Zicklein, womit sie sich ein kleines eigenes Einkommen schaffte, oder sie behielt sie und mästete sie für den Kochtopf. Die lebenden Ziegen liebte ich, aber sie zu essen verabscheute ich. Sie waren so süß und kuschelig, und ihr Fleisch schmeckte, wie ich fand, immer irgendwie nach Fell, obwohl dem Tier natürlich die Haut abgezogen worden war.

Eines Tages wurde meine Großmutter so wütend, dass sie am liebsten losgeheult hätte. Drei von ihren Ziegen waren krank geworden, und sie musste einen Mann damit beauftragen, sie zu schlachten. Offenbar hatten sie irgendetwas Giftiges gefressen, aber was, das wussten wir nicht. Meine Großmutter meinte, sie hätten wahrscheinlich Plastiktüten gefressen, die ihnen den Bauch verstopft hätten. Die Ziegen fraßen nämlich so ziemlich alles. Ich allerdings hatte Angst, sie könnten sich an etwas wirklich Gefährlichem vergiftet haben, und wir würden alle sterben, wenn meine Großmutter uns zwang, das Fleisch zu essen.

Meine Großmutter wollte von diesen Bedenken natürlich nichts wissen. Als sie die Tiere ausnahm, sahen wir, dass ihre Gedärme unglaublich ineinander verschlungen waren. Normalerweise aßen wir die Leber, die Nieren und Teile des Darms gut gewürzt und ausgebacken als eine Delikatesse. Doch selbst meine Großmutter gab klein bei, als sie sah, in welchem Zustand sich die Innereien der drei Ziegen befanden, und warf das Ganze den Dorfhunden zum Fraß vor.

Sie enthäutete die Tiere und beinte das Fleisch aus. Für unsere Familie war es zu viel, deshalb gab sie den Nachbarn etwas davon ab – allerdings ohne auch nur mit einem Wort zu erwähnen, woran die Ziegen gestorben waren. Das restliche Fleisch wälzte sie in fermentiertem Hirsemehl, das einen ausgeprägt bitteren Geschmack hat. Dies, so erklärte sie uns, würde jedes noch vorhandene Gift unwirksam machen. Dann briet sie das Ziegenfleisch, fügte Zitronensaft hinzu und sorgte mit einem dicken Stock in der Hand dafür, dass ich meine Portion auch wirklich aß.

Ich überlebte den Genuss von Großmutters Ziegenfleisch ohne offensichtliche Schäden. Kurze Zeit später wurde mein kleiner Bruder geboren. Ich war damals fünf Jahre alt, und das Erste, was ich von ihm sah, war ein winziges zerknautschtes Gesicht, das aus einem dicken weißen Stoffbündel hervorspitzte. Wie alle erstgeborenen Zaghawa-Jungen wurde er nach dem heiligen Propheten des Islam Mohammed genannt.

Der kleine Mohammed wuchs mit erstaunlicher Geschwindigkeit, und schon bald trat sein wahrer Charakter zutage. Er hatte die Großzügigkeit und Abgeklärtheit meines Vaters und die sanfte, milde Art meiner Mutter geerbt – nichts dagegen vom kämpferischen, streitbaren Geist meiner Großmutter. Als Kleinkind liebte er es, Gegenstände aus Lehm zu formen und seelenruhig im Garten zu spielen. Er war ein herzliches, freundliches Kind. Gab mein Vater ihm Süßigkeiten, teilte Mohammed sie mit anderen Kindern. Schenkte mein Vater ihm Geld, reichte er es an unsere Großmutter weiter, damit sie es für ihn aufbewahrte.

Mein kleiner Bruder war schon bald das Lieblingskind meiner Mutter. Wenn sich die Nacht über das Dorf senkte und in den Häusern die Öllampen aufleuchteten, begann der Kampf um den besten Schlafplatz. Vor allem in der kalten Jahreszeit wollten wir beide bei meiner Mutter schlafen, aber nur Mohammed wurde von ihr dazu aufgefordert, in ihr Bett zu kommen. Zum Trost legte meine Großmutter bei ihrem Feuer Holz nach und erlaubte mir, zu ihren Füßen zu schlafen – was allerdings kein Ersatz für das Kuscheln mit meiner Mutter war.

Als er das entsprechende Alter erreicht hatte, wagte sich Mohammed zum Spielen nach draußen. Aber es endete fast jedes Mal mit Tränen. Winselnd kam er wieder hereingekrochen: »Der Junge, der hat mich gehaut!« Einmal gingen, als er draußen spielte, mehrere Jungs vom Stamm der Fur auf ihn los, nahmen ihm seinen Spielzeugflieger weg, zerrissen seine Kleider und verprügelten ihn ordentlich. Als er zurückkam, war sein Gesicht schlammverschmiert und sein Körper übersät mit Kratzern und völlig verschmutzt. Halb blind vor Tränen torkelte er zum Gartentor herein.

Großmutter Sumah sah ihn als Erste. »Mohammed! Mohammed! Was ist passiert? Und wo ist dein Flugzeug?«

»Die Fur-Jungs …«, heulte er. »Die haben mich gehaut …«

»Was? Du hast dich von den Fur-Jungs verprügeln lassen? Du bist ein *Zaghawa* – warum hast du dich nicht gewehrt?«

»Ich hab's doch versucht«, erklärte Mohammed schluchzend. »Aber die waren vier …«

Meine Großmutter wusste genau, wo diese vier Fur-Jungs wohnten. Die Familie hatte ein Haus am Dorfrand. Ohne auch nur eine Sekunde zu zögern, griff sie sich ihren Enkelsohn, packte mich an der anderen Hand und trat ihren Rachezug an. Die Fur-Jungs sahen uns kommen, sausten in ihr Haus und warfen das Tor zu. Aber das konnte meine Großmutter nicht abschrecken. Sie trommelte mit der Faust an das Tor und forderte lautstark Einlass. Als die Jungen sich weigerten, begann sie vor Wut zu kochen.

»Kommt raus!«, brüllte sie. »Kommt raus und kämpft! Kommt und kämpft wie Männer, ihr Fur-Feiglinge!«

Die Fur-Jungs dachten gar nicht daran. Der Zaun war mehr als eineinhalb Meter hoch, aber meine Großmutter sah überhaupt nicht ein, warum diese Tatsache sie von irgendetwas abhalten sollte. Sie hob mich hoch und ließ mich auf der anderen Seite fallen. Ich war damals etwa sechs Jahre alt und um einiges größer als die Fur-Jungs. Andererseits waren sie in der Überzahl, und kaum hatten sie mich gesehen, rannten sie schon auf mich zu. Blitzschnell entriegelte ich das Tor – genau in dem Moment, als der erste Fur-Junge es wieder zuzuschlagen versuchte. Zu spät, denn meine Großmutter stemmte sich mit der Schulter dagegen und drückte es auf.

Mit blitzenden Augen stürmte sie herein. Die Fur-Jungs flüchteten sich in die gegenüberliegende Ecke des umzäunten Bereichs, wo ihre Mutter gerade dabei war, das Essen zuzubereiten. Wutentbrannt rannte meine Großmutter auf die Gruppe zu. Die Mutter versuchte herauszufinden, was ihre Söhne angestellt hatten, und wollte sich bei meiner Großmutter entschuldigen, doch die beachtete sie gar nicht, sondern griff sich drei der Jungen und begann auf sie einzudreschen, während ich mich auf den vierten stürzte.

Ich weiß nicht mehr, ob es uns gelang, Mos Flieger zurückzuerorbern, aber in jedem Fall war es ein guter Kampf, aus dem meine Großmutter als Siegerin hervorging.

Mein Vater kaufte uns nur ungern neues Spielzeug, vor allem wenn es Mo dann doch nur geklaut wurde. Deshalb mussten wir uns mit uns selbst beschäftigen. Mein Lieblingsspiel war es, hinter dem Landrover meines Vaters herzujagen. Wenn der Wagen morgens davontuckerte, dauerte es eine Weile, bis er Geschwindigkeit aufnahm, so dass wir auf die hintere Stoßstange springen konnten. Dann klammerten wir, Kadiga, Mo und ich, uns an die Segeltuchrückwand und versuchten, uns das Lachen zu verbeißen.

Irgendwann informierte dann irgendwer meinen Vater durch Zuruf darüber, dass an seinem Wagen mehrere blinde Passagiere hingen. Mein Vater hielt an, um nachzusehen, und entdeckte uns Kinder dort hinten. Er fand es immer viel zu witzig, als dass er wütend geworden wäre oder uns streng bestraft hätte. Wir liefen nach Hause zurück, machten aber unterwegs halt, um das Schattenspiel zu spielen. Ich stellte mich in die Sonne und ahmte eine Tierform oder die Form einer Teekanne nach, und Kadiga und Mo mussten nur anhand meines Schattens erraten, was ich darstellte.

Wir bastelten strohgefüllte Puppen aus alten Lumpen. Dazu rollten wir das Stroh länglich aus, nähten es in ein Stück Baumwollstoff ein und banden es so ab, dass es wie Arme beziehungsweise Beine aussah. Dann wurden die Gliedmaßen an einen »Rumpf« angenäht. Wenn es eine männliche Puppe werden sollte, befestigten wir etwas von unserem eigenen Haar daran, so dass ein Wuschelkopf entstand. Für weibliche Puppen machten wir uns auf die Suche nach etwas Längerem und Weicherem, Schafswolle beispielsweise.

Zwischen den Sparren in der Hütte meiner Großmutter war immer eine Tüte mit Haar von uns versteckt. Jeden Abend kämmte sie meine Haare und ölte sie ein, damit sie gesund blieben und glänzten. Die ausgekämmten Haare bewahrte sie auf, und wenn die Tüte voll war, verbrannte sie den Inhalt im Garten. Ständig warnte meine Großmutter mich vor der Gefahr, dass irgendwer meine Haare in die Hände bekam. Wer einen anderen Menschen verfluchen wollte, konnte böse Fakire damit beauftragen; das

Wichtigste, was sie dazu brauchten, war ein Büschel Haar des zu Verfluchenden.

Wenn unsere Stoffpuppen fertig waren, brauchten wir Autos und Häuser für sie. Die machten wir aus Lehm. Wir formten ein Auto mit einem Dach, Fenstern und Rädern und klemmten es direkt oberhalb des Feuers zwischen die Sparren der Hütte, bis es eisenhart gebrannt war. Manchmal machten wir auch *herdih* – Pferde –, auf denen unsere Puppen reiten konnten. Wir setzten dem Pferd eine männliche Puppe auf den Rücken und gaben dem »Mann« einen Speer in die Hand, den wir aus einem dünnen Holzsplitter gebastelt hatten.

Ich machte ein Schlachtross für Mohammed, eines für Kadiga und eines für mich selbst, und dann zogen wir in den Kampf gegen die anderen Kinder. Wir stellten zwei Reihen mit Stoffkriegern einander gegenüber auf, der Angriffsbefehl ertönte, und die Reiter rückten vor. »*Haribah! Haribah!*« – Krieg! Krieg!, schrien wir dabei, auch wenn Mo es nie mit derselben Begeisterung tat wie wir Mädchen. Jeder Krieger suchte sich ein Gegenüber aus, mit dem er kämpfte. Natürlich zerbrachen die Lehmpferde dabei nach und nach, und das letzte, das noch stehen konnte, wurde zum Sieger erklärt.

Es dauerte oft mehrere Tage, bis wir Ersatz geschaffen hatten. Wasser war nur begrenzt verfügbar, und meine Großmutter brummte immer, es solle gefälligst zum Trinken verwendet werden und nicht zum Spielzeugbasteln. Erst wenn niemand in der Nähe war, konnte ich eine Schüssel voll mitgehen lassen, immer in der Hoffnung, nicht von meiner Großmutter beobachtet zu werden. Klappte das aus irgendwelchen Gründen nicht, liefen wir zum Dorfbrunnen und versuchten, so viel vom umherliegenden Schlamm zusammenzukratzen, wie wir brauchten. Allerdings waren wir meist nicht die Einzigen, die diese Idee hatten, und oft entbrannte ein heftiger Kampf um den Schlamm.

Mein allerliebstes Spiel war das »Mond-Knochen-Spiel«. Zwischen den Sparren in der Hütte meiner Großmutter hielt ich den Oberschenkelknochen einer Ziege versteckt. Bei Vollmond ging ich abends in den Hof und rief: »*Keyoh adum jaghi gogo keyh!*« –

Kommt, wir spielen das Mond-Knochen-Spiel! Offenbar hatten sämtliche Nachbarskinder auf diesen Ruf nur gewartet. In der Mitte unseres kleinen Dorfes befand sich eine Wiese. Dorthin eilten nun ganze Rudel von Kindern. Ihre Eltern brachten Tee, Milch und den einen oder anderen warmen Imbiss mit.

Wie schön es war, die kühle Nacht unter dem Mond zu genießen, der so hell strahlte, dass wir keine Öllampen brauchten! Die Kinder stellten sich mit dem Rücken zu mir in einer Reihe auf. Dann warf ich den Ziegenknochen, so weit ich konnte, und brüllte den Startruf. Alle stoben davon, um den Knochen zu suchen. Der lag, vom silbrigen Mondlicht beschienen, bläulich weiß glänzend irgendwo im Gras. Das Kind, das ihn fand, rief: »Ich habe den Schatz gefunden! Ich habe den Schatz gefunden!« und sauste zum Startpunkt zurück.

Natürlich versuchten alle anderen Kinder, dem Finder den Knochen wegzuschnappen, und damit wurde das Spiel erst so richtig lustig. Manchmal entstanden riesige »Kinderberge«, wenn sich ein Kind auf den Finder stürzte und alle anderen es ihm nachtaten. Die Eltern sahen lachend zu und schrien aufgeregt durcheinander. Ich hörte die Anfeuerungsrufe meines Vaters, die mich dazu anspornten, das Spiel zu gewinnen.

Das Schönste am Mond-Knochen-Spiel war die absolute Unvorhersehbarkeit. Die einzigen Vorteile, die man gegenüber anderen haben konnte, waren Schnelligkeit und Geschicklichkeit beim Kämpfen. Und in beidem übertraf ich die anderen – was wahrscheinlich dem Einfluss meiner Großmutter zu verdanken war. Sobald sie sahen, wie zäh und gnadenlos ich kämpfte, griffen sie mich nicht mehr richtig an. Wenn ich gewonnen hatte, machte meine Mutter mir *fangasso* – süße, in Öl ausgebackene Kringel. Ich aß sie noch ganz heiß, in Milch getunkt.

Aber das Leben ist natürlich nicht eine einzige lange Abfolge von Spaß und Spiel. Kurz nach unserem Streit mit den Fur-Jungs geriet ich selbst in ernsthafte Schwierigkeiten. Da unser Dorf moslemisch war, durfte bei uns kein Alkohol getrunken werden – aber es gab immer Leute, die sich nicht an diese Regel hielten. Mehrere Frauen hatten sich auf die Herstellung von *goro* –

Hirsebier – spezialisiert. Weil der Ausschank nicht öffentlich erfolgen durfte, hatten sie private »Trinkhöhlen« in ihren Häusern eingerichtet. Die besten Kunden erkannte man auf den ersten Blick, denn wer *goro* trinkt, bekommt einen dicken, kugelrunden Bauch.

Wo sich die Trinkhöhlen jeweils befanden, wurde durch Mundpropaganda verbreitet. Einige der Bierfrauen standen im Ruf, gutes, starkes Bier zu brauen, während andere es mit Wasser verdünnten. Die Zecher saßen auf einem Teppich am Boden oder auf kleinen Hockern. Die Bierfrauen servierten ihnen große Platten mit geräuchertem Lammfleisch sowie *goro* in halbgefüllten Flaschenkürbissen. Oft tranken die Männer zu viel, und es kam zu einer großen Rauferei. Die Bierfrauen statteten ihre Trinkhöhlen immer nur mit dem billigsten Mobiliar aus, denn es wurde unweigerlich kaputt geschlagen.

Jeder kannte die Bierfrauen. Sie hatten im Grunde nur untereinander Kontakt. Manchmal sprach der Dorf-Imam mit den Zechern, machte ihnen klar, dass sie schlimme Sünder waren, und versuchte ihnen beizubringen, dass sowohl das Bier als auch das Geld, das man damit verdiente, *haram* war – verboten. Aber die meisten Bierfrauen waren alleinerziehende Mütter oder Witwen und gaben zu bedenken, dass sie ohne den Bierverkauf nicht überleben würden.

Eines Abends ging ich zu Kadiga, um sie zu fragen, ob sie mit mir spielen wolle. Ich bemerkte eine Gruppe von Männern, die lachend und trinkend herumsaßen. Es handelte sich um Onkel und Cousins von Kadiga. Wir wussten, dass einige Leute aus Kadigas Familie tranken, und meine Großmutter hatte mich immer ermahnt, sie zu meiden. Weil die Männer der Überzeugung waren, Bier mache dick, gesund und stark, scheuten sie nicht davor zurück, ihren Kindern hin und wieder eine Schale davon zuzuschieben.

Ein Onkel von Kadiga hielt mir eine Schale hin. »Na komm, probier das mal!«, rief er. »Das ist gut für dich! Wenn du das trinkst, wirst du ein starkes Mädchen!«

Ich hatte natürlich noch nie Bier getrunken, und ich war neugierig. Nach kurzem Zögern nahm ich die Schale. Ich führte sie zum Mund, aber der süßliche, gärige Geruch verursachte mir Brechreiz. Ich riss mich zusammen, denn die Blicke sämtlicher Männer ruhten inzwischen auf mir, und trank einen Schluck. In dem Bier schwammen Klümpchen, und es schmeckte bittersüß. Ich fand es nicht gerade gut, aber ekelhaft war es auch nicht. Niemals, das war klar, würde ich so etwas je zu Hause trinken dürfen. Ich hatte trinkende Leute beobachtet, sie hatten glücklich gewirkt, hatten miteinander geredet und gelacht, und ich dachte mir, vielleicht ist das ja gar nicht so schlecht.

Ich leerte die ganze Schale. Zuerst wurde ich schläfrig. Ich vergaß, dass ich mit Kadiga hatte spielen wollen, und machte mich taumelnd auf den Heimweg. Fast wortlos legte ich mich ins Bett und fiel in einen tiefen Schlaf. Am nächsten Morgen wachte ich spät auf und fühlte mich grauenhaft. Ich hatte entsetzliche Kopfschmerzen, brachte die Augen nicht auf, und mir war übel. Zuerst machte sich meine Mutter große Sorgen um mich, aber nachdem sie nahe genug gekommen war, um meinen Atem zu riechen, erwachte ihr Misstrauen.

»Du warst doch bei Kadiga, oder?«, fragte sie mich. »Hast du dort Bier getrunken?«

Mir war so schlecht, dass ich nicht einmal mehr die Kraft zum Lügen aufbrachte. Ich nickte. »Ja. Aber bitte nicht böse sein. Mir ist so übel.«

Die Miene meiner Mutter verdüsterte sich. Sie ging weg und kam kurz darauf mit einem langen Stock zurück. Ohne Vorwarnung begann sie damit auf meine Beine einzuschlagen. Sie schrie mich an, wie oft sie mir nicht schon gesagt habe, dass ich niemals, niemals Bier trinken dürfe! Nicht die schmerzhaften Hiebe erschütterten mich, sondern die Tatsache, dass meine Mutter mich schlug. Von meiner Großmutter war ich es gewohnt, aber nicht von meiner sanften Mutter.

Mein Kater war augenblicklich vorbei. Ich floh zu meiner Großmutter.

»Was ist los?«, rief sie und sprang auf die Füße. »Was ist passiert?«

Ehe ich antworten konnte, rief meine Mutter, ich sei bei Kadiga gewesen und hätte Bier getrunken. Sofort packte mich meine Großmutter und hielt mich mit eisernem Griff fest.

»Was? Du bist dorthin gegangen, in dieses Trinkerhaus? *Und hast Bier getrunken?*«

Und dann bekam ich zum zweiten Mal an diesem Morgen Prügel, und die fielen weit heftiger aus. Meine Mutter schlug mich so selten, dass ich schon beim Anblick des von ihr erhobenen Stocks eingesehen hatte, wie groß meine Verfehlung war. Die Prügel meiner Großmutter kamen dagegen alles andere als unerwartet. Sie schlug uns regelmäßig, und meistens glaubten wir, es auch nicht besser verdient zu haben.

Wie mit vielem in unserer Kultur verhält es sich auch mit dem Alkoholverbot so, dass es für Frauen viel strikter gilt als für Männer. Ich wusste, dass mein Vater hin und wieder Hirsebier trank. Er hatte mehrere Freunde, die ihn gelegentlich besuchten und zu einer der geheimen Trinkhöhlen mitnahmen. Einmal hatte ich mit angehört, wie meine Mutter sich deswegen mit ihm stritt.

»Warum trinkst du mit diesen Leuten?«, hatte sie ihn gefragt. »Das sind Taugenichtse. Die wollen doch nur dein Auto und dein Geld. Schäm dich – und denk erst mal an deine Familie!«

»Aber sie sind meine Freunde, und ich bin gern mit ihnen zusammen«, wandte mein Vater ein. »Außerdem *trinken* wir nicht …« Meine Mutter hatte verächtlich aufgeschnaubt und sich von ihm abgewandt.

Immer wenn diese Freunde zu uns kamen, behauptete sie, mein Vater sei nicht da. Dann entgegneten sie, sie hätten sein Auto draußen stehen sehen. Meine Mutter verdrehte die Augen und strafte die Männer mit Schweigen. Irgendwann schlenderte dann mein Vater aus seiner Hütte, begrüßte lächelnd seine Freunde – und machte sich mit ihnen auf den Weg, um gemütlich Hirsebier zu trinken.

Die meisten Zaghawa-Frauen lehnten es ab, dass ihre Männer tranken. Die Männer gingen mit einer Tasche voller Geld und kamen blank zurück. Bei uns kümmerten sich die Männer nicht besonders um die Lebenshaltungskosten. Fast alles war reichlich vorhanden: Fleisch, Hirse, Milch, Salat, Gemüse, Brennmaterial, Wasser – für all das musste nichts bezahlt werden. Deshalb sahen sie kein Problem darin, ihr Geld für Bier auszugeben.

Die Frauen verrichteten den Großteil der Arbeit, und die Männer meinten, je mehr Ehefrauen sie hätten, umso einfacher würde ihr Leben sein. Es kam durchaus vor, dass ein Mann mit nur einer Frau von seinen Freunden ausgelacht wurde: Er sei wie ein Einäugiger, sagten sie. Wenn der Ehemann einer Frau starb, musste sie von einem seiner Brüder geheiratet werden, damit die Kinder in derselben Großfamilie blieben.

Außenstehenden mögen solche Sitten barbarisch erscheinen, aber wir kannten es nun einmal nicht anders, und unsere Identität als Zaghawa war durch solche Traditionen definiert.

Eines Tages sah meine Großmutter die Zeit gekommen, Mo und mir die traditionellen Schmucknarben der Zaghawa beizubringen. Alles, was sie dazu brauchte, hatte sie in ihrer Hütte: eine Schale mit heißem Wasser, eine Rasierklinge und eine Paste aus *birgi*-Asche, vermischt mit Öl. Sie wies meine Mutter an, Mo und mich zu holen, in ihrer Hütte warte »etwas ganz Besonderes« auf uns. Ein einziger Blick auf die glänzende Rasierklinge, die Aschenpaste und die Wasserschale genügte, um mir klarzumachen, dass ich keine Narben wollte. Ich drehte mich um und lief davon.

»Lass sie nicht entkommen!«, rief meine Großmutter. »Fang sie ein!«

Meine Mutter packte mich und versuchte mich zu Boden zu drücken, aber ich schlug um mich und wehrte mich wie ein wildes Tier. Ich spürte, dass sie nicht mit ganzem Herzen dabei war, wand mich noch mehr, riss mich los und rannte aus der Hütte. Kurz bevor ich das Tor erreicht hatte, schrie meine Großmutter, jemand solle es schließen. Aber ich schoss wie der Blitz hinaus! Ich lief, so schnell ich konnte, und blieb erst am anderen Ende des Dorfes stehen.

Dann ging ich zum Haus einer Freundin.

»Warum kommst du ganz allein?«, fragte mich ihre Mutter erstaunt. »Was ist passiert?«

»Nichts«, log ich. »Meine Mutter hat es mir erlaubt. Wo ist Shadia? Darf sie zum Spielen rauskommen?«

Ich spielte den ganzen Tag lang mit Shadia. Bei Sonnenuntergang sagte ich zu ihrer Mutter, ich hätte Angst vor der Dunkelheit und wolle nicht nach Hause gehen. Ich bat sie, bei ihr übernachten zu dürfen. Da wurde Shadias Mutter natürlich klar, dass etwas nicht stimmte, und sie bestand darauf, mich nach Hause zu begleiten. Kaum traten wir durchs Tor, begann meine Großmutter auch schon zu schimpfen und erzählte Shadias Mutter in allen Einzelheiten, was ich getan hatte.

Als ich den kleinen Mo sah, wusste ich, dass ich recht daran getan hatte, die Flucht zu ergreifen. Er hatte entzündete rote Schnitte im Gesicht, die mit grauer Aschenpaste überstrichen waren. Weinerlich und völlig verstört betastete er immer wieder die Wunden. Er wirkte traurig und bestürzt, fassungslos darüber, dass man ihm so wehgetan hatte. Er war noch nicht einmal zwei Jahre alt und viel zu schwach und zu sanftmütig, als dass er hätte weglaufen können.

In diesem Augenblick wurde mir klar, dass ich um die Hütte meiner Großmutter von nun an einen großen Bogen machen musste, sonst war ich dran. Aber meine Großmutter war viel zu schlau, um eine große Sache daraus zu machen; stattdessen tat sie so, als wäre alles längst vergessen. Sie versuchte weiterhin, mich in ihre Hütte zu locken, aber das machte mich nur noch misstrauischer.

»Komm doch zu mir herein, mein Schatz«, sagte sie. »Ich habe etwas ganz Schönes für dich in meiner Hütte.«

Ich warf ihr einen bösen Blick zu. »Nein! Ich weiß genau, was du vorhast – du willst mich schneiden!«

Einige Monate später kam Bakhita, eine gute Freundin meiner Großmutter, zu Besuch. Meine Großmutter rief mich mit den Worten zu sich, Bakhita habe mir etwas mitgebracht. Strahlend ging ich in ihre Hütte – ich hatte alles, was gewesen war, schlagartig vergessen. Doch kaum war ich da, packte mich meine Großmutter, und ich wusste sofort, was die beiden Frauen planten.

Meine Großmutter hielt mich mit Klammergriff auf ihrem Schoß fest. Ich schrie und wehrte mich wie eine Wildkatze, als Bakhita mit der Rasierklinge auf mich zukam. Sie versuchte mich in die linke Schläfe zu schneiden, aber ich stieß sie mit den Füßen weg. Sie fiel hintenüber und schlitzte mir dabei mit der Klinge dicht an der Nase die Wange auf. Ich spürte, wie mir das warme Blut übers Gesicht lief. Ich biss meine Großmutter in den Arm, so fest ich konnte, und kickte dabei unablässig mit den Beinen in die Luft, um Bakhita abzuwehren.

»Es geht nicht!«, rief Bakhita. »Sie führt sich auf wie eine Verrückte!«

»Du musst es schaffen«, brüllte meine Großmutter. »Du musst es einfach schaffen!«

»Wie soll ich das machen, wenn sie so außer Rand und Band ist? Es geht nicht, ich würde sie ernsthaft verletzen.«

Während die beiden darüber stritten, steckten meine Zähne immer noch tief im Arm meiner Großmutter. Sie hatte deswegen nicht einmal mit der Wimper gezuckt, denn damit hätte sie zugegeben, dass ich ihr wehtat. Nachdem ich Bakhita noch ein paar weitere kräftige Fußtritte verpasst hatte, ließ sie die Rasierklinge fallen und weigerte sich weiterzumachen.

Meine Großmutter wandte sich mir zu. »Feigling!«, fauchte sie. »Wo ist dein Mut? *Dein Mut!* Du bist eine Zaghawa! *Eine Zaghawa!* Feigling!«

In Tränen aufgelöst lief ich zur Hütte meiner Mutter. Aber insgeheim war ich überglücklich, der Prozedur entkommen zu sein.

»Warum ist Großmutter so schrecklich?«, fragte ich schluchzend. »Immer schlägt sie uns und will uns wehtun. Sieh nur, was sie gerade gemacht hat!«

Meine Mutter nahm mich in den Arm und verarztete mein zerschnittenes Gesicht. Dann ging sie los, um mit meiner Großmutter zu reden.

»Sie ist nun mal ein Dickkopf. Sie will nicht hören und nicht gehorchen. Versuch bloß nicht noch mal, sie zu schneiden. Es hat keinen Sinn, und du könntest sie ernsthaft verletzen.«

Meine Großmutter widersprach ihr nicht. Sie wollte schlicht und einfach nichts mehr mit mir zu tun haben. Doch als mein Vater abends heimkam und sah, was die beiden Frauen angerichtet hatten, wurde er unglaublich wütend. Ich bat ihn, sich nicht zu sehr aufzuregen, denn immerhin hätte ich die beiden ja abgewehrt und zum zweiten Mal fliehen können. Sie hatten mich nur ein kleines bisschen geschnitten. Und offenbar hatte meine Großmutter den Versuch jetzt ein für alle Mal aufgegeben.

Meine Worte besänftigten meinen Vater sofort. Er schloss mich in die Arme und begann leise zu singen:

Komm, mein Kind,
Umarmen will ich dich …

Er nahm mich auf den Schoß, strich mir durchs Haar und küsste mich auf den Kopf. »Solange ich hier bin, kann dir niemand wehtun. Bei mir bist du in Sicherheit.«

Und genau so meinte er es auch.

Aber kein Mensch ist unbesiegbar, und wenn es sich ein kleines Mädchen noch so sehr wünscht.

4. KAPITEL

Mo, Omer und ich

Eines Morgens wachte meine Mutter mit schrecklichen Schmerzen im Ohr auf. Wir befürchteten, ein Insekt könnte ihr in der Nacht in den Gehörgang gekrochen sein. Meine Großmutter untersuchte das Ohr und kam zu dem Schluss, dass man heißes Sesamöl hineingießen müsse, um das Insekt herauszutreiben. Meine Mutter legte sich auf das Bett meiner Großmutter. Die erhitzte das Öl, prüfte mit dem Finger die Temperatur und goss, als der richtige Zeitpunkt erreicht war, ein wenig von dem Öl ins Ohr. Sie fragte, wie es sich anfühle, und meine Mutter antwortete, es sei recht angenehm, schön warm und schmerzlindernd.

Daraufhin goss meine Großmutter Öl nach, bis das Ohr gefüllt war. Dann setzten wir uns hin und warteten. Wir warteten und warteten. Nach einiger Zeit musste meine Großmutter zugeben, dass kein Insekt herausgekrochen war. Es gebe nur eine einzige Substanz, die stärker wirke als Sesamöl, meinte sie, und zwar Benzin. Ich hatte noch nie davon gehört, dass man jemandem Benzin ins Ohr goss, aber meine Großmutter behauptete hartnäckig, damit werde es klappen.

Sie ging den Benzinkanister holen, den mein Vater für seinen Landrover benutzte. Mein Vater hatte mich vor diesem Kanister immer gewarnt – er sei gefährlich, und ich dürfe ihn nicht anfassen. Ich fragte mich, ob Benzin wirklich die geeignete Flüssigkeit für das Ohr meiner Mutter war. Es war doch für den Landrover gedacht, für eine Maschine und nicht für Menschen! Aber da kam meine Großmutter auch schon mit dem schweren Kanister zurück. Sie schraubte den Verschluss ab und goss ein wenig von der Flüssigkeit in eine Tonschüssel. Sofort stiegen mir die starken, berauschenden Dämpfe in die Nase. »Glaubst du wirklich, dass das gut ist für Mamas Ohr?«, wagte ich zu fragen.

Meine Großmutter sah mich finster an. »Das Zeug ist stark genug, um den großen Wagen in Gang zu kriegen, stimmt's? Also hat es mehr Kraft als Sesamöl. Oder hast du einen besseren Vorschlag?«

Ich schüttelte den Kopf. »Nein.«

»Dann sei still! Wer kennt sich hier mit Medizin aus – du oder ich? Wenn wir auf dich hören würden, dürften wir gar nichts tun und müssten deine arme Mutter sterben lassen ...«

Meine Großmutter erwärmte die Schüssel mit dem Benzin über dem Feuer und schüttete meiner Mutter eine ziemlich große Menge ins Ohr. Wir traten vom Bett zurück und starrten sie atemlos an. Mehrere Sekunden lang geschah gar nichts, doch dann begann meine Mutter schrecklich zu husten und zu spucken und griff sich mit hochrotem Gesicht keuchend an den Hals. Dabei versuchte sie etwas zu sagen, brachte aber, nach Atem ringend, nur ein ersticktes Krächzen hervor.

Ich packte meine Mutter an den heftig zitternden Armen und brachte mein Ohr ganz nahe an ihren Mund. »Wasser! Wasser!«, stieß sie ächzend hervor.

Ich rannte aus der Hütte, holte eine Schüssel Wasser und sah mit wachsender Panik zu, wie meine Mutter es hinunterstürzte. Aber alles kam sofort wieder hoch. Meine Mutter griff sich mit schmerzverzerrtem Gesicht an den Bauch und an den Hals. Den ganzen Tag über lag sie im Bett und wurde zusehends schwächer. Sie atmete keuchend, in kurzen, schnappenden Zügen, und nichts, was sie zu sich nahm, konnte sie behalten. Ich hatte Angst, sie könnte sterben. Es war grauenhaft.

Als mein Vater an diesem Abend nach Hause kam, geriet er außer sich vor Wut. Unablässig stapfte er zwischen den Hütten auf und ab und fluchte leise vor sich hin. »Wie kann man nur so dumm sein! Wie kann man nur so dumm sein! Diese abgrundtief dumme Frau!« Damit war natürlich meine Großmutter gemeint, aber ich verstand kein Wort von dem, was er sagte. Er verfluchte meine Großmutter nämlich auf Englisch, um zu verhindern, dass sie es verstand und beleidigt war. Erst Jahre später, als ich in der Schule Englisch lernte, wurde mir klar, was er gesagt hatte.

Meine Mutter würgte die ganze Nacht hindurch und rang nach Atem. Schon bei Tagesanbruch war mein Vater auf den Beinen und bereitete die Fahrt ins Krankenhaus vor. Er trug seine Frau hinaus und legte sie auf die beiden Vordersitze des Landrovers. Ich war halbtot vor Angst und wollte unbedingt mitfahren, doch er sagte, ich müsse da bleiben und auf den kleinen Mohammed aufpassen. Mit kaum mehr als einem angedeuteten Winken begab er sich auf die lange Fahrt zur nächsten größeren Stadt.

Am Abend darauf kehrte er zurück. Er wirkte ernst und erschöpft, man sah die Angst in seinen Augen. Meine Mutter sei sehr krank, erklärte er. Das Benzin war durch die dünne Röhre geflossen, die das Ohr mit dem Rachen verbindet, und von dort in Lunge und Magen gelangt. Sie werde viele Wochen im Krankenhaus bleiben müssen, sagte er, aber die Ärzte hätten die Hoffnung geäußert, dass sie wieder ganz gesund werde.

Spät an diesem Abend nahm mein Vater mich auf den Schoß. Mit sorgenvollem Blick starrte er ins Feuer. »Deine Großmutter, Rathebe ... Weißt du, sie glaubt an einige sehr dumme Sachen. Manches davon ist durch und durch falsch, aber soll man ihr das sagen? Nein, natürlich nicht. Sie würde niemals darauf hören. Sie wird ihre Meinung nie ändern.«

Ich sagte zu meinem Vater, dass wir in unserem Dorf einen Arzt bräuchten, einen richtigen Arzt, so wie die Ärzte im großen Krankenhaus – sonst würde meine Großmutter noch jemanden umbringen. Da musste mein Vater lachen. Nichts, erwiderte er, brauche das Dorf mehr. Ein Arzt wäre ein wahrer Segen. Am nächsten Tag erzählte ich meiner Großmutter, was mein Vater und ich beschlossen hatten.

»So ein Unsinn!« Meine Großmutter schnaubte verächtlich auf. »Wofür brauchen wir einen Arzt? Wozu sind Leute gut, die nichts anderes tun, als Bücher zu lesen? Schließlich kann *ich* die meisten Krankheiten heilen, und mit der Hilfe der Fakire ...«

Drei Monate vergingen, bevor meine Mutter gesund genug war, um nach Hause zu kommen. Doch sie musste noch in ihrer

Hütte bleiben und sich erholen und durfte ihre geschädigte Lunge nicht dem starken Rauch des Herdfeuers aussetzen. Damals brachte ich mir selbst bei, *kissra* zu machen, die dünnen Hirsefladen, die wir alle so gern aßen. Meine Großmutter konnte das nicht gut, und meine Mutter war zu schwach. Wirklich köstliche *kissra* müssen dünn und luftig sein, wie knusprige Crêpes. Auf dreierlei war zu achten: Man musste den Teig genau richtig hinkriegen, man musste ihn vor dem Backen eine Zeitlang gehenlassen, und man musste mit dem *garagaribah*, dem speziellen *kissra*-Spachtel, umzugehen wissen.

Der *garagaribah* ist ein dünner Holzspachtel aus dem markhaltigen Inneren eines Dattelpalmenblatts. Sobald man den dünnen Teig in die heiße Eisenpfanne gegossen hat, wird er mittels *garagaribah* mit mehreren schwungvollen Kreisbewegungen darauf verteilt. Ich lernte schnell, dass ein guter *garagaribah* mehrere Monate hielt, ohne auszutrocknen oder zu splittern, wenn man ihn in einer mit Teig gefüllten Tasse aufbewahrte, damit er seine Feuchtigkeit behielt. Diese Teigportion fügte ich dem jeweils nächsten Teig als Vorteig hinzu, und genau das verlieh den *kissra* den säuerlichen, gärigen Geschmack.

Etwa ein halbes Jahr nach dem Vorfall mit dem Benzin wurde meine Mutter wieder schwanger. Am Geburtstag meines zweiten Bruders hätte man glauben können, eine Miniversion meiner Großmutter hätte das Licht der Welt erblickt. Brüllend und mit den Beinen tretend kam er auf die Welt, als wollte er von der ersten Sekunde an im Mittelpunkt stehen. Meine Großmutter spürte diese Wesensverwandtschaft offenbar, denn sie und ihr aufbrausender, kämpferischer Enkelsohn waren von Anfang an unzertrennlich. Mit dem sanften Mohammed hatte sie sich nie gut verstanden, aber jetzt war ihr ein strammer kleiner Zaghawa-Enkel geboren worden, mit dem sie in den Krieg ziehen konnte.

Einer alten Zaghawa-Tradition folgend gab mein Vater dem zweitgeborenen Sohn seinen Beinamen – Omer. Am Tag der Namensgebung platzte meine Großmutter fast vor Stolz auf ihren Krieger-Enkel. Glückstrahlend hielt sie das kleine Energie- und Kampfbündel in den Armen. Und an diesem zeremonienreichen

Tag tauchte dann natürlich auch prompt Großmutters getrennt lebender Ehemann auf. Aber ihre gute Laune war offenbar durch nichts zu erschüttern, denn schon nach kurzer Zeit plauderten die beiden lachend miteinander wie alte Freunde, die sich lange nicht gesehen haben.

»Du bist wirklich eine großartige Frau«, erklärte mein Großvater zärtlich lächelnd. »Keine andere hätte es geschafft, einfach wegzulaufen und mir auch noch klammheimlich die Kinder wegzunehmen!«

Meine Großmutter grinste von einem Ohr zum anderen. »Pass bloß auf, ich warne dich! Wenn du mir noch mal in die Quere kommst, mach ich dir die Hölle heiß!«

Da sagte mein Großvater, an meinen Vater gewandt: »Wie erträgst du es nur, mit einem solchen Hitzkopf von Frau, mit dieser wilden Ausreißerin zusammenzuleben?«

Mein Vater zuckte mit den Achseln. »Na ja, sie hat ihre Hütte, und wir haben unsere Hütte. Das klappt recht gut – oder etwa nicht, abu?«

Meine Großmutter lächelte selig und kitzelte den kleinen Omer. Sie mochte meinen Vater gern – trotz der Differenzen in Erziehungsfragen. Er hatte ihr ein Dach über dem Kopf gegeben, er behandelte sie respektvoll und ärgerte sie nie, zumindest nicht bewusst. Selbst wenn sie etwas wirklich Empörendes getan hatte, war mein Vater fast immer der Erste, der sich mit dem Argument, sie sei die Familienälteste und verdiene unseren Respekt, schützend vor sie stellte. Wenn sie Unrecht tue, müssten wir eben lernen, damit klarzukommen.

Ich lernte zwar durchaus, mit den meisten Dingen klarzukommen, aber mit der neu entfachten Zuneigung, die meine Großmutter damals für meinen Großvater hegte, hatte ich ein echtes Problem. Staunend sah ich zu, wie sie den kleinen Omer auf dem Schoß wiegte und gleichzeitig ihren Mann mit ausgesuchten Leckerbissen vom Festmahl fütterte. Es hatte etwas *Intimes*, dabei war meine Großmutter – na ja, sie war eben meine *Großmutter* und deshalb viel zu alt und verschrumpelt für so etwas …

Am Abend ging ich zu meiner Mutter und ließ mich neben

sie aufs Bett fallen. »Was hat Großmutter denn jetzt schon wieder vor? Hast du die beiden zusammen gesehen, Großvater und sie?«

Meine Mutter lächelte. »Was ist daran so schlimm, Rathebe? Sie schließen wieder Freundschaft miteinander, das ist alles.«

»Aber warum? Sind sie geschieden oder miteinander verheiratet oder verlieben sie sich jetzt wieder ineinander oder was?«

Da musste meine Mutter lachen. »Keine Ahnung. Solche Fragen stellt man sich besser nicht ... Ich weiß nur eines: Sie zu zähmen, das hat bisher noch keiner geschafft. So ist sie eben: Sie bekommt immer ihren Willen.«

Meine Mutter erzählte mir, dass mein Großvater nicht zum ersten Mal zu Besuch gekommen war. Seit er zur Überraschung aller bei meiner Namensgebung aufgetaucht war, hatte er sich jedes Jahr einmal blicken lassen, aber ich war zu klein gewesen, um mich daran erinnern zu können. Offenbar bewunderte er meine Großmutter geradezu und war stolz auf seine rebellische, abtrünnige Braut. Und dass die beiden wieder sehr vertraut miteinander wurden, war nicht zu übersehen.

Mein Großvater blieb nur kurz, und als er wieder weg war, bemerkte ich zu meiner Erleichterung, dass alles wieder seinen gewohnten Gang ging – zumindest so gewohnt, wie es mit dem Neuankömmling Omer möglich war. Omer war im Grunde die als zäher kleiner Kriegerjunge wiedergeborene Großmutter. Schon als Säugling war er ihr wie aus dem Gesicht geschnitten. Bestimmt würde er einmal groß und stark sein, wie sie, bestens zum Kämpfen geeignet. In den Augen meiner Großmutter war Omer natürlich ein vollkommenes Wesen – obwohl er sich, fast schon bevor er laufen konnte, mit den Nachbarskindern anlegte.

»Ja, *das* ist ein Mann!«, rief meine Großmutter jedes Mal, wenn er die anderen Jungen zum Weinen gebracht hatte.

Omer war das genaue Gegenteil von Mohammed, der zärtlichen Körperkontakt liebte. Wenn meine Mutter Omer zu sich rief, um mit ihm zu kuscheln, weigerte er sich zu kommen. Mo teilte seine Süßigkeiten mit anderen, während Omer alles behalten wollte. Wenn Mo von meinem Vater ein bisschen Geld bekam, gab er es sofort in die Obhut meiner Großmutter; Omer dagegen hortete jede Münze. Manchmal hatte er so viel Geld zusammengespart, dass meine Mutter ihn bat, ihr etwas davon zu leihen. Wenn mein Vater heimkomme, werde er es zurückerhalten.

Ich händigte meiner Großmutter mein Taschengeld bereitwillig aus. Das war immer noch besser, als es draußen beim Spielen wegen eines Lochs in der Tasche zu verlieren. Aber ich hatte ein wachsames Auge darauf und fragte meine Großmutter hin und wieder: »Wie viel habe ich inzwischen?« Daraufhin erntete ich immer einen bösen Blick, und dann ging sie in ihre Hütte. Wir wussten genau, was sie dort machte: Sie überprüfte ihr Geheimversteck. Ihre Wertsachen – und unser Taschengeld – bewahrte sie nämlich in einem Bodenloch neben dem Mittelpfosten ihrer Hütte auf.

Meine Großmutter sagte immer, wenn wir genug Geld gespart hätten, sollten wir Gold kaufen. Gold bezeichnete sie als *tibrih* – als etwas, das Geld spart –, und *tibrih* konnte gar nicht genug wertgeschätzt werden.

»Alles dürft ihr verkaufen, alles, aber nicht euer Gold!«, erklärte sie uns. »Wenn Gold erst einmal weg ist, kommt es nie wieder.«

Als Omer größer war, schnallte er sich ein winziges Holzschwert an die Hüfte und einen kleinen Holzdolch an den Rücken. Er nahm den Kampf gegen jeden auf, egal wie alt oder groß der Gegner war. Wenn Omer und Mohammed sich stritten, attackierte Omer seinen Bruder mit dem Schwert. Selbst mich griff er damit an, obwohl ich fünf Jahre älter war als er. Wenn er gerade mal nicht kämpfte, stieg er auf die Hüttendächer, kletterte auf die Bäume, lief aus unserem Gehöft hinaus, verirrte sich und machte insgesamt nichts als Ärger.

Mo war immer freundlich zu mir, und dennoch war Omer mein Lieblingsbruder. Wenn ich auf Abenteuersuche in den Wald gehen oder auf einen Baum klettern wollte, war Omer immer dafür zu haben. Und wenn es hart auf hart kam, konnte ich mich auf ihn verlassen. Er war mein kleiner Beschützer.

Aber ich war nicht die Einzige, die Omers Kampfgeist zu schätzen wusste. Wenn meine Großmutter zum Dorfmarkt ging, um ein paar Hühner oder Ziegen zu verkaufen, nahm sie Omer mit. Da Mo sich seinem kleinen Bruder schon sehr früh untergeordnet hatte, trottete er den beiden jedes Mal hinterher. Geriet meine Großmutter in einen Wortwechsel oder gar Streit mit jemandem, machte Omer mit, während Mo nach Hause rannte.

»Schnell, schnell, kommt alle!«, schrie er dann. »Großmutter und Omer haben Ärger. Kommt schnell, ihr müsst ihnen helfen!«

Wenn wir draußen »kämpften«, holte ich mir Omer immer als Ersten in meine Mannschaft. Entweder rangen wir miteinander oder wir lieferten uns Schlachten mit selbst gemachten Holzschwertern. Es gab nur eine einzige Regel: Alles war erlaubt, außer dem Gegner ins Gesicht zu schlagen. Man durfte ihn in den Schwitzkasten nehmen, ihn zu Boden werfen, ihm ihn den Bauch boxen oder ihm den Arm auf den Rücken drehen. Meistens war es ein Kampf Junge gegen Junge und Mädchen gegen Mädchen, aber manchmal traten wir Mädchen auch gegen die Jungen an, um zu beweisen, dass wir genauso gut kämpfen konnten wie sie.

Die vielen Narben an Omers Armen und Beinen wiesen ihn als richtigen Rabauken aus. Jeder Kampf, den er sich lieferte, endete beim Gegner mit Verletzungen und Tränen, und dann gab es Ärger. Die Eltern kamen und beschwerten sich. Meine Mutter setzte zu einer hastigen Entschuldigung an, aber meine Großmutter befahl ihr, still zu sein. Sich entschuldigen – das sei etwas für Feiglinge, sagte sie. Darauf entgegnete meine Mutter, sie müsse sich aber entschuldigen, da die Nachbarn Omer sonst vielleicht verprügeln würden. Wogegen meine Großmutter einwandte, wenn die Kinder nicht wollten, dass Omer ihnen wehtue, sollten sie eben nicht mit ihm kämpfen.

Ich wusste zwar, dass das Raufen nicht gerade damenhaft war, fand aber, dass auch Mädchen sich behaupten können sollten. Außerdem musste ich als die Älteste oft für Mo kämpfen. Mein Vater war jedoch alles andere als glücklich, wenn er hörte, dass ich mich mit einem anderen Kind gebalgt hatte. Wahrscheinlich befürchtete er, ich könnte zu viel von meiner Großmutter geerbt haben und würde eine ebenso hitzköpfige und aggressive Frau wie sie werden.

»Warum kämpfst du so oft, Rathebe?«, fragte er mich immer wieder. »Überlass die Raufereien deinen Brüdern! Wenn du nicht damit aufhörst, halten dich die Leute irgendwann für ein wildes Mädchen, für einen richtigen Störenfried!«

»Ich kämpfe ja nicht, weil es mir Spaß macht, abba«, erwiderte ich dann. »Ich wehre mich nur gegen die anderen ...«

In Wahrheit machte mir das Kämpfen sehr wohl Spaß, und ich wusste, dass ich ziemlich gut war, weil ich genug von der Hitzköpfigkeit meiner Großmutter geerbt hatte. Das Gegenteil behauptete ich nur, damit mein Vater wieder fröhlich wurde. Ich wollte, dass er mich auch weiterhin für sein liebes, artiges Töchterchen hielt.

Omer dagegen provozierte die Kämpfe geradezu.

In der Nähe des Dorfes bauten wir auf mehreren Feldern Hirse, Mais und Sesam an. Für sein Vieh hatte mein Vater ein paar junge Männer eingestellt, aber meine Großmutter bestand darauf, dass wir unser Getreide selbst anbauten. Erst wenn die Regenzeit eingesetzt hatte, konnten wir mit dem Pflanzen beginnen; dann musste jedes von uns Kindern drei, vier Reihen Hirse oder Mais pflanzen.

Gleich am Tag nach dem ersten Regen gingen wir auf die Felder. Meine Großmutter gab jedem von uns die gleiche Anzahl an Samenkörnern. Zuerst stachen wir mit einem spitzen Grabstock in einer Reihe Löcher in die feuchte Erde. Dann ging jeder seine Reihe ab, warf zwei oder drei Samenkörner in jedes Loch und stampfte die Erde mit den bloßen Füßen fest. Wenn wir alles erledigt hatten, waren unsere Füße ganz heiß und geschwollen und benötigten Ruhe und eine gründliche Reinigung.

Doch bevor wir nach Hause gingen, mussten wir einen *jahoub kadai* machen, einen Unheimlichen Mann. Wir suchten uns zwei Stöcke, einer etwas kürzer als der andere, und banden sie so zusammen, dass sie ein Kreuz bildeten. Dann rammten wir den längeren Stock in den Boden, drapierten ein paar alte, zerrissene

Kleidungsstücke über die Konstruktion und banden dem Unheimlichen Mann einen alten Turban um den Kopf. Bei Wind sah der *jahoub kadai* wie ein über die Felder laufender Mann aus und vertrieb so die Vögel.

Wie in den meisten Familien bestand zwischen meinen Brüdern und mir eine große Rivalität. Als Omer zum ersten Mal mit uns aufs Feld ging, fiel mir ein Streich ein, den ich ihnen spielen konnte. Wenn ich mogelte und doppelt so viele Samenkörner in meine Löcher warf, wie man eigentlich sollte, würde ich mit meinen Reihen doppelt so schnell fertig sein.

Meine Großmutter staunte, als ich meine Arbeit so schnell ausgeführt hatte. Aber am allerbesten war, wie sehr sich Omer darüber ärgerte.

Doch als wir eine Woche später wiederkamen, um nach den Pflänzchen zu sehen, flog mein Trick auf. Die jungen Pflanzen in meinen Reihen standen so dicht, dass sie sich bald gegenseitig erdrücken würden.

»Wer war das?«, wollte meine Großmutter wissen.

Keiner antwortete.

»*Wer war das?* habe ich gefragt! Wer hat gemogelt?«

»Er war's«, brach es aus mir heraus, und ich deutete anklagend auf Mohammed.

»Mohammed!« Meine Großmutter schnaubte vor Wut. »Das hätte ich mir ja denken können.«

Mohammed brach in Tränen aus. »Sie lügt! Ich war's nicht! Ich war's nicht!«

Da sagte ich an Omer gewandt: »Dann muss er es gewesen sein. Er ist noch so klein, er weiß es nicht besser.«

Omer warf sich trotzig in die Brust. »Und *wenn* ich es war? *Wenn* ich es getan habe? Ist doch egal!«

»*Wer von euch beiden war es?*«, hakte meine Großmutter nach.

»Ich war's«, wiederholte Omer. »Ja, ich war's. Und was willst du jetzt machen?«

Meine Großmutter war einen Moment lang sprachlos. Dann packte sie Omer, warf ihn sich über die Knie und verabreichte ihm eine Tracht Prügel. Aber natürlich nur halbherzig. Und selbst wenn sie Omer halb totgeschlagen hätte, wäre dem Jungen nicht die kleinste Träne ausgekommen. Es entsprach einfach nicht seinem Naturell, zu weinen. Nach diesem Vorfall fragte ich mich noch oft, ob Omer wirklich überzeugt gewesen war, bei seinen Reihen gemogelt zu haben. Aber er war wohl der geborene Schlingel und fand einfach Gefallen daran, sich in Schwierigkeiten zu bringen.

An den Dachsparren in der Hütte meiner Großmutter hing ein Beutel aus Raphiabast, in dem sie kleine Leckereien aufbewahrte. Omer fand heraus, dass er den Beutel, wenn er sich auf einen Holzschemel stellte, mit Hilfe eines vorne gespaltenen Stocks abhängen konnte. Er holte ihn herunter, und Mo und ich drängten uns an ihn, um einen Blick hineinzuwerfen. Sobald wir sahen, dass etwas Köstliches darin steckte, konnten wir der Versuchung nicht widerstehen, ein bisschen daran zu knabbern. Aus Knabbern wurde Abbeißen, und unversehens war alles weg.

Es kam vor, dass meine Großmutter am Abend eines solchen Tages Gäste empfing und feststellen musste, dass ihr Delikatessenvorrat nicht mehr vorhanden war. Dann bekam sie natürlich einen Wutanfall, während wir drei das Weite suchten. Wenn meine Großmutter mich oder Mo schnappte, beschuldigten wir uns gegenseitig. Doch wenn sie Omer erwischte, verkündete er stolz, er sei der Dieb – und was wolle Großmutter jetzt machen?

Meine Großmutter konnte Omer nie lange böse sein; dazu liebte sie ihn einfach zu sehr. Ständig erzählte sie ihm von den alten Zeiten – von den Heldentaten der Zaghawa. Eines Tages kamen ein alter Mann und seine Frau zu Besuch. Sie blieben ewig, tranken heißen, süßen Pfefferminztee und redeten. Kurz bevor sie sich verabschiedeten, holte meine Großmutter uns Kinder zu sich.

»Seht ihr den alten Mann?«, fragte sie. »Früher, lange vor eurer Geburt, war er ein großer Zaghawa-Jäger. Er ging in den Wald und tötete ganz allein einen *hjar* …«

Wir konnten es nicht fassen. Der *hjar* – der Leopard – zählt in unserer Gegend zu den gefürchtetsten Wildtieren.

»Er hat einen *hjar* getötet? Wie hat er das gemacht?«

»Er war sehr, sehr mutig«, erklärte meine Großmutter feierlich. »Und wie alle großen Zaghawa-Krieger war er auch sehr schlau. Er hat den *hjar* überlistet und dann getötet.«

»Das mache ich später auch mal!«, verkündete Omer stolz. »Wenn ich größer bin, töte ich auch einen *hjar!*«

Ich knuffte ihn in den Bauch. »Träum weiter, Dickerchen!«

Meine Großmutter brachte mich mit einem Hieb aufs Ohr zum Schweigen. »Könnt ihr euch vorstellen, wie er den *hjar* überlistet hat?«

Wir schüttelten den Kopf. »Gut, dann erzähle ich es euch. Als Erstes tötete er eine Ziege. Er nahm die Ziege und ritt in den Wald. Er suchte den Wald nach einer frischen Leopardenspur ab und fand sie auch. Dann stieg er von seinem Esel und grub ein Loch. Als es groß genug war, bedeckte er es mit Gras und Ästen, mit altem Laub und Schlamm, bis man nichts mehr davon sah.«

Sie machte eine kurze Pause. Ihre Augen leuchteten vor Begeisterung.

»Und dann?«, stieß ich unwillkürlich hervor.

»Dieser Mann war sehr, sehr schlau«, fuhr meine Großmutter fort. »Er stieg auf einen Baum und band die Ziege an einen Ast. Dann versteckte er sich, so gut es ging, und wartete. In tiefster Nacht kam durchs Dunkel schnüffelnd der *hjar* daher. Er roch die tote Ziege und schmeckte das Blut in der Luft.«

Der Leopard war auf die Ziege losgegangen, da hatte plötzlich der Boden unter ihm nachgegeben. Nachdem das majestätische Tier in das Loch gefallen war, hatte sich der Jäger, den Speer in der Hand, vom Baum gleiten lassen. Der *hjar* hatte fauchend mit den Pranken nach dem Angreifer geschlagen, saß aber in der Falle. Als meine Großmutter uns vom Tod des *hjar* erzählte, tat mir das Tier irgendwie leid.

»War er sehr schön?«, fragte ich sie. »Der *hjar*, meine ich.«

Meine Großmutter sah mich böse an. »Schön? *Schön?* Er war groß und wild und hatte spitze Zähne und messerscharfe Krallen – das nennst du *schön?* Die Hälfte der Kühe im Dorf hatte er gerissen – und das soll *schön* sein? Und viele Kinder hatte er getötet, die im Wald herumgetollt waren, und sie alle aufgefressen ... Aber in einem hast du vielleicht sogar recht: Alles, was kleine Kinder tötet und auffrisst, *ist eigentlich sehr in Ordnung.*«

Ihre bösartigen Bemerkungen über scharfe Krallen und aufgefressene Kinder brachten Mo fast zum Weinen. Seine Unterlippe bebte – das war immer das erste Anzeichen dafür. Omer dagegen liebte so etwas. Ich nahm Mos Hand und versuchte, zum Thema zurückzukommen.

»Und was hat er dann mit dem *hjar* gemacht?«, fragte ich meine Großmutter.

»Enthäutet hat er ihn. Der *hjar* hat ein wunderschönes hellgelbes Fell mit braunen Flecken. Das legte der Jäger über den Rücken des Esels und ritt ins Dorf zurück. Alle Kinder rannten ihm entgegen und riefen aufgeregt: ›Schaut! Schaut! Der Jäger hat einen *hjar* getötet!‹ Er ritt zum Marktplatz und verkaufte das Fell für eine Menge Geld. Aus Leopardenfell hat man früher schöne Schuhe gemacht, wisst ihr.«

Warum, fragte ich mich, wurden solche Schuhe inzwischen nicht mehr gemacht? Weil die meisten *hjars* getötet worden waren? Einige wenige Leoparden gab es noch, denn hin und wieder hörten wir sie brüllen. Aber sie lebten tief in den Wäldern des Djebel Marra, so weit von Menschen entfernt, wie es nur ging.

Als wir drei Geschwister das nächste Mal zusammen draußen spielten, gab Omer keine Ruhe, bis wir die Enkelkinder des alten Mannes, des Leoparden-Töters, ausfindig gemacht hatten. Dann forderte er sie zum Kampf heraus.

»Ha!«, rief er, nachdem er sie besiegt hatte. »Ha! Euer Großvater hat zwar einen *hjar* getötet, aber ihr könnt mich nicht schlagen! Ich werde später der größte Tiger-Töter aller Zeiten sein!«

Während sich die Geschichten meiner Großmutter stets um die Familie, den Clan oder den Stamm drehten, versuchte unser Vater immer, uns etwas vom Rest der Welt zu berichten – von der Geschichte des Sudan, von fremden Kulturen und fernen Ländern. Omer hatte für solche Themen keine Zeit, und Mohammed zeigte kein größeres Interesse, aber ich hatte, warum auch immer, einen gewaltigen Durst nach solchem Wissen. In den Augen meiner Großmutter war es geradezu gefährlich, uns in unserem Denken von den zeitlos gültigen Gewissheiten des Dorfes wegzuführen. Der Kampf zwischen ihr und meinem Vater um die Vorherrschaft über unser Bewusstsein tobte am heftigsten, als es um das Radio ging.

Eines Tages hatte mein Vater aus der nächstgelegenen Stadt ein winziges, ziemlich ramponiertes Radio mitgebracht. Es hatte eine wackelige, provisorisch mit Klebeband befestigte Antenne. Jeden Abend versuchte er die Nachrichten zu empfangen, insbesondere die des BBC World Service. Er erklärte mir, dass er den sudanesischen Nachrichten kein Wort glaube, bis die Meldungen vom BBC World Service bestätigt worden seien. Damals entstand in mir erstmals eine Ahnung darüber, dass in unserem Land dunkle Mächte am Werk waren, denen man so gut wie gar nicht trauen konnte.

Unsere Familie zählte zu den wenigen im Dorf, die ein Radio besaßen. Merkwürdigerweise – schließlich handelte es sich um »neumodisches technisches Zeug von da draußen« – wurde meine Großmutter der größte Fan des Geräts, was aber vor allem daran lag, dass ein Radio ein sehr wichtiges Statussymbol darstellte. Jeden Morgen holte sie es sich, stellte es vor ihre Hütte und drehte am Sendersuchknopf, bis sie irgendeine ausländische Musiksendung gefunden hatte. So stand es dann den ganzen Tag über da und plärrte mit voller Lautstärke vor sich hin. Sie verstand natürlich kein Wort, liebte aber offenbar diese Geräuschkulisse.

Wenn mein Vater abends nach Hause kam, nahm er sich das Radio, stellte es ins »Wohnzimmer« zurück und versuchte, die BBC zu empfangen. Ich wusste, dass ihn das Verhalten meiner Großmutter unendlich frustrierte, aber er beklagte sich nie. Irgendwie arrangierte er sich damit. Bei seiner nächsten Fahrt in die Stadt kaufte er ein wesentlich größeres Radio. Es war hellviolett und funkelnagelneu. Als er es meiner Großmutter überreichte, geriet sie außer sich vor Freude. Ein besseres Statussymbol war nicht vorstellbar.

Schweigend stellte mein Vater sein kleines, zerbeultes Radio in den Wohnbereich zurück, wo es für immer auf die BBC eingestellt blieb. Er hatte es zwar versäumt, meine Großmutter darüber zu informieren, dass das neue Radio eine sehr kleine Bandbreite besaß und nur sudanesische Sender empfangen konnte, während sein winziges altes Ding ein Langwellenradio war, ein Weltempfänger, aber meine Großmutter interessierte das ohnehin nicht: Solange ihr Radio groß und eindrucksvoll war und Lärm von sich gab, war sie selig.

Doch sosehr meine Großmutter uns isoliert wissen wollte – die Außenwelt wirkte doch auf uns ein, und das oft auf sehr unschöne Art und Weise. Südlich und östlich unserer Felder lebten mehrere halbnomadische arabische Stämme – die Rizeiqat, die Hamar, die Ta-aisha und einige andere. Wir bezeichneten sie mit dem Wort *Ahrao* – »der arabische Feind«. Die *Ahrao* und wir schwarzafrikanischen Stämme hatten traditionellerweise nicht viel füreinander übrig. Wenn es Ärger gab, dann kam er unweigerlich von den *Ahrao*.

Mein Vater stellte einen *hiry carda* ein, einen Viehhirten, der sich um unsere Kühe und um die Ziegenherde kümmern sollte. Der Junge war etwa acht Jahre alt und kam von einem benachbarten schwarzafrikanischen Stamm namens Birgid. Ich sah nicht auf ihn herab, weil er ärmer war als wir und sich für meinen Vater verdingte – ganz im Gegenteil: Mo, Omer und ich bewunderten ihn sogar, weil er älter war als wir und Arbeit hatte. Wir wollten ihm beim Viehhüten immer helfen, und oft nahm er uns mit.

Jeden Morgen holte er die Tiere aus ihrem *gory*, dem Tierhaus. Das war ein Gehege aus Dornenbaumästen, die kreisförmig im Boden staken. Der Junge sammelte die Tiere ein und trieb sie in den Busch hinaus, damit sie sich gutes Futter suchten. Gleichzeitig musste er verhindern, dass sie die Feldfrüchte der Nachbarn fraßen, und er musste wilde Tiere verscheuchen. Das beste Weideland gab es auf den Ausläufern des Djebel Marra; dort musste er dafür sorgen, dass keines der Tiere die Herde verließ und sich in den Bergen verirrte.

Gegen Abend führte er das Vieh in das *gory* zurück. Das Gehege hatte zweierlei Zweck: Die dichte Schutzwehr aus Akaziendornen hielt wilde Tiere fern, diente aber auch als Abschreckung für jeden, der sich versucht fühlte, unser Vieh zu stehlen. Bevor er die Tiere über Nacht allein ließ, schleifte der Viehjunge eine Art Gatter aus Dornengestrüpp herbei und blockierte damit den Zugang. Zum Schluss band er einen unserer Hunde an das »Tor«, damit wir bei Gefahr gewarnt würden.

Eines Nachmittags kam er in den Hof gelaufen. Sein Gesicht war blutverschmiert, das Hemd zerrissen, und er wirkte panisch. Er hatte das Vieh auf eine neue Weide getrieben und war von den *Ahrao* angegriffen worden. Der kleine Junge war um sein Leben gerannt und hatte sich im Busch versteckt. Innerhalb kürzester Zeit waren alle unsere Ziegen weg. Das Vieh und den Esel hatten die *Ahrao* zurückgelassen, aber die Ziegen waren klein und schnell und konnten relativ leicht Richtung Osten ins flache Wüstengebiet getrieben werden.

Als meine Großmutter davon erfuhr, bekam sie einen Wutanfall. Sie hatte ihre Ziegen mit einem im Feuer erhitzten Dolch mit drei senkrechten Malen an den Ohren gebrandmarkt. Jetzt versuchte sie eine Kampftruppe aufzustellen, die die *Ahrao* verfolgen und ihnen die Ziegen wieder abnehmen sollte. Omer marschierte mit seinem Holzschwert umher, bestens gerüstet, mit ihr loszuziehen, aber mein Vater forderte sie auf, nicht so hitzköpfig zu sein. Die *Ahrao* seien mittlerweile schon längst weg, sagte er. Und selbst wenn wir sie zu fassen bekämen, würde es zu einem heftigen Kampf kommen, in dem sogar Menschen getötet werden könnten. Mein Vater versprach meiner Großmutter, gleich am nächsten Tag eine Ersatz-Ziegenherde zu kaufen. Er werde nur erstklassige Tiere nehmen – die kräftigsten, gesündesten Ziegen auf dem ganzen Markt. Er könne es sich leisten und verhindere damit, dass Menschen zu Schaden kämen. Auf lange Sicht werde sich das Ganze für Großmutter sogar als günstig erweisen, gab er zu bedenken. Meine Großmutter stimmte dem Vorschlag meines Vaters zu, auch wenn ihr der Gedanke, von den *Ahrao* übertölpelt worden zu sein, unerträglich blieb.

Die *Ahrao* hatten es wegen der üppigen Weiden auf unser Land abgesehen, besonders auf die Ausläufer des Djebel Marra. In der Trockenzeit führten sie ihr Vieh auf der Suche nach Wasser und Grünfutter westwärts. Die Tiere vor sich hertreibend durchzogen sie unser Gebiet. In dieser Zeit kam es auch zu den meisten Fällen von Viehdiebstahl. Die Männer der *Ahrao* waren mit Messern, Schwertern und altertümlichen Gewehren bewaffnet; sie waren es, die diese waghalsigen Viehraubzüge durchführten.

Wenn *Ahrao* näher kamen, erkannte ich sie sofort an ihrer hellen Haut, an ihren spitzen Gesichtszügen und an ihren Bärten. Allein ihr Anblick jagte jedem Angst ein, und in den Monaten der Trockenzeit verließ niemand allein das Dorf. Nachdem die Ziegen meiner Großmutter geraubt worden waren, setzte mein Vater sich zu mir und erzählte mir alles über die *Ahrao*. Wir Zaghawa und die anderen afrikanischen Stämme müssten uns ihnen widersetzen, erklärte er, sonst würden sie uns so lange bedrängen, bis wir unsere Dörfer, unsere Felder, ja selbst unsere Identität verloren hätten.

»Den Ahrao darfst du nie trauen«, sagte er. »Nach außen lächeln sie, aber hinter diesem Lächeln verbirgt sich ein anderes Gesicht.«

Diese Worte meines Vaters sollten sich auf grauenhafte Art als prophetisch erweisen.

5. KAPITEL

Die Beschneidung

Kurz nachdem die *Ahrao* unsere Ziegen geraubt hatten, verließ mich um ein Haar mein Glück. Mo, Omer und ich spielten auf dem Markt Fangen. Ein alter Mann hielt mich an, und ich machte mich darauf gefasst, dass er sich über unsere Lautstärke beschweren würde. Doch er beugte sich nur zu mir hinunter und musterte mein Gesicht.

»Du hast da was im Auge, Kleine. Ein Stück Grashalm oder so etwas …« Blitzschnell schoss seine Hand vor, und er zog an meiner weißen Wimper. Ich spürte einen brennenden Schmerz am Auge, und mein Blick verschwamm vor Tränen. Omer stürzte sich auf den Alten und schlug auf seine Beine ein. Ich riss mich von dem Mann los und lief nach Hause zu meinen Eltern. Die ganze Gesichtshälfte tat höllisch weh, und meine Augenmuskeln hatten sich verkrampft.

Als ich zu Hause ankam, war mein linkes Auge vollständig zugeschwollen. Mein Vater bekam fast einen Herzanfall, als er mich sah. Er bat meine Mutter, mich zu verbinden; dann fuhren wir zu dritt ins Krankenhaus. Ich hatte solche Schmerzen, dass mir immer wieder die Frage durch den Kopf ging, warum eine einzige winzige weiße Wimper solche Qualen verursachen konnte. Eine Wimper war doch schließlich nichts weiter als ein Härchen.

Im Krankenhaus brachte mich mein Vater sofort zum Augenarzt. Der Mann im weißen Kittel zog die Schwellung auseinander, richtete den Strahl einer kleinen Taschenlampe auf das Auge und erklärte, dass ich operiert werden müsse. Es gebe nur eine Möglichkeit: Die weiße Wimper müsse entfernt werden. Doch das wollte mein Vater nicht. Er brachte mich zu einem chinesischen Arzt am anderen Ende der Stadt, der, wie mein Vater hoffte, meine weiße Wimper und damit das Glück unserer Familie retten würde.

Ich hatte natürlich noch nie einen Menschen gesehen, der auch nur entfernt so aussah wie Dr. Hing, der chinesische Arzt: ein kleiner, runzeliger Mann mit gelblicher Haut, feinem Haar und merkwürdig schrägen Augen. Er führte mich ins Untersuchungszimmer und hörte aufmerksam zu, während mein Vater ihm schilderte, was geschehen war. Hin und wieder traf mich sein prüfender Blick aus den klaren, wachen Augen.

Als mein Vater alles erzählt hatte, fragte der Arzt, ob er sich mein Auge ansehen dürfe. Ich erlaubte es ihm, bat ihn aber, vorsichtig zu sein, da es sehr weh tue. Dr. Hing nickte lächelnd und versicherte mir, ich würde gar nichts merken. Seltsamerweise fühlte ich mich in seiner Gegenwart sehr wohl. Behutsam schob er die geschwollenen Lider auseinander und betrachtete das Auge. Er betrachtete es sehr gründlich. Dann richtete er sich auf, und sein so merkwürdig heiteres Gesicht verzog sich zu einem sanften Lächeln.

»Das ist eine, die Glück hat«, sagte er leise. »Großes, großes Glück.«

Ob er wohl meinte, dass ich Glück hätte, weil mein Auge nicht allzu schwer verletzt sei? Ich hoffte es sehr und entspannte mich ein wenig. Ich hatte mir um die Sehkraft meines linken Auges ebenso sehr Sorgen gemacht wie um den Verbleib meiner weißen Wimper.

»Was soll das heißen, Herr Doktor?«, fragte mein Vater.

»Ihre Tochter hat großes Glück«, wiederholte Dr. Hing. »Sie hat *die weiße Wimper!* Bei uns Chinesen bedeutet eine weiße Wimper großes Glück. Sehr, sehr großes Glück ...«

Er setzte sich an seinen Schreibtisch und begann irgendwelche Pulver und Tränke zuzubereiten. Dann bat er mich, die Zunge herauszustrecken, er wolle sie untersuchen. Er betrachtete sie mehrere Sekunden lang, notierte sich etwas auf einer Karteikarte und wandte sich dann wieder an meinen Vater.

»Eine weiße Wimper ist etwas ganz Besonderes.« Er hielt eine kleine Pappschachtel mit einem bräunlichen Pulver in die Höhe. »Das sind zerstoßene chinesische Kräuter. Lösen Sie ein Teil davon in zehn Teilen sauberem Wasser auf – das ist gegen den Schock. Der ganze Körper erleidet einen starken Schock, wenn an einer weißen Wimper so grob gerissen wird.« Als Nächstes hob er einen Papierumschlag mit bröckeligen gelben Tabletten hoch. »Und das ist zur Stärkung des Immunsystems, zur Abwehr von Infektionen. Und das hier« – er zeigte uns ein Päckchen mit dunkelgrünem Pulver – »ist ein ganz besonderes chinesisches Medikament zur Kräftigung des Auges.«

Dann warf er meinem Vater nochmals einen kurzen Blick zu und wiederholte übers ganze Gesicht strahlend: »Eine weiße Wimper – so viel Glück, so viel Glück!«

»Das ist alles?«, fragte mein Vater. »Es muss nicht … herausgeschnitten werden? Keine Operation?«

»Operation?« Dr. Hing wirkte belustigt. »Operation? Warum sollte man eine weiße Wimper beschädigen? Sie bedeutet doch so viel Glück …« Und dann erklärte er uns, dass meine weiße Wimper über eine eigene, separate Blutversorgung verfüge. Deshalb wachse sie auch schneller als die anderen Wimpern. Wer daran herumoperiere, riskiere die Schädigung des gesamten Auges. Und überhaupt – warum ein solches Risiko eingehen? Eine weiße Wimper bedeute Glück, und mit Hilfe seiner Kräuter werde sie von selbst heilen.

Er sollte recht behalten. Eine Woche später kehrte ich nach Hause zurück. Die Schwellung war fast völlig verschwunden. Die chinesischen Heilmittel schmeckten widerlich, aber offenbar wirkten sie. Dennoch war mein Vater sehr wütend auf den alten Mann, der versucht hatte, mir die weiße Wimper herauszureißen.

»Wir sorgen besser mal dafür, dass Rathebe in die Schule kommt«, sagte er zu meiner Großmutter. »Sonst reißt ihr wirklich demnächst jemand die weiße Wimper aus und raubt uns damit unser Glück und Rathebes Klugheit!«

Von da an stutzte mein Vater die weiße Wimper mit einer kleinen Schere, wenn sie zu lang geworden war, damit niemand mehr versuchte, sie mir aus dem Lid zu ziehen.

Mit meinen nun fast acht Jahren hatte ich das Alter erreicht, in dem ich, den Ankündigungen meines Vaters zufolge, in die Schule kommen sollte. In unserem Dorf gab es keine Schule, und meine gesamte Ausbildung hatte bis zu diesem Zeitpunkt nur den Koranunterricht umfasst. Jeden Freitagvormittag mussten wir zum Imam gehen und Koranverse auswendig lernen. Wenn wir nicht schnell genug lernten, schlug er uns mit einem langen Stock. Deshalb stand für uns freitagmorgens außer Frage, was vorzuziehen sei: ein Vormittag beim Imam oder ein Vormittag, der damit ausgefüllt war, auf Bäume zu klettern, mit unseren Freunden zu kämpfen und Unsinn zu machen.

Jetzt aber sollte ich richtigen Unterricht in der großen Schule in Hashma erhalten, der unserem Dorf nächstgelegenen Stadt. Doch zuvor musste ich beschnitten werden. Alle Mädchen in unserem Stamm waren beschnitten worden, die meisten im Alter von zehn, elf Jahren. Meine Großmutter bestand darauf, mich erst dann zur Schule gehen zu lassen, wenn ich beschnitten wäre. Nach meinen Erfahrungen mit den Gesichtsnarben war ich mehr als nur ein bisschen ängstlich. Aber ich hatte schon Feiern für andere Dorfmädchen miterlebt, und deren Beschneidung war mir immer als etwas Fröhliches, Ausgelassenes, Schönes erschienen.

Am Vorabend meiner Beschneidung fand ein Fest für die Frauen und Mädchen statt. Meine Mutter, meine Großmutter, Kadiga und viele andere weibliche Verwandte waren da, und ich bekam den Ehrenplatz. In unserer Kultur bezeichnet die Beschneidung die Grenze zwischen Mädchenzeit und Frausein, deshalb wurde ich fast wie eine Braut behandelt. Ich trug ein wunderschönes neues Kleid und neue Schuhe, alles in Rot.

Meine Großmutter und meine Mutter bemalten mir stundenlang Hände und Füße mit kunstvollen roten Henna-Mustern, ganz so, als würde ich heiraten. Meine Haut wurde mit Öl eingerieben, damit das danach aufgetragene Hennapulver eine noch intensivere Färbung annahm. Meine Fußsohlen wurden mit einer dicken dunkelroten Schicht Henna bestrichen. Von den Fußknöcheln bis kurz unter die Knie malten sie mir komplizierte Kringel und Blumenmuster auf die Haut. Meine Fingerspitzen wurden grell orange gefärbt, und über die ganze Länge der Unterarme zogen sich ineinander verschlungene Kreise und Spiralen.

Am Ende dieser Vorbereitungen waren alle meine Bedenken hinsichtlich der Beschneidung verflogen. Ich kam mir so schön vor, so erwachsen und so einzigartig, dass ich meiner Beschneidung geradezu freudig entgegensah. Früh am nächsten Morgen traf die *taihree* ein, die Beschneiderin unseres Dorfes. Sie hatte zwar keine offizielle Ausbildung, erledigte aber alles, was mit den Frauen zu tun hatte. Ich wurde in die Hütte meiner Großmutter geführt und setzte mich nervös auf die Kante ihres Betts.

Während ich zusah, wie die *taihree* ihr Handwerkszeug auslegte – Rasierklinge, Lappen und mehrere mit Wasser gefüllte Schüsseln –, packte mich plötzlich die Angst. Es erinnerte mich so an die Zeit, als mir die Narben hatten zugefügt werden sollen und ich geflohen war. Einen Augenblick lang spielte ich mit dem Gedanken, es wieder zu tun, aber draußen warteten die Verwandten und Freunde. Ich konnte nicht weg. Wenn ich floh, würde man mir das nie verzeihen.

Eine riesige, monströs dicke Frau betrat nun die Hütte. Ich wusste sofort, wer sie war – alle Dorfkinder kannten sie. Wenn wir sie auf der Straße sahen, deuteten wir auf sie und flüsterten uns zu, dass das die Frau sei, die die Mädchen während der Beschneidung festhielt.

»Setz mir das Kind auf den Schoß«, sagte sie zu meiner Großmutter. »Ich halte sie, dann kannst du der *taihree* helfen.«

Meine Großmutter nickte. Die dicke Frau setzte sich neben mich, und ich spürte, wie sich das Bett unter ihrem Gewicht fast bog. Sie patschte mit der Hand auf ihren Schoß, lächelte mir zu und hob mich auf sich. Mir wurde klar, dass es jetzt kein Zurück mehr gab. Sie hielt mich eng umschlungen, und sie war so unglaublich schwer und kräftig. Die *taihree* kam, die Rasierklinge in der Hand, auf mich zu. In diesem Augenblick sah ich, dass meine Mutter leichenblass wurde.

Sie warf meiner Großmutter einen Blick zu. »Ihr braucht mich ja nicht … Ich helfe lieber beim Kochen.«

Meine Großmutter nickte. Meine Mutter drückte mir noch

hastig einen Kuss auf den Kopf, dann war sie verschwunden. Meine Großmutter nahm einen von den Lappen, die die *taihree* mitgebracht hatte, und reichte ihn mir.

»Steck ihn in den Mund und beiß mit aller Kraft darauf. Und denk daran – du darfst nicht schreien oder weinen, das wäre eine Schande. Sei tapfer!«

Ich befolgte ihren Befehl. Irgendwie war ich immer noch bereit, das Ganze durchzustehen und zu beweisen, dass ich ein großes, starkes Mädchen war. Ich spürte, wie die dicke Frau mir die Beine spreizte und mich auf den Rücken zwang, bis ich nur noch das Dach von Großmutters Hütte sah. Die Tür ging einen Spaltbreit auf, und ein neugieriges Kind lugte herein. Meine Großmutter schrie es an, es solle verschwinden. Einen Moment lang fragte ich mich in meiner Angst, ob es vielleicht der verrückte Omer gewesen sein könnte. Es hätte zu ihm gepasst. Und dann griff mir die *taihree* zwischen die Beine.

Beim ersten Schnitt mit der Rasierklinge durchschoss mich ein Schmerz, wie ich ihn nie zuvor gespürt hatte. Ich stieß einen gellenden Schrei aus und begann zu treten und um mich zu schlagen, um mich zu befreien. Doch das bewirkte nur, dass die dicke Frau mich aufs Bett drückte und meine Beine wie ein Schraubstock umklammerte. Ich schrie, sie sollten aufhören, aber da hörte ich schon, wie die Frauen draußen das *illil* anstimmten. »Ai-ai-ai-ai-ai-ai-ai!«, riefen sie. Angeblich war das ein festlicher Sprechgesang, dessen wahrer Zweck aber darin bestand, mein Gebrüll zu übertönen.

Wieder griff die *taihree* nach mir, und ich spürte, wie meine Großmutter mich am Arm packte. Sie steckte sich den Finger in den Mund und biss darauf, um mir zu zeigen, dass ich auf den Lappen beißen und Ruhe geben solle. Doch als die Klinge wieder in mich drang, schrie ich gellend vor Angst und Schmerz.

»Nein! Nein! Mama! Aufhören! Sag, dass sie aufhören sollen!«

Meine Großmutter fauchte mir wütend ins Ohr: »Sei tapfer, Mädchen! Du bist eine Zaghawa! Wenn du schreist, lachen dich die Kinder aus. *Sei tapfer!*« Die Sprüche meiner Großmutter waren mir völlig egal. Ich war ein zutiefst verschrecktes Kind, dem alle Erwachsenen, denen es vertraut hatte, unsagbare Schmerzen bereiteten. Der Schock dieses Verrats war jenseits jeglicher Vorstellbarkeit. Verzweifelt versuchte ich mich zu wehren, mich loszureißen, aber die dicke Frau erdrückte mich fast mit ihrem gewaltigen Leib. Ich drehte den Kopf und biss sie, so fest und tief ich konnte. Mein Hass auf diese Frau, die mich in meinem Schmerz gefangen hielt, war unermesslich. Am liebsten hätte ich sie verletzt, ja getötet. Aber sie schien kaum zu beachten, was ich tat.

Als die *taihree* wieder zugriff und tiefer und tiefer in mich schnitt, fühlte ich einen Schwall warmen Blutes. Die Zähne in das Fleisch der Dicken gegraben schrie und schrie ich. Heiße Tränen liefen mir übers Gesicht, aber es hörte nicht auf, es hörte nicht auf.

Dann griff die *taihree* ein letztes Mal nach unten, nahm etwas in die Hand, säbelte kurz daran, vollführte eine drehende Bewegung und ließ dieses Etwas in eine Schüssel auf dem Boden fallen. Der Schmerz war so unerträglich, dass er meinen ganzen Kopf ausfüllte und mich fast in den Wahnsinn trieb. Ich glaubte zu sterben, und selbst der Tod wäre besser gewesen als das, was ich jetzt durchlitt. Halb ohnmächtig spürte ich, wie mich mein haltloses Wimmern durchzuckte.

Endlich richtete sich die *taihree* auf. Ihre Arme waren blutbeschmiert. »Fast fertig«, sagte sie zu meiner Großmutter gewandt.

»Alhamdu lillah« – Gott sei gelobt –, erwiderte meine Großmutter.

»Allhamdu lillah«, bekräftigte die *taihree*. »Habt ihr kochendes Wasser?«

Meine Großmutter nahm eine Schüssel vom Feuer. Dabei trafen sich unsere Blicke. Sie sah mich böse an und schüttelte verzweifelt den Kopf – als wäre ich diejenige, die etwas Unrechtes getan hatte. *Als wäre ich diejenige, die etwas Unrechtes getan hatte.*

Die *taihree* legte sich eine Nadel und einen dicken Baumwollfaden zurecht. Als sie sich zu mir umwandte, zog ich mich in eine innere Welt zurück, in der mich der Schmerz und das Entsetzen über das, was mir nun bevorstand, nicht mehr erreichen konnten.

Sie begann die Wunde zu vernähen. Ihre groben, ruckartigen Handbewegungen riefen ein widerliches Geräusch hervor. Bei jedem Nadelstich durchfuhr mich ein rasender Schmerz, aber ich war jetzt an einen Ort gelangt, an dem ich von meiner körperlichen Qual getrennt war. Tief in meiner verstümmelten Weiblichkeit glühte es qualvoll, aber ich hatte mein Bewusstsein an einen Ort gebracht, an dem man ihm nicht mehr wehtun konnte.

Als die *taihree* ihre Arbeit beendet hatte, war ich so vernäht, dass nur ein winziges Loch übrig blieb. Alles andere war weg. Ich taumelte in die Ohnmacht. Dass meine Großmutter an die Tür ihrer Hütte trat und verkündete, es sei geschehen – ich sei beschnitten –, nahm ich kaum noch wahr.

Draußen ertönte Jubelgeschrei, und die Frauen stimmten wieder das *illil* an: »Ai-ai-ai-ai-ai-ai-ai! Ai-ai-ai-ai-ai-ai-ai!«

Während meine Familie und die Freunde feierten, schluchzte ich mir die Seele aus dem Leib. Erst jetzt kam meine Mutter zu mir. Sie setzte sich aufs Bett und versuchte mich zu beruhigen, indem sie mir übers Haar strich und mir tröstende Worte zuflüsterte. In ihren Augen standen Tränen, aber das entschädigte mich nicht dafür, dass sie mich meiner Großmutter und der Beschneiderin ausgeliefert hatte. Sie habe Taubensuppe gekocht, sagte sie, eine fette Brühe, damit ich wieder zu Kräften käme.

»Jeden Tag werde ich zwei Tauben für dich schlachten, Ratbebe«, versprach sie. »Jeden Tag. Die Suppe wird dich gesund machen.«

Meine Großmutter und die *taihree* versorgten die Wunde, so gut sie konnten. Meine Großmutter hatte Samenkapseln und ganz frische Blätter des *pirgi*-Baumes gesammelt. Jetzt kochte sie die Blätter und säuberte die Wunde mit dem warmen Sud. Die getrockneten Samenkapseln zerstieß sie zu Pulver, vermischte es mit Öl und strich die so entstandene Paste auf das rohe Fleisch. Die *taihree* brach währenddessen mehrere Kapseln Antibiotikum entzwei und schüttete das Pulver über meine Wunde. Zuletzt stäubte sie ein wenig Babypuder darüber.

Als Nächstes verband sie meinen Unterleib mit den Lappen, die sie sich zu Beginn zurechtgelegt hatte. Als sie fertig war, trug ich gewissermaßen eine große Windel. Dann nahmen meine Großmutter und sie einen dicken Strick und schnürten meine Oberschenkel so fest zusammen, dass ich mich nicht mehr bewegen konnte, selbst wenn ich gewollt hätte. Zwei Wochen lang würde ich so liegen müssen, damit die Wunden verheilen könnten, erklärte meine Großmutter.

Danach ging sie mit der *taihree* zu den draußen Wartenden. Ich blieb allein in der Hütte. Ich fiel in einen quälenden, unruhigen Schlaf und fragte mich immer wieder, warum sie mir das angetan hatten. Meine Großmutter hatte mich davor gewarnt, dass die Mädchen mich auslachen würden, sollte ich unbeschnitten in der Schule erscheinen. »Ach, du hast noch dein ganzes Zeug?«, würden sie spötteln. Aber warum sollten sie das tun? Warum sollten sie so etwas sagen? Wir waren nun einmal so auf die Welt gekommen – was war daran falsch? Was konnte so falsch daran sein, dass es das, was ich durchgemacht hatte, rechtfertigte?

Tag um Tag lag ich auf dem Bett, konnte nicht aufstehen, nicht hinausgehen und mit den anderen Kindern spielen. Das Pinkeln tat unglaublich weh, und ich musste mir dabei von meiner Mutter helfen lassen. Beim ersten Mal konnte ich der Schmerzen und des Stricks wegen nicht richtig in die Hocke gehen. Meine Mutter musste mich stützen, während ich halb stehend zu pinkeln versuchte und sofort einen grellen Stich zwischen den Beinen spürte.

»Ich kann nicht«, schrie ich und lehnte mich vor Schmerz zitternd an meine Mutter. »Es tut so weh!« Dann humpelte ich, auf meine Mutter gestützt, in die Hütte zurück.

Hin und wieder bekam ich Besuch. Die Kinder setzten sich zu mir und erzählten mir von den Abenteuern, die sie erlebt hatten. Das munterte mich tatsächlich ein bisschen auf. Aber die Erwachsenen wollten mir immer nur zu meiner Beschneidung gratulieren, als müsste ich darauf stolz sein.

»Kluges Mädchen, tapferes Mädchen«, hieß es dann. »Da, ein kleines Geschenk für dich …«

Ich konnte mich gerade noch zurückhalten, um ihnen nicht in die Augen zu spucken. Nach einer Woche starb ich fast vor Langeweile. Eines Morgens beschloss ich, ein paar Schritte zu versuchen. Vielleicht war ich ja schon gesund genug, um zu gehen und draußen zu spielen? Vorsichtig ließ ich die Beine über die Bettkante hinab und kam schwankend zum Stehen. Aber kaum hatte ich den ersten Schritt getan, stürzte ich auch schon zu Boden. Die Seile waren zu eng geschnürt, und der Schmerz im Unterleib war grauenhaft.

Meine Mutter schrie erschrocken auf, als sie mich fallen hörte. Sie lief in die Hütte, warf einen einzigen Blick auf ihr am Boden liegendes Kind und brach in Tränen aus. »Was machst du denn?«, fragte sie mich jammernd. »Dafür ist es doch noch viel zu früh! Die Nähte reißen, und dann ist alles aus!« Sie half mir aufs Bett zurück und betrachtete mich kummervoll. Dann versicherte sie mir, dass alles noch so war, wie es sein sollte. Aber sie nahm mir das Versprechen ab, nicht noch einmal aufzustehen.

Als ich wieder im Bett lag, wurde ich fast krank vor Langeweile. Ich hatte alles so satt – die Besucher, die Hütte, die Taubenbrühe und meine Untätigkeit. Aber am allermeisten verfluchte ich die brutale Behandlung und Verstümmelung, die diese Menschen mir angetan hatten. Meine Mutter machte sich natürlich völlig zu Recht Sorgen. Wir alle kannten Mädchen, die nach der Beschneidung gestorben waren. Manchmal war bei dem Gemetzel eine Vene durchschnitten worden, und niemand hatte die Blutung stillen können. Oder die Wunde eines Mädchens infizierte sich, dann starb das Kind einen langsamen, schleichenden Tod. Und noch mehr Mädchen starben erst Jahre später, bei der Entbindung, weil sie nicht richtig gebären konnten. Die Beschneidung hinterließ schreckliche Narben, und ohne eine entsprechende Operation stellte jede Geburt ein großes Risiko dar.

Zwei Wochen nach meiner Beschneidung wurde der Strick abgenommen. Ich durfte nach draußen und machte meine ersten, zögernden Schritte – aber an Laufen, Springen oder Raufen war eine ganze Weile nicht zu denken. Als ich mich das erste Mal ins Dorf wagte, wurde ich von einem Mädchen gehänselt, weil ich bei meiner Beschneidung geschrien hatte. Schlagartig vergaß ich, dass ich nicht kämpfen durfte: Ich stürzte mich auf das Kind und verprügelte es so gründlich, dass es mich nie wieder zu verspotten wagte.

Während ich in der Hütte meiner Großmutter gelegen und mich erholt hatte, war viel Zeit gewesen, über das Geschehene nachzudenken. Ich war wütend auf meine Mutter, auf meine Großmutter und sogar auf meinen Vater, weil sie mir das angetan hatten. Meine Großmutter hatte zwar die führende Rolle gespielt, aber weder meine Mutter noch mein Vater hatten mir die Wahrheit über das Beschneiden erzählt. Hätte ich sie gekannt, ich hätte mich dem Ganzen verweigert, so wie dem Zufügen der Schmucknarben.

Am allerwenigsten aber konnte ich verstehen, warum die Frauen so mitspielten, wenn es um die Beschneidung ging. Meine Mutter und meine Großmutter hatten doch bei ihrer Beschneidung bestimmt dasselbe durchgemacht und denselben Schock über den Verrat erlitten. Dennoch hatten ausgerechnet sie mich beschwatzt und mir zugeredet und mich davon überzeugt, dass die Beschneidung etwas Gutes und Richtiges sei. Sie hatten mich zu Unrecht in Sicherheit gewiegt und dann mitgeholfen, als die riesige, böse Frau mich aufs Bett drückte, während die *taihree* ihr blutiges Werk verrichtete.

Meinem Vater konnte ich erst Wochen später verzeihen. Er hatte zwar nur eine passive Rolle gespielt, aber er war doch der Gebildete, der Aufgeklärte und hätte ganz bestimmt einen Ausweg gewusst. Ganze Monate dauerte es, bis ich meiner Mutter vergab, denn sie hatte mich aus Schwäche in der Hütte alleingelassen und es anderen ermöglicht, nach Belieben mit mir zu verfahren. Und meiner Großmutter habe ich wohl nie vergeben. Sie hatte die Beschneidung zur Voraussetzung für meinen Schulbesuch gemacht und das Ganze in die Wege geleitet.

Ich war das einzige Kind aus dem Dorf, das auf die große Schule geschickt wurde. Die anderen Kinder besuchten eine Schule in einem Nachbardorf oder überhaupt keine. Die Dorfschule hatte keine richtigen Klassenzimmer, der Unterricht fand unter einem

Baum statt. Es gab dort auch keine Schuluniform, und die meisten Schüler besaßen nicht einmal Schuhe. Mein Vater hatte mir etwas ganz anderes in Aussicht gestellt, und alle meine Freundinnen – auch Kadiga – beneideten mich um mein Glück.

Wie die meisten Familien in unserem Dorf konnten es sich auch Kadigas Eltern nicht leisten, ihr Kind auf die große Schule zu schicken. Ich wusste, dass diese Schule teuer war, aber mein Vater hatte gesagt, das sei ich ihm wahrlich wert. Da die Schule zu weit entfernt war, um täglich zu pendeln, hatte er mich bei der Familie seines Bruders einquartiert, die in einem Haus in der Stadt wohnte, das meinem Vater gehörte. Ich würde also innerhalb der Großfamilie und in einem Haus unterkommen, das unser eigener Besitz war. Das milderte den Trennungsschmerz ein wenig.

Während der Schulzeit sollte ich in Hashma bleiben, die Ferien aber in meinem Heimatdorf verbringen. Jedes Wochenende oder auch nur in den Trimesterferien nach Hause zu fahren wäre zu teuer gewesen. Schließlich schicke er mich ja weg, damit ich etwas lernte, erklärte mir mein Vater, und ich solle mich in der Schulzeit ganz meiner Ausbildung widmen. Ich konnte es kaum erwarten. Ich wollte ihm unbedingt beweisen, dass das in mich gesetzte Vertrauen und sein Glaube an meine Wissbegier begründet waren.

Meine Mutter und meine Großmutter waren alles andere als glücklich darüber, dass ausgerechnet ich die Familie verließ. Meine Großmutter war abgrundtief beleidigt und blieb es lange. Diesen Unsinn mit der Schule hatte es zu ihrer Zeit schließlich auch nicht gegeben – warum also jetzt? Ein solcher Quatsch, grummelte sie. Meine Mutter war besorgt darüber, dass ich schon so früh von zu Hause wegging. Auch Mo und Omer zeigten ihr Unbehagen offen. Sie neideten mir das große Abenteuer, mussten sie selbst doch im Dorf bleiben. Aber mein Vater bestand darauf: Er hatte es so beschlossen, also würde ich auf diese Schule gehen.

Eine Woche vor meiner Abreise kehrte mein Vater mit einer vollgestopften Tasche aus der Stadt zurück; sie enthielt lauter Schulsachen. Stolz zeigte er mir meine funkelnagelneue beige und weiße Uniform. Sie bestand aus einem *fustan*, einem langen, weiten Kleid, das mittels zweier Bänder in der Taille enger geschnürt werden konnte, aus einem schneeweißen islamischen Kopftuch sowie aus schwarzen Lederschuhen. Außerdem bekam ich einen hellroten Kunststoffrucksack voller Bleistifte, Füller und makellos weißer Schreibhefte.

Als ich die Uniform anprobierte, sah ich, wie stolz mein Vater auf mich war. Angeberisch tänzelte ich durch unseren Hof, bis meine Mutter mir befahl, die Sachen wieder auszuziehen. Mo und Omer versuchten es zwar zu verbergen, aber sie waren fast grün vor Neid, was meinem Vater offenbar nicht entging, denn er versprach ihnen, auch sie auf die große Schule zu schicken, wenn sie alt genug seien.

Der Tag meiner Abreise brach an. Frühmorgens lud ich mein Gepäck in den Landrover. Da ich drei Monate lang weg sein würde – das ganze erste Trimester –, musste ich alles, was ich möglicherweise brauchte, mitnehmen. Gerade als mein Vater und ich losfahren wollten, rannte meine Mutter zum Wagen und rief, sie habe es sich anders überlegt und wolle nun doch mitkommen.

»Ich will wissen, wohin du sie bringst«, erklärte sie, während sie sich auf den Beifahrersitz zwängte. »Ich will wissen, wo sie wohnen und essen und schlafen wird. Ich muss mir das ansehen.«

Mein Vater zuckte kichernd mit den Achseln. »Bitte sehr ... Schön, dass du dich doch noch für Rathebes Ausbildung interessierst!«

Unmittelbar bevor es losging, warf sich Omer gegen die Segeltuchrückwand des Landrovers und sprang ins Wageninnere. Meine Großmutter stand am Tor und hielt Mohammed am Nacken fest, damit er nicht auch zu uns laufen konnte.

»Raus da!«, schrie sie Omer zu. »Du kommst zurück, und zwar sofort!«

Omer setzte zu irgendeiner frechen, aufsässigen Entgegnung an, aber mein Vater brachte ihn sofort zum Schweigen.

»Raus hier, Omer!«, befahl er ihm. »Tu, was deine Großmutter sagt, sonst wird sie noch wütend.«

Mein Vater war der einzige Mensch auf der Welt, dem sich Omer niemals widersetzt hätte. Hinter seiner unaufgeregten, ruhigen Erscheinung verbarg sich eine große Autorität und Bestimmtheit. Omer stieg aus dem Wagen und schlurfte mit gesenktem Kopf zu meiner Großmutter zurück.

»Und gehorch deiner Großmutter, während wir weg sind!«, rief mein Vater ihm noch nach. »Du folgst ihr aufs Wort, hast du mich verstanden?«

»Ja, abba«, antwortete Omer.

Während wir losfuhren, hörte ich, wie meine Großmutter mit ihm schimpfte. »Jetzt beruhig dich doch! So viel Getue wegen nichts und wieder nichts! Eine so lange Strecke – nur um ein paar Bücher zu lesen … Das wird noch ein böses Ende nehmen!«

In unserem Landrover gab es eine einzige Sitzbank, die sich über die ganze Breite des Wagens erstreckte, so dass meine Mutter, mein Vater und ich es relativ bequem hatten. Da hinten nur unser Gepäck lag, war noch viel Platz, und so hielt mein Vater auf dem Weg durchs Dorf einige Male an und nahm Passagiere auf. Eine alte Frau musste ins Krankenhaus, mehrere Männer hatten geschäftlich in der Stadt zu tun. Es kam nur selten vor, dass der Wagen meines Vaters nicht voll beladen dorthin fuhr. Wenn wir Platz hatten, nahm mein Vater immer Leute mit.

Höhnisch lachend und grimassenschneidend drückte ich das Gesicht ans Fenster. Keinem der Kinder dort draußen durfte entgehen, dass ich in einem Auto saß und zur großen Schule chauffiert wurde, während sie nicht aus unserem Dorf herauskamen.

Die Straße bestand im Grunde aus einer Abfolge holpriger Fahrspuren, die kreuz und quer durch den Busch und die Wüste verliefen. Ich ließ die Landschaft an mir vorbeigleiten und verstand beim besten Willen nicht, wie mein Vater sich zurechtfand. Aber zum Glück war er die Strecke schon unzählige Male gefahren und kannte sie in- und auswendig. Gemächlich holperten wir dahin, und irgendwann konnte ich meine Aufgeregtheit nicht mehr verbergen und fragte in einem fort: »Wo sind wir jetzt? Sind wir bald da? Wann sind wir da?«

Plötzlich war durchs offene Fenster ein lautes Zischen zu hören. Ich sah meinen Vater an. Er erwiderte meinen Blick stirnrunzelnd und brachte den Wagen in einer dichten Staubwolke zum Stehen.

»Ich glaube, wir haben einen platten Reifen, Rathebe«, sagte er.

Tatsächlich – ein spitzer Stein hatte einen der Reifenschläuche zum Platzen gebracht. Wir stiegen aus, und noch ehe mein Vater auch nur ein Wort sagen konnte, hatten die männlichen Fahrgäste schon mit dem Reifenwechsel begonnen. Einer holte von hinten den großen Wagenheber, während ein anderer bereits den Ersatzreifen von der Motorhaube schraubte. Mein Vater begann, die Radmuttern zu lösen, aber die Männer hinderten ihn mit eindringlichen Gesten und entschiedenen Worten am Weitermachen. Er war der angesehene Besitzer des Wagens, und den Reifen zu wechseln war das Wenigste, was sie als Gegenleistung für die kostenlose Fahrt erbringen konnten.

Im nächsten Dorf ließ mein Vater sofort den Reifenschaden reparieren. Er hasste es, ohne Ersatzreifen zu fahren, denn bei einer weiteren Panne würden wir in der Wüste festsitzen. Selbst ein so schnelles und leistungsstarkes Auto sei nicht so zuverlässig wie ein Kamel, erklärte er uns. Auch ein hinkendes Kamel humple so lange weiter, bis es seinen Reiter in Sicherheit gebracht habe. Doch wenn einem Autofahrer das Benzin ausgehe oder er eine Panne habe, dann sei alles aus. Meine größte Angst war allerdings, dass wir zu spät kommen würden und ich vielleicht meinen ersten Schultag verpasste.

Nachdem der Reifen repariert war, kaufte mein Vater noch etwas Obst, das wir mit unseren Fahrgästen teilten. Der Reifenwechsel war eine heiße, staubige Angelegenheit gewesen, und alle empfanden das Obst als eine köstliche Erfrischung. Wie immer hob ich mir die Bananen bis zuletzt auf. Mo, Omer und ich hatten früher oft Wettkämpfe gegeneinander veranstaltet, bei denen es darum ging, die Bananenschalen möglichst weit aus dem

Wagen zu schleudern. Doch inzwischen fühlte ich mich viel zu alt für solche Spielchen.

Am späten Nachmittag erreichten wir die Stadt. Ich war schon einmal dort gewesen, nämlich zur Behandlung bei dem chinesischen Arzt. Jetzt war ich wieder da – hoffend, dass meine weiße Wimper mir nicht nur Glück, sondern auch Klugheit gebracht hatte.

Das Haus meines Onkels war dem unseren sehr ähnlich. Um den Wohnbereich in der Mitte gruppierten sich vier Einzelgebäude, jedes ungefähr von der Größe unserer Lehmhütten, aber aus Zement und Ziegelsteinen gebaut. Jedes dieser Gebäude hatte ein Flachdach mit einer dicken Lehmschicht entlang der Kanten, die das Dachstroh beschwerte. An der Vorderseite befand sich jeweils eine Holzveranda, und da die meisten Leute in der Gegend Zaghawa waren, erinnerte alles sehr an unser Dorf.

Dieses Haus hatte mein Vater einige Jahre zuvor in der Absicht, mit seiner Familie in die Stadt zu ziehen, gebaut. Er hatte in einer gebildeteren, weltoffeneren Umgebung wohnen wollen. Doch meine Großmutter und meine Mutter waren nicht damit einverstanden gewesen, das Dorf zu verlassen. Daraufhin hatte mein Vater einen Kompromiss vorgeschlagen: Eine Hälfte des Jahres würden wir im Dorf leben, die andere Hälfte in der Stadt verbringen. Meine Großmutter hatte den Einwand erhoben, wer so lebe, verliere sich selbst und wisse nicht mehr, welcher Teil des Lebens die eigentliche Heimat sei.

Meiner Mutter gefiel das Haus auf den ersten Blick, und sie verkündete sofort, dass ich dort glücklich sein würde. Mein Onkel Ahmed und seine Frau Samiah hießen uns willkommen und baten uns herein. Sie brachten mich zu der Hütte, die ich mir mit den beiden Töchtern Salma und Fatma teilen würde. Die Mädchen waren etwas älter als ich, aber sehr freundlich, und ich mochte sie auf Anhieb. Mein Bett stand neben ihren Betten, und auf dem Boden lagen Teppiche, auf denen wir sitzen und unsere Hausaufgaben machen konnten.

Mir blieb ein einziger Tag, um mich im Beisein meiner Eltern einzugewöhnen; dann war es schon Zeit, in die große Schule zu gehen. Frühmorgens schlüpfte ich in meine neue Uniform, an der meine Mutter immer wieder aufgeregt herumzupfte, dann fuhr mein Vater uns zur Schule.

Er war schon einmal dort gewesen, um mich anzumelden und die Gebühren zu bezahlen. Als wir durch das riesige Tor fuhren, klopfte mir das Herz bis zum Hals. Ich sah mich um und sog begierig alles an diesem erstaunlichen Ort auf, an den mein Vater mich da gebracht hatte.

Ein vornehmes Schild verkündete auf Arabisch und Englisch den Namen der Schule – *The Hashma Junior Academy for Girls*. Dann kam ein großer, staubiger Sportplatz, und dahinter standen ein Dutzend niedrige, rechteckige Gebäude, jedes mit schönen Wänden und einem glänzenden Metalldach. Das waren die Klassenzimmer. Gleich in das erste warfen wir einen Blick. Der Boden war blanke Erde; an einer Wand hing eine Tafel, und davor standen in mehreren Reihen Holzpulte, an denen jeweils drei Schülerinnen Platz fanden. In den Fenstern waren keine Scheiben und in den Türöffnungen keine Türen. Trotzdem war es in meinen Augen der schönste Raum, den ich jemals betreten hatte.

Am anderen Ende des Sportplatzes befanden sich das Lehrerzimmer und das Büro der Direktorin. Diese Gebäude hatten sogar schöne Holztüren und Glasfenster. Im Sudan genossen die Lehrer großen Respekt, weil sie gebildet waren und einen hohen sozialen Status innehatten. Ich hatte mir immer schon vorgestellt, dass sie in solch prachtvollen Gebäuden arbeiteten.

Mein Vater brachte mich zum Lehrerzimmer. Er unterschrieb mehrere Papiere, mit denen er der Schule die Fürsorge für mich übertrug. Dann wurde ich Miss Shadhia anvertraut, meiner Klassenlehrerin, einer freundlichen, sehr nett wirkenden Frau. Schüchtern und befangen verabschiedete ich mich von meinem Vater, der sich plötzlich sehr förmlich gab. Meine Mutter zupfte ein letztes Mal an mir herum, bis ihr Mann sie schließlich an den Schultern packte und von mir wegdrehte. Dann gingen die beiden hinaus.

Ich beobachtete durchs Fenster, wie er sie zum Landrover führte. Einmal winkten sie mir noch zu, und ich sah, dass meine Mutter weinte. Ich winkte zurück, aber mir kam keine einzige Träne. Ich war viel zu aufgeregt angesichts der Abenteuer, die nun vor mir lagen.

Ich konnte ja nicht ahnen, welch dunkle Tage mir in dieser Schule bevorstanden.

ZWEITER TEIL

Die Schule der Wüste

6. KAPITEL

Schulzeit

In meiner Schule gab es sowohl arabische als auch schwarzafrikanische Lehrerinnen und Schülerinnen. Miss Shadhia war Schwarzafrikanerin, aber ich hätte nicht sagen können, welchem Stamm sie angehörte. Sie war die Klassenlehrerin und unterrichtete uns in Mathematik. Ich fand sie sofort sympathisch und spürte, dass es ihr mit mir ebenso erging. Zum Glück erwies ich mich als begabte Mathematikschülerin, was die Freundschaft zwischen uns weiter festigte.

An diesem ersten Morgen teilte Miss Shadhia uns unsere Plätze zu. Die kleinsten Schülerinnen wurden nach vorn gesetzt, die größten nach hinten, damit alle die Lehrerin sehen konnten und sie selbst einen guten Überblick hatte, falls sich jemand schlecht benahm. Mein Dreierpult stand etwas weiter hinten, direkt an der Wand. Mir gefiel dieser Platz ziemlich gut. Von dort aus hatte ich einen ausgezeichneten Blick auf die Tafel, ohne im Rampenlicht zu stehen.

Ich wählte den Sitz direkt an der Wand. Den Sitz neben mir nahm ein kleines schwarzes Mädchen ein. Ich warf einen verstohlenen Blick auf ihr Gesicht, und mein Herz tat einen Freudensprung: Ihren Schmucknarben nach zu schließen war sie eine Zaghawa. Ich griff nach ihrer Hand und drückte sie freundlich. Das Mädchen lächelte mir zu und erwiderte den Händedruck. Auf den dritten Platz setzte sich ein arabisch aussehendes Mädchen mit langen, glänzenden Zöpfen, die von grell roten Bändern zusammengehalten wurden. Ich begrüßte sie mit einem schüchternen Lächeln, das sie verhalten zurückgab. Damit war unsere Dreierreihe komplett.

Die Sonne stieg am Himmel empor, und das Metalldach über uns heizte sich auf wie ein Backofen. Obendrein wurde der Unterricht ausschließlich auf Arabisch abgehalten. Mein Vater hatte mir zwar einen Schnellkurs in den Grundlagen der arabischen Sprache gegeben, doch in der Mittagspause drehte sich mir der Kopf. Das kam zum Teil von der Hitze und zum Teil von der geistigen Anstrengung, eine für meinen Stamm fremde Sprache zu verstehen. Ich setzte mich ins Gras und holte mein Lunchpaket aus dem Schulranzen. Das Mädchen, das im Klassenzimmer neben mir saß, gesellte sich zu mir.

»Hallo. Wie heißt du?«, überwand ich mich sie zu fragen.

»Mona«, antwortete sie. »Und du?«

Ich sagte ihr, dass ich Haliṃa hieße, dass mich aber alle Rathebe nennen würden. »Du bist eine Zaghawa, stimmt's?«

Mona nickte. »Und du? Du siehst auch aus wie eine Zaghawa, aber wo ist deine ›Brille‹?«

Sie meinte meine »Brillen«-Narben, die zwei tiefen Schnitte in den Schläfen. »Na ja, meine böse alte Großmutter wollte mich zwar schneiden«, erzählte ich kichernd, »aber ich bin weggerannt. Schau!« Ich deutete auf die kaum sichtbare Narbe quer über der Wange. »Da hat es mich erwischt, als ich abgehauen bin.«

Mona grinste. »Ganz schön verrückt … Aber du bist doch eine Zaghawa?«

Ich nickte. »Dann sind wir schon zwei.« Ich sah mich nach den anderen Mädchen um. »Wie viele wir wohl insgesamt sind?«

Noch ehe Mona etwas erwidern konnte, krachte mir etwas auf den Kopf. Ich drehte mich um und sah eine Gestalt, die sich, einen langen Stock in der Hand, über uns beugte. Gleich darauf bekam auch Mona einen Hieb verpasst.

»Hier wird nicht Zaghawa gesprochen!«, fauchte die Frau mit grimmig verzogenem Gesicht. »In meiner Schule sprecht ihr Arabisch, und sonst nichts! Wenn ich das noch mal höre, müsst ihr in mein Büro!«

Ohne uns Gelegenheit zu einer Erwiderung zu geben, marschierte sie davon und machte sich auf die Suche nach weiteren Übeltäterinnen. Bald erfuhren wir, dass diese furchteinflößende

Dame unsere Direktorin war. Sie und ich sollten innerhalb kurzer Zeit die größten Feindinnen werden.

»Fiese alte Schachtel«, flüsterte ich Mona zu. »Kannst du Arabisch?«

»Shweah-shweah«, antwortete sie. Ein bisschen.

»Ich auch. Na, dann lernen wir es wohl besser schnell, damit die alte Schachtel keinen Grund mehr hat, uns zu schlagen.«

In diesem ersten Trimester beinhaltete der Unterricht die Naturwissenschaften, Mathematik, Islamkunde und Arabisch. Am besten gefiel mir die Mathematik, vor allem weil sie von Miss Shadhia gelehrt wurde. Außerdem war es das einzige Fach, in dem Arabisch zu sprechen keinen Vorteil darstellte – Zahlen sind etwas Universelles und überwinden jede Sprachbarriere. In den anderen Fächern machten sich die gut Arabisch sprechenden Mädchen bald über uns lustig. Am schlimmsten war es im Arabischunterricht selbst. Während wir uns mit der Schrift abmühten und uns mit unserem Busch-Arabisch verständlich zu machen versuchten, kicherten und spotteten sie die ganze Zeit über uns.

Miss Jelibah, unsere Arabischlehrerin, versuchte wirklich, fair zu sein. Obwohl sie selbst Araberin war, schimpfte sie mit den Arabermädchen und befahl ihnen, mit den Gemeinheiten aufzuhören. Daraufhin wurden sie tatsächlich etwas leiser, aber nur solange die Lehrerin sie im Blick behielt. Kaum hatte sie sich umgedreht, um etwas an die Tafel zu schreiben, fing die Hänselei wieder an. Als ich einmal mühsam versuchte, eine Frage mit den arabischen Wörtern zu beantworten, die mein Vater mir beigebracht hatte, sah ich, dass das arabische Mädchen mit den Zöpfen, Monas Pultnachbarin, über mich lachte, und ich spürte, wie eine glühende Abneigung gegen sie in mir entstand.

Die Schulwoche begann immer am Samstag und dauerte bis Donnerstag. Am Freitag – dem heiligen Tag der Moslems – hatten wir unterrichtsfrei. Ich verbrachte diesen Tag mit den Töchtern meines Onkels; wir wuschen und bügelten meine Schuluniform und flochten uns die Haare neu. Salma und Fatma besuchten dieselbe Schule wie ich, aber sie waren in höheren Klassen. Während mein Schultag um ein Uhr mittags zu Ende war, mussten sie bis in den heißen Nachmittag hinein bleiben.

Jeden Morgen fand als Erstes ein Appell auf dem Sportplatz statt. Punkt acht läutete die Glocke – und wehe, jemand kam zu spät! Eine am Tor postierte Lehrerin schnappte sich jede Nachzüglerin. Manchmal kam ich zu spät, weil ich einen so langen Schulweg hatte. Die Strafe lautete Toilettenputzen. Die Klos waren Bretterbuden neben dem Sportplatz, in denen sich jeweils ein Sitz aus Holz mit einem Loch darin befand, unter dem ein Eimer stand. Diese Toiletten putzen zu müssen war das Allerschlimmste.

Kaum hatte man die Tür geöffnet, stieg eine dichte Wolke laut summender Fliegen auf, und ekelerregender Gestank schlug einem entgegen. Hatte man sich endlich zu dem Holzsitz durchgekämpft, musste man ihn aushängen, den Eimer hochheben und ihn zu einer Karre aus Holz tragen. Einmal pro Woche brachte ein Mann die stinkende Brühe zur öffentlichen Müllhalde. Nachdem man den Eimer gereinigt hatte, musste man die Toilette mit einem Mopp und mit Putzlumpen sauber schrubben.

Manchmal versteckte ich mich, wenn ich morgens zu spät gekommen war, vor dem Eingangstor und wartete die Elf-Uhr-Pause ab. Dann versuchte ich mich unter die Mädchen zu mischen, die zum Spielen herauskamen, und mich ins Klassenzimmer zu schleichen. Aber so etwa jedes zweite Mal wurde ich erwischt und erhielt als Strafe eine Tracht Prügel. Die einzige Alternative bestand darin, wieder nach Hause zu gehen, aber dann hätten sich mein Onkel und meine Tante aufgeregt und vielleicht sogar meinem Vater davon berichtet. Im Grunde blieb mir nur eines übrig, nämlich da zu sein, wenn die gefürchtete Appellglocke läutete.

Auch der Appell selbst war jedes Mal eine harte Prüfung. Die Schülerinnen mussten sich in Reihen aufstellen – die jüngsten vorn, die ältesten hinten. Mit ausgestreckten Händen mussten wir es über uns ergehen lassen, dass die Direktorin unsere Fingernägel, unsere Schuhe, unsere Gesichter und unser Haar inspizierte. Schon der kleinste, womöglich auf dem Weg zur Schule entstandene Schmutzfleck an der Kleidung hatte einen Stockhieb zur Folge. Und wir mussten mucksmäuschenstill sein. Jede von uns war schon einmal geschlagen worden, und keine wollte die Nächste sein.

Als noch schlimmer galt, wenn man vergessen hatte, Socken anzuziehen oder sich die Fingernägel zu schneiden. Dann wurde man von der Direktorin ins Büro beordert. Dort lagen mehrere Stücke Gartenschlauch mit verschieden großen Durchmessern, und sie wählte jeweils das der Untat am besten entsprechende Exemplar. Damit auf den Hintern geschlagen zu werden, war ziemlich schlimm. Im Lauf der Zeit lernte ich den Trick, immer ein oder zwei zusätzliche Unterhosen zu tragen, um die Hiebe abzufedern. Allerdings kam uns die Direktorin recht schnell auf die Schliche und schlug uns nunmehr auf die nackten Fußsohlen. Am schlimmsten war es, wenn das dickste Stück Gartenschlauch über die Füße zischte. Das waren echte Höllenqualen.

Um elf Uhr, nach den ersten beiden Unterrichtsstunden, gab es eine Pause. In der Zwischenzeit waren vor dem Schultor mehrere Verkaufsbuden aufgestellt worden. Mona und ich liefen schnell hin, um als Erste am Stand der Frau vom Felatta-Stamm zu sein, einer schwarzafrikanischen, aus Nigeria kommenden Volksgruppe. Diese Frau verkaufte die besten Falafel – mit Auberginensalat und Chilisauce in frischem Brot. Danach gönnten wir uns einen »Eis-Lolly« – gefrorenen Fruchtsaft in einer kleinen Plastiktüte. Mein Lieblings-Eis-Lolly war aus dem Saft eines Baums gemacht, der wie der Saft frischer Erbsen schmeckt.

Hin und wieder wollten wir etwas anderes als Falafel essen, dann bestellten wir *foul*, einen Bohneneintopf mit Tomaten und Sesamöl. Besonders köstlich schmeckte er mit frischem Joghurtsalat. Und wenn wir ganz großes Glück hatten, gab es zu unserem Falafel-Sandwich oder zum Bohneneintopf auch noch eine Tasse verdünnten gewürzten Joghurt mit Gurkenstückchen.

Nach dem Essen liefen wir zum Sportplatz, ritzten krakelige Quadrate in die trockene Erde und spielten Himmel und Hölle. Im ersten Quadrat stehend musste man einen Stein so werfen, dass er in das zweite fiel, und dann weiterhüpfen. Landete er außerhalb des Quadrats, musste man von vorn beginnen. Manche Schülerinnen vergnügten sich beim Seilspringen: Zwei schwangen das Seil, während die dritte sprang. Mein Lieblingsspiel aber war Sockenball. Wir stopften eine alte Socke mit Lumpen aus und formten das Ganze zu einem festen Ball. Dann stellte sich eine von uns Schülerinnen in die Mitte, und die beiden rechts und links von ihr mussten versuchen, sie mit dem Sockenball zu treffen. Wurde die Schülerin in der Mitte erwischt, war sie die nächste Werferin, während die »Trefferin« in die Mitte ging. Dieses Spiel gab uns wenigstens ansatzweise die Möglichkeit, in der Schule ein bisschen herumzubalgen, denn Raufen war absolut verboten.

Nach dem Unterricht legten Mona und ich den größten Teil des Heimwegs gemeinsam zurück. Sie lebte schon seit ihrer frühen Kindheit in der Stadt und war entsprechend gewieft und erfahren. In ihrer Begleitung fühlte ich mich selbstbewusst und sicher. Die Strecke führte über den quirligen Marktplatz zur Hauptmoschee, hinter der sich unsere Wege trennten.

Eines Nachmittags – wir verließen gerade den Marktplatz – packte sie mich am Arm. »Schau mal! Khawajat! Khawajat! So etwas hast du bestimmt noch nie gesehen!«

Da entdeckte ich zwei Weiße – *khawajat* –, die über den Markt schlenderten. Ich wusste natürlich, dass es weiße Menschen gab, denn mein Vater hatte mir viel über sie erzählt, aber ich hatte noch nie welche gesehen. Die Frau hatte langes Haar wie flüssiges Gold, und der Mann trug einen riesigen roten Bart, der an Feuer erinnerte. Ich konnte den Blick nicht von ihnen wenden und starrte sie an, ohne mich dabei unhöflich zu fühlen, denn fast alle anderen taten dasselbe.

Ich beobachtete, wie die *khawajat* über den Markt gingen. Ihre Haut war so weiß, dass sie wie Butter aussah, und ich fragte mich, ob sie vielleicht in der Sonne zu schmelzen begann. Beide trugen breitkrempige Hüte – wahrscheinlich hatten sie Angst vor den Sonnenstrahlen. Andererseits war der Mann mit einer merkwürdigen Hose bekleidet, die über den Knien aufhörte – also schmolz ihre Haut vielleicht doch nicht?

Die beiden versuchten verzweifelt zu ignorieren, dass eine große Horde Straßenkinder tänzelnd hinter ihnen herlief. Die Kinder schrien aus vollem Hals: »Khawajat! Khawajat!« Hin und wieder packte ein Erwachsener eines dieser frechen Kinder und verpasste ihm ein paar Kopfnüsse, damit es mit der Spöttelei aufhörte. Aber lange hielt die Wirkung nicht an. Die *khawajat* zu ärgern machte einfach zu viel Spaß.

Die *khawajat* kämen aus einem fernen Land namens »Deutschland«, erklärte mir Mona. Sie galten als gute Menschen. Sie lebten draußen im Busch, wo sie für die Bewohner der Zaghawa-Dörfer Brunnen aushoben und Schulen bauten. Einmal im Monat kämen sie in die Stadt, um ihre Vorräte aufzustocken. Während wir den Markplatz verließen, erzählte ich Mona die witzigen Geschichten meiner Großmutter über die Zeit, als die Briten den Sudan beherrschten, und schon bald platzten wir fast vor Lachen.

»Weißt du, was meine Großmutter immer gesagt hat? Sie hat gesagt: ›Diese khawajat, die wissen gar nicht, dass man auch mal aufhören muss zu arbeiten, dass man sich ausruhen und sich schonen muss … Wer mit einem khawajat zusammenarbeitet, wird in den Tod getrieben. Da stirbt man eines Tages einfach …‹«

Mona machte sich – typisch Stadtkind – jede Woche eine neue Frisur. Heute hatte sie ihr Haar »à la Bob Marley« geflochten – in der Manier, die meine Großmutter so abgrundtief hasste. Mir gefiel es dagegen sehr gut, und ich beschloss, mein Haar genauso zu flechten. Daheim bei meinem Onkel bat ich Salma und Fatma, mir diese Frisur zu machen. Was meine Großmutter davon hielt, war mir egal – ich wollte damit gegen ihre herrische Art rebellieren.

Salma und Fatma hatten überhaupt nichts dagegen, mir eine Bob-Marley-Frisur zu verpassen. Nachdem sie fertig waren, machte ich den restlichen Nachmittag hindurch meine Hausaufgaben. Ich lag auf dem Teppich, las in meinen Lehrbüchern und übte Arabisch. Hin und wieder bat ich Salma oder Fatma um Hilfe. Sie waren inzwischen wie zwei große Schwestern, die ich ja nie gehabt hatte. Aber meine eigentliche Familie konnte natürlich niemand ersetzen.

Schon nach wenigen Tagen hatte ich gespürt, dass ich meine Leute vermisste – meine Mutter, meinen Vater, Mo, Omer und sogar meine Großmutter. Die meisten anderen Schülerinnen wurden von ihren Eltern zur Schule gebracht, und ich hätte das auch gern gehabt. Den anderen Kindern wurden Lunchpakete mit besonderen Leckereien in die Schule mitgegeben, während ich mein Mittagessen an der Bude der Felatta-Frau kaufte. Abends aß ich natürlich mit meinem Onkel, meiner Tante und den Cousinen. Sie behandelten mich wie ihre eigene Tochter, aber es war nun einmal nicht dasselbe.

Da es wenig Ablenkung gab, lernte ich fleißig und zeigte bald gute Leistungen. Ich wollte unbedingt erreichen, dass mich kein einziges Arabermädchen mehr auslachte. Ich büffelte Arabisch, bis ich fast so gut war wie sie. Innerhalb kurzer Zeit hatte ich in allen Fächern bessere Noten als Mona, und dann überholte ich, außer in Arabisch, alle anderen Mitschülerinnen.

Zwei arabische Mädchen, Najhad und Samijah, konkurrierten miteinander um die Spitzenstellung in der Klasse. Aber kaum einen Monat nach Trimesterbeginn übertraf ich sie schon in meinem Lieblingsfach, Mathematik, und kurz darauf sah es ganz danach aus, als würde ich sie bald auch in Islamkunde und in den Naturwissenschaften ausstechen. Die beiden waren alles andere als glücklich darüber, aber Mona und die anderen schwarzen Mädchen feuerten mich an.

Ich stellte mir vor, wie sich mein Vater freuen würde, wenn er das mitbekäme. Dieser Gedanke erfüllte mich mit dem angenehmen Gefühl echten Stolzes. Doch gerade als alles so gut lief, fiel ein dunkler Schatten auf diese erste glückliche Zeit.

Eines Morgens stand ich beim Appell auf dem Sportplatz, während die Direktorin die Reihen abschritt. Nachdem sie vor mir stehen geblieben war, erhielt ich einen heftigen Schlag auf die Schläfe und fiel zu Boden. Ich hatte Mühe, mich wieder aufzurichten, aber meine Mitschülerinnen konnten mir nicht helfen, denn dann wären auch sie geschlagen worden. Taumelnd kam ich auf die Knie und sah mich einem wutverzerrten Gesicht gegenüber. Ich versuchte mich auf das, was die Direktorin sagte, zu konzentrieren, aber die ganze Gesichtshälfte brannte vor Schmerz, und das Ohr auf dieser Seite war taub.

»Stell dich richtig in die Reihe, dummes Ding!«, brüllte mich die Direktorin an. »Du sollst dich richtig einreihen, verstehst du! Wenn ich noch einmal sehe, dass du aus der Reihe tanzt …«

Ich hielt dem Blick dieser grausamen Frau stand, aber über mein Gesicht liefen heiße Tränen der Wut. Die Direktorin hatte drei Schmucknarben an jeder Wange – die traditionellen Narben der *Ahrao*. Ich war mir sicher, dass sie mir, wäre ich ein arabisches Mädchen gewesen, nur befohlen hätte, mich ordentlich hinzustellen, ohne so schlimm auf mich einzuschlagen. Ich hasste diese Frau wie keinen anderen Menschen auf der Welt und schwor mir Rache. Niemals würde ich mich so behandeln lassen, nur weil ich ein kleines Zaghawa-Mädchen war.

Eine Woche später wurde ich von Miss Ursah, einer Lehrerin, die Naturwissenschaften unterrichtete, ins Lehrerzimmer beordert. Sie war für den Putz-Dienstplan verantwortlich. Einmal wöchentlich wurden zwei Mädchen pro Klasse beauftragt, Laub und Papierabfälle vom Sportplatz aufzusammeln, die Klassenzimmer zu fegen oder die verhassten Toiletten zu reinigen. Miss Ursah verkündete, dass mir Sairah zugeteilt worden sei, das Arabermädchen, das mit Mona und mir am Dreierpult saß. Sairah sollte die eine Hälfte des Klassenzimmers putzen, ich die andere.

Am nächsten Morgen ging ich zwanzig Minuten früher als sonst zur Schule, um meine Aufgabe zu erfüllen. Ich nahm einen Besen und begann, meine Hälfte des Klassenzimmers zu fegen. Es war anstrengend, so früh aufzustehen. Ich brauchte ja ohnehin schon jeden Tag jeweils eine Stunde für den Schul- und den Heimweg. Andererseits hatte ich nichts gegen das Putzen, denn alle mussten mithelfen. Und verglichen mit den Arbeiten, die ich daheim im Dorf hatte verrichten müssen, war es ein Kinderspiel. Ich fegte, schrubbte, staubte die Pulte ab und wischte die Tafel, und die Zeit verging im Nu.

Doch obwohl der Acht-Uhr-Appell unmittelbar bevorstand, ließ sich Sairah nicht blicken. Meine Hälfte war so gut wie fertig, und ich überlegte gerade, ob ich ihre Hälfte in Angriff nehmen sollte, da erschien Miss Ursah. Ich stand da, den Besen in der Hand und voller Stolz auf meine Klassenzimmerhälfte. Die Lehrerin ließ den Blick durch den Raum wandern. Ihre Miene verdüsterte sich.

»Warum ist es dort so schmutzig?«, fragte sie, auf Sairahs Hälfte deutend. »Und wo ist das andere Mädchen, diese Sairah?«

»Ich weiß es nicht. Wahrscheinlich kommt sie zu spät.«

»Das ist ja wohl offensichtlich. Aber warum hast du ihre Hälfte nicht mit übernommen?«

Ich sah mich verwirrt um. »Aber das ist doch Sairahs Hälfte …«

»Keine Diskussionen, Mädchen!«, unterbrach mich die Lehrerin. »Mach diesen Teil sauber – und zwar schnell, gleich beginnt der Unterricht!«

»Aber das ist doch nicht meine …«

»›Keine Diskussionen‹ habe ich gesagt! Oder hast du mich nicht gehört? Nimm den Besen und fang an!«

Hätte sie nur mit einem freundlichen Wort meine gute Arbeit gelobt, ich hätte Sairahs Hälfte bereitwillig geputzt. Hätte sie mich einfach nur gebeten, es zu tun, anstatt es mir zu befehlen … Aber diese Ungerechtigkeit und das Herumkommandiertwerden fand ich nicht annehmbar. Ich schluckte und spürte schon die Angst angesichts meines Vorhabens in mir aufwallen. Aber ich musste es tun, das stand fest. Ich musste mich zur Wehr setzen.

»Nein«, sagte ich leise, den Blick zu Boden gesenkt. »Das mache ich nicht.«

Miss Ursah starrte mich an. »Was hast du gesagt? *Was* hast du gesagt? Ich höre wohl nicht recht!«

Da schmiss ich ihr den Besen trotzig vor die Füße. »Ich mache es nicht!«

»Du machst es nicht?«, wiederholte sie ungläubig. »Hör zu, du tust, was ich dir gesagt habe, verstanden? *Du tust, was ich dir gesagt habe!*«

»Nein. Es ist ungerecht.«

»Ungerecht! *Ungerecht!*« Sie war knallrot angelaufen. »Hier bestimme ich, was gerecht und was ungerecht ist! Fang an – und zwar auf der Stelle!«

Einen grauenhaften Augenblick lang sahen wir uns schweigend an. Und einen Augenblick lang spürte ich mich in meinem Entschluss wanken. Doch dann schoss mir ein Gedanke durch den Kopf: Mein Vater hatte mir den Spitznamen Rathebe gegeben, hatte mich nach einer Schwarzafrikanerin benannt, die Menschen anderer Hautfarbe die Stirn geboten hatte – *und ich würde das auch tun*. Mit welchen Konsequenzen auch immer – ich würde mich zur Wehr setzen. Ich war mir sicher, dass mein Vater mich darin unterstützen würde, selbst wenn es den Rauswurf aus der Schule bedeutete.

»Nein«, sagte ich noch einmal, unbeugsamer denn je. »Ich mache es nicht!«

Miss Ursah kam mit zwei großen Schritten auf mich zu und packte mich am Nacken. Ich zuckte zusammen.

»Das ist jetzt deine letzte Chance«, fauchte sie. Ihr Gesicht war ganz dicht vor meinem. »Ich befehle dir, dieses Klassenzimmer zu putzen. Das ist ein *Befehl*. Wenn du es nicht tust, werde ich …«

»Ich habe doch gesagt, dass ich es nicht mache«, rief ich. »Es ist ungerecht …«

»Ich befehle dir, mir zu gehorchen!«, brüllte sie. »Du sollst gehorchen! GEHORCHEN! Fang an zu putzen!«

Sie wollte mich grob in die andere Hälfte des Klassenzimmers zerren, aber ich hielt mich mit aller Kraft an einem Pult fest und drehte mich zu ihr um. Wir Schülerinnen wussten mittlerweile alle, dass Sairahs Mutter Lehrerin an unserer Schule war. Sie hatte es zu verheimlichen versucht, aber es war bekanntgeworden. Dass man mir befahl, Sairahs Putzarbeit zu übernehmen, nur weil sie die verwöhnte Tochter einer Lehrerin war, fand ich unerträglich. Als Sklavin behandelt zu werden, war das Letzte, was ich vertragen konnte. Ich schüttelte den Kopf. »Das kommt überhaupt nicht in Frage! Ich habe meine Hälfte geputzt, und ich werde nicht die Drecksarbeit von Sairah übernehmen …«

Miss Ursah stieß einen Wutschrei aus und stürzte sich auf mich. Sie hielt mich mit einer Hand an den Haaren fest, ergriff mit der anderen den Besen und schlug mir damit auf die nackten Beine. Die Hiebe taten höllisch weh, aber ich verbiss mir jeden Schrei und zeigte nicht, dass es schmerzte. Ich gönnte dieser grausamen Tyrannin nicht die Befriedigung, meine Qualen mitzubekommen. Nach einer Weile schubste sie mich so heftig weg, dass ich mit dem Oberschenkel gegen eine Pultkante stieß.

Der entsetzliche Schmerz, der mich durchfuhr, entfachte eine unbändige Wut in mir. Jetzt würde ich mir überhaupt nichts mehr gefallen lassen! Sollte sie mich noch einmal angreifen, würde ich mich wehren und beißen und kratzen wie ein wildes Tier, und ich wusste, dass ich siegen würde. Ich hatte schon als kleines, unerschrockenes Dorfmädchen gelernt, gut zu kämpfen. Und im Grunde meines Herzens war ich wie Omer – furchtlos wie ein Löwe –, während Miss Ursahs gewalttätiges Verhalten nur zeigte, dass sie im Grunde ein Feigling war.

Ich lief hinter ein Pult außerhalb ihrer Reichweite. Mit starrer, herausfordernder Miene sah ich sie unverwandt an. Einige Sekunden lang belauerten wir einander. Ich hatte keine Angst mehr vor ihr, und ich wusste, dass sie das erkannte – ja, sie wirkte geradezu erstaunt und ängstlich. Erstaunt, weil ich, ein kleines Mädchen vom Dorf, beschlossen hatte, mich ihrem Befehl zu widersetzen. Und ängstlich, weil ich eine Schwarzafrikanerin war und sie es, wie viele Araber in meinem Land, für ihr natürliches Recht hielt, über mich zu bestimmen.

»*Eine allerletzte Chance*«, zischte sie. »Ich befehle dir, mit dem Putzen zu beginnen. Das ist die allerletzte Chance, hast du mich gehört? Oder ich melde das Ganze der Direktorin.«

»Dann melden Sie es doch!«, gab ich zurück. »Ja, melden Sie es! Ich habe weder Angst vor Ihnen noch vor der Direktorin noch vor sonst irgendwem. Wenn ich überhaupt jemanden fürchte, dann meinen Gott!«

Miss Ursah machte auf dem Absatz kehrt und verschwand. Unendlich erleichtert blickte ich ihr nach. Doch dann kehrten die Angst und das Unbehagen mit aller Macht zurück. Was hatte ich bloß getan! Und was würden sie jetzt mit mir tun? Ich sollte es sehr bald erfahren.

Sofort nach dem Appell wurde ich ins Büro der Direktorin geführt. Sie setzte sich an ihren Schreibtisch und sah mich mit bohrenden Blicken aus ihren kalten dunklen Augen an. Ich stand vor ihr und versuchte, meine Angst zu verbergen. Mit harter, tonloser Stimme rekapitulierte sie, was Miss Ursah ihr berichtet hatte, und fragte mich, ob es stimme. Ob es stimme, dass ich mich geweigert hätte, zu putzen. Ob es stimme, dass ich mich Miss Ursah, einer Lehrerin ihrer Schule, widersetzt und sie beleidigt hätte. Denn wenn es stimme, dann sei ich ein ungezogenes, rüpelhaftes Mädchen und würde streng bestraft werden.

Ich begann die Geschichte aus meiner Sicht zu erzählen. Dabei sagte ich mir ständig: Behalt die Nerven! Sie konnten mich zwar fast zu Tode prügeln, aber das war immer noch besser, als mich von Miss Ursah oder irgendwem sonst tyrannisieren zu lassen. Ich gab zu, mich der Lehrerin widersetzt zu haben – aber nur, weil sie so ungerecht gewesen sei. Schließlich hätte ich ja meine Hälfte des Klassenzimmers durchaus geputzt. Die andere sei Sairahs Aufgabe gewesen, und warum sollte ich dafür bestraft werden, dass sie nicht erschienen sei. Ich erklärte, dass ich mich von niemandem grundlos beschimpfen ließe und mich nur Gott gegenüber dafür verantworten würde.

»Eine solche Unverfrorenheit ist mir noch nie begegnet«, rief die Direktorin. »Noch nie! Mag sein, dass du dich außerhalb dieser Mauern deinem Gott gegenüber verantwortest, aber nicht hier, nicht in meiner Schule! Hier verantwortest du dich mir gegenüber. Und jetzt raus hier! Geh mir aus den Augen! Ich muss nachdenken, was ich mit dir mache …«

Ich ging zu meiner Klasse zurück. Unablässig fragte ich mich, was als Nächstes auf mich zukommen mochte. Eigentlich wäre es mir lieber gewesen, wenn mich die Direktorin geschlagen hätte und die ganze Sache damit erledigt gewesen wäre. Jetzt dagegen hing die Strafe über mir wie ein Todesurteil. Doch all meinen Sorgen zum Trotz kam ich an diesem Tag ungeschoren davon. Auf dem Heimweg dachte ich darüber nach, was mein Vater angerichtet hatte, als er mich wegschickte, um mir eine ordentliche Schulbildung zu ermöglichen.

Er hatte mir eingeredet, dass es in der großen Schule wunderbar sein würde, ein märchenhaftes Abenteuer, und ich hatte jedes

Wort geglaubt. Aber hatte er überhaupt gewusst, was mich dort erwartete? Vielleicht wäre es besser für mich gewesen, im Dorf zu bleiben und die örtliche Schule zu besuchen. Wenigstens wäre ich dann bei meiner Familie und meinem Volk gewesen, und niemand hätte mich schlecht behandelt. Die Sehnsucht nach meiner Familie war wie ein tief im Herzen bohrender Schmerz. Und ich vermisste auch das angenehme geschäftige Treiben im Dorf und die lässige, schlichte, ungezwungene Art der Leute dort.

Mein Onkel hatte meinem Vater Nachricht von meinen schulischen Erfolgen gegeben, von meinen Problemen aber nie ein Wort erfahren. Der einzige Mensch, mit dem ich darüber gesprochen hatte, war Mona. Sie hatte mir geraten, mich nicht in Schwierigkeiten zu bringen, sondern zu tun, was die Lehrerinnen sagten. Aber das brachte ich einfach nicht fertig. Wenn ich in dieser Schule bleiben sollte, musste ich um das, was ich für richtig hielt, kämpfen. Ich wollte nichts weiter, als fair und gleichberechtigt behandelt zu werden.

Eine Woche verging, und ich hatte das Gefühl, dass zwischen Miss Ursah, der Direktorin und mir ein prekärer Waffenstillstand herrschte, der, das war klar, nicht von Dauer sein würde. Immer wenn ich die beiden zusammen sah, warfen sie mir wütende Blicke zu, und aus ihrer Miene sprach eine boshafte Entschlossenheit. Ich ging ihnen möglichst aus dem Weg und wartete ängstlich auf das, was nun kommen würde. Eines aber war sicher: Sie würden mir die Sache nicht durchgehen lassen.

Meiner damals nicht erschienenen Putzpartnerin Sairah gegenüber hatte ich mit keinem Wort erwähnt, was passiert war. Dennoch begann sie ein sonderbares Verhalten an den Tag zu legen. Jedes Mal wenn ich meinen Sitz an der Wand einnahm, musste ich mich an ihr vorbeizwängen, und jedes Mal seufzte sie dabei auf und räusperte sich, als wäre es eine enorme Mühsal, mich vorbeizulassen. Ich hatte den Eindruck, dass sie mich damit provozieren wollte.

Ich versuchte mich auf die Trimesterabschlussprüfungen zu konzentrieren, die zwei Wochen später anstanden. Die Tage waren ausgefüllt mit Lernen, und ich gab mir Mühe, nicht in Schwierigkeiten zu geraten. Als die Ergebnisse am Schwarzen Brett der Schule ausgehängt wurden, stellte ich verblüfft fest, dass ich in allen Fächern außer Arabisch Klassenbeste geworden war. Mona und die anderen schwarzafrikanischen Mädchen freuten sich unglaublich. Sairah und die anderen arabischen Mädchen wirkten dagegen alles andere als zufrieden.

Am nächsten Tag holte mein Vater mich ab. Ich warf mein Gepäck in seinen geliebten Landrover, und nach einem hastigen Abschied ging es los. Während wir Richtung Busch fuhren, reichte mein Vater mir eine Tüte mit Keksen. Ich mampfte selig vor mich hin, während er mich auf den neuesten Stand brachte. Dann sagte er mir, wie stolz er auf meine Leistungen sei. Kaum hatte er die Schule erwähnt, fielen mir wieder all die Probleme ein, die ich dort hatte.

»Und – was ist mit den Prüfungsergebnissen?«, fragte er erwartungsvoll.

»Ich bin Klassenbeste geworden.«

»Toll, Rathebe!« Mein Vater stieß einen Freudenschrei aus und trommelte auf das Lenkrad. »Ich hab es ja gewusst – die weiße Wimper hat dir nicht nur Glück, sondern auch Talent gebracht!«

Ich nickte und sah aus dem Fenster. Hinter mir lagen drei Monate, die ich in fremder Umgebung und mit Erwachsenen verbrachte hatte, von denen ich entsetzlich drangsaliert worden war. Ich wollte mir den Kummer von der Seele reden, und mein Vater war der einzige Mensch auf der Welt, der dafür in Frage kam.

»Klassenbeste in allen Fächern?«, wollte er wissen.

Ich schniefte und versuchte die Tränen zurückzuhalten. »In allen außer in Arabisch.«

Mein Vater warf mir einen Blick zu und drosselte das Tempo. Ich starrte weiter aus dem Fenster, um zu verbergen, wie es um mich stand.

»Ist alles in Ordnung, Rathebe?«, fragte er mich sanft. »Geht es dir gut?«

»Ja«, log ich. Meine Unterlippe begann zu beben, genau wie bei Mohammed, kurz bevor er losheulte.

»Das mit Arabisch ist nicht schlimm«, erklärte mein Vater und brachte den Wagen behutsam zum Stehen. »Du wirst dich bald verbessern ...«

»Das ist es ja gar nicht«, platzte ich heraus und begann hemmungslos zu weinen. »Es ist alles deine Schuld ...«

Mein Vater stellte den Motor ab, beugte sich zu mir und umarmte mich. Erst machte ich mich steif und zierte mich ein paar Sekunden lang, aber dann warf ich mich in seine Arme. Immer wieder versicherte er mir, wie sehr er mich liebe und wie sehr mich zu Hause alle vermisst hätten – so lange, bis ich mich richtig ausgeweint hatte.

»Du hast mich angelogen, abba«, begann ich und verhaspelte mich fast, so schnell sprudelte es aus mir heraus. »Du hast gesagt, die Schule ist wunderbar, aber das stimmt nicht, und die Lehrerinnen hassen und schlagen mich, und die Arabermädchen sind grauenhaft, und du hast mir den Spitznamen Rathebe gegeben, deshalb muss ich ihnen die Stirn bieten, aber eigentlich will ich nur nach Hause zurück und bei dir und Mama und Großmutter sein und in eine Schule gehen, wo die Leute nett sind ...«

Mein Vater nahm sanft, aber bestimmt meine Hand. »Habe ich je behauptet, dass es einfach wird, Rathebe?«

»Nein, aber du hast mich trotzdem reingelegt. Du hast gesagt, dass es schön ist in der Schule, aber die mögen uns dort nicht. Jedenfalls mich mögen sie dort nicht ...«

Ich erzählte ihm von der furchtbaren Direktorin, von meinem Streit mit Miss Ursah und von den Schwierigkeiten, die ich mit Sairah hatte. Als alles gesagt war, ging es mir ein bisschen besser. Ich putzte mir die Nase und versuchte zu lächeln.

Mein Vater lächelte aufmunternd zurück. »Eines musst du verstehen, Rathebe. Die Araber werden es uns in diesem Land niemals leicht machen ...«

Ich nickte. Mein Vater hatte recht. Ich hatte es ja in der Schule am eigenen Leib erfahren.

»Es freut mich, dass du dich so behauptet hast«, fuhr er fort. »Ich bin stolz auf dich, Rathebe, und am allerstolzesten auf das, was du getan hast. Aber wenn du eine ordentliche Schulbildung bekommen und die Araber in diesem Land herausfordern willst, geht es nicht anders. Die Dorfschule ist einfach nicht gut genug. Natürlich gefällt ihnen das nicht, sie werden versuchen, dich aufzuhalten. Aber umso wichtiger ist es, dass du weitermachst. Du hast schon jetzt bewiesen, dass du besser bist als sie – also gib nicht auf! Mit der Zeit wird es einfacher, glaub mir.«

Ich nickte. »Ich bin tatsächlich Klassenbeste geworden, abba. Ich habe alle arabischen Mädchen besiegt ...«

Mein Vater grinste. »Stimmt! Und – wirst du tun, was ich dir gesagt habe? Wirst du durchhalten? Mir zuliebe?«

Wieder nickte ich. »Ich werde es versuchen, abba.«

Für meinen Vater hätte ich so ziemlich alles getan.

7. KAPITEL

Kampfschule

Als wir das Dorf erreichten, schienen alle meine Probleme in weite Ferne gerückt. Ich hatte das Gefühl, von einer großen Last befreit zu sein. Meine Mutter war völlig aus dem Häuschen und kniff mich ständig in die Wange, um sicherzugehen, dass ich gesund und gut genährt war. Meine Brüder umringten mich und bombardierten mich mit Fragen. Es war so schön, wieder daheim zu sein! Ich ging in die Hütte meiner Großmutter, um mein Gepäck dort abzuladen. Sie begrüßte mich und streckte, übers ganze Gesicht strahlend, die Arme nach mir aus.

»Komm, komm, mein Schätzchen!«, murmelte sie.

Ich drückte mein Gesicht an ihren warmen, herb duftenden Körper, und fühlte, wie sehr ich ihre stolze, furchtlose Art vermisst hatte. Wenn sie bei mir in der Schule gewesen wäre, hätte es keiner gewagt, mich zu schikanieren. Sie hielt mich eine Weile fest, dann schob sie mich auf Armeslänge von sich und musterte mich eingehend. Ich hatte meine Großmutter selten so glücklich erlebt, und es bewies mir, wie sehr sie mich im Grunde liebte.

»Du hast dich ja überhaupt nicht verändert«, erklärte sie. »Na, wenigstens hat dich dieser Blödsinn mit der Schule nicht kaputt gemacht.«

»Du hast mir gefehlt, abu«, sagte ich leise. »Ich habe euch alle so sehr vermisst …«

»Augenblick mal«, rief meine Großmutter plötzlich, und ihre Miene verdüsterte sich. »Moment! Was ist das?«

Mit einer ruckartigen Handbewegung zog sie mir das Kopftuch zur Seite. Da fiel mir schlagartig ein, dass mein Haar noch immer im Bob-Marley-Stil geflochten war. Meine Großmutter starrte mich so entsetzt an, dass ihr fast die Augen aus dem Kopf fielen. Dann packte sie mich am Ohr, drehte es, dass die Haut brannte, und zerrte mich so zur Hütte meiner Mutter.

»Was ist das?«, kreischte sie. »Was ist das? Was hat die Göre mit ihren Haaren gemacht? Eine Bob-Marley-Frisur! Eine Bob-Marley-Frisur! *Gumbhor* ist für das Großstadtmädchen wohl nicht mehr gut genug, was?«

Sie schob mich vor meine Mutter hin. Ich setzte zu der Erklärung an, dass Mona, meine beste Freundin in der Schule, auch eine Bob-Marley-Frisur hatte – und sie war schließlich eine Zaghawa, was war also so schlimm daran? Und dass meine Cousinen mir die Haare so geflochten hatten, dass also mein Onkel nichts dagegen gehabt hatte ... Doch meine Großmutter schnitt mir das Wort ab und zwickte mich in den Bauch, dass es richtig wehtat. »*Arabisch! Arabisch! Arabisch!*«, keifte sie. »Blödes Arabisch sprechen! Bla, bla, bla – damit deine Großmutter kein Wort versteht ... Arabisch – pah! Glaubst du, deine Mutter und ich sind wild darauf, diese blödsinnige krächzende Froschsprache zu hören? Glaubst du das?«

Da wurde es mir erst bewusst: Meine Großmutter hatte recht – ich hatte tatsächlich arabisch gesprochen. Schon auf der Heimfahrt hatte ich mich mit meinem Vater in dieser Sprache unterhalten und bei der Ankunft auch mit meiner Mutter. Das war das Resultat von drei Monaten Aufenthalt in der großen Schule, wo man uns schlug, wenn wir etwas anderes sprachen.

»Froschsprache!«, schimpfte meine Großmutter weiter. »Wir wollen das nicht hören und das restliche Dorf auch nicht. Und diese Bob-Marley-Frisur kommt sofort weg. Sofort!«

Sie drückte mich auf einen kleinen Hocker in der Mitte unseres Wohnbereichs. Ich war mir sicher, dass es ihr darum ging, alle anderen zu Zeugen meiner Demütigung zu machen.

»Du bleibst da sitzen und rührst dich nicht!«, befahl sie mir und ging eine Schere holen. Nachdem sie zurückgekommen war, begann sie sich an meinen Zöpfen zu schaffen zu machen, wobei sie pausenlos vor sich hinbrummte. »Eine Bob-Marley-Frisur ... Kaum gehst du unter Fremde, schon willst du sein wie sie ...«

Sehr darauf bedacht, nur noch Zaghawa zu sprechen, versuchte ich meiner Großmutter zu erklären, dass ich doch nur wie meine Zaghawa-Freundin Mona aussehen wollte. Mir gefiel die Frisur, weil ich damit anders aussah als zuvor. Doch meine Großmutter ließ mich nicht zu Wort kommen. Je mehr ich protestierte, umso stärker zog sie an meinen Zöpfen. Ich sagte mir, dass ich in Zukunft vorsichtiger sein müsse. Beim nächsten Mal würde ich mir vor meiner Rückkehr ins Dorf wieder eine *gumbhor*-Frisur machen lassen.

»Drei Monate, und schon hast du vergessen, woher du kommst«, schimpfte meine Großmutter. »Ich habe ja von Anfang an gesagt, dass daraus nichts Gutes wird. Und wenn du so sehr darauf aus bist, arabisch zu sprechen – na, dann zieh doch zu den Arabern und lebe bei ihnen!«

Eine Stunde später hatte ich wieder die langweilige *gumbhor*-Frisur, bei der die Haare zu straffen, dicht an der Kopfhaut anliegenden Zöpfen geflochten werden. Nachdem ich mit meiner Mutter und der immer noch mürrischen Großmutter zu Abend gegessen hatte, ging ich in den Wohnbereich, um mich auf den Teppichen bei einer Unterhaltung mit meinem Vater zu entspannen. Meine Mutter, Mo und Omer gesellten sich zu uns, und ich erzählte ihnen vom Leben in der großen Stadt. Meine Großmutter aber schloss sich in ihrer Hütte ein. Mit Gesprächen über fremde Orte und Menschen wollte sie nichts zu tun haben.

Ich berichtete von den beiden *khawajat*, die ich auf dem Markt gesehen hatte. Ihre Haut verglich ich mit sahniger Butter und erzählte, wie sehr wir uns gewundert hatten, dass sie nicht in der Sonne schmolz. Ich beschrieb das Haar der Frau, feine Fäden gesponnenen Goldes, und den wallenden Bart des Mannes, flammend rot wie die untergehende Sonne.

Die Menschen in unserem Dorf wussten natürlich, dass es Weiße gab. Wenn, was nur selten vorkam, ein Passagierflugzeug hoch über unser Dorf hinwegflog, liefen die Kinder hinaus und starrten nach oben, schrien und winkten, als könnten die Insassen sie hören und sehen.

»*Khawajat! Khawajat! Khawajat!*«, riefen wir dann immer. Und dann sangen wir: »Flugzeug Nummer drei! Flugzeug Nummer drei!«

Ich habe keine Ahnung, warum wir »Flugzeug Nummer drei« sangen. Vielleicht hatte einer von uns irgendwann diese Ziffer auf einem Flugzeug gesehen, und daraufhin war das Lied entstanden.

Ich erzählte, dass die *khawajat* vom Markt in Hashma tief im Busch lebten und in die Stadt gekommen waren, um ihre Vorräte aufzustocken, damit sie sich wieder an die Arbeit machen und Brunnen graben und Schulen bauen konnten. Meine Klassenfreundin Mona hatte mir versichert, sie seien gute Menschen, weil sie von sehr, sehr weit her gekommen waren, um den Zaghawa zu helfen.

Mein Vater lachte leise in sich hinein. »Ja, Rathebe, es stimmt, die *khawajat* sind tatsächlich da, um Gutes zu tun – *jetzt*. Aber so war es nicht immer. Vor Hunderten von Jahren kamen die Briten als Invasoren, sie entzweiten die Stämme und sorgten dafür, dass sie einander bekämpften. Das nannten sie ›teile und herrsche‹.«

Da sagte Omer verärgert schnaubend: »Müsst ihr jetzt unbedingt wieder über langweilige politische Sachen reden? Das machst du immer, wenn Rathebe da ist. Ich gehe ins Bett.«

Mein Vater ignorierte Omer, der sich wütend verzog. Ich sah die anderen an. Mohammed lag im Halbschlaf beim Feuer, neben sich meine nicht weniger schläfrige Mutter.

»Die Briten kamen damals aus einem einzigen Grund hierher«, fuhr mein Vater fort. »Sie kamen, um sich möglichst viel zu nehmen. Sie nahmen sich das Land, um ihre Feldfrüchte darauf anzubauen, sie nahmen sich die Berge, um Gold abzubauen, und sie versuchten sich auch die Menschen zu nehmen und für sich arbeiten zu lassen. Aber wir Zaghawa widersetzten uns und wurden nie besiegt.«

Mein Vater sah mich mit funkelnden Augen an. »Aber weißt du, was die schlimmste Tat der Briten war? Als sie gingen, übergaben sie die ganze Macht den Araberstämmen. Sie gaben den Arabern die Macht. So etwas solltet ihr mal in der Schule lernen!«

»Vielleicht kommen sie jetzt zurück, um es wiedergutzumachen«, warf ich ein. »Vielleicht fühlen sie sich schuldig.«

Mein Vater lachte. »Schon möglich, Rathebe, schon möglich. Angebracht wäre es in jedem Fall. Sie schulden uns noch etwas …«

Schweigend starrten wir ins Herz des Feuers. Ich hatte das alles so sehr vermisst: den Familienzusammenhalt und die Liebe zwischen uns, die kühle, samtweiche Nachtluft, die meine Haut umstrich, den flackernden Schein des Feuers, das An- und Abschwellen der lachenden, plaudernden Stimmen.

»Ich erzähle dir noch etwas«, sagte mein Vater nach einer Weile. »Heute führt ein einziges Land die ganze Welt an – Amerika. Und wenn es Amerika nicht wäre, dann wäre es China. Beides riesige Länder. Doch als die Briten den Sudan beherrschten, hatten sie den größten Teil der Welt unter sich, dabei ist Großbritannien nur eine winzige Insel. Man muss die Briten bewundern: Mit nichts haben sie sich die Welt untertan gemacht.«

»Wie haben sie das geschafft, abba?«, fragte ich.

»Das weiß ich nicht genau. Aber du weißt ja, dass wir von jemandem, der ganz pünktlich kommt, im Scherz sagen, er lebt nach der *khawajat*-Zeit. Weißt du, warum wir das sagen? Weil die Briten immer pünktlich waren. Immer. Und obendrein wussten sie, was hart arbeiten heißt. Sie machten nie eine Pause. Vielleicht war das der Grund. Vielleicht schafften sie es, die Welt zu erobern, indem sie hart arbeiteten und immer pünktlich waren.«

»Hast du schon mal mit den *khawajat* zusammengearbeitet?«

»Das war vor meiner Zeit …« Mein Vater schwieg einige Sekunden lang. Dann sagte er: »Aber weißt du, Rathebe, ich habe nachgedacht. Ich habe mir überlegt, wenn du weiterhin so gut in der Schule bist und ich es mir leisten kann, dann sollten wir dich vielleicht zum Studieren nach Großbritannien schicken. Dort erhält man die beste Ausbildung auf der ganzen Welt.«

In dieser Nacht ging ich mit der Frage zu Bett, ob mein Vater das wirklich ernst meinte. Der relativ harmlose Umzug nach Hashma war schon einschüchternd genug gewesen. Allein die Vorstellung, so unglaublich weit weg ins Land der *khawajat* zu gehen und dort zu studieren, war sowohl aufregend als auch beängstigend.

Am nächsten Morgen wurde ich sehr früh von einem tiefen, dröhnend-tuckernden, vibrierenden Geräusch geweckt. Ich warf einen Blick auf das Bett meiner Großmutter, aber sie lag nicht darin. Der Lärm schwoll an und wieder ab, so als würde etwas näherkommen und sich wieder entfernen. Schließlich siegte die Neugier, und ich ging nachsehen. Es war ein winziges Flugzeug, das die Felder im Osten des Dorfs überflog und eine Wolke aus weißem Staub hinter sich herzog.

In der Nacht sei ein Heuschreckenschwarm eingefallen, erklärte mein Vater, und das Flugzeug besprühte nun die Felder, um die Tiere zu töten. *Gumborr*, wie wir sie nannten, hatten wir schon viele Jahre lang nicht mehr zu Gesicht bekommen, aber jetzt waren die ersten dieser großen Fluginsekten eingetroffen. In früherer Zeit hatten riesige Schwärme alles abgefressen – Gärten, ganze Mais- und Hirseernten, Büsche und Bäume im Wald. Damals war ich noch nicht auf der Welt gewesen. Jetzt rechnete mein Vater mit einem weiteren großen Schwarm.

Nach einem hastigen Frühstück brach ich mit Mo und Omer zu einer Heuschrecken-Sammelaktion auf. Wir liefen in den Busch und sahen schon bald einen vor unzähligen Insekten schimmernden Baum. Omer konnte es nicht mehr erwarten. Er kletterte hinauf und begann an den Ästen zu rütteln.

Mo und ich machten inzwischen Feuer. Ich hatte einen glimmenden Ast von unserer Feuerstelle mitgenommen, den ich nun mit trockenem Laub und Gras bedeckte. Dann blies ich kräftig darauf, und wenig später prasselten schon die Flammen. Vom Rauch umhüllt, fielen die Heuschrecken von den Ästen. Manchen verbrannten in kurz auflodderndem Feuerschein die Flügel, während sie herabstürzten. Omer stieg vom Baum und sammelte die am Boden liegenden Heuschrecken ein, während Mo und ich mit brennenden Stöcken herumgingen.

Schon bald war unser Sack zur Hälfte mit *gumborr* gefüllt. Wir zogen weiter, um noch mehr zu finden, und entdeckten eine Unmenge von Heuschrecken, die sich wie ein Teppich über eine

Stelle mit niedrigen Pflanzen gebreitet hatten. Die unheimlichen, von Tausenden winziger Kiefer verursachten Fressgeräusche – knackendes Beißen und raschelndes Kauen – waren deutlich zu hören. Wir stürzten uns auf sie und sammelten so viele wir konnten mit den Händen ab. Plötzlich erhob sich der Insektenteppich in die Luft und flog davon, ließ sich aber kurz danach auf einer anderen Stelle nieder. Da zogen auch wir weiter, um unsere zweite Fangaktion durchzuführen.

Als der Sack zum Bersten gefüllt war, gingen wir nach Hause. Meine Großmutter aß für ihr Leben gern Heuschrecken. Sie hielt sie für eine Wundernahrung, die vor vielen Krankheiten schützte. Begierig riss sie uns den Sack aus den Händen, schüttete die lebenden Insekten in eine große Tonschüssel und warf schnell den Holzdeckel darauf.

»Los jetzt!« Sie drückte mir den leeren Sack in die Hand. »Sammelt noch mehr!«

Abends kamen wir dreckverschmiert und völlig erschöpft, aber glücklich, nach Hause, und meine Stimmung war besser, als sie es in der Schule seit langem gewesen war. Meine Großmutter wartete schon mit unserer Belohnung: Teller um Teller mit gebratenen Heuschrecken. Man brauchte nur eine zu nehmen, Kopf und Flügel abzureißen, sich den Rest in den Mund zu stecken und zu kauen – und erlebte eine wahre Explosion von süßlichen, fettigen Säften, die das unüberwindliche Verlangen hervorrief, mehr davon zu essen.

Weil die Wasservorräte in unserem Dorf knapp bemessen waren, wuschen wir uns immer nur am Freitag – dem heiligen Tag der Moslems. An den anderen Abenden rieb uns meine Mutter mit Sesamöl ein, um die Haut zu reinigen und vor dem Austrocknen zu schützen. Ehe wir uns an diesem Abend schlafen legten, tat sie das besonders gründlich, damit sich der gröbste Schmutz von der Heuschreckenjagd löste. Dabei sang sie uns leise etwas vor, und ich erzählte ihr von den Abenteuern dieses Tages.

Für mein Haar verwendete meine Mutter *zit karkar*, ein spezielles Öl. Es besteht aus Sesamöl, das mit Sandelholz parfümiert ist und so lange mit Bienenwachs vermischt wird, bis ein dickes

Gel entsteht. Ich hockte mich zwischen ihre Knie, und sie knetete mir das *zit karkar* ins Haar, was so beruhigend und entspannend war, dass mir zum Schluss die Augen zufielen. Als ich aufwachte, war sie gerade dabei, meinen Kopf fest mit einem Tuch zu umwickeln, um zu verhindern, dass der Staub an dem wachsartigen Öl festklebte und mein Haar über und über schmutzig wurde.

In dieser ersten Ferienwoche tat ich nichts anderes, als Heuschrecken zu sammeln. Am Ende verschwand der Schwarm ganz einfach; er war nie so groß geworden, dass man von einer Plage hätte sprechen können. Inzwischen hingen uns die *gumborr* natürlich schon zum Hals heraus. Aber meine Großmutter servierte sie uns weiterhin zum Frühstück, zum Mittag- und zum Abendessen, und wehe dem, der seine Portion nicht aufaß!

»Ihr Kinder seid ja so verwöhnt!«, knurrte sie. »Ihr kennt den Wert des Essens gar nicht. Irgendwann wird es eine Hungersnot im Dorf geben, und es werden Menschen sterben. Dann werdet ihr es kapieren.«

Daraufhin erzählte meine Großmutter uns von der letzten großen Hungersnot. Erst war der Regen ausgeblieben, dann waren die Heuschrecken gekommen – ein Schwarm, so groß, dass er die Sonne verdeckte. Das hatte sich während der Amtszeit des amerikanischen Präsidenten Ronald Reagan ereignet. Amerikanische Mitarbeiter von Hilfsorganisationen waren in einem Konvoi aus funkelnden Lastwagen ins Dorf gekommen und hatten Lebensmittellieferungen gebracht. Dann hatten amerikanische Flugzeuge Säcke mit Mehl abgeworfen. Die Kinder hatten vor Freude getanzt, hatten auf den Himmel gedeutet und gesungen: »Reagan! Reagan! Da kommt Reagan!«

Ein Dorfbewohner hatte während dieser Hungersnot ein Lied komponiert:

Reagan kam,
Reagan kam,
Aus der Luft herangeflogen.

Hoch am Himmel,
Um den Armen zu helfen,
Brachte er Essen.
Gott segne ihn,
Gott helfe ihm,
Gott hat ihn
Den Zaghawa gesandt.

Meine Großmutter schärfte uns ständig ein, dass niemand wisse, wann die nächste große Hungerszeit komme. Deshalb sollten wir niemals Essbares verschwenden.

Die Ferien vergingen wie im Flug, und dann hieß es schon wieder, in die große Schule zurückzukehren. Viele Wunden, die das erste Trimester geschlagen hatte, waren durch die Zeit bei meiner liebevollen Familie im Dorf geheilt worden. Mein Wissensdurst und mein Lerneifer kehrten zurück, und ich hoffte, diesmal würde alles gut werden. Auf Heuschreckenjagd gehen und den Schlägen meiner Großmutter ausweichen – schön und gut, aber jetzt gierte ich wieder nach Bildung.

Mein Vater beschloss, mich in die Schule zu begleiten. Wir hatten nie ein Wort darüber verloren, wussten aber beide, dass er es tat, um Präsenz zu zeigen. Er begrüßte alle Lehrerinnen und gab jeder ein kleines Geldgeschenk. Bevor er wegfuhr, suchte er die gefürchtete Direktorin auf und ließ der Schule eine Spende zukommen. Meine Großmutter war der Überzeugung, dass man seinen Wohlstand zeigen sollte, weil so selbst der schlimmste Feind dazu bewegt werden konnte, einem mehr Respekt zu erweisen, und mein Vater wusste, dass dieser Grundsatz richtig war, denn im Sudan wurde Geld mit Macht gleichgesetzt.

Bei meinen Lehrerinnen stellte sich eine sofortige Veränderung ein, aber auf meine Mitschülerinnen wirkte sich die Aktion meines Vaters kaum aus. Sairah behielt ihren Platz neben Mona und fuhr fort, jedes Mal, wenn ich mich an ihr vorbeizwängte, aufzuseufzen und ihre Knie und Ellbogen hervorzustrecken. Sie war auf Streit aus, und früher oder später, das war mir klar, würde ich mich mit ihr anlegen müssen.

Hashma war eigentlich eine Zaghawa-Stadt, in der die Araber eine Minderheit bildeten. In der Schule aber stellten sie die Mehrzahl sowohl der Schülerinnen als auch der Lehrerinnen. Die arabischen Familien kamen aus dem ganzen Sudan nach Hashma – Händler aus dem Norden, Familien von Militärs, die in die Region versetzt worden waren, und Verwaltungsbeamte aus Khartoum.

Sairahs Vater war ein solcher Verwaltungsbeamter. Die Familie wohnte in einem vornehmen Viertel. Mona und ich waren einmal durch diesen Stadtteil gegangen. Prachtvolle mehrstöckige Häuser im englischen Stil mit echten Glasscheiben in den Fenstern. Aber wo Sairah wohnte und wer ihre Eltern waren, spielte keine Rolle, sagte ich mir immer wieder, denn es bedeutete nicht, dass sie etwas Besseres war als ich.

Eine Woche nach Beginn des zweiten Trimesters spitzten sich die Dinge zu. In der Elf-Uhr-Pause hatten Mona und ich mit Najat, Samirah und Makboulah, unseren Zaghawa- und Fur-Freundinnen, Sockenball gespielt. Als ich ins Klassenzimmer zurückkam, war Sairah bereits an ihrem Platz, und in mir keimte der Verdacht, dass sie sich absichtlich so früh hingesetzt hatte. Ich bat sie höflich, mich zu meinem Platz an der Wand durchzulassen. Sie stand auf, um mich vorbeizulassen, begann aber sofort mit dem üblichen Geseufze und Gezapple.

Als ich mich an ihr vorbeidrückte, stieß sie mir ihre Knie in meine Kniekehlen. Ich verlor fast das Gleichgewicht, konnte mich aber an einem Pult festhalten und stemmte mich mit aller Kraft gegen sie. Sairah bekam den Schock ihres Lebens. Sie hatte keine Ahnung gehabt, dass ein Mädchen aus dem Busch ihr die Stirn bieten würde – ganz zu schweigen davon, wie stark wir im Vergleich zu diesen verweichlichten Stadtmädchen waren. Schließlich hatte ich nicht meine ganze Kindheit hindurch Wasser geschleppt, Feuerholz gesammelt und mit anderen Kindern gerauft, um von einem dürren, gehässigen Arabermädchen herumgeschubst zu werden.

»He, was machst du da?«, rief sie. »Idiotin! Dorftrampel! Gib doch acht mit deinem blöden fetten …«

Ich wandte mich zu ihr um und brachte sie mit einem einzigen Blick zum Schweigen.

»Hör auf zu schreien«, befahl ich ihr kühl. »Und versuch bloß nicht, Krach zu schlagen. Falls du einverstanden bist, treffen wir uns am Donnerstag nach dem Unterricht unter dem großen Baum. Donnerstagnachmittag – ich werde dort sein. Komm auch dorthin oder halt den Mund.«

Ich wollte keinen Ärger machen. Ich wollte einfach in Ruhe lernen und wie die anderen behandelt werden. Aber wenn es einen Kampf geben musste, war der Donnerstag dafür am besten geeignet, weil der Unterricht dann immer schon mittags endete und die Schule den ganzen Nachmittag über leer sein würde. Bis zu unserem Kampf musste ich zwar nur einen Tag warten, aber ich fragte mich ständig, ob Sairah erscheinen würde. Wahrscheinlich konnte sie es nicht glauben, dass ein kleines schwarzes Mädchen aus dem Busch sich allen Ernstes gegen sie wehrte. Es war an der Zeit, ihr das Gegenteil zu beweisen.

Nach dem Unterricht umringten mich Mona, Najat, Samirah und Makboulah. Sie waren sich einig: Ich musste mir Sairah vornehmen, sonst würde sie mich nie in Ruhe lassen. Die Mädchen machten mir klar, dass diese Angelegenheit über den Zusammenprall zweier unterschiedlicher Persönlichkeiten hinausging. Obwohl Sairah die arabische Tochter einer arabischen Lehrerin war und einen arabischen Verwaltungsbeamten zum Vater hatte, erwies ich mich als Klassenbeste. So gesehen war es nicht nur mein Kampf, sondern auch der Kampf meiner Freundinnen.

»Wir stehen dir bei«, versicherte mir Mona. »Mach dir keine Sorgen!«

»Wir stellen uns ans Tor, dann können wir sehen, was passiert«, sagte Makboulah.

»Und wenn sie mit ihren arabischen Freundinnen auftaucht, liefern wir ihnen einen Kampf«, rief Najat.

»Wahrscheinlich kommt sie sowieso nicht«, meinte Mona. »Und falls doch, bringt sie bestimmt ihre Lehrerinnen-Mama mit, damit sie ihr das Händchen hält ...«

Wir lachten. Typisch Mona, Witze zu reißen, um die Atmosphäre zu entspannen. Dass meine Freundinnen hinter mir standen, bestärkte mich in meinem Entschluss noch. Ich machte mir ja keine Vorstellung von den Problemen, die ich mir aufhalsen würde, wenn ich eine Mitschülerin, Tochter einer Lehrerin und eines Verwaltungsbeamten, verprügelte. Aber wie bei dem Zwischenfall mit Miss Ursah wusste ich, dass ich keine Wahl hatte: Ich musste Widerstand leisten.

Am nächsten Nachmittag strömten die anderen Mädchen zum Schultor hinaus; ich dagegen stellte mich unter den großen Baum und versenkte mich in ein Buch, so als würde ich auf meine Freundinnen warten. Aus den Augenwinkeln sah ich Mona und die anderen am Tor stehen. Niemand wird mitbekommen, was wir vorhaben, sagte ich mir. Ich wartete und wartete, bis offenbar niemand mehr in der Schule war. Hatte Sairah also doch gekniffen?

Ich wollte schon aufgeben, da sah ich eine Gestalt über den Sportplatz auf mich zukommen. Es war Sairah, und sie war allein. Weder ihre Freundinnen noch ihre Lehrerinnen-Mutter begleiteten sie. Sie trat vor mich hin. Ein paar Sekunden lang standen wir einander gegenüber. Sie versuchte, meinen Blick niederzuzwingen. Sie war einen guten halben Kopf größer als ich, aber ich hatte nicht einen Moment lang Angst vor ihr. Schließlich warf sie einen Blick hinter sich auf den Baum und auf den Boden, dann sah sie wieder mich an.

»Was genau hast du eigentlich *hier* mit mir vor?«, fragte sie verächtlich. »Ach, ihr Dorfmädchen fühlt euch wahrscheinlich einfach wohler unter einem *Baum* – erinnert euch an euer Zuhause …«

Ich konnte mich gerade noch zurückhalten, um mich nicht auf sie zu stürzen und sie zu Boden zu werfen. Ich konnte es kaum erwarten, ihr das höhnische Grinsen aus dem Gesicht zu prügeln. Aber ich wollte nicht als Erste zuschlagen. Ich wollte, dass sie anfing, damit ich den Lehrerinnen gegenüber wenigstens das zu meiner Verteidigung vorbringen konnte. Wenn man mich ins Direktorat zitieren würde, was ich für sehr wahrscheinlich hielt, wollte ich ehrlich sagen können, dass Sairah mich angegriffen hatte.

»Warum tust du so, als ob das *deine* Schule wäre?«, entgegnete ich. »Sie gehört weder dir noch mir noch den anderen Mädchen.«

»Keine Ahnung, was du da vor dich hinbrabbelst«, gab sie zurück. »Du willst doch nur Unfrieden stiften – gestern zum Beispiel, als du dich so grob an mir vorbeigezwängt hast …«

»Das ist eine Lüge, und das weißt du auch. Du tust so, als ob das Pult dir gehören würde – und die ganze Schule!«

Sairah stemmte die Hände in die Hüften. »Du willst dich wohl unbedingt mit mir anlegen, was?«

»Es ist einfach an der Zeit, dass du lernst, diese Schule mit den anderen zu teilen …«

»Was du nicht sagst! Und wer soll mich dann unterrichten? Du vielleicht? Ha, ha – guter Witz!« Sie beugte sich zu mir vor. »Du willst wohl unbedingt verprügelt werden, was?«

»Weißt du, was ich glaube?«, sagte ich. »Ich glaube, dass du diese Schule aus einem einzigen Grund für deine Schule hältst: weil deine Mutter hier Lehrerin ist.«

»Hör zu – ich weiß alles über dich und deine Probleme mit den Lehrerinnen. Du hast dich doch geweigert, das Klassenzimmer zu putzen. Ist wohl eine zu niedere Arbeit für ein Zaghawa-Mädchen, was? Aber das wäre mir nun wirklich neu!«

»Sie haben dir alles erzählt?« Ich schnappte nach Luft. »Deine Mutter und Miss Ursah …«

Sairah streckte den Arm aus und begann mir gegen die Brust zu stoßen. »Ich weiß, was für ein Störenfried du bist. Und glaub nur nicht, Miss Ursah oder die Direktorin hätten die Sache vergessen. Bald bist du dran!«

Als sie mich wieder stupste, packte ich ihre Hände und drückte sie nach unten.

»Stell dich ordentlich hin und rede respektvoll mit mir«, befahl ich ihr. »Meinst du, du schaffst das?«

»Lass mich los!«, schrie Sairah. »Wie kannst du es wagen! Lass mich los!«

Ich ließ sie los und trat einen Schritt zurück.

»Das war's! Du hast es nicht anders gewollt!«, brüllte Sairah, stürzte sich auf mich und packte mich am Blusenkragen. Ich hörte, wie der Stoff einriss. Ich schob meine Arme unter ihre, stieß sie zur Seite und packte sie an der Bluse. Sie hatte angefangen, jetzt hatte der Kampf begonnen. Ich schubste sie heftig gegen den Baum. Ich sah das Entsetzen in ihrem Blick, als ich sie gegen den Stamm stieß und versuchte, ihr die Sachen zu zerreißen. Aber ihre Bluse war aus weit besserer Baumwolle als meine und ging nicht kaputt.

Sairah packte mich an den Haaren und begann mit aller Kraft daran zu ziehen. Die ganze Frustration, die sich in der Schule angestaut hatte, wallte in mir hoch und machte mich unglaublich wütend. Den Schmerz fühlte ich gar nicht. Ich holte mit dem rechten Arm aus und schlug Sairah heftig ins Gesicht. Die Wucht des Hiebs machte sie fassungslos, und diese Gelegenheit ließ ich mir nicht entgehen. Ich stellte ihr ein Bein, und kaum lag sie am Boden, stürzte ich mich auf sie, griff nach ihrem Halstuch und verzwirbelte die Enden. Ich war jetzt blind vor Wut. Immer wieder ertönte eine Stimme, aber ich konnte nicht glauben, dass es meine war.

»Ich bring dich um! Ich bring dich um! Ich bring dich um!«

Ich drehte das Tuch immer fester. Sairahs Augäpfel traten aus den Höhlen, und ihr Gesicht lief knallrot an. Plötzlich hob ich den Blick und sah meine Freundinnen um mich stehen und mich anfeuern. Merkwürdigerweise ließ mich gerade das wieder ein wenig zur Vernunft kommen. Sairah war Angehörige eines arabischen Stamms und hielt sich für etwas Besseres als wir. Die Lehrerinnen hatten sie offen bevorzugt und gleichzeitig mit mir Schindluder getrieben. Aber den Tod hatte sie nicht verdient. Ich lockerte meinen Griff.

Ich stand auf und sah von oben zu, wie sie sich an den Hals griff und nach Luft rang. In ihrem Blick lagen Panik und Entsetzen. Was immer jetzt auf mich zukam, ich hatte ihr jedenfalls eine Lektion erteilt, die sie nie vergessen würde, und das gab mir ein gutes Gefühl. Ich streckte ihr den Arm entgegen und half ihr auf die Beine. Ängstlich sah sie mich und meine Freundinnen an, dann ging sie taumelnd in Richtung Hauptgebäude.

Ich wusste, dass dies die Ruhe vor dem Sturm war, und machte mich auf alles gefasst. Wenige Sekunden später kam Sairah, ihre Lehrerinnen-Mutter im Schlepptau, aus dem Schulhaus.

»He, du!«, rief Sairahs Mutter mit wutverzerrtem Gesicht. »Schau, was du getan hast! Wie konntest du es wagen! *Wie konntest du es wagen!*«

Meine Freundinnen rückten näher, so dass sie eine Art Schutzwall um mich bildeten. Sairahs Mutter baute sich vor uns auf, während die Tochter hinter ihrer Schulter hervorlugte. Sairahs Haar war übersät mit Laub und Schmutz. Allein dieser Anblick munterte mich auf und stärkte meine Entschlossenheit.

»Die Bluse zerrissen ... Sie halb erwürgt ...«, rief Sairahs Mutter keuchend. »Du bist ja wie ein Tier! *Ein Tier!* Du gehst auf der Stelle ins Schulgebäude!«

»Ihre Tochter hat angefangen«, erklärte ich. »Sie hat mir die Bluse zerrissen. So ist es zum Kampf gekommen. Sie ist selbst schuld.«

»Geh ins Schulgebäude!«, brüllte Sairahs Mutter. »Ich diskutiere das jetzt nicht! Geh hinein!«

Ich ließ mich nicht einschüchtern. »Nein. Der Unterricht ist zu Ende, ich gehe jetzt nach Hause. Ihre Tochter hat angefangen, also ist es ihre Schuld und nicht meine. Wenn Sie mir nicht glauben, fragen Sie doch die Mädchen hier.« Ich deutete auf meine Freundinnen. »Sie haben alles gesehen.«

Sairahs Mutter ließ den Blick über die Gesichter meiner Mitschülerinnen schweifen. Mona, Najat, Samirah und Makboulah nickten.

»Halima hat recht«, sagte Mona. »Sairah hat angefangen.«

»Halima kann nichts dafür«, warf Makboulah ein.

»Sehen Sie sich nur mal Halimas Bluse an!«, rief Samirah. »Sie ist ganz zerrissen ...«

»Sie hat sich nur verteidigt«, erklärte Najat.

Sairahs Mutter musterte uns wütend und schwieg, die Lippen verärgert aufeinandergepresst. Man hörte förmlich die Gedanken durch ihren Kopf rattern, während sie eine Entscheidung zu treffen versuchte.

»Das werden wir schon noch sehen!«, verkündete sie schließlich, den eisigen Blick auf mich gerichtet. »Du bist in Schwierigkeiten, Mädchen, in Riesenschwierigkeiten. Die Tochter einer Lehrerin schlagen … Das ist ein Fall für die *Direktorin!* Ich werde ihr alles berichten. Alles! Am Samstag werden wir ja sehen! Und ich bin gespannt, ob deine Freundinnen dir dann noch helfen können!«

Nach diesen Worten drehte sie sich abrupt um und verschwand mit Sairah. Und ich hatte das eindeutige Gefühl, dass meine Schwierigkeiten jetzt erst richtig anfangen würden.

8. KAPITEL

Widerstand für meine Großmutter

Am Samstagvormittag saß ich mit bangem Herzen im Klassenzimmer. Aller Mut und aller Trotz, die mich unter dem großen Baum erfüllt hatten, waren wie weggeblasen. Sairah ließ sich nicht blicken, was mir sagte, dass die Probleme bereits im Anmarsch waren. Miss Shadhia, meine Klassenlehrerin, trat ins Zimmer, nahm mich sofort zur Seite und sagte ganz ruhig, ich solle ins Büro der Direktorin gehen. Ich mochte meine Klassenlehrerin und spürte, dass diese Sympathie auf Gegenseitigkeit beruhte.

»Kommen Sie mit?«, bat ich sie. »Ich will nicht allein hingehen.«

»Gut«, sagte Miss Shadhia. »Aber erzähl mir erst, was passiert ist. Und zwar die Wahrheit. Warum hast du diese Prügelei angefangen?«

Ich erklärte ihr, dass nicht ich, sondern Sairah angefangen hatte. Und dass sie mich schon seit vielen Wochen provozierte. Schon wahr, ich hatte sie geschlagen. Aber was war mir denn übrig geblieben? Es war Notwehr gewesen. Miss Shadhia erwiderte, wenn das die Wahrheit sei, werde sie zu mir halten. Auf dem Weg zum Direktorat spürte ich meine Entschlossenheit und meinen Trotz wieder aufkeimen. Wenn Miss Shadhia zu mir hielt, würde alles gut werden.

Als sie mich in das Büro führte, saßen dort schon Sairah und ihre Mutter. Kaum sah sie mich, brach sie auch schon in Tränen aus.

»Das ist sie!«, heulte sie. »Das ist die, die mich geschlagen hat …«

»Zwei Nächte hat sie nicht mehr geschlafen!«, fügte Sairahs Mutter mit grimmigen Blicken in meine Richtung hinzu. »Sie ist traumatisiert und kann gar nicht mehr aufhören zu weinen. Ist das eine Art, sich unter Schülerinnen zu benehmen – eine andere so brutal zu schlagen?«

Die Direktorin blickte mich eisig an. Ihr Gesicht erinnerte an eine Totenmaske. »Hast du irgendetwas zu deiner Verteidigung vorzubringen? Du könntest schon mal anfangen, indem du dich bei diesem armen Kind entschuldigst. Dein Verhalten ist erschreckend und beschämend. Du musst dich entschuldigen und ihr versprechen, dass du so etwas nie wieder tust!«

»Ich entschuldige mich nicht«, entgegnete ich. »Sairah hat angefangen, nicht ich. Ich habe mich nur gewehrt …«

»Du entschuldigst dich, wenn ich es dir sage!«, schrie die Direktorin. »Das ist ein Befehl! Entschuldige dich, und zwar sofort! Oder willst du, dass es noch schlimmer für dich kommt?«

Ich schüttelte den Kopf. »Nein, ich entschuldige mich nicht. Sie hat angefangen. Wenn Sie mir nicht glauben, können Sie ja die anderen Mädchen fragen.«

»Na bitte – sehen Sie jetzt, wie rüpelhaft und arrogant sie ist?«, rief Sairahs Mutter. »Verstehen Sie jetzt, warum sie sich auf meine Tochter gestürzt und das Mädchen grausam verprügelt hat?«

Die Direktorin starrte mich an. »Alle verlassen jetzt den Raum«, verkündete sie mit leiser, kühler Stimme. »Du nicht, Halima, *du* bleibst. Ein derart schamloser Ungehorsam ist mir noch nicht begegnet …«

Da ergriff Miss Shadhia das Wort. »Ich muss Ihnen leider widersprechen, Frau Direktor«, sagte sie ganz ruhig. »Sie müssen sich auch anhören, was Halimas Freundinnen zu sagen haben. Ich bin ihre Klassenlehrerin und habe noch nie erlebt, dass sie auch nur ansatzweise Schwierigkeiten gemacht hat. Ich kann sogar sagen, dass das Gegenteil der Fall ist. Es gibt Zeugen für diese Auseinandersetzung. Wenn jemand für den Vorfall bestraft werden soll, müssen Sie doch auch die andere Seite anhören!«

»Egal, wie die Wahrheit aussieht – sie ist in jedem Fall ein ungezogenes, unverschämtes Mädchen!«, fauchte die Direktorin. »Das zeigt sich bereits darin, dass sie meine Autorität herausgefordert hat.«

»Aber sie ist eine sehr begabte Schülerin«, wandte Miss Shadhia ein. »Sie ist regelmäßig Klassenbeste. Sie ist den anderen ein gutes Vorbild und eine wahre Freude für jede Lehrerin. Es wäre doch ungerecht, ihre schulische Laufbahn wegen eines solchen Vorfalls zu zerstören – und obendrein, ohne die Zeuginnen angehört zu haben!«

Die Direktorin gebot ihr mit erhobener Hand, zu schweigen. »Das reicht! Ich habe mich entschieden. Egal, wie gut deine schulischen Leistungen sind, Halima, du bist unbestreitbar ein unhöfliches und rebellisches Mädchen. Du wirst bis auf weiteres oder bis deine Eltern mir dein Verhalten erklären können, der Schule verwiesen.« Als ich das Direktorat verließ, sah mich Sairah feixend an. Auf dem Weg ins Klassenzimmer wurde mir klar, dass mir nur Miss Shadhias Beistand die Prügelstrafe erspart hatte. Aber von der Schule geflogen zu sein war noch schlimmer. Es war, als hätte man meinem Vater und mir den Traum entrissen, an dem wir beide festgehalten hatten.

Im Klassenzimmer umringten mich meine Freundinnen. »Was war?«, fragte Mona. »Hat sie dich geschlagen?«

Ich bemühte mich, ein tapferes Lächeln zustande zu bringen. »Nein, sie hat mich nicht mal angefasst. Ich weiß nicht, warum, aber ich bin ungeschoren davongekommen ...«

»Alle Achtung! Du hast überhaupt keine Strafe bekommen?«

Ich blickte zu Boden. »Na ja, sie hat mich aus der Schule geworfen ...«

»Was? Das kann sie nicht machen!«, rief Mona. »Du hast doch gar nicht angefangen!«

In diesem Moment kehrte auch Miss Shadhia zurück, Sairah im Schlepptau. Als Sairah auf ihren Platz zuging, begannen die anderen Mädchen zu tuscheln. Sie ließ sich auf ihren Pultsitz fallen und kassierte sofort einen Rippenstupser von Mona.

»Petze!«, fauchte Mona.

»Einschleimerin!«, flüsterte eine andere.

»Petze! Petze! Petze!«

»Ruhe jetzt!«, befahl Miss Shadhia. »Schlagt eure Hefte auf und seht zur Tafel hin!«

Am Abend gestand ich meinem Onkel alles, was geschehen war. Er ist der jüngste Bruder meines Vaters, ein kämpferischer, stolzer Zaghawa-Mann. Dennoch wusste ich nicht, wie er reagieren würde. Schweigend hörte er sich an, was ich zu sagen hatte. Dann teilte er mir mit, wie wütend er sei, weil man mich so schlecht behandle. Es werde Tage dauern, bis mein Vater benachrichtigt sei und kommen könne. Mit meinem Einverständnis werde er selbst mit der Direktorin reden. Er freue sich geradezu darauf, ihr zu zeigen, aus welchem Holz die Zaghawa geschnitzt seien.

Am nächsten Morgen war ich wieder in der Schule. Sairah und ihre Mutter saßen im Direktorat. Offenbar wollten sie sich meine Demütigung nicht entgehen lassen. Onkel Ahmed wurde hereingebeten. Ich stand vor der Tür und hörte ihn erklären, dass mein Vater im Dorf lebe und er mein Vormund sei. Die Direktorin teilte ihm mit, ich hätte mich schlecht benommen, und er müsse mich bestrafen. Sie wollte, dass er ihr diese Bestrafung in allen Einzelheiten schilderte, damit sie beurteilen könne, ob sie mir den weiteren Verbleib in der Schule genehmige.

»Ich werde sie nicht bestrafen«, sagte mein Onkel ruhig. »Es wird keine Strafe geben, weil keine erforderlich ist. Halima hat nichts Böses getan. Ich bin, wie Sie wissen, nicht ihr Vater. Aber sie lebt mit uns, als wäre sie unsere eigene Tochter, und wir kennen sie nur als ein braves Mädchen, das aus einer hervorragenden Familie stammt. Sie hat mir erzählt, was passiert ist. Sie hat mir erzählt, was das andere Mädchen getan hat: Es hat sie provoziert und dann angegriffen. Vielleicht ist Ihnen geholfen, wenn ich das Ganze einfach mal wiederhole.«

»Wie kann sie so etwas behaupten?«, platzte Sairahs Mutter heraus. »Das ist doch gelogen! Oder wurde etwa sie fast erwürgt?«

»Sie sollten die Mädchen besser beaufsichtigen«, fuhr mein Onkel fort, ohne Sairahs Mutter zu beachten. »Und dazu gehört auch, dass Sie *alle* Mädchen fair und ehrlich behandeln. Offenbar haben Sie mich hierher beordert, damit ich mich mit Ihren eigenen Problemen beschäftige, nämlich mit Streit zwischen Kindern. Aber Kinder streiten nun mal, das ist so. Was soll das ganze Theater? Ist der wahre Grund vielleicht, dass Sie nicht in der Lage sind, Ihre Arbeit richtig zu machen? Ich will hier jedenfalls nicht noch einmal erscheinen müssen!«

Die Direktorin sprudelte ihre Entgegnung nur so hervor. »In *meiner* Schule gibt es kein Problem mit der Disziplin, lassen Sie sich das gesagt sein. Und wenn Sie mir in dieser Hinsicht etwas unterstellen wollen …«

»Dann ist ja alles in Ordnung«, sagte mein Onkel, ihren Redefluss unterbrechend. »Bestrafen Sie das Mädchen, das dieses Unheil angerichtet hat. Wenn Sie es nicht tun, hat meine Tochter jedes Recht, sich zu wehren. Dieses Mädchen hat Halima schlecht behandelt, deshalb hat Halima sich gewehrt. Das ist völlig in Ordnung. Bestrafen Sie das Mädchen, das mit all dem angefangen hat, dann ist die Sache erledigt. Ich gehe davon aus, dass ich nicht noch einmal hier erscheinen muss. Denn wozu zahlen wir Schulgeld, wenn Sie nicht in der Lage sind, für Disziplin und Ordnung zu sorgen?«

»Sie können sicher sein, dass unsere Schulgebühren in einem angemessenen Verhältnis zu unseren Leistungen stehen!«, blaffte die Direktorin meinen Onkel an.

»Das will ich doch sehr hoffen.« Ich hörte, wie Stuhlbeine über den Holzboden schrammten – offenbar war mein Onkel aufgestanden. »Wir haben schon viel zu viel Zeit auf diese Angelegenheit verschwendet. Ich verlange nicht, dass man mich über die Strafe in Kenntnis setzt, die das Mädchen erhält, das den ganzen Streit angezettelt hat, das überlasse ich Ihrer erzieherischen Kompetenz. Und Ihrer erzieherischen Kompetenz vertraue ich auch in Hinblick darauf, dass meine Tochter in Zukunft gerecht behandelt wird. Ich hoffe sehr, dass meine Anwesenheit hier nie wieder benötigt wird. Einen schönen Tag noch!«

Ich trat von der Tür zurück. Ich konnte kaum fassen, wie gut mich mein Onkel verteidigt hatte. Er hatte die Direktorin sprachlos gemacht. Onkel Ahmed war mein Held! Als er aus dem Direktorat herauskam, grinste er mich keck an. Dann machte er sich auf die Suche nach der Toilette.

»Diese Familie! Diese Leute!«, hörte ich die Direktorin sagen. »Wie die sich benehmen! Zaghawa! Für wen halten die sich? Glauben die, sie können jeder Strafe entgehen?«

»Sie haben diese Angelegenheit sehr ungeschickt abgewickelt!«, nörgelte Sairahs Mutter. »Wir hätten sie schlagen sollen, solange es noch möglich war. Jetzt haben Sie die Familie verständigt, und uns sind die Hände gebunden!«

»Sie geben *mir* die Schuld?«, entgegnete die Direktorin. »*Mir?* Mit *Ihrer* Tochter hat das ganze Problem doch erst begonnen!«

Während sich die Direktorin und Sairahs Mutter eine erregte Diskussion lieferten, schlich ich mich davon. Bei dem Gedanken daran, wie mein Onkel den Spieß umgedreht hatte, musste ich kichern. In ihm hatte ich den besten Streiter gefunden, den es für meine Sache geben konnte.

Die anderen Kinder in meiner Klasse waren erstaunt darüber, dass ich mich mit Sairah angelegt hatte. Zuvor war ich ein stilles Mäuschen gewesen und hatte als Musterschülerin gegolten. Aber egal, wie gut ich künftig in den Prüfungen abschneiden würde – von nun an würde es sich jede zweimal überlegen, bevor sie mich ärgerte. Ich hatte ihnen gezeigt, dass ich im Grunde meines Herzens eine Zaghawa-Kriegerin war. Großmutter Sumah und mein Vater wären stolz auf mich gewesen – jeder auf seine Art.

Von diesem Augenblick an beschlossen die anderen schwarzen Mädchen und ich, uns nichts mehr gefallen zu lassen. »Arab hagareen« – die Araber behandeln uns wie Tiere –, sagten wir uns. Wenn uns von nun an irgendwer beleidigte, würden wir uns zusammenschließen und gemeinsam dagegen vorgehen. Egal ob gegen Schülerinnen oder gegen Lehrerinnen – wir würden uns zur Wehr setzen.

Die erste Erprobung dieses Entschlusses ließ nicht lange auf sich warten. Wir kannten eine Oberschülerin, ein arabisches Mädchen, das uns täglich auf dem Schulweg begegnete. Dieses etwa dreizehn-, vierzehnjährige Mädchen sah uns auf sich zukommen, ging einfach weiter und stieß uns zur Seite. Wir hatten schon mehrmals »Hallo« zu ihr gesagt, aber immer nur einen bösen Blick geerntet.

»He, du – warte mal!«, rief Mona, als wir ihr das nächste Mal begegneten. »Hast du dich schon mal im Spiegel betrachtet? Du siehst aus wie ein Esel!«

Das Mädchen blieb abrupt stehen. »*Was* sagst du da? Ich habe wohl nicht richtig gehört!«

»Warum grüßt du uns nie zurück?«, fragte ich sie. »Weißt du nicht, wie unverschämt das ist? Du begegnest uns hier auf dem Weg, aber für dich existieren wir offenbar gar nicht.«

»Ihr seid böse, unhöfliche Mädchen!«, rief sie daraufhin. »Ihr redet einen solchen Blödsinn zusammen!«

Sie versuchte Mona zu packen, doch ehe es ihr gelang, hatten wir Stöcke und Erdklumpen aufgehoben und begannen sie damit zu bewerfen. Sie brüllte auf – mehr vor Schreck als vor Schmerz – und lief weg. Wir liefen ihr johlend hinterher, bis sie um die nächste Biegung verschwunden war. Wir hatten einen zweiten Sieg errungen, aber der Triumph hielt nicht lange an. Leider wohnte das arabische Mädchen neben einer unserer Lehrerinnen. Sie beschrieb uns, und die Lehrerin wusste sofort, wer wir waren.

Beim Appell am nächsten Morgen teilte die Direktorin mit, sechs Mädchen hätten eine Oberschülerin geschlagen. Wir mussten vortreten und erhielten je einen Schlag mit dem dicken Stock auf den Rücken. Obwohl es wirklich wehtat, gab keine von uns einen Mucks von sich, denn wir wollten nicht, dass die anderen es bemerkten und uns auslachten. Erhobenen Hauptes trat ich in meine Reihe zurück und hörte einige arabische Mädchen leise kichern. Ich sah ihnen offen in die Augen – sie sollten wissen, dass ich sie gesehen hatte und es nicht vergessen würde.

Meine zweitliebste Lehrerin nach Miss Shadhia war eine junge Araberin namens Aisha. Sie unterrichtete Englisch in den höheren Klassen, und ich freute mich schon darauf, bald in ihrem Unterricht zu sitzen. Mona und ich gingen nach der Schule oft ein

Stück Weg mit ihr zusammen. Sie unterhielt sich immer mit uns und behandelte uns freundlich. Eines Tages musste Miss Aisha einen großen Stapel Lehrbücher tragen, und wir boten ihr unsere Hilfe an. Bei dieser Gelegenheit begleiteten wir sie zu ihrem Haus – einem der edlen Gebäude im englischen Stil im vornehmen Stadtteil. Sie bat uns herein. Sie betätigte einen Schalter an der Wand, und wie durch Zauberhand gingen mehrere Deckenlampen an. Wir wuschen uns mit fließendem Wasser die Hände und durften dann Kuchen essen und Limonade trinken.

Während wir aßen, ließ ich den Blick über die glatten Wände und die eleganten, glänzenden Möbel wandern. Die Wände im Haus meines Onkels bestanden aus rauhen, selbst hergestellten Lehmbausteinen, während sie hier aus hellroten Ziegelsteinen gemauert waren. In der Regenzeit fügten wir an der Außenseite immer eine frische Schicht Lehm hinzu, um zu verhindern, dass die Wände weggeschwemmt wurden, aber diese Gefahr bestand hier wahrlich nicht. Während ich Aishas wunderschönes Haus betrachtete, wurde mir bewusst, dass wir in völlig verschiedenen Welten lebten, die immer nur in der Schule aufeinandertrafen. Alle diese Häuser hatten Strom und Wasser und damit einen Komfort, von dem die restlichen Bewohner der Stadt kaum träumen konnten. Ich fragte mich, warum in diesen Häusern offenbar ausschließlich arabische Familien wohnten. Sie bildeten eine Minderheit im Sudan – warum aber waren die besten Häuser und die besten Arbeitsplätze gewissermaßen für sie reserviert? Ich dachte an die Worte meines Vaters – dass die britischen Kolonialherren den Arabern alle Macht übergeben hatten. Daran hatte sich, meinem Eindruck nach, bisher nur wenig geändert.

In jedem dieser »arabischen Häuser« gab es Bedienstete, die kochten und putzten. Und diese Bediensteten waren ausnahmslos Schwarzafrikaner. Die Araber machten nur wenig selbst. Viele arabische Frauen gingen nicht einmal zum Markt. Sie hatten einen eigenen Chauffeur, den sie mit einer Einkaufsliste hinschickten. Sie führten ein träges Leben im Luxus, und genauso ein Leben führte auch Sairahs Familie. Als ich mich in der Schule mit ihr anlegte, musste es ihr fast so vorgekommen sein, als hätte es einer ihrer Diener getan, und genau das machte es so unerträglich für diese Menschen.

Als Mona und ich wieder einmal durch das Luxusviertel gingen, hob ich einen Stein auf und schleuderte ihn über einen der Zäune. Wir rannten schnell weg, aber schon hörten wir hinter uns Glas zerbrechen. Ich überlegte, warum ich das getan hatte. Ich hatte es getan, weil ich diesen Arabern ihren Luxus nicht gönnte. Ich wollte ihre Fensterscheiben zerschlagen und in ihr behagliches Leben eindringen. Ich wollte, dass sie die harten Seiten des Lebens, mit denen wir täglich zu tun hatten, kennenlernten.

Nach und nach erfuhr mein Onkel von meinem aufrührerischen Tun. Er erklärte mir, es sei zwar richtig, dass ich mich wehrte, aber ich solle mir nicht den Ruf einer Unruhestifterin einhandeln. Am Ende des zweiten Trimesters kam mein Vater, um mich abzuholen. Als mein Onkel ihm von meinem Streit mit Sairah und den arabischen Lehrerinnen erzählte, brüllte er vor Lachen. Mein Onkel fragte ihn, wie er zu einer so kämpferischen Tochter gekommen sei, und mein Vater antwortete: »Jedes Mädchen, das mit einer Großmutter Sumah aufgewachsen wäre, hätte sich so entwickelt.«

Auf der Heimfahrt kamen wir an einer öffentlichen Schule vorbei, und ich erhaschte einen Blick auf die barfuß unter einem Baum sitzenden Kinder. Sofort ertappte ich mich bei dem Gedanken, dass ich etwas Besseres war als sie. Bei Gewitter fiel ihr Unterricht aus, während er in meiner Schule weiterging. Und während sie nur diesen einen Lehrer hatten, gab es bei uns die nette Mathelehrerin Shadhia und die Englischlehrerin Aisha … Ich merkte, dass ich mich jetzt anders fühlte: welterfahren und überlegen, so als hätte ich viel von meiner dörflichen Unschuld verloren.

Als ich aus dem Landrover stieg, war mir in aller Deutlichkeit bewusst, wie modisch meine Schuluniform hier wirken musste. Ich fühlte mich irgendwie fehl am Platz – als würde ich nicht mehr hierherpassen. Aber gleichzeitig wusste ich, dass ich auch nicht in die Stadt gehörte. In den folgenden Tagen versuchte ich meine Unsicherheit zu kaschieren, indem ich den anderen Kindern gegenüber angab: Meine Schule habe ein Dach und bestehe aus richtigen Gebäuden, alle trügen schicke Uniformen, und wir hätten viele kluge Lehrerinnen. Meine Schule sei viel, viel besser als ihre.

Schließlich begannen die Nachbarskinder, ihren Eltern mit dem Wunsch zuzusetzen, auch auf die große Schule geschickt zu werden. Kaum war das meinem Vater zu Ohren gekommen, befahl er mich zu sich und sprach ein ernstes Wort mit mir. Ich dürfe die anderen nicht ärgern, erklärte er. Nicht alle Familien hätten so viel Glück wie wir, und die meisten hätten nicht so viel Geld. Ich solle nicht so arrogant und eingebildet sein. Beschämt entschuldigte ich mich. Aber ich hatte immer noch nicht das Gefühl, ins Dorf zu gehören.

Ich versuchte meine Freundschaft mit Kadiga wiederaufzufrischen, doch in der Zwischenzeit hatte sich einiges geändert. In drei Jahren würde sie heiraten, in das Dorf ihres Ehemannes ziehen und sicherlich bald darauf Mutter werden. Wir entwickelten uns in gegensätzliche Richtungen. Und das galt auch für die anderen Kinder. Sie behandelten mich, als ob ich mich vom Dorf abgewandt hätte und ihre Art zu leben ablehnte. Vielleicht wollten sie mir damit meine Angeberei heimzahlen.

Ich hatte mich im Dorf, umgeben von meinen Leuten, immer ganz zu Hause gefühlt. Ich hatte mich sicher gefühlt und stets gewusst, dass dort niemand auf mich herabsah. In der Schule sehnte ich mich ständig nach der Rückkehr ins einfache Dorfleben. Aber jetzt war ich da und wünschte mir fast, in die große Stadt zurückzufahren. Mir war, als würde ich in zwei Welten leben, als wäre ich zwiegespalten – in das einfache Dorfmädchen und in das Stadtmädchen, das die große Schule besuchte.

Mein Vater muss meine innere Unruhe gespürt haben. Eines Tages lag bei seiner Rückkehr eine schwarze Kiste auf dem Beifahrersitz des Landrovers. Mein Herz tat einen Freudensprung, denn ich wusste genau, was das war: ein Fernseher! Ich hatte immer so gern bei Mona ferngesehen. Als ich die winzigen Gestalten, die sich in der schwarzen Kiste bewegten, zum ersten Mal gesehen hatte, hielt ich sie für Zauberei, vor allem, als ich merkte, dass sie obendrein reden konnten.

Wenn ich bei Mona war, lagen wir auf dem Boden, während die Erwachsenen sich auf den Betten fläzten, und oft schliefen wir vor dem Fernseher ein. Wir sahen uns alles an – Kindersendungen, Kochsendungen, sogar Fußball –, bis der Bildschirm schwarz wurde. Wir glaubten, alles, was wir versäumten, für immer verpasst zu haben. Seit meiner Rückkehr ins Dorf fand ich die langen Abende, die plaudernd am Feuer verbracht wurden, nur noch langweilig.

Unser Fernseher bekam einen Ehrenplatz in der Mitte des Wohnbereichs. Mein Vater schloss ihn an eine Autobatterie an, und flimmernd erwachte der Bildschirm zum Leben. Es war, als hätte mein Vater ein kleines Stück Stadt ins Dorf gebracht. Gerade lief eine Musiksendung mit Trommlern und tanzenden Frauen. Mo, Omer, meine Mutter und ich machten es uns gemütlich. Wir aßen, tranken und unterhielten uns nicht mehr, sondern starrten in das flackernde blaugraue Licht und ließen uns die Ohren von den Geräuschen volldröhnen.

Etwa eine halbe Stunde lang saß auch meine Großmutter bei uns. Unablässig kommentierte sie das, was auf dem Bildschirm geschah. Sie machte sich darüber lustig, erntete aber nur ärgerliches Knurren. Wir klebten förmlich am Apparat. Schließlich verlor sie die Geduld, sprang auf und erklärte wütend und verbittert, der Fernseher sei böse und verabscheuungswürdig. Als sie auch darauf keine Reaktion erhielt, stellte sie sich direkt vor den Bildschirm – und jetzt bekam sie unsere Aufmerksamkeit!

»Dieses verfluchte Ding!«, rief sie. »Seht euch doch mal an – wie Geister, wie Zombies!« Sie wandte sich an meinen Vater. »Und du – du verschwendest dein Geld und kaufst einen Fluch! *Einen Fluch!* Das ist *haram* – diese Tänze und diese kaum bekleideten Leute! Wir sollten unsere Zeit gemeinsam verbringen und reden und essen und uns Geschichten erzählen, anstatt uns diesen Schwachsinn anzusehen!«

Sie bekam keine langen Widerreden zu hören. An die Wutanfälle meiner Großmutter waren wir schließlich gewöhnt. Wir wollten alle nur, dass sie wegging und uns in Ruhe fernsehen ließ. Aber das kam für sie natürlich überhaupt nicht in Frage.

»Du!« Sie deutete auf mich. »Du holst jetzt Holz! Das Feuer ist fast erloschen. Und du, Mohammed, du holst frisches Wasser!«

»Aber ich habe doch erst so kurz ferngesehen«, jammerte ich, beugte mich vor, ergriff das letzte Stück Holz und warf es ins Feuer. »So. Kann ich jetzt weiterschauen?«

»Was soll der Unsinn?«, rief meine Großmutter. »Dieser *haram* Fernseher! Die Kinder liegen herum und weigern sich, den Erwachsenen zu gehorchen! Die lernen vom Fernsehen nur das Allerschlimmste!«

Mein Vater konnte sich nicht mehr zurückhalten und lachte lauthals los. »Das ist doch nur ein Fernseher ... In den großen Städten haben alle einen.«

»Ein Riesenunsinn ist es!«, entgegnete meine Großmutter. »Nur weiter so – damit macht ihr euch den Kopf kaputt und schadet euren Kindern. Seht euch doch nur mal an!«

»Hoffentlich erwische ich dich irgendwann mal vor dem Apparat!«, gab mein Vater zurück. »Bestimmt kommt es genauso wie mit dem Radio. Was ich auch anbringe, am Anfang kannst du es nicht ausstehen, und dann ist es plötzlich das Beste, was es je gab, und überhaupt warst du dann die, welche die Idee dazu gehabt hat ...«

Da stapfte meine Großmutter wütend zu ihrer Hütte, und wir lachten uns halbtot. Mein Vater war richtig gemein gewesen, aber was er über das Radio gesagt hatte, stimmte natürlich.

Die Kunde von unserem Fernseher verbreitete sich im Dorf wie ein Lauffeuer. Am zweiten Tag kamen gegen Abend scharenweise Kinder zu uns. Als es keine Sitzplätze mehr gab, begnügten sich die Erwachsenen mit Stehplätzen. Mein Vater schloss die Batterie an und schaltete das Gerät ein. In tiefer Stille warteten die Zuschauer. Undeutliche Stimmen hallten aus der schwarzen Kiste, während die kleinen Gesichter, nebeneinander aufgereiht, in das unheimlich flackernde Licht starrten.

Wenn dröhnende Musik erscholl oder die winzigen Gestalten laut sprachen, schrien manche Kinder erschrocken auf. Eine ganze Reihe alter Leute lugte über den Zaun und betrachtete ungläubig, was sich ihren Blicken bot. Wahrscheinlich versuchten sie herauszufinden, welchen Zauber mein Vater nun schon wieder ausübte. Dass die vielen Kinder den Alten den Blick auf den Bildschirm halb verstellten, machte das Ganze noch geheimnisvoller.

Meine Mutter ging herum und gab den Kindern Kekse und Tassen mit Milch. Einige Familien hatten ihr Abendessen mitgebracht und machten in unserem Hof sozusagen Fernseh-Picknick. Eine Woche nach dem Eintreffen des Fernsehers wollten an die hundert Menschen bei uns eingelassen werden. Die meisten waren Kinder, und manche hatten einen kilometerlangen Weg hinter sich.

Immer mehr Leute kamen. Plötzlich hörte ich lautes Wutgeheul. Meine Großmutter hatte endgültig genug von dem Fernsehwahnsinn. Einen langen Stock in der Hand stürzte sie aus ihrer Hütte und begann den erstbesten Zuschauer vor sich herzutreiben. Sie schlug sich eine Bresche zu unserem Tor; dort baute sie sich auf, versperrte den Eingang und wies alle, die vor sie hintraten, energisch ab.

»Nichts da! Weg mit euch!«, brüllte sie. »Wir haben keinen Platz mehr. Geht nach Hause! Geht nach Hause!«

Sie hielt die ganze Nacht hindurch Wache und hatte damit merkwürdigerweise ihre Rolle in unserer Post-Feuerstellenwelt gefunden. Sie war jetzt die Torwächterin. Die Kinder ließen sich allerdings nicht so leicht abwimmeln. Am nächsten Abend kamen sie einfach ein bisschen früher. Daraufhin änderte meine Großmutter ihre Taktik: Wer an einem Abend ferngesehen hatte, wurde am nächsten abgewiesen. Sie musterte das Gesicht eines Neuankömmlings und rief: »Du warst gestern da. Warum kommst du heute schon wieder? Geh nach Hause!«

Aber auch wenn manchen Kindern der Einlass vorn verwehrt war, gab es doch andere, die hinten auf einen Baum kletterten und von dort in unseren Hof sprangen. Zentimeter für Zentimeter wurde der Boden besetzt – manche saßen, manche standen, und manche lagen auf Teppichen, die sie mitgebracht hatten. Der Zuschauerstrom schien unaufhaltsam.

Nie gab es Streit darüber, welcher Kanal eingestellt werden sollte, denn wir konnten nur einen empfangen. Eines Abends hatten sich so viele Kinder auf mein Bett gelegt, dass es geräuschvoll zusammenbrach. Nachdem wir festgestellt hatten, dass niemand verletzt worden war, lachten wir uns natürlich krumm.

Da kam meine Großmutter herangestürmt. »Ich habe es euch gesagt! Ich habe es euch gesagt! Dieses schlimme Ding – ich habe euch gesagt, dass es euer Haus kaputt machen wird und eure Köpfe, eure Betten – *alles!*«

Unser Gehöft war gewissermaßen zum Dorfkino geworden. Manchmal sagte ich den anderen im Scherz, das nächste Mal sollten sie Geld mitbringen, sonst würde meine Großmutter sie nicht hereinlassen. Aber meinem Vater wäre es nicht im Traum eingefallen, bei den Leuten abzukassieren. Er war einfach nicht der Typ dazu. Wochenlang ging das so, bis ein Mann am anderen Ende des Dorfes einen sehr viel größeren Fernseher kaufte und von den Zuschauern Geld verlangte.

Als Großmutter davon erfuhr, erging sie sich darüber, was für ein kluger Mann das sei. Trotzdem blieb das Fernsehen bei uns kostenlos, und viele Dorfkinder hielten uns die Treue. Es war nur ein Schwarzweißgerät, aber sie empfanden es als reine Magie. Die meisten Kinder verstanden kein Wort, denn es gab keine Sendungen in der Zaghawa-Sprache. Deshalb übersetzte ich ihnen alles, und schon bald kannten sie die meisten Sendungen auswendig.

Meine Lieblingssendung war eine englische, sehr schlecht arabisch synchronisierte Kindersendung. Es ging um zwei Schwestern auf der Suche nach ihren schon lange verloren geglaubten Eltern. Scotland-Yard-Beamte kamen ihnen zu Hilfe, sie ritten auf Pferden herbei und trugen schicke schwarze Uniformen. Das Erstaunlichste aber war: Jede der beiden Schwestern hatte einen gutaussehenden Freund. Kein Wunder, dass meine Großmutter den Fernseher für etwas hielt, das uns falsche, *haram* Dinge lehrte.

Wenn ein Zeichentrickfilm kam, riefen alle: »Kommt! Kommt! Der Trickfilm beginnt!«

Auch die Erwachsenen liebten die Trickfilme. Die Favoriten

meiner Familie waren Tom und Jerry, die wir in »Mo und Jerry« umbenannten, wobei Omer die Maus Jerry war. Wenn wir uns diese Filme ansahen, suchten wir uns immer eine Figur aus, die wir selbst sein wollten, und manchmal gab es Streit darüber, wer wer sein durfte.

Der Hass meiner Großmutter auf den Fernseher schwand erstaunlicherweise nie. Sie liebte ihr Radio, doch für den Fernseher hatte sie nur Verachtung übrig.

Hin und wieder überlegte ich, woran das liegen könnte. Das, was meine Großmutter gesagt hatte, fand ich teilweise durchaus richtig. Im Gegensatz zum Radio tötete der Fernseher jedes Gespräch. Hätte meine Großmutter das Sagen gehabt, wäre das Fernsehen verboten worden, und wir hätten beim abendlichen Gespräch mit ihr wesentlich mehr gelernt. Sie war eine hervorragende Rechnerin und konnte im Kopf addieren und subtrahieren, ohne je einen Fehler zu machen. Meine mathematische Begabung hatte ich von meiner Großmutter geerbt.

Immer wenn mein Vater weg war, versuchte meine Großmutter, doch noch ein Machtwort zu sprechen. Sobald sie hörte, dass einer von uns das Gerät einschaltete, kam sie anmarschiert, um uns wegzujagen.

»Ihr werdet euch nicht vor dieses böse Ding setzen!«, schrie sie. »Schluss damit! Schluss damit!«

Wenn mein Vater mit dem Landrover unterwegs war, hatten wir keine Autobatterie, um den Fernseher mit Strom zu versorgen. Dann kam meine Großmutter daher und stupste uns mit ihrem Stock.

»Haha!«, rief sie schadenfroh. »Und was seht ihr euch heute an, den leeren Bildschirm? Da könnt ihr ja mal richtig früh schlafen gehen. Aber vielleicht lernt diese Familie ja auch wieder, richtig miteinander zu *reden!*«

Eines Abends sah ich mir mit meinem Vater eine Musiksendung an. Plötzlich sprang er auf.

»Da! Schau!« Er stieß mit dem Zeigefinger in Richtung Bildschirm. »Das ist Rathebe – deine Namensschwester!«

Und wirklich bezeichnete die Bildunterschrift die Künstlerin als »Dolly Rathebe«, die schwarze südafrikanische Jazzsängerin. Ihr Haar war zu einem wilden Afro frisiert, und an ihren Armen und Beinen klimperten Unmengen von Reifen. Sie sang einen frechen Funk-Song und zeigte dabei, was sie hatte. Da es ein englischer Text war, verstand ich kein einziges Wort.

»Nach der hast du mir meinen Namen gegeben?«, fragte ich erstaunt. »Aber warum denn? Sieh sie dir an – die ist richtig wild.«

Mein Vater lachte, und seine Augen funkelten vor Freude. »Du siehst nur ihr Äußeres, aber ich verstehe den Text. Sie singt von den Rechten der Schwarzen in Afrika. Sie singt vom Kampf, den Nelson Mandela führt, vom Kampf der Schwarzen um die Freiheit in Südafrika. Und was die Weißen in Südafrika sind, das sind die Araber im Sudan.«

Mein Vater sah sich begierig alles an, was mit dem Rassenkonflikt und der Rassenpolitik in Südafrika zu tun hatte. Für ihn war der Widerstand in Südafrika ein Vorbild dafür, wie wir Zaghawa, Fur und andere schwarzafrikanische Stämme der arabischen Vorherrschaft in unserem Land die Stirn bieten könnten. Begeistert ließ er mich an seinen Träumen von einem künftig freien und glücklichen Sudan teilhaben.

Und in mir, der kleinen Rathebe, hatte er eine überaus lernwillige Schülerin gefunden.

9. KAPITEL

Der Angriff auf die weiße Wimper

Am Ende unseres ersten Schuljahres hatten Mona, Najat, Samirah, Makboulah und ich gelernt, die arabischen Mädchen richtig einzuschätzen. Es gab natürlich immer wieder einmal Streitigkeiten, aber wir wussten uns jetzt zu behaupten. Sie versuchten uns einzureden, alles, was aus dem Dorf komme, sei schlecht, bedeute Armut, Krankheit und Unwissenheit. Wir entgegneten, dass die Stadt trist und unfreundlich sei und sich dort niemand um seine Nachbarn kümmere, dass sie gefährlich sei wie ein wildes Tier, während man es sich im Dorf bei der Familie und den Freunden wohlsein lassen könne. Am Ende dieser Diskussionen kamen wir immer zu dem Schluss, dass wir in einer Art Paralleluniversum zu dem der Araberinnen lebten.

Die arabischen Mädchen beschimpften uns nach wie vor, wenn wir uns in unserer Stammessprache unterhielten. Sie versuchten uns einzureden, unser Arabisch sei von unserer Muttersprache beschmutzt, und machten sich über unsere Aussprache lustig. Wir rächten uns, indem wir die arabischen Mädchen in unserer Stammessprache beleidigten. Die eine, sagten wir, habe ein Pferdegesicht, während die Nase einer anderen wie ein gekrümmter Vogelschnabel aussehe. Innerhalb kürzester Zeit lachten wir uns halb tot, während sie kein Wort von alldem verstanden. Aber worum sich unser Gekicher im Wesentlichen drehte, war ihnen natürlich klar, und es machte sie rasend.

Die Araberinnen hänselten uns, weil wir nicht die Freiheit hätten, uns zu verlieben, sondern unseren Eltern gehorchen und denjenigen heiraten müssten, den sie für uns aussuchten. Sie forderten uns Dorfmädchen auf, auszubrechen und zu leben. Wir wiederum bezichtigten sie, liederlich und unmoralisch zu sein und vor der Heirat mit Jungen auszugehen. Wir deuteten sogar an zu wissen, dass es bei ihnen schon vor der Hochzeit zu gewissen Handlungen mit Männern komme. Selbstverständlich erlaubten uns die Lehrerinnen keinerlei Kontakt zum anderen Geschlecht. Freundschaften mit Jungen waren strengstens *haram* – verboten, denn die Schule war schließlich nur zum Lernen da.

Die Jungenschule war gleich nebenan. Wenn wir unser Mittagessen kauften, waren auch oft die Jungen da, um sich an den Buden mit Essen einzudecken. Sobald sie uns sahen, pfiffen oder buhten sie. Wir taten dann immer so, als wären wir sauer, aber in Wahrheit fanden wir es prickelnd, so viel Aufmerksamkeit von gutaussehenden Jungs in ihrer schicken Uniform zu bekommen. Unsere Lehrerinnen wurden jedes Mal wütend, aber was hätten wir tun sollen? Jungs sind nun einmal so, und wir forderten es ja nicht heraus.

Nach dem ersten Jahr wurde der Unterricht differenzierter. Miss Aisha, die Englischlehrerin, erzählte uns von Hochzeiten, bei denen die Braut ganz in Weiß gekleidet war. Ich fand es merkwürdig, eine so langweilige Farbe zu tragen: Rot war dramatisch und lenkte die Aufmerksamkeit auf die Braut. Vielleicht hielten die Männer Weiß deshalb für die schönste Farbe, weil die englischen Mädchen weiße Haut hatten? Ich fragte Miss Aisha, ob das stimme, aber sie erklärte mir, Weiß gelte dort als die Farbe der Reinheit.

Wir lernten etwas über den Big Ben und das Parlamentsgebäude und dass England die Wiege der Demokratie war. Wir sahen Bilder von London mit riesigen Hochhäusern, die endlos in den Himmel ragten. Wir lasen über die großen Werke der englischen Literatur. Doch gleichzeitig erfuhren wir von der Geschichtslehrerin, wie die Briten Afrika kolonisiert hatten. Sie hatten dem Sudan Bildung und Krankenhäuser gebracht, uns dafür aber unser Gold, unser Öl und unsere landwirtschaftlichen Exportgüter genommen. Wenn wir die Briten verstünden, würden wir auch wissen, wie sie zu bekämpfen seien, sagte unsere Lehrerin – nur für den Fall, dass sie irgendwann noch einmal versuchten, den Sudan zu kolonisieren!

Das zweite Schuljahr näherte sich dem Ende; es war die Zeit der Jahresabschlussprüfungen. Ich war in den meisten Fächern Klassenbeste geworden, aber es gab drei Klassen in unserem Jahrgang, und ich wollte wissen, wie ich insgesamt stand. An dem Tag, an dem die Prüfungsergebnisse bekannt gegeben wurden, setzte sich jede Klasse draußen hin. Mein Herz schlug wie wild, als die Direktorin die Namen der zehn besten Schülerinnen unseres Jahrgangs vorlas. Ich hörte meinen Namen – *Halima Bashir*. Die anderen Mädchen sprangen auf. Aber würde die gefürchtete Direktorin mir, ihrer meistgehassten Schülerin, wirklich gratulieren?

Jemand trat an meine Seite. »Na los, Halima«, drängte mich Miss Shadhia. »Du bist die Jahrgangsbeste!«

Ich ging nach vorn. Die anderen Mädchen machten mir Platz. Ich sah, dass sich die Direktorin zu einem Lächeln zwang, als sie sich zu mir hinunterbeugte und mir die Hand schüttelte. Sie überreichte mir das Zeugnis und hängte mir eine Goldmedaille um den Hals. Die Mädchen brachen in ohrenbetäubenden Applaus aus. Mir war, als träumte ich.

»Gut gemacht, Halima«, murmelte die Direktorin und legte mir die Hände auf die Schultern. »Gut gemacht! Jahrgangsbeste! Ich bin so froh, dass unsere kleinen … Probleme nun endgültig überwunden sind.«

Als mein Vater kam, um mich mit ins Dorf zu nehmen, konnte er die Neuigkeit kaum glauben. Ich sah, wie glücklich ich ihn gemacht hatte, und mir wurde bewusst, dass es nicht nur ein persönlicher Triumph für unsere Familie, sondern auch ein Sieg für unseren Stamm war. Seine Freude rührte mich fast zu Tränen. Ich konnte es nicht fassen, dass ich, seine kleine Tochter, ihm solche Erfüllung brachte. Mein Vater kündigte an, er werde mich mit etwas ganze Besonderem belohnen. Innerhalb gewisser Grenzen dürfe ich mir wünschen, was ich wolle. Ich entschied mich für ein dünnes Goldkettchen, das ich auf der Fahrt ins Dorf voller Freude trug.

Kaum waren wir angekommen, teilte mein Vater allen die Neuigkeit mit, dass ich sämtliche arabischen Stadtmädchen geschlagen hätte und Jahrgangsbeste geworden sei. Meine Mutter war erstaunt, und sogar meine Großmutter wirkte angemessen beeindruckt. Mo und Omer reagierten weniger positiv, vor allem als sie mein glänzendes neues Kettchen sahen. Warum immer ich im Mittelpunkt stünde, fragten sie. Warum immer ich Geschenke von meinem Vater bekäme. Warum dürften sie nicht in die große Schule?

Mo hatte gerade in der Dorfschule angefangen. Mein Vater hatte versprochen, ihn auf die große Schule zu schicken, wenn er sich bei uns bewährte, aber die ersten Ergebnisse waren nicht gerade berauschend gewesen. Er war Zehnter in seiner Klasse geworden.

»Du solltest dir Halima zum Vorbild nehmen«, sagte mein Vater. »Du bist Zehnter geworden, weil es dir nur darum ging, dass ich dir Spielzeug kaufe. Du musst lernen *wollen*, du musst darauf brennen, danach gieren, so wie Halima. Sie lernt, weil sie es einfach gern tut ...«

Mo und Omer stapften davon, ohne die letzten Worte meines Vaters gehört zu haben. Später entdeckte ich, dass sie meine Schulhefte bekritzelt und derbe Bilder hineingezeichnet hatten. Meine Mutter rief die beiden und fragte, wer der Übeltäter sei. Beide leugneten beziehungsweise beschuldigten sich gegenseitig. Da verlor meine Mutter die Geduld, und sie begann beide zu schlagen – was nur den Effekt hatte, dass meine Brüder noch wütender auf mich waren.

Was ich nicht wusste: Omer war zu der Überzeugung gelangt, dass ich in der Schule über einen äußerst ungerechten Vorteil verfügte: meine weiße Wimper. Diese Wimper, meinte er, mache mich so klug, und deshalb ersann er einen Plan, um sie aus der Welt zu schaffen. Er erklärte Mo, er, Omer, werde mich auf den Boden drücken, und Mo solle die Wimper dann abschneiden. Da fragte ihn Mo, warum ausgerechnet er sie abschneiden solle, und

Omer antwortete, weil er der Ältere sei. Doch Mo weigerte sich. Omer machte sich über ihn lustig und verkündete, dann werde er es eben selbst tun.

Gleich am Tag nach meiner Rückkehr von der Schule führten sie ihren Plan aus. Ich trug gerade eine Schüssel mit Wäsche hinters Haus, als Omer mich zu sich rief. »Komm mal her, Rathebe, ich muss dir etwas zeigen!« Als ich bei ihm war, stellte er mir ein Bein, und ich fiel hin. Kaum lag ich am Boden, kniete er auch schon auf meiner Brust, während Mo mir die Arme und Beine festhielt. Ich schrie, während Omer auf meinem Bauch herumhopste, um mir den Atem zu nehmen. Ich hielt das Ganze für eine besonders gemeine Art, eine Rauferei anzuzetteln.

Doch dann blieben mir die Schreie in der Kehle stecken, denn ich erblickte ein großes, scharfes Fleischmesser, das in der Sonne funkelte. Ich starrte zu Omer hinauf, während er mit fast schon irrem Blick das Messer immer näher an mich heranführte. Omer war damals gerade fünf Jahre alt, aber furchtlos und stark. Ich versuchte die Hand mit dem Messer wegzuschieben, doch Mo zog mich unablässig am Arm. Als meine Kraft nachließ, schoss Omers freie Hand vor, er packte mein Augenlid und stieß das Messer nach unten.

»Hilfe!«, brüllte ich. »*Hilfe!* Er bringt mich um!«

»Ich schneid sie ab!«, rief Omer. »Dann sind wir alle *gleich!* Dann ist keiner *mehr* wert als der andere!«

Er holte mit dem Messer aus. Die Klinge sauste hinab, und ich spürte, dass mir etwas aus dem Auge gerissen wurde. Ein rasender Schmerz durchzuckte mich, während Omer einen Triumphschrei ausstieß und den Arm in die Luft reckte.

»Die weiße Wimper! Ich habe sie abgeschnitten! Ich habe sie abgeschnitten!«

Er warf das winzige weiße Ding weg, wandte sich wieder mir zu und schrie: »Und jetzt der Rest! Ich grab sie aus! Ich zerschneid sie! Ich mach sie fertig!«

Wieder näherte sich das Messer meinem Gesicht. Ich wurde halb wahnsinnig vor Angst. Doch dann nahm ich plötzlich hinter Omer verschwommen etwas Graues wahr, und gleich darauf knallte es ohrenbetäubend – der Stock meiner Großmutter war auf Omers Kopf niedergesaust. Omer lag leicht betäubt am Boden. Meine Großmutter nahm blitzschnell das Messer an sich. Als Mo wegzulaufen versuchte, packte sie ihn an den Haaren und riss ihn zurück.

»Was in Allahs Namen ist hier los?«, schrie sie, mit dem Fleischmesser fuchtelnd. »Das ist doch kein Spielzeug! Oder willst du das Messerspiel mit deiner Großmutter spielen?«

Mo brach in Tränen aus. Und dann erschienen meine Eltern. Beim Anblick des Fleischmessers erschraken sie fast zu Tode und begannen sofort, den plärrenden Mo dahingehend zu befragen, warum sein jüngerer Bruder mich habe töten wollen. Omer hatte sich inzwischen, immer noch leicht benebelt, aufgesetzt. Meine Großmutter hatte ihm einen saftigen Schlag verpasst, und er war viel zu fertig, um irgendwelche Fragen beantworten zu können.

Omer hatte tatsächlich ein ganzes Stück von meiner weißen Wimper abgeschnitten; mehr war aber nicht passiert. Mein Vater stieß einen Seufzer der Erleichterung aus. Doch die negativen Auswirkungen dieser Attacke sollten sich erst noch einstellen. Es kam zu einer Auseinandersetzung zwischen meiner Mutter und meinem Vater, in deren Verlauf sie ihn aufforderte, in Zukunft jedem Kind etwas zu schenken, nicht nur mir, da Omer mich sonst eines Tages vor lauter Wut und Eifersucht wirklich verletzen könnte.

Außerdem solle mein Vater endlich aufhören, so viel Aufhebens um meine weiße Wimper zu machen. Meine Mutter hatte recht – er sprach ständig darüber, dass sie uns so viel Glück und mir so viel Klugheit gebracht habe. Dann wandte sich meine Mutter an mich. Ich solle aufhören, mit meinen Geschenken anzugeben und meine Brüder zu hänseln. Es stimmte, ich hatte mich über sie lustig gemacht, war vor ihnen herumgetänzelt und hatte gesungen: »Schaut mal, was ich habe! Schaut mal, was ich habe!«

Dass meine Mutter die Friedensstifterin spielte – gut und schön. Aber was geschah mit dem Schurken in diesem Stück, mit Omer? Warum wurde er nicht gerüffelt? Immerhin hatte er zum Messer gegriffen, mir eine Falle gestellt und mir ins Auge gestochen. Doch bisher war kein einziges Wort über ihn gefallen. Ich fragte meine Großmutter und erhielt die Antwort, der Schlag mit dem Stock sei für den Augenblick Strafe genug. Was seinen Jähzorn betreffe, so seien meine Eltern ratlos. Omer sei wie ein wildes Tier und habe sie mit diesem Vorfall nicht zum ersten Mal zur Verzweiflung gebracht.

Meine Eltern machten sich ernsthaft Sorgen, weil ihr Jüngster von Zeit zu Zeit in heftigste Wutanfälle geriet und dann fast zu allem fähig schien. Sie beschlossen, sich hilfesuchend an den Dorf-Fakir zu wenden, und genau das taten sie auch, ohne Omer ein Wort davon zu sagen.

Der Fakir nahm ein Ei, rollte es über den Körper meiner Mutter, schlug es auf und ließ den Inhalt in ein Glas fließen. Dann betrachtete er das Ei, um herauszufinden, ob irgendjemand Omer mit dem bösen Blick geschadet hatte. Wenn das Ei wie ein böser Blick zu ihm hinaufsah, war das ein sicheres Zeichen. Dann würde er ein weiteres Ei zerbrechen, um den Namen des Übeltäters festzustellen. Manchmal waren sogar drei Eier nötig, um das alles zu erkennen. Und tatsächlich offenbarten die Eier, dass Omer unter dem Einfluss des bösen Blicks stand.

Der Fakir braute einen speziellen *hijab* zusammen – *mehia* genannt –, den Omer trinken sollte. Er schrieb mehrere Koranverse auf eine Wandtafel, wischte sie ab und drückte den Lappen in ein Glas aus. Dieses Wasser füllte er in eine kleine Flasche um, der er noch einige andere Zaubertränke hinzufügte. Meine Eltern dankten ihm und gingen nach Hause. Doch kaum hatte Omer die *mehia* erblickt, war ihm klar, wo meine Eltern gewesen waren, und er weigerte sich, die Flüssigkeit zu trinken. Schließlich verlor meine Großmutter die Geduld und ging ihren großen Stock holen.

»Trink das, es ist gut für dich! *Trink!*«, befahl sie Omer. »Nicht trinken wollen – was soll das? Es macht dir wohl Spaß, verrückt zu sein! Glaubst du, uns macht es Spaß, mit einem verrückten Jungen zusammenzuleben?«

»Seht sie euch doch an!«, entgegnete Omer, hob sein Gewand

und zeigte die zahlreichen *hijabs*, die er um die Hüften gebunden hatte. »Haben die irgendwas genutzt? Nein! Wozu soll dann dieser Trink-*hijab* noch gut sein?«

»Undankbarer Kerl!«, keifte meine Großmutter. »Überleg doch mal, wie wild du wärst, wenn du die nicht tragen würdest! Dann wärst du völlig außer Rand und Band. Und jetzt trink, oder muss ich mit meinem Stock ...«

Da riss Omer die Flasche an sich und schüttete den Inhalt in sich hinein. »Bitte sehr! Aber helfen wird es bestimmt nicht!«

Kurz nach der Wimpernattacke bekam ich starke Bauchschmerzen. Ich erbrach mein Essen und konnte überhaupt nichts mehr bei mir behalten. Meine Großmutter brachte mich zu Halima, der Medizinfrau unseres Dorfes, nach der ich meinen Namen hatte. Sanft und freundlich wie immer massierte sie mir den Bauch, murmelte dabei irgendwelche Zaubersprüche und begann dann meinen ganzen Körper zu bepusten. Jedesmal wenn sie gepustet hatte, flüsterte sie: »Böser Blick – raus! Böser Blick – raus!«

Sie nahm eine Teetasse aus Porzellan und erhitzte sie über dem Feuer. Die heiße Tasse stellte sie umgedreht auf meinen nackten Bauch, so dass sie gewissermaßen einen Verschluss bildete, und begann das Böse aus mir herauszusaugen. Ein warmes Gefühl wogte durch meinen Körper. Kurz darauf ließ das Erbrechen nach, und bald ging es mir sehr viel besser. Ich glaube bis heute an den bösen Blick und an die Wirkmacht von *hijabs*, Medizinfrauen und Fakiren.

Die Fakire in unserem Dorf wurden sehr sorgfältig von der ganzen Gemeinschaft ausgewählt. Sie waren kluge Männer mit gutem Charakter, gesegnet mit der Gabe, göttliche Macht auszuüben, was sehr gefährlich sein konnte, es sei denn, man wusste, wie der heilige Koran in Verbindung mit uralten Zaubersprüchen und anderen traditionellen Regeln anzuwenden war. Doch für jeden guten Fakir gab es unweigerlich einen selbst ernannten bösen. Diese Männer bedienten sich gefährlicher, dunkler Mächte – schwarzer Magie und Teufelskünste –, um den Menschen deren schlimmste Wünsche zu erfüllen.

Etwa einen Monat nach Ferienbeginn wurde ich Zeugin des schrecklichen Schadens, den ein solcher böser Fakir hervorrufen konnte. Ich hatte einen Cousin namens Mousa. Er war Anfang zwanzig und, wie die meisten jungen Männer, ziemlich impulsiv. Eines Tages ging er wegen eines Streits, in den er mit einem anderen Jungen aus dem Dorf geraten war, zu einem böse Fakir. Der Fakir ersann einen gegen Mousas Widersacher gerichteten Zauberspruch, doch im Augenblick der Verzauberung richtete sich der Spruch stattdessen gegen Mousa selbst. Wochenlang schloss der junge Mann sich in seine Hütte ein; der einzige Mensch, der mit ihm sprechen durfte, war sein älterer Bruder.

Seine Eltern brachten ihn schließlich zu einem guten Fakir, doch der konnte nichts ausrichten. Um den Zauber rückgängig zu machen, brauchte er den Namen des bösen Fakirs, der den ursprünglichen Fluch ausgesprochen hatte, und den Namen desjenigen, gegen den er eigentlich gerichtet gewesen war. Leider war mein Cousin schon zu verrückt, um ihm diese Namen nennen zu können. Schließlich flogen sie mit Mousa bis nach Nigeria, wo die Fakire für ihre Fähigkeit, Flüche zu brechen, berühmt sind. Doch nicht einmal sie konnten etwas für ihn tun.

Immer wenn wir diese Familie besuchten, hockte Mousa mit schmerzverzerrtem Gesicht in seiner dunklen Hütte. Er sah so unglücklich aus, und er tat mir so leid. Einmal wagte ich sogar den Versuch und fragte ihn, wer den bösen Zauberspruch ausgesprochen habe und gegen wen er gerichtet gewesen sei, aber Mousa gab nur undeutliches Gemurmel von sich. Irgendwann brachten seine Eltern ihn ins Krankenhaus. Die Ärzte versuchten es mit allen möglichen Medikamenten, aber nichts half – was schon allein bewies, dass Mousas Irrsinn durch den Zauberspruch eines bösen Fakirs hervorgerufen worden war.

Die Zeit flog dahin – sowohl im Dorf als auch in der Schule. Ich wurde elf und wollte unbedingt in die Oberschule. Doch zuvor musste ich die Übertrittsprüfungen absolvieren. Diese Prüfungen musste jeder Schüler im ganzen Land ablegen, und die Ergebnisse wurden landesweit miteinander verglichen. Ich büffelte mehr denn je und wartete nach dem Ende der Prüfungen mit meinen Freundinnen gespannt auf die Ergebnisse. Sollte eine von uns durchgefallen sein, würde das unsere Kameradschaft zerstören, die über so große Widrigkeiten triumphiert hatte.

Das Erste, was ich von den Prüfungsergebnissen mitbekam, war ein wildes Getrommle an die Haustür meines Onkels früh am Morgen. Es war Mona. Sie war zu uns gerannt, um mir die Nachricht sofort zu übermitteln. Sie hatte mit ihren Eltern ferngesehen und gehört, dass ich als eine der fünf besten Schüler in ganz Darfur abgeschnitten hatte. Sie drückte mich an sich, und wir führten einen Freudentanz auf. Ich konnte es nicht glauben. Es war einfach unfassbar. *Eine der fünf Besten*. Schließlich gab es viele Hundert Schulen in der Region.

Wir liefen in die Schule. Ich fragte Mona, ob sie ihr eigenes Ergebnis kenne. Sie schüttelte den Kopf und grinste. Es war ihr egal – bestanden hatte sie auf jeden Fall. Jetzt zählte nur, dass ich, ein schwarzes Zaghawa-Mädchen aus dem Busch, jedes arabische Mädchen an unserer Schule übertroffen hatte. Schon am Schultor wurde ich von Lehrerinnen und Schülerinnen umringt. Alle hatten die Neuigkeit gehört – alle außer mir, denn mein Onkel konnte sich keinen Fernseher leisten.

Wir versammelten uns ein letztes Mal zum Appell. Die Direktorin stand vorn und verlas die Liste mit den Prüfungsergebnissen, auf der mein Name den Ehrenplatz einnahm. Ich erhielt einen Koran mit Prägeeinband und einen kleinen Geldpreis. Doch für mich war das Wichtigste, dass ich das System geschlagen hatte. Ich hatte ihnen allen bewiesen, dass nicht die Rasse über Talent oder Intelligenz gebot. Diese Schule, die mir so viel Kummer bereitet hatte, verließ ich als Spitzenschülerin und von der Direktorin geehrt.

Am Abend feierten wir im Haus meines Onkels eine Party. Mona, Najat, Samirah, Makboulah und viele andere Freundinnen waren da. Selbst einige arabische Mädchen ließen sich dazu herab, vorbeizuschauen; Sairah allerdings hatte im Jahr zuvor auf eine andere Schule gewechselt. Das Allerbeste aber war der Moment, als mein Vater erschien. Er hatte die Neuigkeit im Radio gehört, war in den Landrover gesprungen und den ganzen weiten Weg zu mir gefahren. Er war außer sich vor Freude darüber, dass sie seinen Namen, seinen Familiennamen, in den Nachrichten genannt hatten. Und er war unendlich stolz auf mich.

Die Party dauerte bis tief in die Nacht hinein. Nachdem sich die letzten Gäste verabschiedet hatten, führte mich mein Vater hinaus auf die Veranda. Ich sei stolz darauf, Fünftbeste in der Provinz geworden zu sein, sagte ich ihm, aber wenn ich ehrlich sei, bedauere ich es, nicht den ersten Platz geschafft zu haben. Doch immerhin hätte ich bewiesen, dass ein schwarzafrikanisches Mädchen die Kinder aus reichen, privilegierten Familien übertreffen könne. Mein Vater nahm meine Hand, und dann saßen wir schweigend da, beide von einem tiefen Glücksgefühl erfüllt.

Und dort auf der Veranda erzählte mir mein Vater, was er sich für mich erträumte: dass ich die Universität besuchte und Ärztin werden würde. Nun stehe fest, dass ich das Zeug dazu hätte, und mit harter Arbeit werde er es sich leisten können, mein Studium zu finanzieren. Er vertraute mir an, dass ich das einzige seiner Kinder mit der dafür nötigen Begabung sei. Mo und Omer seien eine große Hilfe auf der Farm, interessierten sich aber nicht besonders für die Schule und fürs Lernen.

Ärztin. Ich fragte mich, ob ich es wirklich schaffen könnte, Ärztin zu werden. Manchmal hatten Mo, Omer und ich ein Spiel gespielt, bei dem wir den Beruf darstellten, den wir als Erwachsene ausüben wollten. Omer war der tapfere Soldat, der brüllend mit dem Schwert herumfuchtelte. Mo tat, als ob er ein Fahrer wäre, hielt das Lenkrad und legte die Gänge ein. Ich aber fragte meine Brüder, was ihnen fehle, damit ich sie heilen konnte.

Dann stritten wir, wer den besten Job hatte. »Ich habe den besten, weil ich Menschen töten werde«, sagte Omer. »Ich fahre die Menschen!«, erklärte Mo. »Ohne mich kommt niemand irgendwohin.« »Aber der Arzt ist der Allerbeste«, entgegnete ich. »Wenn jemand krank ist, helfe ich ihm, gesund zu werden.« Derjenige, der zum Verlierer erklärt worden war, musste den Esel spielen und den Sieger auf dem Rücken herumtragen.

Mein Vater gestand mir auch, dass er von Mo und Omer enttäuscht war, weil sie sich beide nicht für die Welt außerhalb des Dorfs interessierten, nicht für die Politik in unserem Land, ja nicht einmal für den Kampf unseres Volkes, der Zaghawa. Und genau dafür – und natürlich für seine Familie – interessierte sich mein Vater brennend. Die derzeitigen Potentaten hätten sich die Macht erschlichen, erklärte er mir mit wütendem Unterton. Die Menschen sollten bestimmen, wer sie regieren dürfe, nicht ein Haufen Militärs in Phantasieuniformen. Unsere militärischen Machthaber seien ein Schatten auf der Zukunft des Landes.

Als wir zu Hause ankamen, war dort schon alles für ein zweites Fest vorbereitet. Offenbar hatte das halbe Dorf die Verlesung der Prüfungsergebnisse am Fernseher meines Vaters mitbekommen, und alle waren eingeladen. Mo und Omer hatten sich offensichtlich mit der Tatsache abgefunden, dass die höhere Bildung nichts für sie war, und schienen sich sogar für mich zu freuen. Es wurde ein wunderbares Fest, und ich war voller Stolz darauf, immerhin schon so viel für mein Dorf getan zu haben.

Während meines letzten Trimesters in der Grundschule hatte meine Mutter meine kleine Schwester Asia zur Welt gebracht. Asia war ruhig und freundlich, genau wie der kleine Mohammed. Sie war zwar noch immer etwas verrunzelt, sah aber, das war bereits erkennbar, meiner Mutter ähnlich. Sie hatte deren große Augen, und ihr Haar würde später lang sein und schimmern. Natürlich versetzte es mir einen Stich, nicht mehr die einzige Tochter zu sein. Wenn mein Vater sie im Arm hielt, empfand ich Eifersucht. Doch aufgrund des großen Altersunterschieds gab sich das bald wieder: Ich stand kurz vor meinem zwölften Geburtstag, während Asia erst ein winziges Baby war.

In den langen Sommerferien fiel besonders ausgiebiger Regen, und die Bäume trugen so viele Früchte, dass sich die Äste bogen. Auf den Farmen rings um das Dorf gab es Mango-, Guaven-, Orangen- und Zitronenhaine. Die Fülle war so groß, dass wir überzeugt waren, von den Farmern etwas abzubekommen. Leider bewachten die Farmer ihre Bäume gut, damit auch ja keine lästigen Kinder etwas von ihrem Obst stehlen konnten.

Eines Morgens forderte meine Großmutter uns auf, ihr von einer nahe gelegenen Farm ein paar Zitronen und Mangos zu holen. Sie sagte nicht offen, dass wir sie stehlen sollten, aber wir verstanden sie auch so. Wir kannten diese Farm gut. Weil sie von einem alten Mann beaufsichtigt wurde, machten wir uns keine großen Gedanken. Wir schlichen uns heran. Der alte Mann war nirgends zu sehen. Da begannen wir, Stöcke und Steine ins Astwerk zu schleudern, um die reifsten Früchte herunterzuholen.

Während wir die zu Boden gefallenen Zitronen und Mangos einsammelten, hörten wir plötzlich hinter uns jemanden wütend schimpfen. Wir wollten wegrennen, doch da packten schon zwei kräftige Hände Omer und mich am Genick, und der arme Mo wurde mit einem Schlag zu Boden geschickt. Und dann starrten wir in das Gesicht eines jungen, strammen Zaghawa-Mannes.

»Steine werfen und mir meine Obstbäume kaputt machen, was?«, brüllte er. »Ihr schlimmen Kinder! Stellt euch in einer Reihe auf, dann überlege ich mir, was ich mit euch mache!«

Er trat ein paar Schritte zurück und musterte uns zornig. »Euch kenne ich doch! Ihr seid das Pack von Großmutter Sumah. Na, dann wundert mich gar nichts mehr! Bestimmt hat sie euch geschickt. Also, raus mit der Sprache!«

»Niemand hat uns geschickt«, gab Mohammed winselnd zurück. »Niemand hat uns gesagt, dass wir irgendetwas tun sollen.«

»Stimmt«, fügte ich hinzu. »Es war unsere eigene Idee.«

Omer stierte den Mann nur trotzig schweigend an.

»Ihr könnt hier stehen bleiben, bis euch jemand abholt«, verkündete der Mann. »Ich gehe jede Wette ein, dass eure Großmutter euch geschickt hat – und ich lasse euch erst gehen, wenn sie kommt und es mir selbst gesteht.«

Den ganzen Vormittag hindurch mussten wir unter dem wachsamen Blick des wütenden Mannes zwischen den Obstbäumen stehen. Aber mir war klar, dass meine Großmutter auf keinen Fall kommen würde. Dazu war sie viel zu schlau. Ihr Erscheinen wäre dem Eingeständnis gleichgekommen, dass sie uns zum Obststehlen geschickt hatte. Dann hätte der wütende Mann Geld von ihr verlangen können und vielleicht sogar versucht, eine Entschädigung für seine in Mitleidenschaft gezogenen Bäume zu fordern.

Irgendwann riss dem Mann der Geduldsfaden. Er verabreichte uns der Reihe nach eine Tracht Prügel und ließ uns dann gehen. Als wir zu Hause ankamen, zeigte meine Großmutter nicht das geringste Mitleid, sondern beschimpfte uns, weil wir unseren Auftrag nicht erfüllt hatten.

»Versucht es auf einer anderen Farm!«, befahl sie. »Und lasst euch diesmal nicht erwischen!«

Wir gingen zu Kadiga und rekrutierten sie und ihre Brüder als Helfer. Dann steuerten wir die nächste Farm an. Wir teilten uns in zwei Gruppen auf. Kadigas Bande ging vor und zeigte sich ganz bewusst dem alten Mann, der die Farm bewachte. Wir beobachteten von unserem Versteck aus, wie er ihnen nachjagte, indem er brüllte, die Diebe sollten sein Land verlassen. Kaum war er außer Sichtweite, stürmten wir auf die Farm und holten uns so viel Obst, wie wir konnten. Es lag bereits ordentlich aufgehäuft am Boden.

Dann traten wir den Rückzug an und liefen direkt zum verabredeten Treffpunkt. Kadiga und ihre Bande waren dem alten Mann entkommen. Die Kriegsbeute teilten wir unter uns auf. Danach schleppten wir das gestohlene Obst zum Markt und verkauften die Hälfte davon an einen Händler.

Den Rest brachten wir unserer Anführerin – Großmutter Sumah.

10. KAPITEL

Verliebte Cousins

Gegen Ende der Sommerferien fand in einem Nachbardorf eine große Hochzeitsfeier statt. Der Bräutigam war ein nahe verwandter Cousin, und wir fuhren alle hin, um seine Familie zu verstärken. Da mein Vater auf den Feldern beschäftigt war, sollten wir in einem großen Lastwagen, der gleichzeitig als Dorfbus diente, hingebracht werden. Zweimal wöchentlich drehte der Lastwagen die Runde zwischen unserem Dorf und den Nachbardörfern. Die meisten Fahrgäste hockten während der Fahrt auf der offenen Ladefläche oder hielten sich stehend an den Bordwänden fest. Am besten war es natürlich, wenn man einen Sitz in der Fahrerkabine ergatterte.

Ich wollte auf der Fahrt zur Hochzeit nicht auf der Pritsche sitzen, denn dort hätten wir uns die schönen Kleider ruiniert. Die Mitfahrenden hatten immer eine abenteuerliche Ansammlung von »Gepäck« dabei: Hühnerkäfige, Ziegen am Strick, Maissäcke, alte Fahrräder, hin und wieder sogar eine Kuh. Bei jedem Schlagloch flog alles in die Höhe, und dann landete man meist auf dem Rücken und hatte plötzlich eine Ziege auf dem Bauch und einen Hühnerkäfig auf dem Kopf. Unmöglich, auch nur einigermaßen adrett und ansehnlich am Ziel anzukommen.

Zum Glück hatte meine Großmutter mit dem Lastwagenfahrer gesprochen und drei Plätze in der Fahrerkabine reserviert, so dass wir das Nachbardorf in ordentlichem Zustand erreichten. Am Abend erhielt der Bräutigam die rituelle Kopfrasur. Mit Gesängen, mit Tänzen und Trommelspiel wurde gefeiert, dass man ihn in Vorbereitung auf die Hochzeit von seiner Körperbehaarung befreit hatte.

Der Brautpreis war natürlich schon viele Monate zuvor festgesetzt worden. Der Bräutigam hatte der Familie der Braut bereits eine bestimmte Menge Gold und eine Anzahl von Tieren übergeben. Außerdem hatte er jedem Mitglied der Brautfamilie ein Festgewand gekauft, damit sie am Tag der Hochzeit besonders gut aussahen. Die Familie der Braut wiederum hatte den zukünftigen Eheleuten ein Haus gebaut und es komplett, bis hin zu den Küchenutensilien, eingerichtet.

Am Tag nach der Zeremonie der Kopfrasur gingen wir zum Haus der Brautfamilie. Wir setzten uns auf den teppichbedeckten Boden und warteten auf das Erscheinen der Braut. Alle fragten, wann man sie endlich zu sehen bekomme, aber es gab ein Problem. Die Familie der Braut teilte mit, die Braut sei in der Nacht weggezaubert worden.

»Vielleicht wird es gar keine Hochzeit geben«, verkündete die Großmutter der Braut dramatisch.

Wie wussten natürlich, was los war, denn dieses Spiel gehörte dazu. Die Familie der Braut hatte das Mädchen versteckt, um dem Bräutigam in letzter Minute noch ein bisschen Geld abzunötigen. Die Brautmutter bemühte sich um die Einhaltung einer gewissen würdevollen Stille, während die Großmutter noch einmal das Wort ergriff.

»Vielleicht finden wir sie ja und können sie doch noch umstimmen«, sagte sie. »Aber ihr müsst etwas bezahlen, sonst lässt sie sich nicht überreden.«

Die Großmutter nannte eine geradezu unverschämte Summe als Preis für die Aushändigung der Braut. Aber wir von der Familie des Bräutigams wussten, dass der Brautpreis bereits in voller Höhe bezahlt war. Die Angehörigen der Brautfamilie trugen ihre schönsten Gewänder, die allesamt von unserer Seite gekauft worden waren. Wir weigerten uns, noch etwas daraufzulegen, und dann begann das Debattieren und Feilschen. Großmutter Sumah liebte diese Streitgespräche und stellte sich sogleich der Herausforderung. Sie trat vor die Familie der Braut.

»Schämt euch!«, rief sie theatralisch. »Das ist wirklich eine Schande! Wie kann man sich nur so benehmen! Bald werden wir *eine* Familie sein. Gut, wir zahlen das Geld, aber erst wird die Hochzeit abgehalten. Diese Verzögerung ist wirklich unverschämt ...«

Die Brautfamilie wusste, worauf meine Großmutter hinauswollte: Nach der Übergabe der Braut würde an Bezahlung nicht mehr zu denken sein.

»Das kommt nicht in Frage!«, entgegnete die Großmutter der Braut. »Ihr seid unverschämt, weil ihr uns nicht helfen wollt! Familie hin oder her – ihr müsst *jetzt* zahlen!«

So tobte der Streit weiter, wobei die beiden Großmütter als direkte Widersacherinnen agierten. Bisher waren weder Speisen noch Getränke serviert worden. Die Brautfamilie hielt das Festmahl zurück, um uns zu einer Zuzahlung zu zwingen. Doch für die Erwachsenen zählte offenbar nur der Streit um das Geld. Schließlich hielt ich es nicht mehr aus.

»Ich habe Hunger, Eya«, jammerte ich. »Wann kriege ich etwas zu essen?«

Meine Mutter befahl mir, still zu sein. Sie war als hervorragende Schlichterin in derartigen Situationen bekannt – als Vermittlerin und Friedensstifterin. Für Großmutter Sumah dagegen konnte der Streit gar nicht heftig genug ausfallen. Nach einiger Zeit erklärte sich die Brautfamilie damit einverstanden, dass unsere Familie alles Geld aushändigte, das ihre Mitglieder bei sich trugen. Die Erwachsenen auf unserer Seite versteckten allerdings etwas von ihrem Geld in ihren Gewändern, um nicht alles abgeben zu müssen.

Eine Hochzeit ohne Streit macht den Leuten bei uns keinen Spaß. Die Hochzeitsfeiern mit den heftigsten Auseinandersetzungen und den innigsten Wiedergutmachungen blieben uns am besten in Erinnerung. Sofort nach der Geldübergabe wurde das Festessen aufgetragen, aber diesmal geschah dies erst weit nach Mitternacht. Trotz der späten Stunde weigerte sich mein Cousin, etwas zu sich zu nehmen. Er fand keine Ruhe, ehe er die Braut gesehen hatte. Sie war die einzige Tochter der Familie und sehr schön, und er wusste, dass ihre Leute versuchen würden, bis zur letzten Sekunde jeden nur möglichen Vorteil aus der Situation zu ziehen. Er bat seine Freunde, sich auf die Suche nach der Braut zu machen. Zuerst wollte ihnen niemand das Versteck zeigen. Doch dann gaben sie der besten Freundin der Braut Geld, und sie brachte sie zu dem entsprechenden Haus. Die Braut weigerte sich aber, ohne das Einverständnis ihrer Familie mitzukommen. Da verlor der Bräutigam die Geduld und verschleppte die Braut mit Hilfe seiner Freunde quer durch das Dorf in das Hochzeitshaus. Sobald der Bräutigam sie in dieses Haus gebracht hatte, war alles vorbei – dann konnte keiner mehr Geld von ihm fordern.

Die Verwandten der Braut erkannten gerade noch rechtzeitig, was los war. Sie stellten die dickste Frau, die die Familie zu bieten hatte, in die Tür des Hochzeitshauses, damit Braut und Bräutigam nicht hineinkonnten. Die beiden Familien standen einander, Sprechgesänge skandierend, gegenüber, als gelte es, in den Krieg zu ziehen. Doch dann wandte die Familie des Bräutigams einen Trick an. Während der zukünftige Ehemann so tat, als wolle er durch den Haupteingang ins Haus, rissen seine Freunde den Zaun auf der Rückseite nieder. Sie hoben sich die Braut auf die Schultern und trugen sie unter lautem Triumphgeheul hinein.

Die Brautfamilie erkannte ihre Niederlage und hieß die Frischvermählten in ihrem Haus willkommen. Der Trommler – der *mayee* – griff nach seinem Instrument, einem mit Rinderhaut bespannten ausgehöhlten Baumstamm. Das Holz war mit geschnitzten Tieren, Vögeln und Zaubergestalten verziert. Der *mayee* hängte sich die Trommel an einem Riemen um den Hals und trommelte im Stehen. Bei jedem Gast, der das Hochzeitshaus betrat, schlug er einen tiefen, stampfenden Rhythmus und verkündete den jeweiligen Namen, die Abstammung und die größten Heldentaten, die in der jeweiligen Familie vollbracht worden waren.

Alle paar Sekunden wurde dem Trommler von einem Neuankömmling Geld zugeworfen. Es fiel zu seinen Füßen oder blieb ihm an der schweißbedeckten Stirn kleben. Er hatte einen Jungen bei sich, dessen Aufgabe darin bestand, hin und her zu wieseln und das viele Geld einzusammeln. Endlos lange dröhnte die Trommel – bis entweder den Gästen das Geld ausging oder der

Trommler keine Heldengeschichten mehr über sie zu verkünden wusste.

Als alle Gäste versammelt waren, stellte sich der Trommler in die Mitte der Tanzfläche. Zwei einander gegenüberstehende Reihen wurden gebildet – eine Männer- und eine Frauenreihe. Während der Trommler den Tanzrhythmus vorgab, traten alle Männer vor und suchten sich eine Tanzpartnerin aus. Die erwählte Frau tänzelte dann aus ihrer Reihe, wobei sie die untere Gesichtshälfte mit ihrem Kopftuch bedeckt hielt, und musterte den Mann, um zu entscheiden, ob sie mit ihm tanzen wollte oder nicht. Wenn eine Frau den Mann zurückwies, wurde er einfach auf der Tanzfläche stehen gelassen, und alle lachten ihn aus.

Doch in den meisten Fällen akzeptierten die Frauen ihren Tanzpartner und tanzten mit ihm immer um den Trommler herum. Der Rhythmus der Schläge wurde schneller, und immer schneller drehten sich die Tänzer, wie zwei Vögel, die einander umwirbeln, ohne sich je zu berühren. Immer mehr Tänzer kamen dazu, und dann sangen alle aus tiefstem Herzen ein Lied.

Alle sind wir hier.
Alle sind wir hier.
Wir sind Zaghawa.
Wir sind Zaghawa.
Vom Clan der Coube,
Vom Clan der Towhir,
Vom Clan der Bidayat,
Wir sind Zaghawa.

Wir sind die Krieger,
Wir sind das Volk,
Niemand kann uns täuschen,
Niemand uns besiegen.
Wir haben unseren Stamm,
Wir haben unsere Familie,
Unsere Kinder,
Unser Land,

Unsere Kamele,
Unser Vieh.
Wir sind Zaghawa.
Wir sind Zaghawa.

Das Fest dauerte die ganze Nacht, bis die Zeit für das Frühstück des Bräutigams gekommen war. Ein Schaf wurde geschlachtet, und die Brautmutter kochte das erste Essen für ihren neuen Schwiegersohn. Aus feinem weißen Mehl bereitete sie einen speziellen *acidah*-Brei zu. Dann füllte sie eine Kaffeetasse zur Hälfte mit destilliertem Butteröl und erhitzte es über dem Feuer. Je mehr heißes Öl der *acidah* aufsog, umso glücklicher würde die Ehe werden. Die Frischvermählten mussten sich nun an dem Butteröl-Brei gütlich tun und dazu einen scharf gewürzten Eintopf aus den Schafseingeweiden essen.

Nach dem Frühstück wurde die Hochzeitsfeier für beendet erklärt, und wir mussten in unser Dorf zurück. Doch der Lastwagen, der uns nach Hause bringen sollte, hatte einen Motorschaden. Meine Mutter ging mit uns zu Verwandten, um zu fragen, ob es eine andere Transportmöglichkeit gebe. Nach zwei langen Nächten war ich völlig erschöpft und schlief auf dem teppichbedeckten Boden ein. Am frühen Nachmittag wachte ich wieder auf und erfuhr, dass einer meiner Cousins, der dreizehnjährige Sharif, angeboten hatte, uns mit seinem Eselskarren nach Hause zu fahren. Es war zwar ein weiter Weg, aber er meinte, bis Einbruch der Dunkelheit sei es zu schaffen.

»Keine Sorge, ich bringe euch schon nach Hause!«, verkündete er fröhlich.

»Und was ist, wenn der Karren zusammenbricht?«, wandte ich schlaftrunken ein. »Wir fahren in die Nacht hinein, und wir kennen den Weg nicht.«

»Du bist wirklich ein typisches Stadtmädchen!«, neckte mich Sharif. »Das hast du nun davon, dass du die große Schule besuchst – ganz schwach und verweichlicht bist du geworden …«

Ich versuchte ihm zu widersprechen: »Aber das stimmt doch gar nicht!«

Da unterbrach mich Sharif. »Ich weiß, dass du es gewohnt bist, im Auto zu fahren. Mein Karren ist vielleicht nicht so schnell und bequem, aber genauso zuverlässig wie ein Auto. Ich bringe euch sicher nach Hause!«

Ehe ich noch etwas vorbringen konnte, war abgemacht, dass Sharif uns heimfahren würde. Aber ich mochte meinen Cousin nicht besonders, vor allem nachdem er mich ein verweichlichtes Stadtmädchen genannt hatte. Auch sein Äußeres gefiel mir nicht. Er trug ein langweiliges altes Gewand wie alle einfachen Dorfjungen. Ich aber hatte beschlossen, einen kultivierten, gebildeten Mann aus der Stadt zu heiraten, einen modernen Mann im eleganten Anzug mit Krawatte.

Die Fahrt in Sharifs Eselskarren verlief ereignislos, wenn auch sehr unbequem. Als wir daheim ankamen, war mein Vater bereits da. Er dankte Sharif für die Fahrt und bestand darauf, dass der Junge bei uns übernachtete, weil er ihn nicht im Dunkeln zurückfahren lassen wollte. Nach dem Essen teilte mein Vater mir etwas Überraschendes mit: Einer meiner Cousins hatte gefragt, ob er mich heiraten dürfe. Er war Lehrer in einer Dorfschule, und da es sich bei ihm um einen gebildeten Mann handelte, glaubte seine Familie, dass ich gut zu ihm passen würde.

»Na, was meinst du, Rathebe?«, fragte mein Vater mit funkelnden Augen.

»Hoffentlich hast du nein gesagt! Wie soll ich denn studieren, wenn ich verheiratet bin?«

Mein Vater lachte. »Richtig. Und genau das habe ich ihnen auch gesagt. Ich habe gesagt, dass du erst einmal eine ordentliche Ausbildung brauchst, und dann kann man immer noch übers Heiraten sprechen.«

»Und wie hat der Cousin darauf reagiert?«

Ich konnte meine Neugier nicht bezähmen. Außerdem fand ich, dass Sharif dem Gespräch ein bisschen zu viel Aufmerksamkeit schenkte, ganz so als würde es ihn irgendwie interessieren. Ich wollte ihm zeigen, dass ich weit davon entfernt war, überhaupt zu heiraten, und dass sich alle eventuell vorhandenen Hoffnungen eines Dorfjungen wohl niemals erfüllen würden.

»Er war sehr aufgebracht«, sagte mein Vater achselzuckend. »Die ganze Familie war aufgebracht. Sie empfanden es als Beleidigung und erklärten mir, Töchter bräuchten keine Ausbildung. Sie meinten, du solltest heiraten und Kinder zur Welt bringen und ein bisschen Verantwortung übernehmen.«

»Dann bin ich doppelt froh, dass du nein gesagt hast. Mein Leben wäre vorbei gewesen. Ich hätte zu Hause herumgesessen, hätte nie die Universität besucht – ich hätte mein Leben vergessen können …«

Da erzählte mir mein Vater eine Geschichte von einer meiner Nichten. Ihr Vater hatte ein Heiratsangebot ausgeschlagen, und der Möchtegern-Bräutigam hatte sie daraufhin entführt. Überall wurde nach ihr gesucht, aber ihr »Ehemann« hatte sie in ein weit entferntes Dorf verschleppt. Jahrelang hatte die Familie keinen Kontakt zu ihr, aber eines Tages kehrte sie mit ihrem »Mann« und ihrem Sohn in ihr Dorf zurück. Ihr Vater war schrecklich wütend gewesen, doch der »Ehemann« hatte einen Vorschlag gemacht: Er gab ihm Geld und Vieh, und der Streit wurde beendet.

»Ich habe dir das aus einem ganz bestimmten Grund erzählt«, sagte mein Vater. »Der Mann, den wir abgewiesen haben, ist jetzt wütend. Wir müssen Augen und Ohren offen halten und auf der Hut sein. Alles ist möglich. Die Familie empfindet unser Verhalten als beleidigend. Deshalb müssen wir dich so schnell wie möglich in die neue Schule bringen. Wenn du erst mal weg bist, ist alles schnell vergessen.«

Es bedurfte keines weiteren Drängens – ich konnte es ja kaum erwarten, in die neue Schule zu kommen. Alle meine Freundinnen aus der Grundschule hatten die Prüfungen bestanden, so dass unsere Gruppe – Mona, Najat, Samirah, Makboulah und ich – weiterbestand. Inzwischen hatten wir deutlich gezeigt, dass wir uns nicht herumschubsen ließen, und hatten kaum mehr mit den alten Problemen zu kämpfen. Und durch meinen persönlichen Erfolg hatte ein schwarzes Mädchen vom Dorf die Fähigkeit zu schulischen Spitzenleistungen bewiesen – wer also sollte jetzt noch behaupten, dass wir in irgendeiner Weise minderwertig seien?

Mein Vater wurde in dieser Zeit zunehmend politisch aktiv. Er war freiwilliger Wahlhelfer in unserer Region und warb dafür, seine demokratische Partei bei der bevorstehenden Wahl zu unterstützen. Als der Führer dieser Partei, Sadiq al-Mahdi, zum Ministerpräsidenten gewählt wurde, war mein Vater überglücklich. Doch dieses Glück dauerte nicht lange an. Eines Morgens vermeldete das Radio Schockierendes: Militärs hatten die Macht in unserem Land an sich gerissen. Der kurze demokratische Frühling im Sudan war schon bald wieder zu Ende, und für meinen Vater war ein Traum zerstoben.

Er reagierte mit Zorn und Verzweiflung. Ministerpräsident Sadiq al-Mahdi war ein gerechter Mensch, dem die Missachtung der schwarzafrikanischen Stämme im Sudan sehr bewusst gewesen war. Aber man hatte ihn ins Gefängnis geworfen. Die neuen Machthaber nannten sich »Nationale Islamische Front«. Sie bezeichneten sich als »islamische Regierung« und setzten es sich zum Ziel, den Sudan von allen unislamischen Gedanken, Taten und Menschen zu säubern und das Land zu einem rein islamischen Staat zu machen, in dem das Gesetz des Islam, die Scharia, gelten sollte.

Sie versprachen, ihre Bemühungen, die schwarzafrikanischen »Ungläubigen« im Süden des Landes zu bezwingen, noch um ein Vielfaches zu verstärken, und riefen alle jungen Männer auf, sich diesem Glaubenskrieg, diesem »Dschihad« anzuschließen. Wer sich nicht freiwillig meldete, wurde zum Militärdienst eingezogen. Mein Vater wusste, was ein Regime aus Militärs und islamischen Extremisten zu bedeuten hatte. Ihm war klar, dass es sich um eine Regierung der Araber für die Araber handelte. Sein Instinkt sagte ihm, dass nun eine schreckliche Zeit anbrechen und das ganze Land in einen Krieg getrieben werden würde, dem die Menschen in Darfur nicht unbeschadet entrinnen konnten.

Er war so besorgt, dass er beschloss, seine Familie außer Landes zu bringen – über die Grenze in den Tschad. Doch meine Mutter und meine Großmutter weigerten sich. Er übertreibe, meinten sie, und außerdem, was solle aus der Ausbildung der Kinder werden? In den folgenden Monaten hörten wir von mehreren Familien, die in den Tschad geflohen waren. Sie verließen das Land, solange es noch ging, und wir sollten es ihnen gleichtun, meinte mein Vater. Aber meine Mutter und meine Großmutter ließen sich nicht dazu bringen, unser Volk und unser Dorf zu verlassen, und so blieben wir.

Die Ängste meines Vaters überschatteten meine Schulzeit. Zwar versuchte ich mich auf das Lernen zu konzentrieren, aber ich sah die Welt jetzt mit anderen Augen. Immer wenn ich durch das vornehme Stadtviertel ging, betrachtete ich die herrschaftlichen Menschen in ihren herrschaftlichen Häusern, und es zerriss mich innerlich. Auf der einen Seite wollte ich das alles auch haben, auf der anderen Seite wusste ich, dass unter ihnen auch die Männer lebten, die die Macht an sich gerissen und die Träume meines Vaters zerstört hatten.

Eines frühen Morgens war ich auf dem Markt, um einzukaufen. Ich wollte ein bisschen Salat und ein Stück Brot für meine Mittagspause. Plötzlich kam es wie aus heiterem Himmel zu einem Streit. Die Markthändler hatten in den Radionachrichten eine Meldung über den Krieg im Südsudan gehört: Die Rebellen hatten einen kleinen Sieg errungen. Ein muskulöser Schwarzer stritt sich mit einem Araber heftig darüber, wer auf der richtigen Seite kämpfte.

»Was glaubst du eigentlich, du Idiot?«, brüllte der Araber. »Glaubst du, wir lassen es zu, dass ihr schwarzen Hunde uns besiegt und über uns herrscht? Glaubst du das wirklich?«

Der Schwarze sah den Araber nur mit wutverzerrtem Gesicht an. Einige Sekunden lang schwiegen beide, aber dann ging der Araber in die Luft.

»*Abeed! Abeed!* – Sklave! Sklave!«, schrie er. »Wende deinen Blick von mir ab! *Abeed!* Du bist doch nur ein schwarzer Sklave! Sieh zu, dass du wegkommst, sonst gibt es Ärger!«

Da stürzte sich der Schwarze auf ihn und schlug ihn mit einem einzigen Hieb zu Boden. Die anderen Markthändler versuchten ihn zurückzuhalten, aber er war außer sich vor Wut. Er schmetterte dem Araber seine Faust ins Gesicht. Als ich das sah, empfand ich gleichzeitig Freude und Angst. Einerseits wäre es mir am liebsten gewesen, wenn der Schwarze den Kopf des Arabers so tief in den Straßenstaub getreten hätte, dass der Mann nie mehr aufgestanden wäre, andererseits bedachte ich ängstlich die Folgen einer solchen Tat.

Ich wandte mich zum Gehen, doch in diesem Augenblick kam ein Landrover der Polizei angefahren und bremste mit quietschenden Reifen. Sechs arabische Polizisten rannten mit gezückten Schlagstöcken herbei und begannen sofort, heftig auf den Schwarzen einzuprügeln. Der Mann ging unter einem Hagel von Schlägen zu Boden. Entsetzt sah ich mit an, wie sie dem Mann die schweren Knüppel über Rücken und Kopf zogen. Dumpf prallte das Holz auf die Knochen. Die Polizisten zerrten den blutüberströmten Mann in den hinteren Teil des Landrovers und fuhren mit aufheulendem Motor davon.

Da kochte die Wut in mir hoch. Nicht eine Sekunde lang hatten sie versucht herauszufinden, wer an dem Streit schuld war. Sie hatten einfach den Schwarzen verprügelt und den Araber gehen lassen. Rings um mich machten Händler und Kunden erbost ihrer Ansicht Luft, wie ungerecht doch alles sei. Eine rücksichtslose arabische Elite herrsche über das Land und versuche nicht einmal, ihre rassistische Politik zu verbergen. Jetzt gelte nur mehr das Recht des Dschungels: Der Starke besiege den Schwachen, und demnächst werde das ganze Land in Flammen stehen.

Völlig verstört verließ ich den Markplatz. Der Araber hatte den Schwarzen öffentlich als einen »schwarzen Hund« und »schwarzen Sklaven« bezeichnet. Damit hatte er auch *mich* »schwarzen Hund« und »schwarze Sklavin« genannt – denn der Afrikaner und ich hatten dieselbe Hautfarbe und ähnliche Gesichtszüge. Warum glaubte der Araber, der Unterschied in der Hautfärbung mache ihn mir überlegen? Warum brachte ihn sein schärfer geschnittenes, spitzeres Gesicht dazu, sich für meinen Herrn zu halten? Ich war verwirrt und aufgebracht, gekränkt und verängstigt. Ich war nun einmal so auf die Welt gekommen und war, wer ich war, und ich würde mich nicht mehr verändern.

Schon nach kurzer Zeit wirkten sich die Ängste meines Vaters bei uns zu Hause ganz konkret aus. Es gab eine neue Fernsehsendung mit dem Titel »*Fisah hart el fidah* – Stimme vom Schlachtfeld des Märtyrers«. In dieser täglichen Nachrichtensendung wurden drastische, grausame Aufnahmen von den Kämpfen im Südsudan gezeigt. Als ich sie zum ersten Mal sah, war ich entsetzt und fragte meine Großmutter, worum es da gehe. Meine Großmutter liebte diese kriegerischen Auseinandersetzungen und den Kampflärm, der aus dem Fernseher drang, und erklärte mir, dass dort Moslems gegen die Ungläubigen kämpfen würden, was völlig in Ordnung sei.

Nach dieser Sendung hatte ich jedes Mal schreckliche Alpträume. Einmal sah ich sie mir, entsetzt und fasziniert zugleich, mit meinen Brüdern und ein paar Freundinnen aus dem Dorf an. Meine Großmutter war auch dabei. Ihr Blick klebte förmlich am Bildschirm, sie saugte die Gewalt und das Blutvergießen geradezu auf. Als mein Vater bemerkte, dass wir uns das ansahen, ging er zu uns hinüber und schaltete wütend den Fernseher aus.

Zum ersten Mal in meinem Leben bekam ich mit, dass er meine Großmutter angriff. »Warum lässt du die Kinder solche bösen, gewaltsamen Dinge anschauen? Du bist die Erwachsene, eine altersweise Frau – gerade du solltest es besser wissen!«

Meine Großmutter war ausnahmsweise einmal sprachlos. Noch nie hatte mein Vater so mit ihr geredet.

»Wie kannst du auf diesen Krieg auch noch stolz sein?«, fragte er sie. »Du weißt ja überhaupt nichts darüber – nichts! Es ist ein falscher Krieg, ein schlimmer Krieg, ein unheiliger Krieg!«

»Aber im Fernsehen sagen sie, dass es ein Dschihad ist«, wandte meine Großmutter ein. »Da kämpfen heilige Krieger gegen Ungläubige, gegen Menschen, die ohne Glauben sind …«

»Ein Dschihad? *Ein Dschihad?*«, warf mein Vater ein. »Ich sag dir, was das ist: Das ist die Propaganda der Leute, die die Macht in diesem Land an sich gerissen haben! Ein Haufen Lügen, hervorgebracht von einem Haufen Verbrecher, Mörder und Diebe!«

Eine Weile herrschte unbehagliches, peinliches Schweigen.

Dann sprach mein Vater weiter. »Ich erzähle dir mal etwas über deine sogenannten ›Ungläubigen‹. Vier Millionen dieser Menschen haben sich in Flüchtlingslager gerettet, um diesen tapferen ›heiligen Kriegern‹ zu entkommen, die meisten von ihnen Frauen und Kinder. Viele von ihnen sind Moslems. Da werden moslemische Glaubensbrüder getötet, Frauen und Kinder abgeschlachtet, und du nennst das einen *Dschihad?*«

Vor lauter Erregung kniff sich mein Vater in den Arm. »Und alle diese ›Ungläubigen‹ sind Schwarzafrikaner wie wir. Also denk in Zukunft erst einmal nach, bevor du den Kindern den Kopf mit Propaganda, Unsinn und Lügen vollstopfst!«

Mit diesen Worten zog sich mein Vater wieder ins Dunkel zurück. Meine Großmutter hatte nicht weiter über die Frage, was an diesem Krieg gut oder schlecht war, nachgedacht, sondern einfach die Bilder von den Kampfhandlungen genossen. Ich sah, dass sich ihre Miene verdüstert hatte. Sie legte sich das Tuch über den Kopf und ging schweigend zu ihrer Hütte, und zum ersten Mal im Leben fand ich, dass sie alt aussah. Ich wusste, wie sehr sie meinen Vater liebte und respektierte, und mir war klar, wie sehr seine Worte sie getroffen hatten.

Aber mein Vater hatte natürlich vollkommen recht. Und es ging dabei um weit mehr als um das, was im Fernsehen gezeigt wurde. Schon seit Wochen waren Beauftragte der Regierung durch die Dörfer der Zaghawa gezogen und hatten junge Männer für den Kampf in diesem sogenannten Dschihad rekrutiert. Sie holten sich die leichten Opfer: Waisen, junge Männer ohne Ausbildung und Arbeit. Und durch diese Fernsehsendung, *Fisah hart el fidah*, erfuhren die Zaghawa-Familien dann, dass ihre Verwandten getötet worden waren – wenn die Leichen der »Märtyrer« vor den Kameras zur Schau gestellt wurden.

Sobald meinem Vater zu Ohren kam, dass irgendwelche Männer mit dem Gedanken spielten, sich den Truppen anzuschließen, versuchte er es ihnen auszureden. Die meisten Rekruten waren einfache Dorfjungen, die man in speziellen Ausbildungslagern einer Gehirnwäsche unterzog. Es sei ein schlechter, ein *unheiliger* Krieg, den nur wenige überleben würden, erklärte mein Vater ihnen. Es werde keine heiligen Märtyrer geben, und in einem solchen Tod liege keinerlei Ehre – es sei alles andere als ein geziemendes Ende für einem Zaghawa-Krieger. Das Allerschlimmste daran aber sei, dass wir schwarzafrikanischen Zaghawa in diesem Krieg gezwungen würden, unsere schwarzafrikanischen Brüder zu bekämpfen. Das Ganze sei von Grund auf schlecht.

Meinem Vater war der Gedanke, dass tapfere Zaghawa-Krieger ihr Leben auf diese Weise vergeudeten, zutiefst zuwider. Wir brauchten diese Männer für den nächsten Kampf – für einen Kampf, der, wie er wusste, unmittelbar bevorstand.

11. KAPITEL

Zukunftstraum

Um einen Studienplatz im Fach Medizin zu bekommen, musste ich in der Oberschule Spitzenleistungen erbringen. Wenn ich scheiterte, wären alle meine bisherigen Anstrengungen umsonst gewesen. Deshalb schob ich die Befürchtungen meines Vaters beiseite und konzentrierte mich ausschließlich aufs Lernen. Noch konnte ich mich nicht für die politischen Träume meines Vaters engagieren, aber ich konnte zumindest seine akademischen Träume erfüllen.

Die Jahre in der Oberschule vergingen wie im Flug. Plötzlich war ich achtzehn und stand kurz vor den Abschlussprüfungen, einem landesweiten Test in allen Schulfächern. Wenn es mir nicht gelang, mehr als 70 Prozent der zu erzielenden Punkte zu erreichen, wären meine Chancen auf einen Studienplatz gleich null. Und um es ins Medizinstudium zu schaffen, brauchte ich eine hervorragende Abschlussnote. Die Prüfungen standen vor der Tür, und ich büffelte mehr denn je.

Die Prüfungsergebnisse wurden vom Bildungsminister im Fernsehen verlesen. Er nannte die dreißig besten Schüler und Schülerinnen des Landes, unter denen ich allerdings nicht aufgeführt war. Jeder dieser Spitzenschüler hatte eine Schule in Khartoum besucht. Ich lief zur Schule und gesellte mich zu meinen Freundinnen, die am Tor auf den Direktor warteten. Als wir ihn kommen sahen, liefen wir sofort zu ihm und baten ihn, uns zu sagen, wie wir abgeschnitten hatten, doch er wimmelte uns verärgert ab.

»Ihr seid alle durchgefallen, alle!«, rief er. »Versagerinnen seid ihr! Nur zwei haben es geschafft – ganze zwei! Der Rest ist durchgefallen!«

Ich konnte es nicht fassen. Das war eine Katastrophe! Ich hoffte und betete darum, zu den beiden Glücklichen zu gehören. Der Direktor hielt uns den ganzen Vormittag über hin und gab keine Einzelheiten zu den Prüfungsergebnissen bekannt. Wir wussten, warum er so sauer war. Je mehr Schüler gleich beim ersten Versuch einen Studienplatz bekamen, umso besser wurde die Schule bewertet und umso größer fiel die Geldprämie für den Direktor aus. Dieses Jahr hatte ihm allerdings nicht viel eingebracht.

Kurz vor der Mittagspause wies uns der mürrisch dreinblickende Direktor an, wir sollten uns in schnurgeraden Reihen auf dem Sportplatz aufstellen. Als Erstes wurde der Name des Mädchens verkündet, das die beste Note bekommen hatte: Es war Rehab, eine der Klügsten unter den arabischen Schülerinnen. Sie hatte 89 Prozent erzielt – ein wirklich sehr guter Abschluss. Ich begann mir nun ernsthaft Sorgen zu machen. Mit pochendem Herzen wartete ich auf den zweiten Namen und hoffte, obwohl ich die Hoffnung fast schon aufgegeben hatte, dass es mein eigener sein würde.

»Die Zweite mit achtundachtzig Prozent ist Halima Bashir!«, rief der Direktor und ließ den Blick über die vor ihm aufgereihten Gesichter wandern.

Während ich nach vorn ging, um mein Abschlusszeugnis entgegenzunehmen, durchlebte ich ein Wechselbad der Gefühle. Einerseits war ich selig, weil ich nicht nur bestanden, sondern nun obendrein die Möglichkeit hatte, zu studieren. Andererseits haderte ich mit mir, weil ich es dazu hatte kommen lassen, dass Rehab um einen Prozentpunkt besser war als ich. Außerdem wusste ich, dass der Kampf noch längst nicht ausgefochten war. In keinem Fach war es so schwer, einen Studienplatz zu bekommen, wie in Medizin, und meine Note musste sich an allen Prüfungsergebnissen im ganzen Land messen lassen. Vielleicht würden die achtundachtzig Prozent nicht reichen.

Ich fragte mich, was ich falsch gemacht hatte. Meine Fächerwahl hatte ich stark auf die Naturwissenschaften ausgerichtet, denn dieses Wissen brauchte man, um Medizin zu studieren. Kaum hingen die Ergebnisse am Schwarzen Brett, stand ich auch schon davor, um sie mir anzusehen. Beklommen ließ ich den Blick über die Liste schweifen: In Chemie, Biologie, Englisch, Arabisch, Mathematik und Islamkunde hatte ich hervorragend abgeschnitten, in Physik jedoch ein schwaches Ergebnis erzielt – in dem Fach, mit dem ich einfach nicht zurechtkam.

Mona, Najat, Samirah und Makboulah kamen und beglückwünschten mich, aber in ihren Blicken sah ich auch einen Anflug von Neid. Es war der Anfang vom Ende unserer Kameradschaft, denn keine meiner Freundinnen konnte schon in diesem Jahr ein Studium beginnen. Am Nachmittag gingen Mona und ich ein letztes Mal zusammen nach Hause, und sie erzählte mir ihr großes Geheimnis: Ihr Prüfungsergebnis war nicht mehr wichtig. Ihre Eltern hatten ihr mitgeteilt, dass ein Cousin ein Heiratsangebot für sie gemacht habe und sie eingewilligt hätten. Damit war Monas Ausbildung an ihr Ende gelangt.

Die ganze Schulzeit hindurch hatten Monas Eltern ihre Tochter dazu angehalten, fleißig zu lernen, um einen Studienplatz zu bekommen. Ihr zukünftiger Ehemann aber, ein ungebildeter Händler, weigerte sich, sie bei der Fortsetzung ihrer Ausbildung zu unterstützen. Mona tat mir sehr leid. Sie hatte in den Prüfungen nicht besonders gut abgeschnitten – die Nachricht, dass sie bald verheiratet werden würde, hatte wahrscheinlich ihrer Motivation geschadet. Ich war so froh, dass mein Leben sich nicht in dieselbe Richtung entwickelt hatte wie ihres – dass mein Vater den Mut gehabt hatte, das Heiratsangebot meines Cousins auszuschlagen.

Am Donnerstag, dem letzten Tag der Woche, ging meine Zeit in der Oberschule zu Ende. Mein Vater kam mit dem Landrover, und wir fuhren in unser Dorf. Während der langen Fahrt gestand ich ihm, wie enttäuscht ich von meinem Prüfungsergebnis war, doch mein Vater sagte, ich solle mich freuen. Achtundachtzig Prozent würden leicht reichen, um einen Studienplatz zu bekommen. Und wenn es kein Platz in Medizin werden würde, sollte ich eben etwas anderes probieren. Er sei so stolz auf mich, sagte er, da solle ich selbst doch auch stolz auf mich sein.

Im Dorf freuten sich alle darüber, dass ich bestanden hatte. Diese Freude war richtig ansteckend, und nach und nach bekam ich das Gefühl, doch eine gute Leistung erbracht zu haben. Niemand aus dem Dorf war je an einer Universität gewesen, so dass allein das Erringen eines Studienplatzes eine große Ehre bedeutete. Normalerweise wurden die Dorfmädchen schon verheiratet, ehe das Thema Universität überhaupt zur Debatte stand, und die Dorfjungen mussten hart arbeiten, um ihre Familien zu ernähren.

Kadiga, meine beste Freundin, war inzwischen verheiratet und hatte einen kleinen Sohn. Sie war ins Dorf ihres Mannes gezogen, und ich hatte sie seit fünf Jahren nicht mehr gesehen. Ich beschloss, sie zu besuchen und ihr die Neuigkeit zu erzählen. Es wurde ein bittersüßes Wiedersehen. Kadiga versuchte es auf die leichte Schulter zu nehmen, aber uns war beiden klar, dass sich eine riesige Kluft zwischen uns aufgetan hatte. Sie war mit vierzehn Jahren verheiratet worden und sehr stolz auf ihren Erstgeborenen, einen kleinen Jungen namens Mo. Lachend erklärte sie mir, dass wir auf jeden Fall beste Freundinnen bleiben müssten, damit ich später einmal die Hausärztin ihrer Familie werden könne.

»Unser Leben hat einen ganz unterschiedlichen Verlauf genommen, nicht wahr?«, sagte sie leise. »Ich habe geheiratet, du bist weiter zur Schule gegangen. Ich habe einen guten Mann, aber er hat mir erklärt, dass Ehefrauen nicht lernen, sondern sich um die Kinder kümmern sollen, deshalb habe ich aufgehört. Aber ich werde dafür sorgen, dass mein Junge in die Schule geht und vielleicht sogar auch mal studiert, so wie du.«

Das Gefühl, nicht mehr ins Dorf zu gehören, war noch stärker geworden. Meine Ausbildung hatte mich dem Dorf entfremdet und mich innerlich von den Freunden aus der Kindheit getrennt. Tief im Herzen bedauerte ich das, aber es war nun einmal der Weg, den ich für mich gewählt hatte.

Zu Hause füllte ich die Aufnahmeformulare der Universität aus. Als erstes Fach gab ich Medizin an und für den Fall, dass es nicht klappte, Jura. Meine dritte Option war Volkswirtschaft. Mein Vater brachte die Formulare in die Stadt Hashma und gab sie im Immatrikulationsbüro ab. Viele, viele Wochen würde es dauern, bis wir Bescheid erhielten, und so begann das lange Warten.

In dieser Zeit erreichte uns eine schreckliche Nachricht. Der von ihr getrennt lebende Ehemann meiner Großmutter war in den Tschad gegangen, um dort im Bürgerkrieg zu kämpfen, und hatte die beiden Söhne meiner Großmutter mitgenommen. Mein Großvater hatte ja eine zweite Frau im Tschad und kämpfte auf der Seite seiner Familie. Alle drei waren bei schweren Gefechten in der tschadischen Wüste umgekommen. Mit einem Schlag hatte meine Großmutter ihren Ehemann und ihre Söhne verloren.

Als sie es erfuhr, schien ihr kräftiges Gesicht in sich zusammenzufallen. Sie brach in Tränen aus und ließ sich von nichts und niemandem trösten.

»Mein Mann! Mein Mann! Der Vater meiner Kinder!«, wehklagte sie. »Meine Söhne! Meine Söhne! Ich habe die einzigen Männer auf der Welt verloren! Jetzt sind alle Männer tot! Alle Männer sind umgekommen …«

Zum ersten Mal sah ich meine Großmutter weinen. Dass sie ihre Gefühle so öffentlich zeigte, war ein richtiger Schock für mich. Sie hatte ihren Ehemann immer sehr grob behandelt, doch jetzt betrauerte sie seinen Tod, als wäre er die Liebe ihres Lebens gewesen. Ihr Schmerz zeigte, dass sie ihn immer geliebt hatte. Ihr Stolz und ihre Hitzköpfigkeit hatten sie daran gehindert, sich mit ihm auszusöhnen. Jetzt war er tot, sie waren für immer getrennt, und ihre beiden Söhne waren an seiner Seite umgekommen.

Wir zogen die traditionellen weißen Trauergewänder an. Andere Dorfbewohner kamen, um uns ihr Beileid zu bekunden. Die Frauen streiften aus Achtung für die Toten vor dem Tor ihre Schuhe ab; erst dann stimmten sie in unsere Totenklage ein.

»Das waren so gute Männer«, versicherten sie meiner Großmutter. »Sie werden uns fehlen.«

Normalerweise wurden die Leichen in weiße, duftgetränkte Gewänder gehüllt und auf eine Totenbahre, eine *angrheb*, gelegt. Diese Bahre ist mit einem weißen Leichentuch bedeckt, dem *bhirish*, und wird in der Hütte aufgestellt, damit die Menschen dem Toten die letzte Ehre erweisen können. Vor Sonnenuntergang wird der Leichnam zum Friedhof gebracht, denn ein Moslem muss noch am Tag seines Todes begraben werden. Die Männer tragen die *angrheb* aus dem Dorf, gefolgt von den Frauen, die alle den Toten ein letztes Mal zu berühren versuchen. Sofort nach der Ankunft am frisch ausgehobenen Grab wird die Leiche mit Hilfe des *bhirish*, des weißen Gewands, in das der Tote wie in ein Leichentuch gehüllt ist, hinabgelassen.

In diesem Fall aber waren mein Großvater und seine beiden Söhne dort begraben worden, wo sie gefallen waren, und die Bestattung in unserem Dorf fiel weitgehend symbolisch aus. Drei Tage lang blieben die Besucher bei uns und bildeten eine Trauergemeinde. Meine Großmutter, meine Eltern, meine Geschwister und ich mussten vierzig Tage und vierzig Nächte lang trauern. Die Zahl vierzig ist den Moslems heilig, weil der Prophet Mohammed vierzig Tage lang in der Wüste war, wo er das Wort Gottes vernahm und seine heiligen Offenbarungen empfing.

Im Verlauf dieser vierzig Trauertage verfiel meine Großmutter zusehends. Es war fast so, als hätte sie nichts mehr, wofür sie leben könnte. Ständig sprach sie davon, dass ihre Männer tot seien und sie nichts mehr im Leben hätte. Alles sei leer. Alle Hoffnungen seien ihr genommen. Sie aß nicht mehr richtig und geriet nicht mehr in Wut. Sie hörte sogar auf, die Kinder zu schlagen. Stattdessen wurde sie still und freundlich, als hätte sie Angst, auch noch die restliche Familie zu verlieren.

Manchmal tat sie mir unglaublich leid. Sie hatte ein so schweres Leben gehabt, und jetzt das. Sie ging nun öfter in die Moschee und betete für die Seelen der Toten. Am allerbedenklichsten aber war, dass sie ihre Sachen wegzugeben begann. Ihre wertvollen Besitztümer – Gegenstände, die sie viele Jahre lang gehortet hatte – wurden an Freunde und Verwandte verschenkt, als bräuchte sie sie nicht mehr. Es war, als wäre ihre Seele gestorben, als hätte sie keinen Lebenswillen mehr.

Gegen Ende der Trauerzeit hatten wir alle eine gute Nachricht bitter nötig. Sie kam in Gestalt eines atemlosen Nachbarn, eines Onkels von Kadiga, der uns früh am Morgen aufsuchte.

»Ich habe deinen Namen gehört!«, rief er. »Im Radio! Halima Bashir! Das war die Liste der Studenten, die in die Universität von Khartoum aufgenommen werden!«

»O Gott! Aber in welchem Fach? In welchem Fach?«

»In Medizin«, verkündete Kadigas Onkel. »Du wirst Medizin studieren und Ärztin werden!«

Ich konnte es kaum glauben. Ich dachte, dass Kadigas Onkel sich vielleicht verhört hatte. Mein Vater fluchte, weil er die Radiomeldung verpasst hatte, und beschloss nach Hashma zu fahren, um sich direkt beim Bildungsministerium zu erkundigen. Er brach sofort auf. Ich wollte mitkommen, aber er sagte, ich müsse daheim bleiben. Die Trauerzeit sei noch nicht vorüber, und es wäre unziemlich, das Haus zu verlassen.

Zwei Tage später kehrte mein Vater zurück. Als er aus dem Landrover stieg, grinste er so breit, wie ich es bei ihm noch nie gesehen hatte. Er streckte mir die Arme entgegen. Kadigas Onkel hatte recht gehabt. Ich hatte einen Studienplatz in Medizin.

Mo und Omer bemühten sich, Freude zu zeigen, und die kleine Asia genoss die rings um sie herrschende Seligkeit. Selbst meine Großmutter schien ein wenig aus ihrer Schwermut herauszufinden. Ich hörte, wie meine Mutter und sie vor den anderen Frauen damit angaben, welche Krankheiten ich kurieren könne – als ob ich schon Ärztin wäre. Ich hoffte, die vor mir liegenden sieben Jahre intensiven Studiums durchstehen zu können. Ich hoffte, mir zu beweisen, dass ich dem Traum meines Vaters gerecht werden konnte. Und ich hoffte, Freunde zu gewinnen und in der fernen Großstadt glücklich zu werden.

Die Ferien waren zur Hälfte vorüber, und das Universitätssemester begann erst im folgenden Mai. Ich musste acht Monate überbrücken. Ich blieb zu Hause, half beim Kochen, beim Waschen und bei anderen Aufgaben im Haushalt. Meine Eltern statteten mich mit einer kompletten neuen Garderobe aus, und mehrmals fuhren wir nach Hashma, um Bücher für mein Studium zu kaufen. Aber im Grunde gab es nicht viel zu tun, und ich wurde dick und träge. Die Untätigkeit widerte mich an. Es war höchste Zeit, dass ich wegging und mein Studium aufnahm.

Es war Zeit für etwas Neues.

DRITTER TEIL

Feuerwüste

12. KAPITEL

Das Medizinstudium

Am Vorabend meines Studienbeginns forderte mich meine Mutter auf, meinen Goldschmuck abzulegen und ihn ihr zur sicheren Aufbewahrung dazulassen. Im Studentenwohnheim könnte es Diebe geben, meinte sie, es sei besser, vorsichtig zu sein. Früh am nächsten Morgen verabschiedeten sich mein Vater und ich von allen. Wir fuhren nach Hashma und dort direkt zum Bahnhof. Mein Vater war schon in Khartoum gewesen, denn dort hatte er den Landrover gekauft. Er wusste, dass wir mehrere Tage unterwegs sein würden.

Ich hatte einen grünen Metallkoffer mitgenommen, eigentlich ein alter Munitionsbehälter, den wir auf dem Dorfmarkt gekauft hatten. In diesen Koffer hatte ich das Essen gepackt, das meine Mutter und meine Großmutter für mich zubereitet hatten: getrocknete *kissra* – dünne Hirsepfannkuchen –, geröstete Erdnüsse und süßes Gebäck, außerdem getrockneten Lammbraten und sogar ein paar getrocknete Heuschrecken aus dem letzten großen Schwarm, die meine Großmutter aufgehoben hatte.

Das alles lag zwischen meinen Universitätskleidern und einem hübschen *muslaiyah*, einem moslemischen Gebetsteppich, den mein Vater mir geschenkt hatte. In den *muslaiyah* war das Bild einer Moschee eingewoben, über die sich ein farbenprächtiger Regenbogen spannte. Ganz oben lag eine wunderschöne neue *bataniyah*, eine dicke Tagesdecke. Die hatte meine Mutter aus Schafwolle gewoben; sie sollte mich in den Nächten der kalten Jahreszeit wärmen.

Kurz nach Mitternacht fuhr der Zug schnaufend aus dem Bahnhof von Hashma. Mein Vater hatte für die Fahrt nach Khartoum ein Erste-Klasse-Abteil mit vier Etagenbetten gebucht, das wir uns mit einem Ehepaar teilten. Die beiden waren nett und die Betten bequem, und wir hatten das Essen meiner Mutter als Proviant. Doch als die anderen schon längst selig vor sich hin schnarchten, war bei mir vor lauter Aufregung an Schlaf nicht zu denken.

Irgendwann muss ich aber doch weggedöst sein, denn als ich aufwachte, schien die Sonne durch die Fenster des Abteils. An jedem Bahnhof liefen Leute neben dem Zug her und streckten Tabletts mit Essen zu den Fenstern hinauf. Es gab frisches Obst, getrockneten Fisch, saftige Datteln und gegrillte Hähnchenstücke. Andere verkauften lebende Ziegen, denen sie die Beine zusammengebunden hatten, oder Käfige voller lebender Hühner. Die Fahrgäste streckten die Arme aus dem Zug, Geld wechselte den Besitzer, und die Tiere wurden durch die Fenster in den Waggon gehievt.

Dann fuhr der Zug weiter Richtung Khartoum. Die Landschaft veränderte sich und wurde jetzt zu einer flachen, hellbraunen Wüste mit wenigen dürren Bäumen. Da und dort schlängelte sich ein Fußweg zu einem entfernten Dorf durch das Buschwerk. Ansonsten gab es kaum Anzeichen menschlichen Lebens. Alles sah ganz anders aus als die grüne, belaubte Gegend, in der ich großgeworden war. Wir kamen durch mehrere Städte, eine größer als die andere; in einigen dieser Orte ragten graue Fabriken neben den Gleisen auf.

Während der Zug dahinzockelte, erklärte mir mein Vater mit leiser Stimme, wie ich mein Leben an der Universität leben solle. Zum ersten Mal würde ich so fern von zu Hause sein, in einer Stadt, in der wir keine nahen Verwandten hatten. Ich solle für mich bleiben und vorsichtig sein, solle fleißig lernen und anderen mit Misstrauen begegnen – zumindest bis ich sie einigermaßen sicher einschätzen könne. Freundschaften solle ich nur mit vertrauenswürdigen Menschen schließen.

Am Abend des dritten Tages legte sich die samtige Dunkelheit wie eine Decke über die flache, gesichtslose Landschaft. Vor uns erstrahlte ein halb orange-, halb rosaroter Schimmer – am

Rand des dunklen Wüstenbeckens erstrahlte der Horizont. Es war, als stünde der Himmel in Flammen. Das seien die Lichter von Khartoum, sagte mein Vater. Während der Zug in die große Stadt hineingesogen wurde, fühlte ich mich wie umhüllt von seiner kompakten, fast greifbaren Dunkelheit. Die Fenster der vielstöckigen Gebäude starrten mich an wie tausend leere Augen. Ich fragte mich, wie ich hier überleben und heimisch werden sollte.

In einem schwach beleuchteten Bahnhof kam der Zug ratternd zum Stehen. Ich blieb noch einen Augenblick wie angewurzelt sitzen; dann nahm mein Vater meinen grünen Metallkoffer und rief ein Taxi herbei. Schweigend fuhren wir durch die dunkle Stadt zu einem Zaghawa-Freund meines Vaters. Nach der schlaftrunkenen Begrüßung wurde ich in ein Zimmer geführt, in dem ich mich ausruhen konnte. Eine halbe Ewigkeit lag ich wach und starrte hinaus in den bizarren, pulsierenden Lichtschein der Großstadt. In meinen Ohren dröhnte der Verkehrslärm. Es war, als würde die Stadt fast wie ein Tier fressen und atmen und sich bewegen – wie ein Tier, das nie schlafen muss.

Am nächsten Tag fuhr uns der Freund meines Vaters zur Universität. Es war der Einführungstag, und wir Erstsemester sollten vom Dekan der jeweiligen Fakultät einzeln befragt werden. In meinem Fall war das ein freundlich wirkender Mann namens Dr. Omer, dessen Äußeres auf eine arabisch-afrikanische Abstammung schließen ließ. Er begrüßte mich und fragte, woher ich käme, was mein Vater beruflich mache und warum ich mich für ein Studium an seiner Fakultät entschieden hätte. Ich erzählte ihm, dass es mein Traum sei, als erste Angehörige des dem Stamm der Zaghawa zugehörigen Coube-Clans Ärztin zu werden, dass es in unserem Dorf keinen Arzt gebe und ich die Hoffnung hätte, eines Tages zurückzugehen und dort als Ärztin zu arbeiten.

Dr. Omer schienen meine Antworten zu gefallen. Er meinte, für mich als junge Frau werde es sich lohnen, diesen Traum zu verfolgen. Wenn ich fleißig studierte, sehe er keinen Grund, weshalb er sich nicht erfüllen sollte. Dann bestätigte er aufmunternd lächelnd und mit ein paar Federstrichen, dass ich nunmehr als

Medizinstudentin eingeschrieben war. Ich seufzte erleichtert auf. Wenn alle Universitätsmitarbeiter so nett und hilfsbereit wie Dr. Omer waren, würde ich hier eine schöne Zeit verbringen.

Nach dem Gespräch ging ich mit meinem Vater zum Wohnheim. Wenn alles gutlief, würde dieses Gebäude in den nächsten sechs Jahren mein Zuhause sein. Es war ein sehr schönes Haus, ein Neubau, so wie mehrere andere, an denen wir auf dem Weg über das Universitätsgelände vorbeigekommen waren, mit dicken Ziegelwänden, Fensterläden aus Holz und poliertem Betonfußboden. Das Dach bestand aus glänzendem feuerverzinktem Eisenblech und war an der Unterseite mit dicken Holzbohlen isoliert. Doch zu meinem Erstaunen war das Wohnheim so gut wie leer, und ich fragte mich, wo die anderen Studenten steckten.

Die Leiterin des Wohnheims führte mich herum. Ich wählte das obere Bett in einer Reihe von Etagenbetten. Den Inhalt meines Metallkoffers verstaute ich in dem danebenstehenden Holzschrank – besser gesagt: die Dinge, die hineinpassten, denn ich musste den Schrank mit der Studentin teilen, die sich das Bett neben meinem aussuchen würde. Die Lebensmittel, die meine Mutter mir mitgegeben hatte, mussten im Metallkoffer bleiben. Ich schob ihn unter das untere Bett.

Im Schlafsaal befand sich nur eine einzige weitere Person, und zwar, genau wie ich, in Begleitung ihres Vaters. Ich fragte die junge Frau, warum das Haus so leer sei. Hatten wir den falschen Tag erwischt? Vielleicht waren wir zu früh gekommen. Lächelnd gestand sie, sich auch schon Gedanken deswegen gemacht zu haben, aber es sei durchaus der richtige Ankunftstag. Vielleicht würden die anderen Studentinnen am nächsten Tag eintreffen, wenn die ersten Lehrveranstaltungen stattfänden.

Das Mädchen hieß Rania. Es gehörte dem Mahass-Stamm an, einem arabisch-afrikanischen Volk, das mit den Nubiern im Nordsudan verwandt ist. Genau wie ich war sie sehr weit weg von Zuhause. Sie war mir auf Anhieb sympathisch und wurde mir noch sympathischer, als ich erfuhr, dass auch sie Medizin studieren würde.

Mein Vater tat sein Bestes, um es mir für die Nacht bequem zu machen. Bevor er ging, bat er Rania, sich um mich zu kümmern. Er wollte bei seinem Freund übernachten und am nächsten Morgen mit dem Zug nach Hashma zurückfahren. Er gab mir etwas Geld für meinen persönlichen Bedarf und schärfte mir ein, ich solle auf mich aufpassen, fleißig studieren und glücklich sein. Dabei traten ihm Tränen in die Augen. Ob er aus Stolz weinte oder weil ihn der Abschied schmerzte, konnte ich nicht sagen. Ich umarmte ihn fest, und mir liefen die Tränen übers Gesicht.

»Nicht weinen, Rathebe«, sagte er. »Alles wird gut. Es wird dir hier gefallen. Und du hast Rania. Die erste Freundin hast du schon gewonnen.«

»Ich weiß, Abba«, sagte ich schniefend. »Aber … aber ich war noch nie so weit weg von daheim. Ich werde euch alle so schrecklich vermissen …«

»Ich besuche dich, sooft ich kann. Wann immer ich nach Khartoum fahren kann, komme ich, Rathebe!«

Ich klammerte mich an meinen Vater und drückte ihn, so fest ich konnte. Ich wollte ihn nicht gehen lassen. Ich wusste, dass er das mit den Besuchen ernst meinte, aber ich wusste auch, wie schwierig es für ihn werden würde. Schließlich löste er sich aus meiner Umarmung, küsste mich auf den Kopf und verschwand winkend im dunklen Teil des Schlafsaals. In dieser Nacht schliefen Rania und ich gemeinsam in einem Bett in dem menschenleeren Saal, eng aneinandergekuschelt, um uns gegenseitig zu trösten.

Im Schlafsaal war es stickig und heiß, obwohl nur wir zwei uns darin aufhielten. Wie würde das erst auf dem Höhepunkt der Trockenzeit und bei voller Belegung werden? Ich war froh, ein oberes Bett zu haben. Allein die Vorstellung, in einem unteren Bett zu schlafen, machte mir Platzangst. In dieser ersten Nacht trommelte heftiger Regen ein ohrenbetäubendes Stakkato auf das Blechdach. Aber wenigstens war die schlimmste Hitze danach vorbei.

Am nächsten Morgen kam Ranias Vater zurück und lud mich zum Frühstück ein. Er war Lehrer in Ranias Heimatdorf. Wie mein Vater hatte auch er immer schon davon geträumt, dass seine Tochter einmal Medizin studierte. Er war ein sehr gutherziger Mensch. Seine Tochter und ich seien bereits beste Freundinnen, sagte er zu mir, also sei ich für ihn jetzt wie eine zweite Tochter. Für ihn sei es einfacher als für meinen Vater, nach Khartoum zu fahren, und so werde er jedesmal, wenn er Rania besuche, auch mich besuchen.

Kaum hatten wir fertiggegessen, begann sich der Schlafsaal mit Neuankömmlingen zu füllen. Rania hatte sich das Bett gegenüber meinem geschnappt, und nun wurden auch die anderen Betten schnell belegt. Ranias Vater unternahm mit uns beiden einen Spaziergang über den Campus, um dem Andrang zu entgehen. Er machte uns darauf aufmerksam, dass die meisten Gebäude neu und sehr schön waren. Offenbar war die gesamte Universität kaum sechs Jahre alt. Von der Hauptstraße führte eine Allee zum Unigelände. Sie endete vor einer großen Mensa, die zu beiden Seiten von je einem Gebäudetrakt mit Hörsälen flankiert war.

Ich bestaunte die Universität, dieses riesige Haus des Intellekts und des Lernens, wie ein Wunder. Es gab einen gigantischen Hörsaal, in dem leicht unser ganzer Jahrgang Platz gefunden hätte, ausgestattet mit Mikrofonen für die Studierenden und vielen Pultreihen rings um ein Podest. Im ersten Jahr würden wir ein Grundstudium absolvieren, das so ziemlich jedes Fach umfasste. Wer es erfolgreich hinter sich gebracht hatte, konnte mit dem Studium im gewählten Fach beginnen.

Rasch stellte sich eine gewisse Routine ein. Jeden Morgen frühstückte ich mit Rania, und dann liefen wir zum riesigen Hörsaal hinüber, um uns die besten Plätze zu sichern. Wir Wohnheim-Studentinnen hatten einen Vorteil gegenüber denen, die außerhalb des Campus lebten, weil unsere Wege kürzer waren. Im Lauf der ersten Wochen verliebte ich mich geradezu in meine Universität. Ich schwärmte für die intellektuelle Atmosphäre und die von Freiheitsliebe und Respekt geprägte Gesinnung der Universitätsmitarbeiter. Keiner sah der Hautfarbe, der Stammeszugehörigkeit oder des gesellschaftlichen Status wegen auf einen anderen herab.

Aber natürlich war auch hier nicht alles perfekt. Regelmäßig fiel der Strom aus, was zur Folge hatte, dass die Lautsprecher und Mikrofone im riesigen Hörsaal nicht mehr funktionierten. Dann war es gut, wenn man so weit vorn wie möglich saß, um den Dozenten trotzdem noch hören zu können. Die Elektrizitätswerke der Stadt waren alt und heruntergekommen, und es kam immer wieder zu Engpässen in der Stromversorgung. Und natürlich vermisste ich meine Familie. Doch die Freude über diesen Ort, an dem die arabisch-afrikanische Rivalität der Vergangenheit anzugehören schien, entschädigte mich fast völlig dafür, so weit von meinen Leuten entfernt zu sein.

Natürlich bestanden immer noch deutliche Unterschiede zwischen den Mädchen vom Dorf wie Rania und mir und den arabischen Stadtmädchen. So besaß ich beispielsweise kein einziges Foto von meiner Familie, denn in unserem Dorf gab es keine Kamera. Die meisten anderen Mädchen konnten dagegen Hochglanzbilder ihrer Eltern neben das Bett kleben. Abends betrachteten sie seufzend die Fotos und klagten darüber, von ihren Familien getrennt zu sein und in einem so kahlen, ungemütlichen Raum schlafen zu müssen.

Eines Nachts wachte ich auf, weil eines der Mädchen einen hysterischen Anfall hatte. Ich lief mit Rania und ein paar anderen zu ihr ans Bett. Wir fragten sie, warum sie so aufgebracht sei. Hatte sie eine schlimme Nachricht erhalten? Sie wandte uns ihr verstörtes, tränennasses Gesicht zu und erzählte uns, sie habe einen Brief von ihren Eltern bekommen, und beim Lesen sei ihr bewusst geworden, wie sehr sie ihre Familie vermisste. Ich fragte sie, wo ihre Verwandten wohnten und wann sie sie wiedersehen werde. Da stellte sich heraus, dass sie gerade mal vom anderen Ende der Stadt kam und ihrer Familie schon am folgenden Wochenende einen Besuch abstatten würde.

Ich brachte nur wenig Mitleid mit ihr auf. Ich konnte einfach nicht verstehen, worüber sie sich beschwerte. In ein paar Tagen würde sie ihre Leute besuchen, während ich nicht einmal wusste, wann ich meine wiedersehen würde. Nach dem Semester würde ich zwar die langen Sommerferien zu Hause verbringen, in der Zwischenzeit aber aus Geld- und Zeitmangel kein einziges Mal hinfahren können. Die verwöhnten Stadtmädchen übertrafen uns zahlenmäßig etwa um das Zehnfache, aber wir waren wesentlich eigenständiger und härter im Nehmen und kamen mit der Unwirtlichkeit des Schlafsaals weit besser zurecht.

In den Schlafsälen gab es kein fließendes Wasser. Rania und mir bereitete es keine große Mühe, einen mit Wasser gefüllten Eimer aus dem Brunnen zu ziehen und ihn auf dem Kopf balancierend zum Waschbecken zu tragen, aber die Stadtmädchen beklagten sich bitterlich. Ein solches Gewicht könnten sie nicht hochziehen, erklärten sie und baten uns, ihnen die Arbeit abzunehmen. Wir lachten nur. Warum hätten wir das tun sollen? Zu Hause mochten sie schwarze Bedienstete haben, aber wir würden ihnen nicht die Campus-Sklaven machen. Manche Mädchen begannen sogar mit den Studenten zu flirten, um sie dazu zu bringen, dass sie ihnen das Wasser trugen.

Der Mai, unser erster Monat an der Uni, ging rasend schnell vorüber. Im Juni wurde es heißer, und das Metalldach machte den Schlafsaal zum Backofen. Irgendwann entschlossen Rania und ich uns, unsere Matratzen nach draußen aufs Gras zu ziehen. Dort war es viel, viel kühler – und es war genau das, was wir auch im Dorf getan hätten. Nach und nach folgten die anderen Mädchen unserem Beispiel. Zum Schluss schliefen sogar die gezierten arabischen Stadtmädchen draußen. Auch die jungen Männer waren aus ihrem eigenen Schlafsaal ins Freie gezogen, als wir Mädchen damit begonnen hatten.

Eines Nachts erwachte ich mit dem grauenhaften Gefühl, eine große, stark behaarte Hand auf dem Gesicht liegen zu haben. Einen furchtbaren Augenblick lang dachte ich, es handle sich um die Hand eines Studenten, doch dann wurde mir klar, was es war – etwas noch viel Entsetzlicheres. Es war eine *karaba*, auf Deutsch »Kamelspinne«, eine riesige fleischfarbene Spinne mit langen, behaarten Beinen. Sie sondert eine Säure ab, die die Haut verätzt. Normalerweise hatte ich keine Angst vor Spinnen und Insekten. Zu Hause hatten wir sogar Skorpione gefangen, den

Stachel entfernt und mit ihnen gespielt. Aber *karaba* hatte es in unserem Dorf nicht gegeben.

Diese Spinnen waren die widerlichsten Tiere, die ich je gesehen hatte. Sie strahlten etwas Unheimliches, Alienhaftes aus. Handtellergroß waren sie und hatten einen widerlichen fleischfarbenen Bauch, der mit einer tintenartigen Flüssigkeit gefüllt war. Aus dem Kopfende ragten zwei lange, krallenähnliche Scheren hervor, mit denen sie, meiner Vorstellung nach, ihre Opfer festhielten, während sie sie mit der Säure bespritzten. Aber das Furchterregendste überhaupt war die Tatsache, dass diese Spinnen blitzschnell laufen und springen konnten. Wir hatten alle schon beobachtet, wie sie Studenten hinterhergejagt waren, als wollten sie sich auf sie stürzen und sie angreifen.

Und so ein Ding saß jetzt auf meinem Gesicht. Wenn es seine Flüssigkeit herausspritzte, würde die Säure in meine Augen dringen. Ich schlug sie blitzschnell weg. Eine Sekunde später hörte ich einen Entsetzensschrei. Die *karaba* war auf einem der in meiner Nähe liegenden Mädchen gelandet, das nun hysterisch zu schreien begann. Zum Glück kam die Spinne nicht dazu, ihr Gift zu verspritzen, sondern wurde vorher erneut weggeschleudert. Das arme Mädchen schlief nach dieser Nacht kein einziges Mal mehr im Freien, und mochte die Hitze auch noch so groß sein.

Auch Chamäleons gab es auf dem Campus – große Echsen, die auf Bäumen leben und mit ihren klebrigen Zungen Insekten fangen. Chamäleons können die Farbe wechseln und sich so dem jeweiligen Hintergrund anpassen. Ich liebte es, sie von den Bäumen zu nehmen, auf den Boden zu setzen und zu beobachten, wie sich ihre Farbe von Blattgrün zu Erdbraun wandelte. Besonders großen Spaß machte mir das, wenn die arabischen Stadtmädchen in der Nähe waren. Sie verzogen angewidert das Gesicht und riefen nach ihrer Mutter, als handelte es sich um gefährliche Dinosaurier oder Ähnliches. Sie waren fassungslos darüber, dass ich die Tiere so unbekümmert berühren und so gelassen mit ihnen umgehen konnte.

Aber die Stadtmädchen fürchteten sich ja sogar vor Fröschen – was ein Problem war, denn wir mussten in Biologie Frösche sezieren. Da wir die Tiere selbst herbeischaffen mussten, gingen Rania und ich oft hinaus und fingen sie in den Bächen und Flüssen der näheren Umgebung. Wir packten sie mit den Händen und ließen sie in eine Plastiktüte plumpsen. Die Stadtmädchen weigerten sich, das zu tun. Sie bezahlten Straßenjungen dafür, dass sie ihnen die Frösche brachten.

Aber dann mussten die Frösche erst noch für den Seziertisch vorbereitet werden. Jedes Mal bettelten die Stadtmädchen darum, dass wir das für sie erledigten. Wir lachten sie zwar aus und hänselten sie gnadenlos, halfen ihnen aber meistens doch. Als Erstes musste man den Frosch mit Kautabak füttern, damit er das Bewusstsein verlor. Dann schnitt man ihn auf und pinnte ihn flach auf das Sezierbrett. Die Studenten klauten immer den Kautabak – das ging so weit, dass der Professor irgendwann keinen mehr austeilte, bis die Diebstähle aufhörten.

Die arabischen Stadtmädchen zeigten sich fassungslos über das Leben, das wir vor dem Studium geführt hatten. Sie konnten nicht glauben, dass wir im Schlamm gespielt, Spielzeug aus Lehm geformt und Insekten gefangen und gegessen hatten – denn wenn es wirklich so gewesen wäre, wie hatten wir dann als Medizinstudentinnen an einer Universität landen können? Das war doch völlig unmöglich! Im Vergleich zu Rania und mir hatten sie alle eine privilegierte Kindheit gehabt – mit elektrischem Licht, fließendem Wasser, Lebensmittelläden und mit Personal, das alle ihre Bedürfnisse erfüllte. Außerdem hatten sie länger lernen dürfen als wir: Ab dem dritten Lebensjahr hatten sie den Kindergarten besucht und danach die Grundschule.

Ich hielt es durchaus für möglich, dass die Stadtmädchen Dinge wussten, von denen wir keine Ahnung hatten, konnte aber beim besten Willen nicht erkennen, welche Dinge das sein sollten. Das einzige Gebiet, auf dem sie sich besser auskannten als wir, waren Jungs. Vor dem Beginn meines Studiums hatte ich nie einen männlichen Freund gehabt. Wir Dorfmädchen waren der Überzeugung, dass der Ehemann der einzige Partner im Leben sein sollte. Rania und mir war das schon seit frühester Kindheit eingebleut worden.

Die Stadtmädchen fanden diese Haltung äußerst altmodisch. Sie lagen mit den Studenten auf dem Gras und lachten und plauderten mit ihnen. Manchmal versuchten sie Rania und mich dazu zu bringen, dass wir uns dazulegten, aber ich blieb immer sehr schüchtern. Hin und wieder schlich sich spätnachts eines der arabischen Mädchen mit einem Studenten davon. Rania und ich sahen uns nur an. Die Familien dieser Mädchen hatten sie zum Studieren hergeschickt – und was machten sie?

Eine der Araberinnen, Dahlia, ein witziges, leicht verrücktes Mädchen, zog mich ständig auf. Sie warf mir vor, kein Herz zu haben, weil ich mich offenbar nicht für Jungs interessierte. Bei jedem Annäherungsversuch eines Jungen würde ich ihm sagen, er solle verschwinden, während ihr schon ein paar nette Worte genügten, um sich Hals über Kopf zu verlieben. Das sei nicht fair, erklärte Dahlia. Während sie sich selbst einen Mann suchen müsse, würde mir meine Familie diese Aufgabe abnehmen. Ihre Eltern seien zu nichts zu gebrauchen. Und mit einem so hässlichen Gesicht wie ihrem habe sie doch ohnehin keine Chance, einen Mann zu bekommen.

Für die Eltern, die sich ernsthaft Sorgen um ihre Töchter machten, gab es die islamischen Universitäten. Sie boten denselben Lernstoff, führten die Lehrveranstaltungen aber nach Geschlechtern getrennt durch. An unserer Universität ging es ganz anders zu – nur die Wohnheime waren nach Mädchen und Jungen getrennt. Mein Vater hätte mich auch an eine islamische Universität schicken können, aber das Wichtigste war ihm gewesen, eine gute Hochschule zu finden. Im Dorf hieß es zwar, man dürfe das Brennholz nicht neben das Feuer legen – Mädchen und Jungen sollten also am besten getrennt sein –, aber mein Vater vertraute mir und hatte ziemlich progressive Vorstellungen.

Die Leute im Dorf waren überzeugt, dass im Hinblick auf die Ehe der Zug bei mir längst abgefahren sei. Wer würde mich, ein völlig verbildetes Mädchen, jetzt noch heiraten? Um Kinder zu bekommen und mich um den Haushalt zu kümmern, brauchte ich das viele Wissen doch gar nicht. Mein Vater widersprach ihnen mit dem Argument, eine Frau müsse die Möglichkeit haben, ein eigenständiges Leben zu führen, und dürfe nicht gänzlich von einem Mann abhängig sein. Die Leute fragten sich, woher er diese radikalen Ideen hatte. Aber ich war natürlich froh über seine Ansichten und hatte das Gefühl, anders als die anderen Zaghawa-Mädchen zu sein.

Einen großen Vorteil gegenüber uns Mädchen vom Land hatten die Stadtmädchen tatsächlich – und diese Erkenntnis war schockierend für mich. Eines Abends erzählten Rania und ich den anderen im Schlafsaal von unserer Beschneidung. Die Mädchen reagierten entsetzt und fasziniert zugleich und behaupteten, mit ihnen sei das nie gemacht worden. Zuerst konnte ich es nicht glauben: Ich hatte angenommen, alle Mädchen seien beschnitten. Da bot mir Dahlia an, einen Blick darauf zu werfen – und ihr Geschlechtsteil war tatsächlich intakt.

Verblüfft fragte ich sie, ob die anderen Mädchen in der Schule sie denn nicht ausgelacht hätten und ob es nicht unreinlich sei, so belassen zu bleiben. Und wie wolle sie je einen Mann finden? Dahlia lachte nur. Viele Mädchen in der Schule seien wie sie gewesen, schließlich habe Gott uns so geschaffen, was also solle daran falsch sein? Und welcher Student würde sie zurückweisen, nur weil ihre Genitalien unbeschnitten seien?

Nein, es sei sogar ein großer Vorteil. Wir beschnittenen Mädchen wüssten ja gar nicht, was uns entgehe. Wir seien mit einem Geschenk Gottes geboren worden. Wie könne es da recht sein, die Mädchen dem großen Schmerz und Blutverlust bei der Beschneidung auszusetzen und Infektionen oder sogar den Tod in Kauf zu nehmen in dem Wissen, dass jede Entbindung möglicherweise ein großes Risiko für uns darstellte?

Je mehr ich über Dahlias Worte nachdachte, umso stärker wurde mein Verdacht, dass sie recht haben könnte. Das Ganze war unverzeihlich. Meine Beschneidung war unverzeihlich. Ein kleines Kind in die Hölle dieser lebensbedrohlichen Qual und Verstümmelung zu stürzen war schlicht unverzeihlich.

Je mehr ich die menschliche Anatomie studierte, umso mehr wurden mir die grauenhaften Langzeitfolgen dessen, was man mir als Kind angetan hatte, bewusst. Alle Teile des Körpers haben eine bestimmte Funktion. Wurde weiche, geschmeidige Haut durch einen harten Ring aus Narbengewebe ersetzt, so musste das im Erwachsenenalter und besonders bei einer Entbindung zu Problemen führen. Ich war ja wirklich anders als die meisten anderen Zaghawa-Frauen, zumindest was meine Bildung und meine Unabhängigkeit betraf, aber eine Familie wollte ich auf jeden Fall irgendwann gründen. Doch die Wahrscheinlichkeit, dass mein Kind oder gar ich selbst bei der Geburt sterben würde, hatte sich durch die Beschneidung massiv erhöht.

Und dann gab es ja auch noch die Frage der Lust. Darüber hatte sich Dahlia zwar nicht ganz eindeutig geäußert, aber ich hatte genug erfahren, um zu verstehen. Rania und ich hatten nicht nur einen Teil unseres Körpers verloren, sondern auch etwas von unserer sinnlichen Wahrnehmungsfähigkeit. Unser ganzes Leben war dadurch ärmer geworden.

Ich wurde immer wütender darüber und fühlte mich irgendwie betrogen. Meine Familie und mein Stamm hatten meine kindliche Unschuld ausgenutzt und mir etwas Wertvolles genommen. Ich war ein ahnungsloses kleines Mädchen gewesen, und sie hatten mir eingeredet, sie täten das Richtige, und das Ganze sei ein wunderbarer Teil meiner Entwicklung zur erwachsenen Frau. Dabei hatten sie mir im Grunde die Weiblichkeit gestohlen.

Aber es ließ sich nun einmal nicht rückgängig machen. Was geschehen war, war geschehen. Allerdings schwor ich mir, dass ich, falls ich einmal eine Tochter haben sollte, der Beschneidung niemals zustimmen würde. Sie sollte mit allem, was Gott ihr geschenkt hatte, und wie von der Natur vorgesehen durchs Leben gehen.

Dahlia war recht offen, wenn es darum ging, wie sie sich ihren zukünftigen Ehemann vorstellte. Sie wollte aus Liebe heiraten und alle Verantwortung gleichberechtigt mit ihm teilen. Kinder würde sie erst in die Welt setzen, wenn sie sich eine stabile berufliche Karriere geschaffen hätte. Sie würde ihr Jurastudium beenden und dann durchaus in der Lage sein, die Hälfte des Familieneinkommens zu erwirtschaften. Je öfter ich ihr zuhörte, umso vernünftiger erschien mir, was sie sagte. Ich war jetzt kein Dorfmädchen mit Scheuklappen mehr, denn zumindest mit einigen ihrer Ansichten hatten die Stadtmädchen mich angesteckt.

Dahlia schockierte mich für ihr Leben gern mit Geschichten aus ihrer Teenagerzeit. Erschrocken, insgeheim aber auch erregt, hörte ich mir an, wie sie den Jungen nachgelaufen war und sie geküsst hatte. Wie sie versucht hatte, Alkohol zu trinken und mehrmals sturzbesoffen gewesen war. Wie sie ihre Eltern belogen hatte, um in Discos und Nachtclubs gehen zu können, wo sie bis frühmorgens wild getanzt und gefeiert hatte. Aber das Schlimmste waren ihre Abenteuer mit verdorbenen Stadtjungen.

»Nein, nein, nein, davon will ich nichts hören!«, sagte ich und tat, als hielte ich mir die Ohren zu. »Hör auf damit!«

»Da siehst du mal, was für ein unterschiedliches Leben wir geführt haben!«, rief Dahlia. »Komm, bleib bei uns in der Stadt! Dein Vater könnte deine Lebenshaltungskosten übernehmen – zumindest bis du als Ärztin genug verdienst. Na los – dann bist du wirklich frei!«

Ich schüttelte den Kopf. »Meine Verwandten würden es nie zulassen, dass ich so weit von ihnen entfernt lebe. Und ich könnte sie nie dazu bringen, in die Stadt zu ziehen. Schon nach drei, vier Tagen würden sie wieder zurückwollen. Sie fänden es zu voll, die Menschen wären ihnen zu unfreundlich, und die Luft empfänden sie als viel zu schlecht.«

»Du brauchst deine Familie doch gar nicht«, entgegnete Dahlia. »Du kannst hier sehr gut allein leben.«

»Ich erzähle dir eine Geschichte«, sagte ich. »Meine ganze Familie war mal in Hashma bei meinem Onkel Ahmed zu Gast. Da brach nachts jemand ein. Wir liefen dem Einbrecher nach, aber keiner der Nachbarn half uns. Wenn man im Dorf mitbekommt, dass jemand einen Dieb verfolgt, kommt man sofort zu Hilfe, ganz egal, bei wem eingebrochen wurde …«

Dahlia zuckte mit den Achseln. »Na und?«

»Die Geschichte ist noch nicht zu Ende. Am nächsten Tag kamen die Nachbarn und fragten, warum wir in der Nacht so geschrien hätten. Da wurde meine Mutter richtig wütend. ›Bei uns wurde eingebrochen, und ihr habt uns nicht geholfen! Schämt euch!‹, rief sie. ›Warum seid ihr uns nicht zu Hilfe gekommen, so wie ihr es im Dorf getan hättet?‹ Da wussten die Leute nicht, was sie sagen sollten.«

»Na gut – eine nette, originelle Geschichte, aber was hat sie mit der Frage zu tun, ob du in der Stadt leben willst oder nicht?«

»Wenn ich in die Stadt ziehen würde, wäre ich nicht mehr bei den Menschen – bei den Dorfbewohnern, der Gemeinschaft –, bei denen ich aufgewachsen bin. Und ich kann das Dorf ja schlecht als Ganzes in die Stadt verfrachten, oder?«

Dahlia schüttelte lachend den Kopf. »Du wirst immer ein Mädchen vom Land bleiben!«

Die ersten drei Monate an der Universität empfand ich als Herausforderung, als Offenbarung und als große Freude. Ich war unter intellektuell Gleichrangigen, was mich sowohl motivierte als auch auf die Probe stellte. Ich hatte Freundschaften geschlossen und stellte sogar fest, dass ich die Gesellschaft der männlichen Studierenden genoss. Ich freute mich auf die vor mir liegenden Studienjahre, war lernbegierig und sehr darauf bedacht, voranzukommen. Hier gab es nur wenige Anzeichen für die dunklen Mächte, die unser Land unter ihre Herrschaft gebracht hatten, und das Gefühl, die Befürchtungen meines Vaters könnten Wirklichkeit werden, schwächte sich ab.

Aber so blieb es nicht.

Eines Morgens gegen Ende des ersten Semesters lag, als ich aufwachte, eine merkwürdige Spannung in der Luft. Im Schlafsaal unterhielten sich die Studentinnen flüsternd miteinander. Wie sich herausstellte, war die gefürchtete Geheimpolizei auf dem Campus. Viele waren in Zivil gekommen, aber man sah auch Offizielle in khakigrünen Uniformen. Zu diesem Zeitpunkt hatte keine von uns die geringste Ahnung, was sie wollten, aber wir spürten deutlich, dass ihre Anwesenheit keinen positiven Grund hatte, und wir hatten alle Angst.

Unter dem grimmigen Blick dieser Männer eilten wir in den Hörsaal. Der Dekan der Universität begrüßte uns, was für sich betrachtet schon äußerst ungewöhnlich war. Er wirkte abgespannt und verstört. Er richtete eine kurze Ansprache an uns, in der er erklärte, dass im ganzen Land der *nephirh*, der Notstand, ausgerufen worden sei. Zu seinem Bedauern müsse er uns mitteilen, dass die Universität bis auf weiteres sofort geschlossen werde.

Dann stieg der Dekan vom Podium, und einer der Zivilbeamten nahm seinen Platz ein. In schrillem, hetzerischem Ton teilte er uns mit, das Land befinde sich in einer Krise. Die Nationale Islamische Front brauche Freiwillige, die sich dem Dschihad im Süden anschlössen, da die Ungläubigen sonst über das Land herfallen würden. Alle Personen im entsprechenden Alter sollten sich zum Kampfeinsatz melden. Frauen dürften zwar nicht zu den Waffen greifen, könnten sich dem Dschihad aber als Helferinnen anschließen. Für die jungen Männer sei der Dschihad jetzt keine freiwillige Angelegenheit mehr. Sie seien zum Kämpfen verpflichtet.

Wer sich für ein Jahr verpflichte, könne mit Vergünstigungen rechnen. Das Studium werde für diese Freiwilligen verkürzt, und sie könnten es garantiert mit guten Ergebnissen abschließen. Der Dschihad sei wichtiger als akademische Bildung, daher sei es nur recht und billig, dass die Dschihadisten eine Belohnung erhielten. Alle Universitäten würden bis auf weiteres geschlossen, es gebe also keine Möglichkeit, das Studium fortzusetzen. Die einzige Alternative bestehe darin, sich dem Dschihad anzuschließen – dem Land und dem Islam zuliebe. Wer sich weigere, werde seinen Studienplatz verlieren, erklärte der Geheimpolizist mit drohendem Unterton.

Nachdem er seine Rede beendet hatte, wurde ein Video abgespielt. Es zeigte blutrünstige Szenen aus der Fernsehsendung *Fisah hart el fidah*, untermalt mit patriotischer und religiöser Musik, die heroisch anschwoll, während die Gesichter der Märtyrer zur Schau gestellt wurden und die Mütter erzählten, wie stolz sie darauf seien, dass ihre Söhne den Märtyrertod für die Sache gestorben waren. Zum Schluss wurden in dem Video alle Männer dazu aufgefordert, sich dem Dschihad anzuschließen – und alle Frauen dazu, die Männer zu unterstützen.

Mir wurde bang ums Herz. Von meinem Vater wusste ich, dass

das alles eine einzige Lüge war. Ich wusste, wofür die Menschen im Süden kämpften. Viele von ihnen waren Moslems wie wir, und sie kämpften für die Rückkehr zur Demokratie. Nur wenige Studenten unterstützten die Nationale Islamische Front. Wir wollten nichts weiter, als unser Studium in Ruhe fortzusetzen. Stattdessen bestach und bedrohte man uns, damit wir in einem ungerechten und unheiligen Krieg kämpften.

In der Schlussszene des Videos sah man, wie irgendwelche Beamte den Müttern der sogenannten Märtyrer Geld und kleine Geschenke überreichten. Der Geheimpolizist teilte uns mit, die »Freiwilligen« könnten sich jetzt bei ihm und seinen Kollegen melden. Nach der sekundenlangen tödlichen Stille, die daraufhin einsetzte, begann ein Massenansturm in Richtung Tür. Mit gesenktem Blick strömten wir aus dem Hörsaal. Noch im Weggehen spürten wir, wie sich uns die feindseligen Blicke der Geheimpolizisten in den Rücken bohrten. Schon allein dieses Gefühl ließ mich erschauern.

Jetzt gab es nur mehr eines: So schnell wie möglich weg! Im Schlafsaal wirkten viele Studentinnen wie unter Schock. »Was sollen wir jetzt machen?«, riefen sie. »Sollen wir versuchen abzuhauen? Werden sie uns aufhalten?« Ich sagte ihnen, sie sollten sich zusammenreißen. Wir sollten alle gehen, und zwar so schnell wie möglich. Je länger wir blieben, umso größer wurde das Risiko, dass man eine oder mehrere von uns gewaltsam dazu brachte, sich diesem Pseudo-Dschihad anzuschließen.

So schnell ich konnte warf ich ein paar wichtige Sachen in eine Reisetasche. Rania und ich beschlossen, gemeinsam zum Bahnhof zu fahren, von wo aus sie in ihr Dorf im Norden weiterreisen würde, während ich mich in westlicher Richtung absetzte. Sollte unterwegs etwas passieren, könnte vielleicht eine von uns Alarm schlagen. Als wir über den Campus liefen, sahen wir, wie uniformierte Männer die Hörsäle mit schweren Vorhängeschlössern und Ketten absperrten. Es war ein unglaublich deprimierender Anblick. Ich verlor allen Mut.

Alle meine Träume vom Lernen waren mit einem Schlag zerstört.

13. KAPITEL

Die Universität des Dschihad

Vier Tage später traf ich zu Hause ein. Ich war mit dem Zug nach Hashma gefahren und mit dem Lastwagen ins Dorf. Meine Eltern hatten natürlich nicht mit mir gerechnet und waren überrascht und sehr besorgt. Ich erklärte ihnen in groben Zügen, was geschehen war, versuchte aber die genauen Gründe für die Schließung der Universität zu vertuschen. Im Blick meiner Mutter lag Angst, und ich wollte nicht alles noch schlimmer machen. Als ich zu Ende gesprochen hatte, brach sie in Tränen aus.

»Wie du aussiehst!«, sagte sie schluchzend. »Dünn wie ein Skelett. Schlechtes Essen und immer nur lernen – sieh dir an, was das aus dir gemacht hat!«

»Es geht mir gut, Eya«, entgegnete ich und umarmte sie. »Ich habe nur ein bisschen abgenommen, das ist alles. Ich war dick, als ich das Dorf verließ.«

»So ein Unsinn, Rathebe!«, warf meine Großmutter ein. »Glaubst du, wir wollen, dass du dich in Luft auflöst? Wir brauchen dich stark und gesund, du sollst gut lernen – unsere kleine Frau Doktor! Du warst so lange weg – jetzt müssen wir dich erst mal aufpäppeln!«

Ich freute mich darüber, dass meine Großmutter offenbar wieder ganz die alte war. Aber warum hatten es alle so darauf abgesehen, mich mit Essen vollzustopfen? Ich hatte doch überhaupt keinen Hunger.

»Ich habe im Zug ein bisschen Brot und Obst gegessen …«

»Davon kann man doch nicht leben!«, rief meine Mutter. »Wie dünn du bist …«

Ich zuckte mit den Schultern und lachte. Mir fehlte es nicht an Essen, mir fehlte mein Studium, mein wundervolles Universitätsstudium, das so unerwartet abgebrochen worden war. *Wenn* mich etwas dünn und abgehärmt gemacht hatte, dann das. Aber meine Mutter und meine Großmutter wollten mir unbedingt etwas Gutes tun, und etwas Besseres, als mich zu mästen, fiel ihnen nicht ein. Ich nahm mir vor, später ein ausführliches Gespräch mit meinem Vater zu führen. Er, das wusste ich, würde mich verstehen.

»Steck Geld ein und geh mit ihr zum Markt!«, befahl meine Mutter meinem Vater. »Kauf ihr ein Fleischgericht. Sie muss Fleisch essen, damit sie wieder zu Kräften kommt.«

Mein Vater sah mich an und verdrehte die Augen. Dann ging er in seine Hütte und holte Geld. Er wollte den Landrover anlassen, aber ich sagte, ich würde lieber zu Fuß gehen. Während wir durch das Dorf schlenderten, erzählte ich ihm in allen Einzelheiten, was passiert war. Seine Miene verdüsterte sich. Er erklärte mir, dass alle Universitäten mit Problemen konfrontiert seien und dass es manche sogar noch schlimmer getroffen habe.

Wir gingen zu einem Restaurant am Dorfmarkt. Es war ein einfaches Lokal aus Holzpfosten mit einem grasgedeckten Dach. Das Essen wurde draußen im Freien auf einem riesigen Holzblock zubereitet, den Unmengen von Fliegen umschwirrten. Ich entschied mich für kurzgebratene Kamelleber, mein Lieblingsgericht. Wenn man die Leber durchbriet, wurde sie steinhart, deshalb musste man sie praktisch roh essen. Wir setzten uns an einen Tisch und ließen uns das schmackhafte Fleisch und einen knackigen Zwiebel-Chili-Salat schmecken.

Plötzlich senkte mein Vater die Stimme und beugte sich zu mir vor. Mein Cousin Sharif – der junge Mann, der mich viele Jahre zuvor in seinem Eselskarren von der Hochzeitsfeier nach Hause gefahren hatte –, studierte an einer anderen Universität in Khartoum, die ebenfalls geschlossen worden war. Allerdings waren die Studenten daraufhin auf die Straße gegangen und hatten protestiert. Die Polizei hatte die Demonstrationen aufgelöst, auf die Studenten eingeprügelt und zahlreiche von ihnen in den Fluss getrieben. Viele waren ertrunken.

Sharif sei nichts passiert, teilte mir mein Vater mit, aber er sei verhaftet und verhört worden, was bedeute, dass er den Sicherheitskräften nun nicht mehr unbekannt sei. Die Geheimpolizei habe eine Akte über ihn angelegt, und das gebe Anlass zu großer Sorge. Sharif sei inzwischen mehrmals in den Süden des Landes gefahren, um sich selbst ein Bild vom Krieg zu machen. Er habe sich sogar mit dem Rebellenführer Dr. John Garang getroffen.

Sharif wolle herausfinden, ob die Studenten den Kampf in Khartoum aufnehmen würden, und wenn ja, welche Hilfe sie von Dr. John erhalten könnten. Ich staunte. Dr. John war der legendäre schwarzafrikanische Führer der Menschen im Süden. Wie war es möglich, dass sich Sharif, der Dorfjunge mit dem Eselskarren, in diesen Kreisen bewegte? Er war älter als ich und hatte schon länger studiert, trotzdem war es eine erstaunliche Entwicklung für einen Jungen aus dem Busch.

Mein Vater – und Sharifs Familie – hatte nun die Sorge, dass die Inhaftierung des Jungen die Geheimpolizei veranlassen könnte, ihn gründlicher zu überprüfen. Wenn das geschah, würden sie möglicherweise herausfinden, dass er Kontakte zum Rebellenführer hatte und bereits mehrmals in den Camps von Dr. John gewesen war. Wenn es dazu kam, war Sharif so gut wie tot.

Mein Vater beendete sein Mahl und ließ mich bei einem Glas süßem Pfefferminztee in dem Lokal sitzen, während er auf den Markt ging, um ein paar erstklassige Ziegen für meine Großmutter zu kaufen. Meine Großmutter hatte immer noch nicht zu ihrer alten Verfassung zurückgefunden, und mein Vater meinte, ein paar schöne Tiere würden ihr neuen Lebensmut schenken. Der Pfefferminztee wurde in einem kleinen Glas serviert, dazu stellte man mir eine Schachtel Würfelzucker auf den Tisch. Ich nahm drei Stück und ließ sie in den Tee fallen. Sie blieben auf den Pfefferminzblättern liegen und lösten sich nur langsam auf. Während ich zusah, wie sie allmählich dahinschwanden, dachte ich darüber nach, was mit unserem Land geschah.

In der Stadt Hashma hatte ich mehrere Stunden lang auf den Lastwagen warten müssen und war kurzentschlossen meine alte Schulfreundin Mona besuchen gegangen. Sie war inzwi-

Halimas Augen

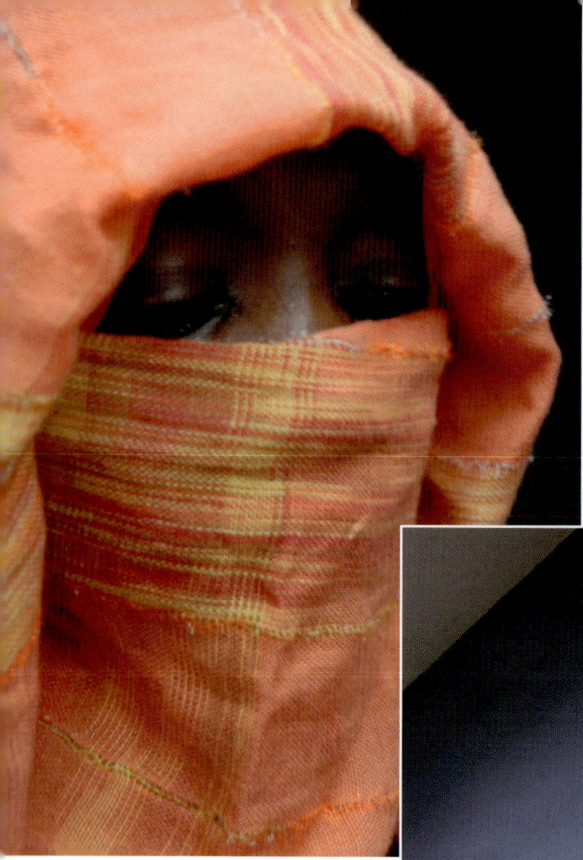

Aus Sicherheitsgründen zeigt sich Halima nicht unverschleiert (siehe auch Vorwort)

In Erwartung des zweiten Sohnes ...

Szenen aus einem Flüchtlingslager

Flüchtlingskinder aus Darfur (oben mit Co-Autor Damien Lewis)

*Neunjähriges Mädchen,
Opfer von Menschenraub und Vergewaltigung*

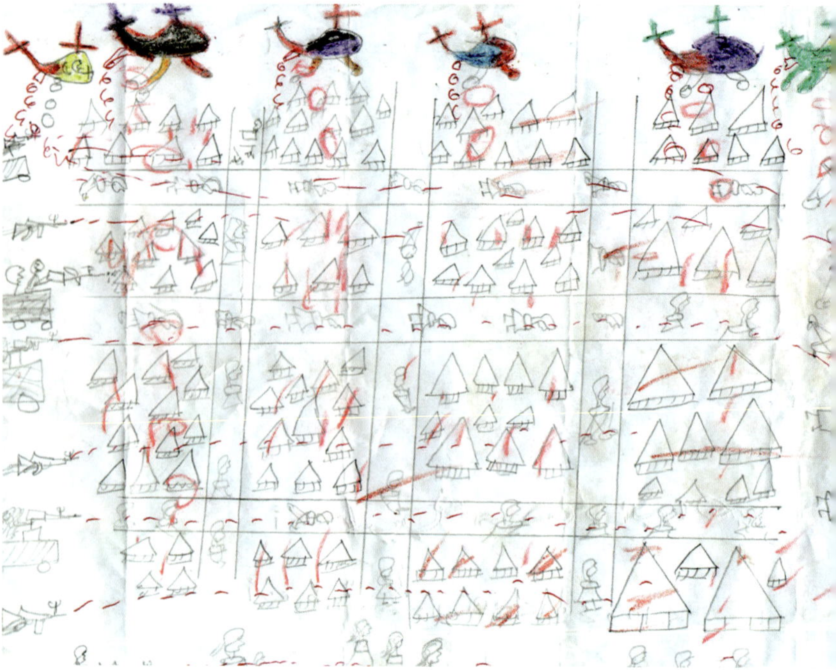

Une Village
j'ingewite il
Takée
MOURIRE
JAN DE
Village
injewit
Jesinginwite
Jes inWite

Flüchtlingskinder aus einem Lager in Tschad zeichnen die Zerstörung ihrer Dörfer. (Mit freundlicher Genehmigung der britischen Organisation Waging Peace. Nähere Informationen am Ende des Buches.)

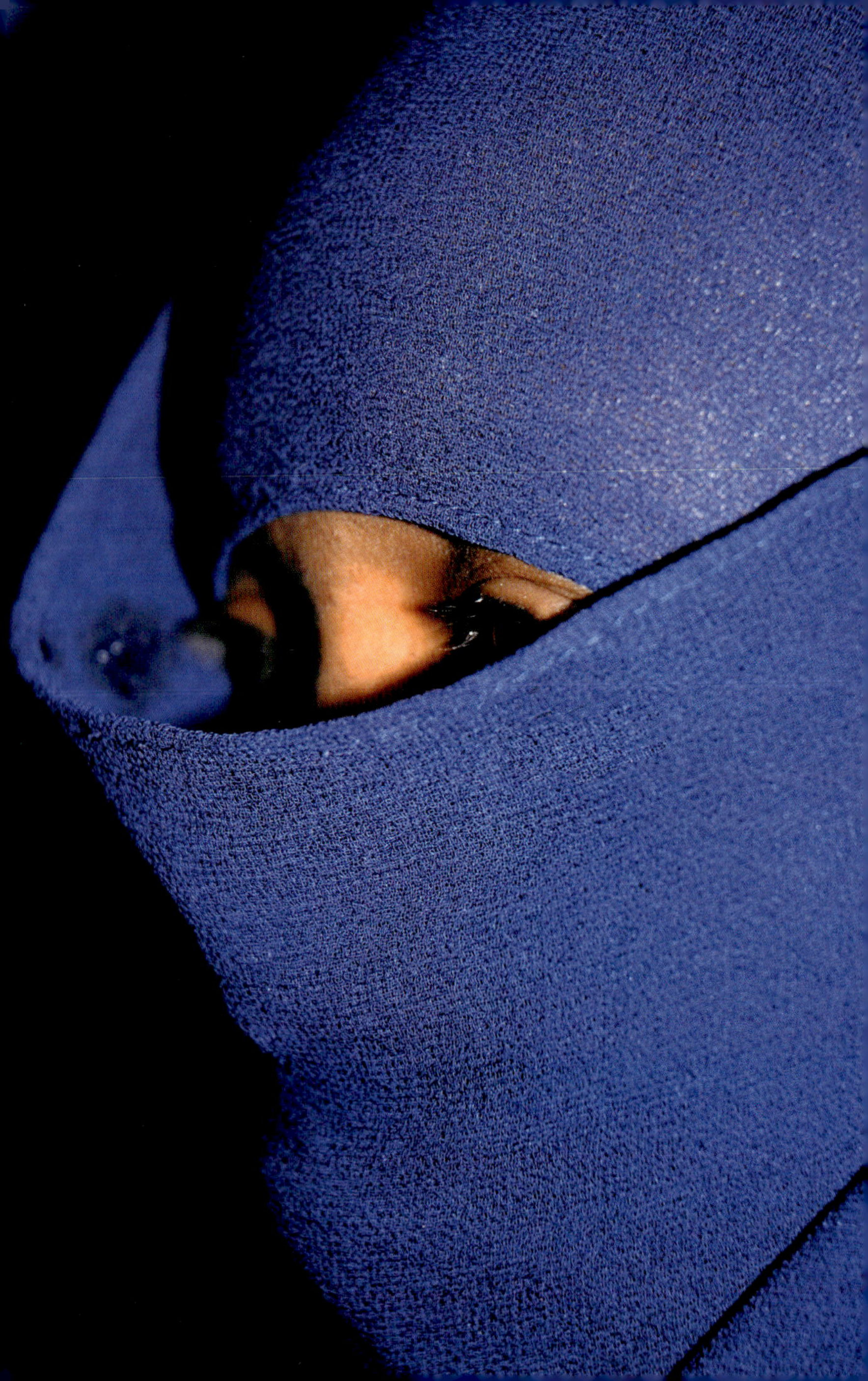

schen Mutter einer kleine Tochter, die ihr viel Freude bereitete. Doch dann hatte sie mir in ängstlichem Ton erzählt, dass in ihrem Stadtteil Soldaten unterwegs gewesen seien, um die Männer zum Kampf im Dschihad zu zwingen. Ihr Mann hatte sich in seinem Dorf versteckt und die arme Mona mit dem Baby zurückgelassen.

Und dann war da natürlich noch Sharif. Mein Cousin vom Lande hatte sich zu einem jungen Mann entwickelt, der davon träumte, eine Rebellion anzuführen. Wie war es zu dieser Wandlung gekommen? Und was war das für ein Land, in dem Universitäten – Stätten des Lernens – zum Brutplatz der bewaffneten Revolte wurden? Einerseits war ich stolz auf Sharif und malte mir fasziniert aus, wie er nun aussah. Bestimmt hatte er kaum mehr Ähnlichkeit mit dem weiß gewandeten Jungen, der uns so bereitwillig auf seinem Eselskarren nach Hause gefahren hatte. Vielleicht würde ich es ja eines Tages herausfinden.

Als ich darüber nachdachte, welche Risiken Sharif auf sich genommen hatte, empfand ich ein leichtes Schuldgefühl, weil ich nichts tat, um gegen die Menschen anzugehen, die gerade dabei waren, unser Land zu zerstören. Nachdem meine Universität geschlossen worden war, hatte ich mich in mein Dorf geflüchtet. Ich fragte mich, ob andere Studenten versucht hatten, Widerstand zu leisten. Hatte ich sie im Stich gelassen? Immer wieder sagte ich mir, dass dies nicht mein Kampf sei. Ich war eine Frau, und diese ganze Politik und dieser Krieg waren Männersache. Und, noch wichtiger – für mich war mein Studium das Vordringlichste. Ich war nicht bereit, es aufzugeben, nur weil unser Land von einem Haufen Verrückter regiert wurde.

Mein Vater kam zurück und zeigte mir stolz die zwei kräftigen Ziegen, die er mitgebracht hatte. Ich trank mein Teeglas leer, und wir traten den Heimweg an. Die größere der beiden Ziegen machte allerdings keinen sehr zufriedenen Eindruck. Als mein Vater an ihrem Strick zog, stemmte sie die Hufe in die Erde und schüttelte den Kopf. Es begann eine Art Tauziehen, das unentschieden ausging. Schließlich packte mein Vater die störrische Ziege am Horn und gab mir den Strick mit der kooperativen.

»Weißt du überhaupt noch, wie man eine Ziege hält, Rathebe?«, fragte er mit funkelnden Augen.

»Was soll das heißen?«, gab ich gespielt beleidigt zurück. »Wie sollte ich das vergessen haben!«

Mein Vater zuckte mit den Schultern. »Na ja, das Großstadtmädchen, das bald Ärztin ist und so … Ich wollte es nur mal nachprüfen.«

Wir lachten. Mein Vater zwang die störrische Ziege in eine unterwürfige Körperhaltung und begann sie am Horn hinter sich herzuzerren. Eine Zeitlang versuchte sie sich zu wehren, doch dann sah sie ein, dass jeder Widerstand zwecklos war. Während wir so dahingingen, überkam mich wieder große Traurigkeit: Die Witzeleien meines Vaters hatten mich zwar zum Lachen gebracht, aber auch einen wunden Punkt berührt.

»Abba, meinst du wirklich, dass ich einmal Ärztin sein werde?«, fragte ich ihn leise.

Er blieb stehen und betrachtete mich mit freundlichem Blick. »Ja, was glaubst du denn, Rathebe – natürlich wirst du einmal Ärztin!«

»Aber sie haben die Universität geschlossen. Vorerst zumindest …«

Mein Vater ergriff meine Hand. »Nur keine Sorge, Rathebe, sie können sie nicht ewig geschlossen halten. Sie brauchen Ärzte und Rechtsanwälte und Ingenieure in diesem Land, und das wissen sie auch. Also, Kopf hoch! Spätestens am Ende des Sommers sind sie gezwungen, sie wieder zu öffnen.«

Ich nickte. Die Worte meines Vaters hatten mir ein wenig Mut gemacht.

»Schau, was du getan hast«!, sagte mein Vater unvermittelt. »Du hast den Strick fallen lassen, und die Ziege ist weggelaufen … Nur gut, dass es die brave ist. Kommst du mit dieser Teufelsziege hier zurecht, während ich die andere zurückhole?«

Meine Großmutter freute sich sehr über die zwei kräftigen Ziegen. Sie verkündete sofort, dass eine der beiden geschlachtet und als Festmahl anlässlich der Rückkehr »unserer Tochter, der jungen Ärztin« gebraten werden solle. Ich wandte ein, dass ich noch lange keine Ärztin sei, aber davon wollte meine Großmutter nichts hören. Mo und Omer wurden herbeigerufen, und meine Großmutter übergab ihnen die Teufelsziege zum Schlachten. Mo würde die Ziege festhalten, während Omer dem Tier mit seinem scharfen Dolch die Kehle durchschnitt.

Während sie die Ziege wegführten, dachte ich darüber nach, wie sehr meine Großmutter sich seit dem Tod meines Großvaters verändert hatte. Den Großteil ihres Lebens hindurch wäre der bloße Gedanke, eine ihrer wertvollen Ziegen eines spontanen Festmahls wegen zu schlachten, unvorstellbar gewesen. Sie hätte es als unverzeihliche Verschwendung, ja geradezu als etwas Verwerfliches empfunden. Aber das war jetzt alles anders geworden. Ich dachte daran zurück, wie sie uns gezwungen hatte, die Ziegen zu essen, die an einer unbekannten Krankheit verendet waren. Dieses Essen war gewissermaßen das Höchste an Großzügigkeit gewesen, wozu sich die »alte« Großmutter hatte hinreißen lassen. Mir war klar, dass es eine Weile dauern würde, bis ich mich an diese weichere, freundlichere Großmutter gewöhnt hatte.

Meine Großmutter, meine Mutter und ich zerteilten das Fleisch mit einer großen Machete und mehreren scharfen Dolchen. Viel Blut floss dabei nicht mehr, denn die Ziege war nach dem Schnitt durch die Kehle verblutet. So mussten Tiere geschlachtet werden, damit sie für Moslems *halal* waren – zulässig. Es mag sehr grausam klingen, aber Omer hatte mit der Ziege gesprochen und für sie gebetet, um sie zu beruhigen, bevor er sie ins Jenseits beförderte. Mit Tieren ging er stets sanft und normal um, was eigentlich gar nicht zu seiner kämpferischen Natur passte.

Ich warf meiner Großmutter einen kurzen Blick zu. »Du schlachtest doch sonst nicht einfach so eine Ziege. Was ist in dich gefahren?«

Meine Großmutter zuckte mit den Schultern. »Das Leben dauert nicht ewig.« Sie war gerade dabei, die Leber der Ziege zu zerkleinern. »Als ich so alt war wie du jetzt, glaubte ich noch, es würde ewig dauern, aber das stimmt nicht. Deshalb sollten wir das Beste daraus machen, solange wir hier sind – der Tod danach dauert nämlich lange. So, jetzt nimm die Ziegenleber, würze sie, brate sie und serviere sie deinem Vater …«

Gegen Ende der Sommerferien erfüllte sich die Vorhersage meines Vaters. Der nationale Notstand wurde aufgehoben, die Universitäten wurden wieder geöffnet. Ich verabschiedete mich von meiner Familie und fuhr voller Hoffnung, alles wie zuvor anzutreffen, zurück nach Khartoum. Bei meiner Ankunft sah ich zu meiner großen Freude, dass Rania, Dahlia und die anderen Freundinnen bereits da waren. Aufgeregt begrüßten wir uns und hatten einander eine Menge zu erzählen. Doch mehrere Etagenbetten blieben leer, und bald erfuhren wir, dass es die Betten der Mädchen waren, die sich dem Dschihad angeschlossen hatten. Im Schlafsaal der Jungen waren noch mehr Betten unbelegt.

Sosehr wir uns auch bemühten, es wollte uns nicht recht gelingen, die Freude und die wunderbare Atmosphäre wiederaufleben zu lassen, die unser erstes Semester geprägt hatten. Es lag ein Schatten auf uns. Zum Teil rührte er von der Erinnerung an die erzwungene Schließung der Universität her, zum Teil aber auch von der Abwesenheit der Kommilitonen, die nun im Pseudo-Dschihad kämpften. Wir wussten, dass nichts die Behörden daran hindern konnte, dasselbe noch einmal zu tun, und dass die Methoden, mit denen Menschen für diesen Krieg der Lügen und Täuschungen rekrutiert wurden, beim nächsten Mal weit härter ausfallen könnten. Der Campus hatte sich in eine aufgeheizte Gerüchteküche verwandelt; jede Woche wurde vom Kriegstod dieses oder jenes Studenten berichtet. Manche arabischen Studierenden waren wütend auf die Schwarzen und auf die Kommilitonen aus dem Süden, weil sie den Tod in ihr Leben brachten. Ich versuchte mich herauszuhalten, zu lernen und nicht weiter aufzufallen.

Nach dem glühend heißen Sommer kam die Regenzeit. Die kühlen Güsse waren uns sehr willkommen, weil sie den Campus abkühlten – sowohl in physikalischer Hinsicht als auch in Bezug auf unseren Zorn und unsere Bestürzung wegen des Pseudo-

Dschihads. Wir versuchten, das, was geschehen war, nach und nach zu vergessen. Doch mit dem Regen kamen andere, völlig unvorhergesehene Probleme. Eines Nachmittags im Oktober verdunkelte ein riesiger Insektenschwarm die Sonne. Innerhalb weniger Minuten bedeckte ein gigantischer, dichter Heuschreckenteppich jeden Quadratzentimeter Boden. Es war wie eine biblische Plage.

Dahlia und die anderen arabischen Mädchen waren völlig entsetzt, während Rania und ich der Versuchung widerstehen mussten, die Insekten mit den bloßen Händen aufzusammeln und zum Abendessen zu braten. Wir konnten uns nur zu gut vorstellen, wie die anderen Mädchen darauf reagieren würden. Der Schwarm entlaubte die Bäume und fraß das Gras, und als alles Grün weg war, machten sich die Tiere über das Universitätsgebäude selbst her.

Sie nagten an Vorhängen, Sitzbezügen und sogar am Bettzeug. Niemand konnte mehr ohne Moskitonetz schlafen, und wenn man sich waschen wollte, musste man erst einmal tote und sterbende Heuschrecken aus dem Waschbecken klauben. Irgendwann ertrugen die Stadtmädchen es nicht mehr. Die Heuschrecken machten sie krank, jammerten sie. Viele fuhren nach Hause, so dass Rania und ich nach kurzer Zeit mehr oder weniger die Einzigen im Schlafsaal waren.

Wir hatten einen *khawajat* aus Deutschland, der uns in Chemie unterrichtete, und dieser Mann war geradezu besessen von den Heuschrecken. Einerseits hasste er es, zwischen den Insektenwolken herumzugehen, die bei jedem Schritt aufflogen, andererseits faszinierte ihn die Fähigkeit der Tiere, sich durch das ganze Universitätsgelände zu fressen und es kahl zu nagen. Zehn Tage nach dem Eintreffen des Schwarms flog ein Flugzeug über den Campus und versprühte einen feinen chemischen Nebel. Wir blieben im Schlafsaal, um dem widerlichen, Erstickungsgefühle hervorrufenden Ammoniakgestank zu entgehen. Den deutschen Dozenten erstaunten die Haufen toter Heuschrecken, die nun den Boden bedeckten, und er begann, das Ganze zu fotografieren. Irgendwann zog der Schwarm dann weiter.

Am Ende unseres ersten Studienjahrs mussten wir die Prüfungen in den Grundlagenfächern ablegen. Wer sie bestand, konnte mit dem Studium des gewählten Fachs beginnen. Wer durchfiel, musste entweder das erste Jahr wiederholen oder die Universität verlassen. Ich war gespannt, wie ich abschneiden würde. Bisher hatte ich es immer nur mit Mädchen aus den Provinzen zu tun gehabt, jetzt aber konkurrierte ich in den Prüfungen gegen Studierende aus Khartoum und anderen großen Städten.

An dem Tag, an dem die Prüfungsergebnisse ausgehängt wurden, liefen Rania und ich nach unten, um nachzusehen, wie wir abgeschnitten hatten. Ich bahnte mir einen Weg durchs Gedränge, überflog nervös die Liste und musste feststellen, dass ich nur im Mittelfeld gelandet war. Ich hatte bestanden, aber alles andere als gut. Ich war erleichtert, es geschafft zu haben, aber auch enttäuscht. Rania hatte eine etwas schlechtere Note als ich erzielt, die Prüfungen aber ebenfalls bestanden.

Während wir uns die Ergebnisse ansahen, fiel mir plötzlich auf, dass auch die Namen derjenigen auf der Liste standen, die gar nicht da waren, sondern im sogenannten Dschihad kämpften. Ich war fassungslos – umso mehr, als ich sah, dass jede und jeder von ihnen eine weit bessere Note als ich erhalten hatte. Ich starrte auf das Schwarze Brett, und Wut stieg in mir hoch. In meinem Kopf hallten die Worte des Geheimpolizisten nach, der am Tag der Universitätsschließung eine Rede gehalten hatte. »Der Dschihad ist wichtiger als akademische Bildung«, hatte er gesagt. »Daher ist es nur recht und billig, dass die Kämpfer eine Belohnung erhalten.«

Das also war ihre Belohnung! Obwohl sie den größten Teil des Studienjahres gar nicht da gewesen und nicht einmal zu den Prüfungen erschienen waren, hatten sie Spitzennoten erhalten. Ich war außer mir vor Zorn. Ich hatte das Gefühl, von der Universität betrogen worden zu sein, und empfand die großartigen Ideale, die sie angeblich repräsentierte, nur noch als einen Haufen Lügen. Warum sollte man überhaupt studieren, wenn man für ehrliches Bemühen so entlohnt wurde! Ich klopfte mit dem Finger auf die entsprechenden Namen und sagt zu Rania: »Bestnoten – ausgerechnet für die! Für die Pseudo-Dschihadisten! Ich fasse es nicht. Ich kann es einfach nicht glauben.«

Noch ehe Rania etwas erwidern konnte, ertönte eine männliche Stimme. »Warum ist das so schwer zu glauben? Wenn du immer nur über den Büchern hockst, wundert es mich nicht, dass du nicht weißt, was los ist!«

Ich drehte mich um und sah Ahmed, einen Zaghawa-Studenten, hinter mir stehen. Er war im dritten Studienjahr und entstammte einer Händlerfamilie aus Khartoum. Ich kannte ihn nicht besonders gut, wusste aber, dass er sich an der Universität politisch engagierte. Er hatte mich schon mehrmals in politische Diskussionen verwickeln wollen, aber ich hatte ihn immer mit dem Argument, ich sei zum Studieren hier, abgewimmelt. Niedergeschlagen gingen Rania und ich davon. Ahmed begleitete uns.

»Ihr habt bestanden – sehr gut!«, sagte er. »Aber es ist allmählich an der Zeit, dass ihr die Augen aufmacht! Es hat doch keinen Sinn, so zu tun, als wäre das hier nichts weiter als eine akademische Einrichtung. Das stimmt einfach nicht. Es ist eine Rekrutierungsanstalt, und zwar sowohl für die Vollidioten, die das Regime unterstützen, als auch für diejenigen von uns, die dagegen sind.«

»Und was ist mit denen, die sich überhaupt nicht einmischen?«, fragte ich.

»Dann mischt euch eben nicht ein«, erwiderte Ahmed achselzuckend. »Steckt den Kopf in den Sand. Aber macht euch besser schon mal darauf gefasst, dass die Dschihadisten in den Genuss weiterer Vorteile wie dieser betrügerischen Prüfungsergebnisse kommen und dass diejenigen, die sich dem Dschihad nicht anschließen, noch mehr Ärger kriegen werden. Daran gewöhnt ihr euch am besten schon mal.«

»Glaubst du, dass sie noch mal kommen?«, fragte ich. »Diese Männer, die die Universität geschlossen haben ...«

Ahmed schnaubte verächtlich. »Glaubst du wirklich, die sind je weggegangen? Sieh dich doch mal um! *Mach die Augen auf!* Die sind da! Die haben überall ihre Leute, die mit den Leichtgläubigen reden, ihnen ihre Videos zeigen, sie anwerben, sie dazu drängen, in den Krieg zu ziehen und ›Märtyrer‹ zu werden. ›Warum Prüfungen absolvieren?‹, sagen sie. ›Kommt und kämpft! Wer will schon Bücher lesen – lernt schießen! Schreibt euren Namen auf den Prüfungsbogen und überlasst den Rest uns!‹«

In Ahmeds schwelendem Zorn glaubte ich etwas von den Gründen zu erkennen, aus denen mein Cousin Sharif Rebell geworden war. Aber ich verweigerte weiterhin jedes Engagement. In den Semesterferien kehrte ich in mein Dorf zurück und versuchte, all diese Sorgen zu vergessen. Bald würde ich mit dem Medizinstudium beginnen. Mein Traum stand kurz vor seiner Verwirklichung, und ich wollte ihn auf keinen Fall gefährden.

Das Studium der Medizin umfasst vier Fächer: Allgemeinmedizin, Chirurgie, Pädiatrie sowie Gynäkologie und Geburtshilfe. Ich hatte bereits beschlossen, mich auf das letzte Fach zu spezialisieren. Dafür bestand in unserem Dorf der größte Bedarf: Ich hatte schon so oft miterlebt, dass Babys bei der Geburt gestorben und Mütter sehr krank geworden waren.

Im zweiten Studienjahr musste ich alle vier Fächer belegen und am Ende des Jahres Prüfungen absolvieren. In jedem Fach konnte man entweder eine hervorragende Note erzielen oder einfach nur bestehen beziehungsweise durchfallen. In allen vier Fächern würde ich bestehen müssen, in Gynäkologie und Geburtshilfe aber hatte ich eine hervorragende Note zu erreichen, wenn ich mich auf dieses Gebiet spezialisieren wollte. Ich verbrachte sehr viel Zeit in der Bibliothek, brütete über medizinischen Lehrbüchern und büffelte. Ahmed und den anderen, die sich im politischen Kampf engagierten, ging ich tunlichst aus dem Weg und konzentrierte mich ganz auf mein Studium.

Nach und nach geriet ich in den Ruf, eine langweilige Streberin zu sein. Die meisten Studierenden glaubten, dass ich nicht das leiseste Interesse an Politik hatte beziehungsweise die Probleme, die sich im Lande zusammenbrauten, nicht einmal ansatzweise wahrnahm. Nur im Zusammenhang mit der Leichensektion zeigte ich einen Funken Widerspruch. Im Rahmen unserer chirurgischen Ausbildung mussten alle einen Kurs in der Präparation und Bestimmung von Teilen des menschlichen Körpers belegen. Wir bildeten Vierergruppen, und die Universität stellte jeder Gruppe eine Leiche zur Verfügung, an der wir arbeiten konnten.

Die Leichen lagen auf Bahren und wurden in einer riesigen Kühlkammer aufbewahrt. Allen fiel sofort auf, dass es sich ausschließlich um Schwarzafrikaner handelte. Unser Toter hatte ein ganz außergewöhnliches Gesicht mit zahlreichen kleinen Schmucknarben, die seine Wangen, seine Nase und die Stirn in einem wirbelartigen Muster überzogen. Rania erklärte, dies seien typische Narben der Nuer, einer Volksgruppe, deren Angehörige in großer Zahl als Rebellen im Süden kämpften. Mit einer Mischung aus schwarzem und Galgenhumor gaben wir unserer Leiche den Namen James, der, wie wir fanden, gut zu einem Nuer-Mann passte.

Ich fragte die Präparatoren, woher James komme. Alle Toten stammten von der Zentralen Leichensammelstelle, aber wie genau landeten sie dort? Wir erhielten ganz unterschiedliche Antworten. Manche hätten als Hausdiener bei arabischen Familien gearbeitet und seien gestorben, ohne dass man irgendwelche Angehörigen habe ausfindig machen können, weshalb man sie der Anatomie überlassen habe. Einige der Toten seien Flüchtlinge aus den Kampfgebieten im Süden gewesen. Wieder andere seien bei Verkehrsunfällen umgekommen, und als sich keine Verwandten gemeldet hätten, habe man sie zum Sezieren freigegeben.

Da stellte ich die Frage, die mich am allermeisten umtrieb: Warum waren es ausschließlich Schwarzafrikaner? Die Präparatoren gaben zu, die Antwort nicht zu kennen und deshalb beunruhigt zu sein. Einmal seien Nuer aufgetaucht und hätten wissen wollen, warum ihr Sohn ohne ihr Einverständnis an die Anatomie verkauft worden sei. Den Präparatoren sei das sehr unangenehm gewesen, aber was hätten sie tun sollen? Ihre Aufgabe bestand darin, Sezierleichen von der Sammelstelle abzuholen; die Herkunft der Toten zu überprüfen, gehörte nicht zu ihren Pflichten.

Je mehr ich darüber nachdachte, umso wütender wurde ich. Wenn es sich bei einigen der Leichen um Unfallopfer handelte, mussten doch auch Araber hin und wieder bei Verkehrsunfällen umkommen. Warum bekamen wir nie diese Leichen? Warum immer nur Schwarzafrikaner? Ich sprach mit Rania, Dahlia und den anderen darüber, und die Frage wurde zu einem wichtigen Thema unter den Studierenden. Einmal spielten wir sogar mit dem Gedanken, den Anatomiekurs zu boykottieren, doch dann wurde uns klar, dass dies unser ganzes Studium gefährden konnte.

»Ohne uns Schwarzafrikaner könnten sich die Araber nicht als so viel höherstehend empfinden«, erklärte ich wütend. »Sie brauchen uns – sie brauchen jemanden, den sie unter Kontrolle halten, den sie unterdrücken können!«

Rania stimmte mir zu. »Die spielen doch nur Spielchen mit den Schwarzen hier im Land. Wenn wir leben, scheren sie sich einen Dreck um uns, und wenn wir tot sind, noch viel weniger!«

Ihre Worte sollten sich als grauenhaft prophetisch erweisen.

14. KAPITEL

Kriegsgerüchte

Mir war bewusst, wie wertvoll meine Ausbildung zur Ärztin eines Tages für mein Dorf sein würde. Das gab mir die Energie und die innere Stärke, mein Studium durchzuhalten, und ich erbrachte gute Leistungen. Die Universität wurde noch mehrere Male geschlossen, aber die medizinische Fakultät blieb glücklicherweise verschont. Vielleicht hatte irgendwer erkannt, dass das Land Ärzte brauchte und es nicht ratsam war, Medizinstudenten in diesen sinnlosen, mörderischen Krieg zu schicken.

Die traditionellen Heilmethoden, die Halima, der Fakir und meine Großmutter anwandten, faszinierten mich immer mehr. Mir stand eine gute Laboreinrichtung zur Verfügung, und so beschloss ich, den medizinischen Wert derartiger Heilverfahren zu erkunden. Besonders stark interessierte mich die aus verbranntem Taubenkot hergestellte Salbe, mit der Schnitt- und Brandwunden behandelt wurden. Und dann gab es ja auch noch die vielen Pflanzen, die Sträucher, Rinden und Wurzeln, die Halima und meine Großmutter im Wald sammelten. Bei jedem Besuch zu Hause erweiterte ich meine Sammlung um ein paar Exemplare.

Einige dieser Dorfmethoden hatten nicht den geringsten therapeutischen Wert. Bei Gelbsucht verbrannte die Medizinfrau dem Patienten die Haut mit einem über dem Feuer erhitzten Messer. Sechs-, siebenmal legte sie die rotglühende Klinge so an, dass zischender Dampf und Rauch von der Haut emporstiegen. Gegen schwere Migräne legte die Medizinfrau das Messer seitlich an den Kopf oder an den Nacken, wenn der Schmerz dort saß. Die Wahrscheinlichkeit, dass sie dadurch alles noch schlimmer machte, war sehr groß, vor allem weil sich die Brandwunden häufig entzündeten.

Andere Beschwerden wurden mit dem traditionellen »Schneiden« behandelt, wobei sich jedes Mal herausstellte, dass diese sogenannte Therapie gefährlicher war als die Krankheit selbst. Litt ein Kind an Keuchhusten, schwoll sein Hals stark an. Dann kam es vor, dass die Medizinfrau sich zu einem Schnitt entschloss, um den Blähhals zu »drainieren«. Der war aber in Wirklichkeit eine geschwollene Drüse, und in den meisten Fällen starb das erkrankte Kind an der Blutung, an Infektionen oder am seelischen Schock.

Eine Frau in unserem Dorf hatte sieben Töchter zur Welt gebracht. Da ihr Mann unbedingt einen Sohn wollte, beschloss er, sich eine zweite Frau zu nehmen. Das achte Kind war zur großen Freude der Eltern ein Junge. Er erkrankte aber schon bald an Keuchhusten, und die Medizinfrau musste den geschwollenen Hals »schneiden«. Die Blutung ließ sich nicht stillen, und schließlich starb der kleine Junge. Der verzweifelte Vater beschuldigte die Medizinfrau, seinen Sohn getötet zu haben, und die Mutter fand nie wieder ihren Seelenfrieden.

Im Gegensatz dazu schienen einige Heilverfahren mit Kräutern anzuschlagen. Meine Großmutter stellte eine Wundsalbe aus dem *birgi*-Strauch her. Als ich diese Pflanze untersuchte, stellte sich heraus, dass sie Cutin enthielt – eine natürliche chemische Substanz, die die Wundheilung fördert. Durch das Trocknen und Verbrennen der Pflanze erhielt man ein feines Pulver, das einfacher angewendet und von der Wunde besser aufgenommen werden konnte.

Mein letztes Studienjahr begann, und ich war stolz darauf, der Erfüllung des väterlichen Traums so nahegekommen zu sein. Doch eines frühen Morgens erwachte ich vom Getrampel schwerer Stiefel direkt vor dem Schlafsaalfenster. Schnell hatte sich herumgesprochen, dass das Wohnheim von der Polizei verriegelt worden war und niemand das Gebäude verlassen durfte. Minutenlang kauerte ich in der Dunkelheit, gequält von dem Gedanken, dass es das gewesen sein könnte – dass sie uns gewaltsam in den Dschihad verschleppen würden –, und ich schwor mir, Widerstand zu leisten.

Ein oder zwei der Stadtmädchen hatten Handys. Sie riefen ihre Eltern an und erfuhren, worum es eigentlich ging. Schnell machte die Information, im dunklen Schlafsaal von einer Studentin an die nächste im Flüsterton weitergegeben, die Runde: In meinem Heimatgebiet waren Kämpfe ausgebrochen. Eine Rebellengruppe hatte den Flughafen der Stadt El Fasher angegriffen. Dutzende von Soldaten waren getötet und mehrere Flugzeuge zerstört worden. Nach der Attacke hatten sich die Rebellen in die Wüste zurückgezogen. Das Ganze wurde als ein großer Sieg der Darfuri-Rebellen gewertet, wer immer sie auch sein mochten.

Daraufhin hatte man Soldaten in die Straßen von Khartoum und anderer großer Städte geschickt, da die Nationale Islamische Front einen landesweiten Aufstand befürchtete. An allen Universitäten wurden Sicherheitskräfte postiert, die dafür sorgen sollten, dass sich die Unruhen nicht ausbreiteten. Die Eltern der Stadtmädchen drängten ihre Töchter, so schnell wie möglich nach Hause zu kommen, was aber nicht ging, da alle Studierenden in den Schlafsälen eingesperrt waren.

»Die Afrikaner, die Darfuris, wollen die Araber vernichten!«, flüsterte Dahlia. »Sie haben viele Soldaten getötet. Es ist eine schwere Niederlage für die Regierung, heißt es ... Ich kann's kaum glauben. Wir sprechen nicht vom Süden, wir sprechen von Darfur – ganz nah an Khartoum!«

»Weißt du, was? *Ich* kann es glauben!«, entgegnete ich. »Und ich bin eine Darfuri, hattest du das vergessen? Und Schwarzafrikanerin!«

»Aber diese Leute sind nicht wie du!«, fauchte Dahlia. »Du bist doch die reinste Vorzeigestudentin, du unterstützt ja nicht, was die machen!«

»Was erwartest du, wenn ihr die Schwarzen so lange unter der Knute haltet? Und das in ihrem eigenen Land! Glaubst du, sie finden das toll? Erwartest du, dass sie tatenlos zusehen?«

Dahlia starrte mich verblüfft an. Einige andere arabische Mädchen hatten sich zu uns gestellt und zeigten sich ähnlich erstaunt. Ich war doch die Musterstudentin, die Bibliotheks-Streberin. Wie konnte ich solche Dinge von mir geben? Ich glaube, die Nachricht, dass meine Leute zurückschlugen, hatte mir Mut gemacht.

»Es herrscht nun mal Krieg«, erklärte ich den anderen. »Und dieser Krieg könnte sich bis nach Khartoum ausweiten. *Bis nach Khartoum!* Und glaubt ihr, dass ich dann meinen Stamm, mein Volk, meine Schwarzafrikaner nicht unterstützen werde?«

»Aber wir alle hier sind doch Freundinnen!«, wandte Dahlia ein. »Wir hatten nie Probleme miteinander. Zählt das vielleicht nichts?«

»Lass dir mal etwas gesagt sein!«, rief ich. »Ihr trampelt schon viel zu lange auf uns herum. Ihr könnt das meinetwegen ignorieren, aber es ist die Wahrheit. Wenn du Menschen schlechter als Tiere behandelst, drehen sie sich eines Tages um und beißen dich.«

Dahlia und die anderen starrten mich an. Ihr Erstaunen war in Angst umgeschlagen. Vielleicht hatten sie noch nie jemanden so kämpferisch reden hören. Vielleicht hatten sie in ihrem privilegierten Dasein, in ihren vornehmen Häusern mit ihrem schwarzen Personal tatsächlich keine Ahnung davon, was los war. Aber das war keine Entschuldigung. Redeten sie denn nie mit diesen Bediensteten? Fragten sie ihre Diener nie, warum sie so hoffnungslos verarmt waren und was das glückliche Leben dieser Menschen zerstört und sie gezwungen hatte, nach Khartoum zu fliehen? Fragten sie nie, wie diese Leute als Bürger vierter Klasse hatten enden können, die kaum mehr galten als Tiere?

Am Nachmittag gaben die Sicherheitskräfte auf. Wir durften hinausgehen, uns etwas zu essen besorgen und uns waschen. Viele packten die Gelegenheit beim Schopf und fuhren nach Hause. Innerhalb kürzester Zeit war der Campus menschenleer. Übrig blieben nur die Dorfmädchen wie Rania und ich. Die Menschen in Darfur hatten endlich ihre Karten aufgedeckt und gezeigt, wie stark sie sein konnten. Ich fragte mich, wie weit sie gehen würden. Würden sie sich bis nach Khartoum vorkämpfen und diejenigen, die die Macht an sich gerissen hatten, stürzen? Würden sie aus dieser leidgeprüften Nation wieder eine offene, zivilisierte und demokratische Gesellschaft machen?

Zwei Wochen nach dem Angriff auf den Flughafen von El Fasher war das Leben an der Universität im Großen und Ganzen zur Normalität zurückgekehrt. Die arabischen Kommilitonen und Kommilitoninnen kamen nach und nach wieder, und wir setzten unser Studium fort. In kaum vier Monaten sollten die Abschlussprüfungen stattfinden, da blieb wenig Zeit, um über das, was geschehen war, nachzudenken. Doch die Einstellung Dahlias und der anderen arabischen Mädchen zu mir hatte sich verändert. Sie verhielten sich distanziert, was mich aber nicht weiter verwunderte. Ich hatte die Zähne gezeigt und meine Krallen ausgefahren. Ich war nicht mehr die kleine Bibliotheks-Streberin. Ich war der innere Feind.

Aus Darfur drangen weitere Berichte über Kampfhandlungen zu uns durch, und diese Nachrichten klangen beunruhigend. Die Armee hatte zum Gegenangriff geblasen und verbrannte und zerstörte ganze Dörfer. In den Medien wurde nicht viel darüber gesagt, doch via Mundpropaganda hörte man Gerüchte und unzählige Horrorgeschichten. Angeblich war die Einwohnerschaft ganzer Dörfer massakriert, waren unschuldige Männer, Frauen und Kinder niedergeschossen worden. Ich machte mir zunehmend Sorgen um mein eigenes Dorf und meine eigene Familie.

Zwischen den schwarzafrikanischen und den arabischen Studierenden herrschten jetzt große Spannungen. Das Vertrauen und die Freundschaft, die einst bestanden hatten, waren fast völlig verschwunden. Hin und wieder fragte mich Dahlia, ob ich Nachrichten von meiner Familie hätte und ob in meinem Dorf alles in Ordnung sei. Andere dagegen zeigten nicht die geringste Anteilnahme.

Kurz vor den Abschlussprüfungen gelang es mir in einer öffentlichen Telefonzelle, Onkel Ahmed in Hashma zu erreichen. Die Kämpfe spielten sich weit von unserer Gegend entfernt ab, versicherte er mir, und meine Familie befinde sich nicht in unmittelbarer Gefahr. Während der Prüfungsvorbereitungen versuchte ich meine Sorgen beiseitezuschieben. Doch ich hatte das Gefühl, als wäre mein Traum, Ärztin zu werden, plötzlich irgendwie negativ behaftet. Der Krieg hatte mit einem Schlag alles außer Kraft gesetzt und ließ mein jahrelanges Studium unwichtig erscheinen.

Mein Tutor im letzten Studienjahr, ein arabischer Dozent, versuchte mich aufzumuntern, indem er mir mitteilte, ich sei auf dem besten Weg, mit einer Spitzennote abzuschließen. Ich hatte jede einzelne Vorlesung besucht, und er wusste, dass ich gut abschneiden würde. Die Kommilitonen und Kommilitoninnen, die die Vorlesungen schwänzten, verließen sich auf meine Mitschriften.

Die drei Wochen lang Schlag auf Schlag stattfindenden Abschlussprüfungen waren die Hölle. Zum Schluss war ich zwar völlig erschöpft, aber zuversichtlich, gut abgeschnitten zu haben. Jetzt musste ich nur noch die mündliche Prüfung bestehen.

Bei dieser Prüfung gibt es nur einen Prüfer, und mir war klar, dass sie hinsichtlich einer Bestnote den Ausschlag geben konnte. Als ich vor meinem Tutor und dem an einer anderen Universität lehrenden Prüfer stand, war ich überzeugt, sie würden mich mit einer nachdrücklichen Empfehlung unterstützen. Der externe Prüfer stellte mir ein paar Fragen, die ich alle mühelos beantwortete. Dann wandte er sich an meinen Tutor und fragte ihn nach meiner Anwesenheit bei den Vorlesungen. Ich sah, dass mein Tutor einen Augenblick zögerte; er warf mir einen kurzen Blick zu und gab dann seine Antwort.

»Das ist leider der einzige Bereich, in dem diese Studentin sich nicht hervorgetan hat«, sagte er. »Um ehrlich zu sein: Sie hat oft gefehlt. Ich als ihr Tutor habe ein wenig nachgeforscht und herausgefunden, dass sie in sämtlichen Vorlesungen nur sporadisch anwesend war.«

Ich war völlig konsterniert. Ich konnte nicht glauben, was ich eben gehört hatte. Kaum einen Monat zuvor hatte mein Tutor mir wegen meiner lückenlosen Teilnahme an den Vorlesungen gratuliert und mich aufgefordert, mein Bestes zu geben, und jetzt tischte er dem Prüfer solche Lügen auf. Der Prüfer sah mich scharf an, aber ich glaubte, den Anflug eines amüsierten Grinsens in seinem Gesicht zu erkennen.

»Der Beruf des Arztes bringt immense Verantwortung mit sich«, erklärte er. »Ich wüsste keine andere akademische Qualifikation, die zu einer so großen Verantwortung führt. In Ihrem Studium geht es darum, Menschenleben zu retten. Da müssen Sie Ihr Fach in- und auswendig kennen. Vorlesungen zu schwänzen ist eine gravierende Sache.«

»Aber ich ... ich war in den Vorlesungen!«, entgegnete ich und sah meinen Tutor fassungslos an. »Ich habe alle Lehrveranstaltungen in meinem Fach besucht. Ich kann mich an keine einzige Vorlesung erinnern, die ich verpasst hätte ...«

Der Prüfer beugte sich zum Schreibtisch hinunter und kritzelte irgendetwas auf meinen Prüfungsbogen. »Ihre Pflichten als Ärztin beinhalten nicht nur den Schutz von Leben«, sagte er, ohne mich anzusehen, »sondern auch persönliche Ehrlichkeit ... Danke, Miss Bashir, Ihre mündliche Prüfung ist beendet. Sie können den Raum verlassen.«

Ich wandte mich zum Gehen. Als ich nach dem Türknauf griff, schossen mir heiße Tränen der Wut in die Augen. Kaum war ich draußen, umringten mich meine Freundinnen und fragten, was passiert sei. Rania tupfte mir die Tränen vom Gesicht und versuchte mich zu trösten. Sie war als Nächste dran. Wenigstens wusste sie jetzt, was sie erwartete.

»Der Tutor ist ein Feigling«, sagte Rania, während sie mich aufmunternd umarmte. »Ein Feigling und ein Lügner. Niemand hat eine bessere Anwesenheitsquote vorzuweisen als du, das wissen alle. Weißt du, worum es hier in Wahrheit geht? Sie wollen verhindern, dass du eine Spitzennote bekommst. Der Prüfer ist vom Staat hierherbestellt worden, und dein Tutor hat Angst vor ihm, das ist alles.«

Einige der anderen Studentinnen stimmten ihr zu. Wenn die Darfuris im ganzen Land rebellierten, wie konnten sie dann mich, eine Darfuri, auch nur in die Nähe einer Jahrgangsbestnote kommen lassen? In meiner mündlichen Prüfung hatte man mich als verlogene Drückebergerin abgestempelt und auf diese Weise kleingemacht. Ich würde mein Studium zwar abschließen, aber nur mit einer mittelmäßigen Note. Ich fühlte mich betrogen und verraten und hatte den Eindruck, das System und das Land selbst seien gegen mich.

Die Verleihung meines medizinischen Abschlusszeugnisses, die ich mir als ein ruhmreiches, beglückendes Ereignis erträumt hatte, wurde eine traurige, nichtssagende Angelegenheit. Weder meine Eltern noch ich selbst waren bei der Zeugnisvergabe anwesend. Noch am selben Tag, an dem ich meine Prüfungsergebnisse erfuhr, machte ich mich auf den Heimweg. Nur bei wenigen hatte ich das Bedürfnis, mich zu verabschieden. Die Trennung von Rania verlief sehr emotional, und Dahlia sagte ich so herzlich ich konnte Lebewohl. Aber eigentlich wollte ich einfach nur nach Hause und mich vergewissern, dass alles in Ordnung war. Das stand für mich im Vordergrund.

Mit einem Dutzend ehemaliger Kommilitonen und Kommilitoninnen aus Darfur – Zaghawa, Fur und Angehörige anderer Stämme – bestieg ich den Zug nach Hashma. Ahmed, der Darfuri-Student und politische Aktivist, war auch dabei. In unseren Gesprächen äußerten wir immer wieder unsere Angst um unsere Dörfer und Familien. Wie eine ätzende Säure nagte die Furcht an uns. Ununterbrochen sprachen wir über den Krieg und die Kämpfe und darüber, wer wohl gewinnen werde. Beide beteten wir, dass unser jeweiliges Heimatdorf von den Tötungsaktionen verschont geblieben sei.

Wir hofften das Beste und befürchteten insgeheim das Schlimmste. Ich betete zu Gott, er möge meine Familie beschützen und den Krieg von ihnen fernhalten. Während der Zugfahrt, die ich etwa sechs Jahre zuvor zum ersten Mal zusammen mit meinem Vater gemacht hatte, dachte ich darüber nach, wie sich seither alles verändert hatte. Damals war mein Herz von freudiger Hoffnung und von Zukunftsträumen erfüllt gewesen. Jetzt war es schwer von dunklen Ängsten und Ahnungen.

Nach meiner Ankunft in Hashma suchte ich den überfüllten Bahnsteig nach meinem Vater ab. Ich hatte Onkel Ahmed angerufen und ihn gebeten, meinen Vater zum Abholen zu schicken. Plötzlich erkannte ich seine markante Gestalt, die gemessenen Schrittes durch die Menschenmenge auf mich zukam. Ich ließ meinen grünen Metallkoffer stehen, rannte los und warf mich in seine Arme. Gott sei Dank! Gott sei Dank! Zumindest meinem Vater ging es gut! Und seiner Miene nach zu schließen war auch im Dorf alles in Ordnung.

Wir umarmten uns eine halbe Ewigkeit lang. Dann hielt mein Vater mich ein Stück von sich weg und musterte mein Gesicht. Ich hatte so hart an dem Traum gearbeitet, den er seit meiner Kindheit gemeinsam mit mir geträumt hatte. Jetzt, sechzehn Jahre später, hatte ich es geschafft – ich hatte das Unmögliche erreicht. Ich war als Dr. Halima Bashir zu ihm zurückgekehrt. Aber bedeutete das denn noch etwas? War es noch wichtig? Hatte sich die ganze Mühe überhaupt gelohnt?

Ich suchte etwas im Gesicht meines Vaters – vielleicht ein Zeichen dafür, dass all das noch Gültigkeit besaß, noch etwas wert war in diesem verrückten, sich selbst zerfleischenden Land. Und was ich dort sah, ließ mich erröten, und ein warmes Glücksgefühl durchströmte mich: Mein Vater hatte Tränen in den Augen. Tränen des Glücks und des Stolzes. Er wirkte vollkommen sprachlos. Aber das war nicht schlimm. Jetzt bedurfte es keiner Worte mehr. Sein Blick sagte alles.

Mein Vater schulterte den Koffer und forderte mich mit einer Handbewegung auf, ihm zum Wagen zu folgen. Wir traten aus dem Bahnhof. Ich sah mich um. Die Stadt hatte sich verändert. Aber worin bestand diese Veränderung? Es gab keine offensichtlichen Anzeichen für Krieg – keine Soldaten auf den Straßen, keine vorbeirumpelnden Panzer, keine Flugzeuge am Himmel. Aber dann wusste ich es plötzlich: Es war so ruhig, alles wirkte so angespannt. Die Leute eilten mit gesenktem Kopf und verstohlenem, argwöhnischem Blick an uns vorbei.

Sobald wir im Landrover saßen und ungestört waren, fragte ich meinen Vater, ob alles in Ordnung sei.

Da huschte ein Lächeln über sein Gesicht, während er den Blick auf die verkehrsreiche Straße gerichtet hielt. »Mach dir keine Sorgen, Rathebe, alles ist gut. Mo und der verrückte Omer helfen mir mit dem Vieh. Deine Mutter kümmert sich um den Haushalt, und deine Großmutter war krank, ist aber auf dem Weg der Besserung. Und die kleine Asia besucht inzwischen die Oberschule, ist aber nicht annähernd so begabt wie du.«

»Es hat also keine Probleme gegeben?«

»Nein. In unserer Gegend überhaupt nicht.«

»Aber wir haben so schreckliche Dinge gehört – zerbombte Dörfer, in Brand gesetzte Häuser, getötete Menschen.«

»Nicht bei uns. Hier hat man vom Krieg so gut wie nichts mitbekommen ...«

Ich war unendlich erleichtert. Der schreckliche Krieg hatte unser Dorf nicht einmal berührt. Ich kehrte als Ärztin nach Hause zurück, und vielleicht würde es eine glückliche Rückkehr werden. Während wir durch den Busch holperten, sah ich aus dem Fenster und konnte keinerlei Anzeichen für die Schrecknisse sehen, von denen wir gehört hatten. Keine Rauchwolken in der Ferne, keine brennenden Dörfer, keine langen Flüchtlingsschlangen, keine in der Sonne verwesenden Leichen.

Ich sagte mir, dass ich jetzt entspannen und meine Ängste ablegen müsse. Mein Vater und ich unterhielten uns eine Weile über meinen Studienabschluss. Ich erzählte ihm von meinem feigen Tutor und von dem Betrug, der bei der mündlichen Prüfung an mir begangen worden war. Bestanden ist bestanden, sagte er lächelnd. Doch das Gespräch kehrte immer wieder zum Krieg zurück, der alles überschattete. Im Augenblick konzentrierten sich die Kämpfe auf das Gebiet um Al Fasher und West-Darfur, erzählte mein Vater. Unseren Teil der Provinz hatten sie noch nicht erreicht.

»Unsere Leute haben ihre Sache sehr gut gemacht, als sie die arabischen Streitkräfte angriffen«, sagte mein Vater. »Aber jetzt hat sich das Blatt gewendet. Unseren Leuten wird inzwischen hart zugesetzt.«

Einen Moment lang erschrak ich sehr darüber, dass mein Vater die Darfuri-Rebellen als »unsere Leute« bezeichnete. Das war deutlicher als alles, was ich je an der Universität von mir gegeben hatte. Aber sie waren die Menschen, die zu den Waffen gegriffen hatten, um für unsere Rechte zu kämpfen – warum sollten wir sie nicht »unsere Leute« nennen? Als mein Vater weitersprach, hörte ich konzentriert zu.

»Zuerst haben wir sie überlistet. Die Rebellen kamen aus den Bergen, griffen an und zogen sich sofort wieder zurück. Sie blieben in den Bergen und Tälern, wo die Soldaten ihre Panzer und Hubschrauber nicht einsetzen konnten. Aber weißt du, wie sie darauf reagierten? Sie griffen stattdessen die Dörfer an.«

»Wir haben entsprechende Gerüchte gehört«, sagte ich. »Das klingt alles so schrecklich, deshalb habe ich mir auch solche Sorgen gemacht.«

»Es ist der reinste Alptraum, Rathebe.« Mein Vater sah mich an. Sein Gesicht war wutverzerrt. »Stell dir nur vor – sie weigern sich, fair mit uns zu kämpfen, von Angesicht zu Angesicht, wie Männer. Stattdessen greifen sie die unschuldigen Frauen und Kinder an. Diese feigen Mörder! Die Menschen laufen weg und versuchen zu fliehen, denn wer bleibt, wird sofort getötet. Dörfer werden niedergebrannt und geplündert, ja, sie stehlen sogar das Vieh.«

»Aber wie kann man sie davon abhalten?«

»Wie man sie abhalten kann? Den Menschen wird die Gefahr erst jetzt bewusst. Die Leute versuchen sich zusammenzutun, an Waffen heranzukommen und sich den Rebellen anzuschließen. Aber natürlich braucht man dafür Geld, vor allem für die Waffen. Und man braucht Zeit … Bisher haben nur im Westen Kämpfe stattgefunden, aber wir befürchten, dass sie sich auch auf unser Gebiet ausweiten. Wir haben Angst, dass es so kommt.«

Mein Vater schwieg eine Weile, beugte sich vor und klopfte auf die Tankuhr. Der Anzeiger zitterte und gab schließlich zu erkennen, dass der Tank noch zu einem Viertel gefüllt war. Er blieb immer stecken, und wenn man nicht daran dachte, ging einem leicht das Benzin aus.

Mein Vater sah mich mit schmerzerfülltem Blick an. »Weißt du, wie schlimm es schon ist, Rathebe? In manchen Gegenden sind ganze Dörfer inzwischen in die Berge gezogen, um den Mördern zu entgehen ... Vor ein paar Wochen haben wir darüber diskutiert, ob wir das auch machen sollen. Aber die alten Leute, auch deine Großmutter, weigerten sich, das Dorf zu verlassen. Sie wollten bleiben und kämpfen. Besser tapfer sein als wegzulaufen, haben sie gesagt. Deshalb bleiben wir – zumindest fürs Erste.«

»Und was wolltest du tun? Was hast du dazu gesagt?«

»Ich habe gesagt, dass es gut und schön ist, von Tapferkeit zu sprechen, dass wir aber Waffen bräuchten. Ich habe gesagt, dass es, wenn wir auf den Beginn von Kampfhandlungen warten würden, schon zu spät wäre. Aber ich verstehe, dass die Leute bleiben wollen. Es ist unser Land, es sind unsere Häuser, unsere Farmen. Es ist unsere Dorfgemeinschaft. Ich mache ihnen keinen Vorwurf.«

»Und jetzt? Was machen wir jetzt? Ach, das ist alles so schrecklich ...«

»Versteh mich nicht falsch, Rathebe«, warf mein Vater ein. »Wir müssen die Vergangenheit abschütteln. Die Araber haben schon viel zu lange Schindluder mit uns getrieben, jetzt beginnt der Kampf um unsere Rechte. Ich bin froh, dass dieser Kampf begonnen hat – es ist gut so. Ich kann nur hoffen und beten, dass wir unser Ziel erreichen. Wenn wir uns unsere Rechte erkämpft haben, wenn wir wirklich gleichberechtigt sind, dann werden wir wissen, dass wir gewonnen haben.«

Die Männer im Dorf hätten einen Wachdienst eingerichtet, erzählte er mir. Tag und Nacht hielt irgendjemand Wache, um uns vor einem Angriff zu warnen. Sie hatten die besten Fluchtwege bestimmt für den Fall, dass Frauen und Kinder in den Wald fliehen mussten. Die Leute redeten ständig davon, dass man sich Waffen besorgen müsse, aber wie sollten einfache Farmer über Nacht zu Waffenhändlern werden? Und überhaupt – woher sollte das Geld kommen? Mein Vater war der wohlhabendste Mann im Dorf, und selbst er konnte es sich kaum leisten, alle anderen zu bewaffnen, selbst wenn man an Waffen herangekommen wäre.

Alle hofften und beteten, dass die Soldaten gar nicht erst anrücken würden, versuchten sich aber gleichzeitig gegen einen Angriff zu wappnen. Die Angst ging um in unserem Dorf – die Angst, das Grauen und das Böse. Es war düster geworden in meiner Heimat.

Es war schreckenerregend. Es war grauenhaft.

15. KAPITEL

Medizinfrau

Am Tag nach meiner Rückkehr wurde ich spätvormittags von einem Stimmengewirr vor der Hütte meiner Großmutter geweckt. Schlaftrunken und gähnend trat ich hinaus und sah, dass sich vor unserem Tor eine Menschenschlange die Straße entlangzog. Ich fragte mich, was los sei. Mein Vater hatte ein Willkommensfest angekündigt, aber es sollte erst am Abend gefeiert werden.

»Was ist das?«, fragte ich meine Großmutter, mühsam ein Gähnen unterdrückend.

»Ist ja auch schon spät genug«, gab sie mit lachenden Augen zurück. »Du hast deine Patientinnen lange warten lassen. Ich bereite dir ein Frühstück zu, und du machst schon mal deinen Rundgang.«

Ich starrte meine Großmutter verwirrt an. Was sagte sie da? Welche Patientinnen? Aber dann sah ich, dass die Frau an der Spitze der Schlange auf mich deutete. Sie hob ihren *tope*, zeigte mir ihren aufgeblähten Bauch und winkte mich zu sich. O nein …! Ich warf meiner Großmutter einen halb belustigten, halb entsetzten Blick zu.

»Na los!«, drängte sie mich. »Worauf wartest du? Sechs Jahre Studium – hier hast du deine Chance, endlich einmal richtige Patienten in die Finger zu kriegen. Los jetzt – *Doktor* Halima Bashir!«

Auf dem Weg zu den wartenden Frauen wäre ich vor lauter Verlegenheit am liebsten im Erdboden versunken. Wie sollte ich den Leuten erklären, dass ich zwar Ärztin war, aber die meisten Krankheiten, an denen sie litten, nicht heilen konnte? Ich kam mir schrecklich inkompetent vor. Mein Vater hatte einen kleinen Tisch am Tor aufgestellt. Darauf lagen ein Stethoskop und ein Blutdruckmessgerät, die er in Hashma gekauft hatte. Als ich mich an den Tisch setzte, wurde mir peinlich bewusst, dass meine Familie das Ganze beobachtete. Ihr Stolz umgab mich wie ein loderndes Feuer.

Die erste Frau trat vor und streckte mir ihren Bauch entgegen. Sie deutete auf den schwarzen Gummischlauch des Stethoskops und sagte: »Halt das an mich hin und sag mir, was mit mir los ist.«

Ich lächelte gequält. »Zuerst musst du mir aber sagen, was deiner Meinung nach los ist.«

Sie schnaubte verächtlich. »Das sieht doch jeder. Mein Bauch ist viel zu dick. Halt das an mich dran und sag mir, was los ist.«

»So läuft das nicht. Das Ding redet doch nicht mit mir. Es kann mir nicht sagen, was los ist ...«

»Ha – und so was nennt sich Ärztin!«, sagte die Frau zu einer anderen, die hinter ihr stand. »Ich bin nicht zum ersten Mal schwanger, aber so war es noch nie. Schau doch, wie dick der Bauch ist! Ist da ein Monster drin, oder was?«

Sie hatte es hinausgeschrien, und die anderen Frauen lachten sich krumm. »Ich sag's noch mal: Halt das Ding an mich dran und sag mir, was los ist!«

»Gut, dann versuche ich es eben. Aber machen kann ich ohnehin nichts. Wahrscheinlich musst du ins Krankenhaus ...«

Ich steckte mir die Ohrbügel in die Ohren und hielt das kalte Metall des Stethoskops an die weiche Bauchhaut der Frau. Sie zuckte zusammen.

»Pass doch auf! Das ist ja eiskalt! Du willst wohl, dass mein Monsterbaby erfriert, was?«

Die anderen Frauen lachten noch lauter als zuvor. Ich hatte bald herausgefunden, worin das »Problem« der Frau lag. Sie war mit Zwillingen schwanger. Ich hörte die beiden wundervollen kleinen Herzen heftig pochen. Soweit ich es beurteilen konnte, klangen beide völlig gesund. Ich empfand ein tiefes Glücksgefühl, als ich in ihre Welt hineinhorchte. Genau dafür hatte ich mich ausbilden lassen.

Lächelnd lehnte ich mich zurück. »Es ist alles in Ordnung, und es sind auch keine Monster drin, sondern Zwillinge, das ist alles.«

Die Frau warf vor Schreck die Hände in die Höhe. »So ein Unsinn! Zwei Babys! Es ist *mein* Bauch, und ich weiß genau, dass nur *ein* Kind drin ist.« Sie wandte sich an die hinter ihr Stehende. »Ich hab dir ja gesagt, dass sie keine richtige Ärztin sein kann, dazu ist sie viel zu jung.«

Die andere Frau warf einen Blick auf mich. »Stimmt, sie sieht sehr jung aus …«

»Ich zeige es dir einfach mal«, schlug ich vor. »Gib mir deine Hand. So, da ist das erste Köpfchen. Fühlst du es? Und da – das ist das zweite. Es sind zwei Köpfe. Zwei Babys. Wie gesagt – du erwartest Zwillinge.«

»Also, ich weiß nicht … Das zweite ›Köpfchen‹ könnte auch ein kleiner Hintern sein.«

Die Schwangere zog, begleitet vom Kichern der anderen, davon. »Habt ihr gehört, was sie gesagt hat? Könnte auch ein kleiner Hintern sein! Das ist vielleicht eine!«

Und damit hatte ich meine erste echte Patientin untersucht. Je mehr Frauen bei mir vorstellig wurden, umso deutlicher zeichnete sich ab, dass viele überhaupt keine Beschwerden hatten. Die meisten klagten über »Blutdruck«, weil sie wollten, dass ich ihnen die Messmanschette anlegte. Schließlich machte ich es bei jeder. Kaum eine hatte die leiseste Ahnung, wie hoch ihr Blutdruck sein durfte, aber alle gingen glücklich nach Hause. Sie waren bei der Ärztin gewesen, die hatte dieses neumodische Gerät an sie angelegt, und dann hatten sie erfahren, dass alles in Ordnung war. Mehr brauchten sie nicht.

Eine alte Dame verlangte die »Behandlung« sowohl mit dem Blutdruckmessgerät als auch mit dem Stethoskop. Ich versuchte ihr zu erklären, dass weder das eine noch das andere Gerät etwas »machten«, sondern dass es sich um Diagnosehilfsmittel handelte. Das interessierte die alte Dame aber kein bisschen – sie wollte, dass beides bei ihr zum Einsatz kam. Dafür sei sie wahrlich krank genug. Ich versuchte sie zu einer genauen Schilderung ihrer Beschwerden zu bewegen, aber sie entgegnete, sie sei mit allem, was die Geräte heilen könnten, zufrieden. Nur deswegen sei sie schließlich zu mir gekommen.

»Berühr mich da mit dem Apparat«, sagte sie und deutete auf ihren Bauch und auf das Stethoskop. »Und das da legst du hier dran«, fügte sie hinzu und streckte mir den Arm entgegen, damit ich ihr das Blutdruckmessgerät anlegen konnte. »Danach geht es mir ganz bestimmt besser.«

Ich folgte den Anweisungen der alten Frau, und sie machte sich überglücklich auf den Heimweg. Nach einiger Zeit war die Schlange auf ein paar wenige Patientinnen zusammengeschrumpft. Ich hob den Blick und sah, dass meine Mutter und meine Großmutter mich voller Stolz beobachteten. Ich bat meine Großmutter, mir eine Tasse Pfefferminztee zu machen, da ich am Verdursten war. Dann entschuldigte ich mich bei den letzten Patientinnen und gönnte mir eine Pause. Mein Vater, Mo und Omer gesellten sich zu uns.

»Die Hälfte von ihnen hat überhaupt keine Beschwerden«, sagte ich leise. »Ihr braucht also gar nicht so beeindruckt zu schauen. Das könnte wirklich jeder.«

»Darum geht es nicht«, erwiderte meine Mutter. »Sieh doch nur, wie glücklich du sie machst!«

»Aber das ist kein Spiel!«, wandte ich ein. »Das ist Medizin, etwas Seriöses. Ich kann doch nicht einfach nur so tun, als würde ich die Leute behandeln!«

»Du machst deine Sache großartig«, warf meine Großmutter überglücklich ein. »Ich weiß gar nicht, warum du dir den Kopf zerbrichst. Das mit den Zwillingen hast du vielleicht falsch erkannt, aber alles andere …«

»Es waren Zwillinge!«, fuhr ich sie an. »Das war die beste Diagnose, die ich heute Vormittag gestellt habe. Mir machen eher alle anderen Sorgen. Selbst wenn ich einen zu hohen Blutdruck feststelle, kann ich ihn ja doch nicht behandeln. Diese Patientinnen müssen trotzdem ins Krankenhaus …«

»Du machst die Leute glücklich, und das ist immer gut«, wandte mein Vater ein. »Wenn du gleichzeitig hin und wieder eine Diagnose stellst – umso besser. Die Frau mit den Zwillingen wird über das, was du ihr gesagt hast, nachdenken und Vernunft annehmen, glaub mir.«

Während wir uns unterhielten, schlenderte Omer zu dem Tischchen und ergriff das Stethoskop. Er steckte sich die Ohrbügel in die Ohren und hielt sich den Schalltrichter an den Mund. Dann legte er die freie Hand ans Becken, wobei er den Daumen zwischen Hose und Gürtel schob, und ließ auf sehr laszive Art die Hüften kreisen. Er war achtzehn, ein gutaussehender junger Mann. Unter den Blicken der noch immer wartenden Patientinnen öffnete er den Mund und begann zu singen – im Stil von Elvis Presley, auch wenn der Text nicht ganz stimmte.

Uhuhu! Uhuhu!
I'm all shook out. I'm all shook out.
Uhuhu! Uhuhu!
I'm all shook out. I'm all shook out.

Bei jedem »Uhuhu« schwang er lasziv das Becken. Ich bekam eine Riesenwut. Wie konnte er es wagen, mein »Behandlungszimmer« in eine Bühne für seine idiotischen Popsongs zu verwandeln! Ich warf einen Blick auf die wartenden Frauen. Aus ihren Gesichtern sprach die reine Fassungslosigkeit. Aber dann zwinkerte Omer mir, die Hüften besonders heftig schwingend, zu, und plötzlich prustete ich los, ich konnte einfach nicht anders.

»Schaut her, ich bin ein berühmter Sänger, und das da ist mein Mikrofon!«, rief er den Frauen zu. »Damit wird mein Lied in die ganze Welt übertragen. Ratet mal, wer ich bin!«

»Mein Bruder ist nicht ganz richtig im Kopf«, erklärte ich, während ich mich wieder an den Tisch setzte. »Er hält sich für Elvis, den berühmten amerikanischen Popstar, der schon vor vielen Jahren gestorben ist.«

Als ich auch die letzte Patientin versorgt hatte, war ich völlig erschöpft. Natürlich hatte ich für meine Dienste kein Geld gefordert. Nicht im Traum wäre es mir eingefallen, mich von den Bewohnern meines Dorfes bezahlen zu lassen.

Am Tag nach meiner Sprechstunde in der »Dorfpraxis« besuchte ich die Familie von Halima, der Medizinfrau, die während meines letzten Studienjahres leider gestorben war. Wir betrauerten Halimas Tod und vergossen ein paar Tränen, als ihre Angehörigen mir erzählten, wie sie gestorben war. Halima war sehr krank geworden – so krank, dass sie sich nicht mehr selbst behandeln konnte. Wir nennen diesen Zeitpunkt *sinya nee* – der Moment, ab dem man weiß, dass man bald sterben wird. Zwei Tage nach ihrem *sinya nee* war Halima friedlich eingeschlafen. Sie hatte einen sanften Tod gehabt.

Ich verabschiedete mich von ihrer Familie und machte mich auf den Heimweg. Unterwegs fiel mir auf, dass das Dorf anders war als früher. Es war ruhiger als sonst und hatte etwas Angespanntes, Furchtsames – fast als wartete es auf etwas. Jeden Tag kamen die Ältesten zusammen, überlegten, wie man das Dorf besser verteidigen könnte, und diskutierten darüber, ob es ratsamer sei, zu fliehen und sich zu verstecken oder dazubleiben und zu kämpfen.

Als ich auf eine Gruppe alter Frauen stieß, die am Straßenrand miteinander plauderten, blieb ich stehen und hörte ein bisschen zu. Sie sprachen über die lange zurückliegende Zeit, in der die Zaghawa die arabischen Stämme bekämpft hatten. Immer hätten wir gewonnen, sagte eine der alten Frauen, warum also sollte es diesmal anders sein? Diesmal sei es anders, weil mächtige Leute hinter den arabischen Stämmen stünden, erklärte eine andere, Leute, die ihnen Gewehre und Maschinen zum Kämpfen gäben. Ohne diese Waffen wären sie niemals mutig – oder dumm – genug, uns anzugreifen.

Selbst die kleinen Kinder schienen sich auf den Krieg vorzubereiten. Ich entdeckte eine ganze Horde, die sich am Straßenrand versteckte. Plötzlich sprangen sie hervor, fielen über ihre Freunde her und schrien: »Die Araber kommen! Die Araber kommen!« Dann stoben sie in alle Richtungen davon, und ich konnte nur hoffen, dass solche Szenen in unserem Dorf nie Wirklichkeit werden würden.

Ein paar Tage später besuchte uns, völlig verstört, eine Nachbarin. Sie war in ihr Heimatdorf gefahren, das auf der anderen Seite des Djebel Marra, in einer grünen, fruchtbaren Gegend, lag. Doch bei ihrer Ankunft hatte sie nur verlassene, ausgebrannte Ruinen vorgefunden. Dann hatte sie ein paar Dorfkinder und eine Handvoll erwachsener Überlebender entdeckt, die sich in den Bergen versteckt hielten. Doch über das Schicksal und den Verbleib ihrer Familie wusste niemand etwas. Die Überlebenden hatten ihr die ganze Geschichte des Angriffs erzählt.

Im Morgengrauen waren die Araber zu Pferde gekommen und hatten mit Maschinengewehren geschossen. Viele Dorfbewohner waren entkommen und in die Berge geflohen, doch weitaus mehr waren von den Arabern gefangengenommen und getötet worden. Die Araber hatten ihre Familien mitgebracht und sich in dem Dorf niedergelassen, hatten alles Essbare verbraucht und das Vieh geschlachtet. Die Dorfbewohner, die in ihre Häuser zurückzukehren versuchten, wurden niedergeschossen. Niemand konnte sich erklären, wie die Araber an so gefährliche Waffen herangekommen waren. Nachdem sie sich satt gegessen hatten, steckten die Araber das Dorf in Brand und verschwanden.

Mein Vater reagierte mit unbändiger Wut auf die Erzählung der Nachbarin. Jetzt stehe fest, dass wir uns verteidigen müssten, sagte er. Und wenn wir dabei stürben, dann sei es eben so. Wir würden es für die nächste Generation tun – damit sie eines Tages frei sei. Seinen kämpferischen Worten zum Trotz sah ich ihm an, dass er unendlich traurig war. Seine politischen Überzeugungen, sein Glaube an die Demokratie, seine Zukunftshoffnung für das Land – all das war gescheitert, denn jetzt herrschte Krieg.

Die restliche Familie reagierte auf zweierlei Weise.

Omer war, wie nicht anders zu erwarten, Feuer und Flamme für den Kampf. »Wenn sie kommen, bringe ich sie alle um – ihr werdet schon sehen!«

Mohammed schnaubte verächtlich. »Niemanden wirst du umbringen, wenn sie kommen – weglaufen wirst du und dich verstecken!«

Omer schwang seinen Dolch in Richtung Mohammed. »Siehst du? Ich habe keine Angst! Ich werde kämpfen und das Dorf retten!«

Mo wandte sich an mich. »Warum haben sie diesen Kampf überhaupt begonnen? Als ob sie uns vernichten wollten! Wir waren ganz friedlich. Was haben wir ihnen denn getan?«

»Es ist ganz einfach, Mo. Sie wollen das Land ganz für sich. Das war schon immer so. Deshalb mach dich lieber auf alles gefasst. Aber wenn die Araber kommen, dann bist du garantiert der Erste, der davonläuft.«

Mo zuckte mit den Achseln. »Und – was macht ihr? Was ihr macht, mache ich auch.«

»Ich werde kämpfen«, antwortete ich. »Wir alle werden kämpfen. Ich, du, Abba, Großmutter – alle. Uns bleibt keine Wahl.«

»Gut, wenn ihr es macht, bleibe ich auch und kämpfe.«

»Wenn du's nicht tust, kommen die Araber und klauen dein neues Fahrrad!«, neckte ich ihn. »Und das würde dir wohl kaum gefallen.«

Mein Vater hatte Mo und Omer neue Fahrräder geschenkt. Sie fuhren damit zu den Farmen und sahen nach, ob mit dem Vieh alles in Ordnung war. Nur wenige Leute im Dorf besaßen ein Fahrrad – ein Fahrrad war ein richtiges Statussymbol. Wenn es etwas gab, das den sanftmütigen Mo dazu bringen konnte, den Kampf aufzunehmen, dann die Vorstellung, dass die Araber ihm sein Fahrrad klauten. Doch in Wirklichkeit neckte ich ihn nur und versuchte ihn aufzumuntern, denn er wirkte sehr verstört und verängstigt.

Die Nachricht von dem Überfall verbreitete sich wie ein Lauffeuer im Dorf. Noch spielten sich die Angriffe weit entfernt von unserer Gegend ab, aber sie waren erschreckend real. Die Männer holten die wenigen Waffen hervor, die wir besaßen – eine Handvoll Jagdflinten, die sie von ihren Großvätern geerbt hatten. Einige dieser altertümlichen Gewehre funktionierten überhaupt nicht, was ihre Besitzer jedoch nicht davon abhielt, mit grimmiger Miene im Dorf herumzustolzieren. Zaghawa-Messer und -Schwerter wurden geschliffen, und die Fakire stellten spezielle *hijabs* her, die jeden, der sie trug, vor Kugeln schützten.

Trotz der Vorkriegsstimmung musste das Leben weitergehen. Für mich hieß das, auf die Zuweisung eines Arbeitsplatzes zu warten, an dem ich mein Praktikumsjahr absolvieren konnte. Das Gesundheitsministerium würde mir schreiben und mich in irgendein Lehrkrankenhaus schicken. Drei Monate lang wartete ich auf Anweisungen, aber es kam nichts. Zuerst vertrieb ich mir die Zeit mit meiner improvisierten Praxis, doch nach und nach verwandelte sich der Patientenstrom in ein kleines Rinnsal. Entweder hatte ich sämtliche Leiden geheilt oder die Leute hatten kein Vertrauen mehr zu mir.

Mir war klar, dass es so nicht weitergehen konnte. Ich erzählte meinem Vater von meinem Unbehagen. Er schlug vor, ich solle im Krankenhaus von Hashma freiwillig arbeiten. Dann könnte vielleicht die ganze Familie in die Stadt ziehen, was uns aus der Gefahrenzone brächte. Mein Vater war hin und her gerissen zwischen der Loyalität dem Dorf gegenüber und der Angst um seine Familie. Wenn wir nach Hashma ziehen wollten, müsste ich erst meine Mutter und meine Großmutter dazu überreden, meinte er. Wir besaßen noch immer ein Haus dort, was den Umzug natürlich erleichtert hätte. Aber bei den beiden Frauen musste erst Überzeugungsarbeit geleistet werden. In einem sehr sorgfältig gewählten Moment schnitt ich das Thema meiner Mutter gegenüber an, doch der Vorschlag, in die Stadt zu ziehen, fand ganz und gar nicht ihr Gefallen.

»Du willst also deine Hautfarbe ändern, ja?«, sagte sie. »Du willst deine Wurzeln vergessen und dich abwenden von dem, was du bist!«

»Was soll das heißen?«, fragte ich.

»Du willst, dass wir in der arabischen Stadt unter Arabern leben. Unter genau den Leuten, die uns töten wollen!«

»Das stimmt doch gar nicht. In der Stadt leben viele Stämme. Außerdem wäre es ja nur für kurze Zeit.«

»Dann sprich mal mit deiner Großmutter darüber. Erzähl ihr ruhig, dass du das Dorf verlassen willst – genau in dem Moment, in dem uns alle brauchen. Ausgerechnet du, eine studierte Ärztin, die ihrem Volk helfen könnte!«

»Du hast immer nur hier gelebt, in diesem abgelegenen Dorf. Da wäre eine Ortsveränderung zur Abwechslung gar nicht schlecht. Warum versuchst du es nicht wenigstens mal? Du weißt doch gar nicht, wie die Menschen dort leben …«

Die Augen meiner Mutter blitzten wütend auf. »Geh zu deiner Großmutter und sprich mit ihr, sage ich! Hörst du schlecht? Du glaubst, ich wäre leicht zu beeinflussen – geh hin und versuch sie umzustimmen!«

Ohne den Rückhalt meiner Mutter war der Versuch, meine Großmutter zum Verlassen des Dorfes zu überreden, völlig aussichtslos, das stand fest. Ich gab die Idee auf. Doch ein paar Tage später hörte ich zufällig, wie meine Mutter mit Asha, einer ihrer besten Freundinnen, darüber sprach. Ich konnte diese Asha nicht ausstehen. Sie war unglaublich engstirnig und altmodisch. Die beiden unterhielten sich über den Zaun hinweg miteinander. Meine Mutter äußerte Zweifel an ihrer Weigerung, in die Stadt zu ziehen.

»Sie glaubt, dass es dort für uns sicherer ist, weißt du«, sagte sie. »Und sie kann dort im Krankenhaus als Ärztin arbeiten.«

»Das wäre ein Riesenfehler«, wandte Asha ein. »Eure Tochter will doch nur, dass ihr ihr überallhin folgt. Das ist nicht recht!«

»Meinst du?«

»Eure Tochter ist in die große Stadt gegangen und viel zu lange dort geblieben. Zu viel Großstadtleben, zu viele Bücher. Sie ist nicht mehr ganz richtig im Kopf seither.«

»Was soll das heißen?«

»Du weißt doch, wie es in der Großstadt zugeht. Man kennt seine eigenen Nachbarn nicht, die Leute sterben, und niemand nimmt am Begräbnis teil. So könntest du doch nicht leben, es würde dich kaputt machen! Und deine Tochter meint, das wäre in Ordnung? Ich bitte dich!«

»Ja, vielleicht hast du recht.«

»Erinnerst du dich an dieses Begräbnis in Hashma? Erinnerst du dich daran? Kein einziger Nachbar war erschienen, nicht einer! Ohne die Leute aus dem Dorf hätte es überhaupt kein Begräbnis gegeben. Willst du denselben Fehler machen wie diese Leute, nur weil deine Tochter verrückte Ideen hat?«

»Aber mein Mann ist dafür. Nichts ist wichtiger als die Sicherheit der Familie, sagt er, und da hat er nicht unrecht, finde ich. Außerdem kriegt sie in der Stadt eine gute Anstellung im Krankenhaus ...«

»Find erst mal einen Mann für sie, der würde ihr die Flausen schon austreiben. Sie ist doch schon ziemlich alt – und immer noch nicht verheiratet! Ihre Freundinnen haben inzwischen alle drei, vier Kinder. Bald ist sie so alt, dass keiner sie mehr haben will. Das ist doch kein Leben für eine Frau! Und selbst wenn sie ganz groß rauskommt mit ihrer Lernerei, kehrt sie am Ende ja doch wieder ins Dorf zurück, und dann braucht sie einen Mann.«

Ashas Ansichten wurden von vielen Dorfbewohnern geteilt. Ich hörte, wie sie zu meiner Mutter sagte, ich bräuchte einen Mann, der mich zähmen könne. Dann bot sie ihr an, mit meinem Vater zu sprechen, aber meine Mutter gab zu bedenken, dass er fast immer meine Partei ergreife. Da meinte Asha, genau das sei ja das Problem: Wie wollten sie mich jemals »zähmen«, wenn ich stets die Unterstützung meines Vaters bekäme!

Ich hatte genug von dem Unsinn und stapfte demonstrativ über den Hof. Da wechselte Asha hastig das Thema und sprach darüber, wie weit ihre Maispflanzen schon waren. Ich lief zum Tor hinaus und starrte sie unverwandt an. Wenn Blicke töten könnten, wäre sie auf der Stelle gestorben. Ich ärgerte mich vor allem deshalb so, weil ich Asha kaum eine Woche zuvor in meiner improvisierten Praxis wegen einer Wunde am Fuß behandelt hatte.

Ich beschloss, mich für ein freiwilliges Praktikum am Krankenhaus in Hashma zu bewerben. Wenn es sein müsste, würde ich eben allein in die Stadt ziehen. Mein Vater fuhr mich mit seinem Landrover hin, und wir gingen zu Dr. Salih, einem mit ihm befreundeten Zaghawa-Arzt. Dr. Salih war Facharzt für Gynäkologie und Geburtshilfe – mein Spezialgebiet – und stellte mich sofort als Assistenzärztin ein. Es herrsche Personalknappheit, und meine Hilfe werde von unschätzbarem Wert sein.

Zuerst wollte ich mich in der Unterkunft für die Assistenzärzte einquartieren, aber mein Onkel Ahmed bestand darauf, dass ich bei ihm wohnte. Mein Vater fand auch, dass das wahrscheinlich besser sei, zumindest für die ersten Monate. Ich musste sofort mit der Arbeit beginnen. Ich half Dr. Salih bei den Entbindungen und versorgte Mütter und Neugeborene. Dr. Salih war eine vornehme Erscheinung und extrem schlank. Die anderen Assistenzärzte und ich witzelten immer, dass ihn ein einziger Windstoß umwehen würde.

Ich liebte den Kontakt zu den frischgebackenen Müttern, denen ich half, ihre Kinder auf die Welt zu bringen. Und ich hatte Glück, denn Dr. Salih war ein freundlicher Mann und ein motivierender Lehrer. Ich machte nun genau das, wovon ich in all meinen Studienjahren geträumt hatte, und war sehr glücklich. Fast vergaß ich, welche Bedrohung über dem Dorf hing, aber ganz verschwanden die Ängste nicht. Die Sorge blieb, ein dumpf pochender Schmerz, der ständig an mir nagte.

Einen Monat nachdem ich mit der Arbeit begonnen hatte, kam ein Brief vom Ministerium, in dem stand, dass es zu wenig Personal in der Notaufnahme gebe und ich nun dort mein Praktikum zu absolvieren hätte. Der Chef hieß Dr. Rashid und war ein Araber vom Stamm der Berti. Er sollte mich in die Station einführen. Dieser überaus kompetente Mann war mir sofort sympathisch. Er gab mir oft die Möglichkeit, selbständig zu arbeiten, wobei er mir über die Schulter sah und mir sanft die Hand führte.

Dr. Rashid behandelte alle Patienten gleich, ohne Ansehen der Rasse, Hautfarbe oder Religion. Doch auf der neuen Station herrschte eine angespannte, traumatisierende Atmosphäre: ein endloser Strom von Blut und Eingeweiden und Schrecknissen, und die Arbeit war hart und anstrengend. Aber ich wusste immer, dass ich es packen würde. Ziemlich bald war mir klar, dass wir die Opfer des Konflikts behandelten, der sich allmählich auf ganz Darfur ausweitete. Sobald mir das bewusst war, kehrte die Sorge um meine Familie mit voller Wucht zurück.

Natürlich verkündete niemand öffentlich, dass diese Menschen in den Kämpfen verwundet worden waren. Im Krankenhaus selbst gab es ein Polizeirevier, und jeder Patient musste dort vor seiner Behandlung ein Formular ausfüllen. Dieses Formular wurde vom Arzt unterschrieben; es verzeichnete die Verletzungen des Patienten und wie sie entstanden waren. Mit Hilfe dieses Systems sollten etwaige Darfuri-Rebellen identifiziert werden, um sie noch im Krankenhaus aufspüren und festnehmen zu können.

Doch es gab Ausnahmen von diesen Regeln, denn manche Verletzten kamen mit einer Polizeieskorte ins Krankenhaus, und sie durften wir ohne Formular behandeln. Diese verwundeten Männer waren die Dschandschawid – »die teuflischen Reiter« –, Angehörige arabischer Stämme, von der Regierung mit Waffen versorgt, um unsere Dörfer anzugreifen. Es dauerte mehrere Wochen, bis ich das herausgefunden hatte.

Und als ich es wusste, steckte ich bereits in großen Schwierigkeiten.

16. KAPITEL

Notaufnahme

In der Arbeit betupfte ich blutige Wunden, reinigte Wunden, nähte Wunden und gipste gebrochene Gliedmaßen ein. Mit jedem Patienten erfuhr ich mehr über den Krieg und die Kämpfe. Manche der Verletzten waren Schwarzafrikaner, andere gehörten arabischen Stämmen an. Ich behandelte Menschen von beiden Seiten der Front.

Da es in dem Krankenhaus nur wenige schwarzafrikanische Ärzte gab, beschloss ich, meinen Leuten zu helfen, indem ich dafür sorgte, dass sie ordentlich behandelt wurden. Das erhöhte allerdings noch den Druck, der im Krankenhaus auf mir lastete. Meine Arbeitszeit wurde immer länger, und ich ging auch abends in die Klinik, um mir die Geschichten »meiner Patienten« anzuhören und sie zu trösten. Ich zog vom Haus meines Onkels in das Krankenhaus-Wohnheim um, damit ich ihnen näher sein konnte.

Nach und nach verbreitete sich die Nachricht, dass es im Krankenhaus eine junge schwarzafrikanische Ärztin gab, die verwundeten Darfuri-Dorfbewohnern half. So lernte ich das ganze Grauen des Krieges kennen. Mit den Zaghawa-Patienten konnte ich offen reden, da kein anderer Angehöriger des Krankenhauspersonals unsere Sprache verstand. Die meisten waren einfache Dörfler – Männer, Frauen und Kinder, die ins Kreuzfeuer geraten waren. Sie erzählten mir, dass sich der Krieg rasch ausbreitete. Die gefürchteten Dschandschawid seien, mit voller Rückendeckung durch das Militär und die Regierung, auf dem Vormarsch.

An einem besonders schrecklichen Tag erschien eine völlig verstörte Mutter mit ihren zwei Söhnen, neun beziehungsweise sechs Jahre alt. Die kleinen Körper wiesen grauenhafte Verbrennungen auf. Ich fragte die Frau, was passiert sei. Die Dschandschawid hatten ihr Dorf überfallen. Der Vater der Jungen war vor ihren Augen niedergeschossen worden; dann hatte man seine Söhne lebend in die brennende Hütte geworfen. Während ich die Brandwunden reinigte und verband, schrien die beiden Jungen nach ihrer Mutter und flehten mich an aufzuhören. Mir schossen vor Mitgefühl und Wut die Tränen in die Augen. Es brach mir das Herz.

Die Mutter der beiden Jungen wartete draußen. Doch selbst dort konnte sie die Schreie ihrer Kinder hören. Schließlich ertrug sie es nicht mehr. Sie kam wieder herein, setzte sich schweigend zu ihnen und nahm beide an der Hand. Jeden Morgen und jeden Abend reinigte und verband ich die Wunden. Aber ich hatte kein Anästhetikum, mit dem ich ihnen den Schmerz hätte ersparen können, da unsere Vorräte an Betäubungsmitteln sehr knapp waren. Jedes Mal schrien die Jungen wie am Spieß, was für ihre Mutter schier unerträglich war. Aber es lag nicht in meiner Macht, mehr für diese Kinder zu tun.

Die Zahl der eintreffenden Kriegsopfer wuchs schnell; schon bald musste man von einem wahren Ansturm sprechen. Eine Horrorgeschichte reihte sich an die andere. Einem kleinen Zaghawa-Jungen war das halbe Gesicht von Gewehrkugeln weggerissen worden. Anstelle seines Auges klaffte ein Loch. Ich sah grauenhaft verbrannte und entstellte Gesichter und Kinder, deren Beine in den glühenden Hütten geradezu geröstet worden waren. Und die vielen, vielen ausgefransten, blutigen Schusswunden. Ich hatte nicht gewusst, was eine Gewehrkugel mit einem menschlichen Körper anrichten kann. Es war grauenhaft.

Ein Mann vom Stamm der Fur brachte seinen kleinen Sohn, der noch seine Schuluniform trug. Er war gelähmt und verlor immer wieder das Bewusstsein. Sein Vater saß weinend da und erzählte mir die Geschichte. Der Junge war auf dem Weg in die Schule gewesen, als der Angriff der Dschandschawid erfolgte. Seine Schulkameraden waren niedergeschossen worden, und der kleine Junge hatte versucht zu fliehen. Dabei hatte ihn eine Kugel in den Rücken getroffen und zu Boden geworfen. Einer der Angreifer war zu ihm geritten, hatte auf ihn gefeuert und ihn in die Seite getroffen. Dann hatte der Mann den totgeglaubten Jungen einfach liegen lassen.

Doch das Kind hatte sich ans Leben geklammert und war von seinem Vater gefunden worden. Dass er die lange Fahrt ins Krankenhaus überlebt hatte, grenzte an ein Wunder. Bei der Untersuchung stellte ich fest, dass die zweite Kugel die Harnröhre verletzt hatte. In unserem Provinzkrankenhaus war eine entsprechende Behandlung nicht möglich. Ich sah nur noch, wie man die beiden auf den Transfer in eine Klinik in Khartoum vorbereitete. Ich hatte keine Ahnung, ob der Junge auch nur die Fahrt überleben würde – ganz zu schweigen davon, was ihn dann in der Zukunft erwartete.

Ich freundete mich mit einem netten alten Mann an, der schon seit vielen Jahren im Krankenhaus arbeitete. Er hieß Kayan und war der Oberpfleger. Er kam vom Stamm der Massalit, einer schwarzafrikanischen Volksgruppe aus dem Norden Darfurs. Das war die Gegend, in der die Kämpfe am schlimmsten tobten. Täglich sah er seine Leute mit schrecklichen Verletzungen in die Klinik kommen. Er erklärte mir, dass er gern kämpfen würde, dass er aber mehr Gutes tun könne, wenn er da blieb und den Opfern half. Er brachte mir alles über das Krankenhaussystem bei, und wir arbeiteten oft zusammen, um den bedürftigsten Patienten zu helfen.

Kayan lehrte mich, was Mitleid bedeutet. Er half jedem, egal auf welcher Seite ein Patient stand. Wenn ein Araber verwundet worden war, während er ein Dorf überfiel, behandelte er ihn trotzdem, denn auch dieser Mensch war in Not, war Opfer geworden. Kayan machte mir klar, dass die arabischen Stämme von der Regierung bewaffnet und aufgehetzt wurden und deshalb nicht die wahren Feinde waren. Die wahren Feinde, das waren die Regierung und die mörderischen Irren, die den Dschandschawid freien Lauf gelassen hatten.

Ich setzte mich mit ganzer Kraft ein, und so blieb mir nur noch Zeit zum Essen, Schlafen und Arbeiten. Aus diesen drei Tätigkeiten bestand mein Leben. Freitags nahm ich mir ein paar Stunden frei und sah mir am Fernseher im Ärztewohnheim die Nachrichten an. Oder ich besuchte Onkel Ahmed, um Neuigkeiten von daheim zu erfahren. Andere Gesprächsthemen gab es nicht mehr: Wir redeten nur noch über den Krieg. Die Menschen hatten nichts anderes mehr im Kopf als die Frage, wie sie ihre Familien und ihre Häuser schützen konnten. Das Leben war mitten in der Bewegung erstarrt: Keiner ging mehr fort, um zu studieren, niemand heiratete mehr oder plante, Kinder in die Welt zu setzen.

Drei aufreibende Monate lang ging das so, und jeder Tag brachte neue zerschmetterte Körper und zerbrochene Existenzen. Dann erschien eines Tages um die Mittagszeit ein junger Zeitungsreporter im Krankenhaus. Er ging in der Kantine herum und stellte dem medizinischen Personal Fragen. Er wollte, dass die Ärzte ihm ihren Eindruck vom Krieg schilderten, ihm alles erzählten, was sie in der Klinik gesehen hatten. Ich versuchte zunächst, ihm aus dem Weg zu gehen. Man wusste einfach nicht, wem zu trauen war. Jeder konnte einen jederzeit bei den Sicherheitsbehörden melden.

Ich beobachtete, wie der junge Reporter durch die Kantine ging und jeden befragte. Die anderen Ärzte schienen ganz offen mit ihm zu sprechen. Er schrieb sich ihre Namen auf und machte sich Notizen. Als er an meinem Tisch angekommen war, erklärte ich mich bereit, mir seine Fragen anzuhören. Er bat mich um meinen Namen und wollte wissen, auf welcher Station ich arbeitete. Dann sagte er, in der Notaufnahme müsse ich ja viele Kriegsverletzte zu Gesicht bekommen haben. Da hätte ich doch bestimmt einen gewissen Einblick in das Wesen des Konflikts erhalten. Ich entgegnete, das sei schon möglich.

»Alle sagen, die Schwarzafrikaner hätten die Regierung angegriffen«, sagte er. »Sehen Sie das auch so? Halten Sie das auch für die Ursache des Konflikts?«

Ich überlegte. Mir war klar, dass ich nicht sagen konnte, was ich wirklich dachte – das wäre reiner Selbstmord gewesen. Aber vielleicht konnte ich ihm ein paar ausweichende Antworten geben, die auf die Wahrheit zielten, ohne mich in Gefahr zu bringen.

»Ja und nein«, sagte ich. »Es ist viel komplizierter. Historisch betrachtet waren die arabischen Stämme Nomaden ohne Land und Vieh. Jetzt wollen sie Land und Vieh für sich haben.«

»Es wird also um Vieh und Wasser und Land gekämpft – das ist die eigentliche Ursache, ja?«

»In gewisser Hinsicht, ja. Aber es ist, wie gesagt, sehr komplex. In unserer Region, bei den Zaghawa, gibt es wenig sauberes Wasser und eine mangelhafte medizinische Versorgung, und die Regierung tut wenig, um das zu ändern.«

»Sie sind also eine Zaghawa? Die Zaghawa sind ein berühmter Kriegerstamm. Kämpfen Sie um Ihre Rechte, kann man das so sagen?«

»Wenn man angegriffen wird, muss man sich wehren. Wer sich nicht wehrt, wird vernichtet, so einfach ist das.«

»Sie sind also für die Kämpfe?«

»Man muss sich, wie gesagt, wehren, sonst wird man vernichtet.«

»Wenn das so ist, sind Sie also dafür, dass die Kämpfe fortgesetzt werden?«

»Nein, ich will Frieden. Ich will, dass die Kämpfe aufhören. Sie verursachen schreckliches Leid.«

»Und wenn Frieden herrscht, was dann?«

»Dann sollte die Regierung den Menschen in Darfur Unterstützung und Entwicklungsmöglichkeiten geben.«

Er sah von seinen Notizen auf. »Egal, welchem Stamm sie angehören?«

Ich nickte. »Ja. Egal, welchem Stamm sie angehören.«

Er lächelte kurz und überflog seine Notizen. »Sie sind Frau Dr. Halima Bashir, ja? Ich danke Ihnen. Vielleicht erscheint etwas davon in der Zeitung, mal sehen. Ich muss es erst bei meinem Redakteur durchbekommen …«

Der Reporter ging zum nächsten Tisch. Ich beendete meine Mahlzeit und machte mich sofort wieder an die Arbeit. Eine lange Schlange Patienten wartete bereits auf mich. Schon bald dachte ich nicht mehr an das Interview. Andere Ärzte hatten viel länger mit dem Mann gesprochen als ich. Und ich hatte kaum etwas gesagt, was mich belasten konnte. Das kurze Gespräch war schnell vergessen.

Zwei Wochen später sah ich mehrere Polizisten durch die Notaufnahme gehen. Ich dachte mir nichts dabei. Am Spätnachmittag drehten sie normalerweise ihre Runde für den Fall, dass es zu Streitigkeiten zwischen den Patienten kam. Ich machte weiter meine Arbeit, spürte aber plötzlich, dass sie hinter mir stehen blieben. Ich drehte mich um. Eine seltsame, unheimliche Spannung lag in der Luft. Ich bemerkte, dass vier Männer in Zivil bei den Polizisten standen. Und ich wusste sofort, wer sie waren.

»Frau Dr. Halima Bashir?«, sagte der ranghöchste uniformierte Polizist. »Frau Dr. Bashir?«

Ich nickte. Es war eine merkwürdige Frage. Er kannte mich gut, wir hatten schon oft miteinander gesprochen. Er gehörte zu den im Krankenhaus stationierten Polizisten, die sich um die Formulare zu kümmern hatten. Er machte eine halbe Drehung zu dem Mann in Zivil hin, der neben ihm stand. »Ich habe es Ihnen doch gesagt – das ist sie.«

»Sie kommen mit uns mit«, sagte der Zivilbeamte trocken.

»Warum?«, fragte ich und versuchte meine Angst zu verbergen. »Was wollen Sie von mir?«

Mehrere Sekunden lang sah er mich nur an. Ich stellte mir seine dunklen, toten Augen hinter seiner Sonnenbrille mit den verspiegelten Gläsern vor. Sonnenbrille und dunkle Anzüge im westlichen Stil: Das war ihre ultramachohafte, ultracoole Uniform. Genauso hatten die Männer ausgesehen, die auf den Campus gekommen waren, um die Universität zu schließen. Wäre es nicht so furchterregend gewesen, man hätte darüber lachen können.

»Sie stellen keine Fragen«, krächzte er. »Sie tun einfach, was wir sagen.«

»Kann ich mich wenigstens umziehen?« Ich trug meine Krankenhausklamotten – Latexhandschuhe, Gummischuhe, einen weißen Kittel und ein Haarnetz.

»Gut, ziehen Sie sich um. Aber schnell!«

Mit ängstlich pochendem Herzen ging ich in die Personalumkleide und zog meine Arztsachen aus. Als ich die blutverschmierten Handschuhe abstreifen wollte, zitterten meine Hände. Ich überlegte blitzschnell. Was hatte ich getan? Was hatte ihre Aufmerksamkeit auf mich gelenkt? Wohin auch immer sie mich bringen würden, es würde nichts Gutes dabei herauskommen, das wusste ich. Aber was um alles in der Welt hatte ich getan?

Ich folgte den vier Männern zu dem vor der Klinik parkenden Auto. Es war ein neuer, glänzender Toyota Land Cruiser, weiß, mit getönten Fenstern. Ich musste, eingezwängt zwischen zwei Geheimpolizisten, auf der Rückbank sitzen. Der Mann, der mit mir gesprochen hatte und offenbar der Anführer war, nahm auf dem Beifahrersitz Platz. Schweigend fuhren sie los. Die Fenster waren so dunkel, dass niemand hineinsehen konnte. Bestimmt hatten nur wenige meine Abholung mitbekommen, und ich betete darum, wohlbehalten zurückzukehren.

Der Fahrer steuerte den Wagen rasch durch den Verkehr. Die Männer starrten wortlos vor sich hin. So verstrich Minute um Minute. Dieses Verhalten hatte eine wirklich schreckenerregende Wirkung auf mich. Wohin um alles in der Welt würden sie mich bringen? Und warum? Was hatte ich getan? Womit hatte ich sie provoziert? Ich wusste, dass diese Leute zu allem fähig waren. Die Geheimpolizei war berüchtigt für ihre Brutalität, und sie war allmächtig. Würden sie mir wehtun? Oder mich gar foltern? Oder noch Schlimmeres? Während dieser langen, lautlosen Fahrt versuchte ich mich gegen alles zu wappnen, was mir bevorstand.

Als wir am Marktplatz von Hashma vorbeikamen, blitzte ein Bild aus meinem Gedächtnis auf: Ich erinnerte mich an den Schwarzen, der geschlagen wurde, weil er sich einem Araber, von dem er öffentlich als Sklave bezeichnet worden war, widersetzt hatte. Die Polizisten hatten auf seinen Kopf eingeprügelt und ihn dann weggezerrt. Vielleicht hatten sie mich aus ähnlichen Gründen abgeholt. Vielleicht geschah es deshalb, weil ich das Leben schwarzer, im Krieg verwundeter Menschen rettete. Vielleicht, weil ich mir den Ruf erworben hatte, das zu tun. Vielleicht wollte man mich einfach deshalb bestrafen, weil ich meinen eigenen Leuten half.

Wir verließen das Zentrum von Hashma und fuhren Richtung Stadtrand. Ich ertrug das Schweigen nicht länger.

»Wohin bringen Sie mich?«

Keiner antwortete. Ich versuchte es noch einmal.

»Klappe!«, fuhr mich einer von ihnen an. »Hier wird nicht gefragt!«

Noch während ich die Frage gestellt hatte, war mir die Antwort eingefallen. Tief im Innern war mir das Ziel plötzlich klar. Alle in meinem Land wussten, wohin Menschen verschleppt wurden: in ein »Geisterhaus« – ein Gebäude, das aussah wie eine x-beliebige Villa, in Wahrheit jedoch ein Geheimgefängnis war. Solche Häuser benutzten sie, um ihre Opfer zu verstecken und »verschwinden« zu lassen.

Die dunkle, lautlose Fahrt dauerte etwa vierzig Minuten. Der Fahrer wusste genau, wohin es gehen sollte, denn niemand gab ihm irgendwelche Anweisungen. Dann hielten wir vor einem unauffälligen einstöckigen Haus. Es war von einem lackierten Holzzaun umgeben und hatte einen großen, dicht bewachsenen Garten. Mit knirschenden Reifen kam der Wagen auf der Kiesauffahrt zum Stehen.

»Aussteigen!«, befahl der Mann auf dem Beifahrersitz.

Ich stieg aus und sah mich ängstlich um.

»Folgen Sie mir!«, sagte der Mann. »Aber leise. Machen Sie keine Dummheiten! Versuchen Sie nicht zu rufen oder zu schreien, es hört Sie sowieso keiner. Und selbst wenn – es würde Ihnen niemand helfen.«

Ich wurde in einen dunklen Raum geführt, der, abgesehen von einer nackten Glühbirne an der Decke und einem Schreibtisch mit zwei einander gegenüberstehenden Stühlen, leer war. Man befahl mir, mich zu setzen. Der Anführer nahm mir gegenüber Platz, während sich die anderen in die Ecken des Raums verteilten. Wieder trat tiefstes Schweigen ein. Der Mann vis-à-vis sah mich nur an. Außer ihren Atemzügen und hin und wieder einem am Boden scharrenden Fuß war nichts zu hören. Ein Feuerzeug flammte auf; dann wurde es wieder dunkel. Aber das Dröhnen meines pochenden Herzens übertönte alles.

Schließlich brach ich das Schweigen. »Warum … warum bin ich hier?«

Sofort brüllten die an den Wänden stehenden Männer auf mich ein. »HALT DEN MUND!«

»RUHE!«

»HALT DEINE DUMME FRESSE!«

»KEINE FRAGEN!«

Wieder trat Stille ein, dunkle, beängstigende Stille. Das Gebrüll dröhnte in meinen Ohren. Mein Herz schlug, als würde es jeden Moment explodieren. Der Mann auf der anderen Seite des Schreibtischs starrte mich an. Das matte Licht aus der Glühbirne legte tiefe Schatten auf seine Augenhöhlen, so dass er aussah, als trüge er eine Totenkopfmaske. Und dann begann das Gesicht zu sprechen, mit leiser, lebloser, gefühlloser Stimme. Seine Züge hatten nicht den geringsten Ausdruck, waren genauso leblos wie die Worte, die er an mich richtete.

»Schauen Sie auf mich und hören Sie sich an, was ich Ihnen zu sagen habe. Ich will es nicht wiederholen müssen. Ich sage es nicht zweimal. Kein einziges Wort darf Ihnen entgehen.«

Ich sah ihn an. Ich versuchte, tapfer zu sein. »Wer sind Sie, dass Sie mich einfach so mitnehmen können?«

Sofort kam wieder das Gebrüll. »RUHE!«

»WIR HABEN'S DOCH GESAGT – KEINE FRAGEN!«

»HALT DIE KLAPPE!«

»HALT DEINE DUMME FRESSE!«

»Sie sind die Zaghawa-Ärztin!«, schrie mich der Mann am Schreibtisch an und stieß seinen Zeigefinger in meine Richtung. Sein Gesicht war plötzlich wutverzerrt. »Sie sind diese Zaghawa-Ärztin! Leugnen Sie nicht! Wir wissen alles! *Alles!*«

»Warum verhören Sie mich dann?«, entgegnete ich in dem Versuch, meine Angst nicht zu zeigen. »Was soll das Ganze, wenn Sie ohnehin schon alles wissen?«

Aus den Ecken kam noch lauteres Gebrüll. Noch mehr Wut, noch mehr Drohungen und Beschimpfungen. Dann näherten sich von hinten schwere Schritte. Ich zuckte zusammen und wartete auf den Hieb. Aber es war nur ein dicker Aktenordner, der vor mich auf den Schreibtisch geknallt wurde.

»Besser, Sie lernen, ein bisschen Respekt zu zeigen … Dr. Halima Bashir!«, fauchte das Gesicht mir gegenüber. Der Mann nahm den Ordner und las meinen Namen vom Deckel ab. »Dr. Halima Bashir, die Zaghawa-Ärztin. Die Zaghawa-Ärztin, die mit der Zeitung gesprochen hat … Dumm. Sehr dumm, Frau Doktor. Sie sind ein dummes kleines Mädchen und sehr geschwätzig. Und damit haben Sie sich jetzt Schwierigkeiten eingebrockt.«

Ich umklammerte die Schreibtischkante, um mich zu beruhigen. Das also war es – das Interview. Irgendetwas musste in der Zeitung erschienen sein. Aber welche Äußerung hatte mich hierhergebracht? Ich hatte doch gar nichts gesagt. Plötzlich fühlte ich mich erleichtert. Ich hatte viele verwundete Rebellenkämpfer im Krankenhaus behandelt – Kämpfer, die behauptet hatten, verletzte Dorfbewohner zu sein –, und ich hatte schreckliche Angst gehabt, die Geheimpolizei könnte das herausgefunden und mich wegen Unterstützung von Rebellen verhaftet haben.

Aber ich war immer noch wie gelähmt. Am liebsten wäre ich weggelaufen und hätte mich versteckt. Aber noch hatte ich weder Pistolen noch Messer noch irgendwelche anderen Waffen gesehen. Also würden sie mich vielleicht doch nicht foltern und umbringen. Nur Mut!, sagte ich mir. Ich musste meine Angst verbergen. Wenn ich sie zeigte, würden sie sich allmächtig fühlen, während ich wehrlos wirkte. Dann war ich ihnen ausgeliefert. Ich musste versuchen, standzuhalten und eine tapfere Miene zur Schau zu tragen.

»Ja, ich habe mit dem Zeitungsreporter gesprochen. Na und? Ist das verboten? Habe ich irgendwas Falsches gesagt?«

»Wissen Sie das wirklich nicht?«, höhnte der Mann am Schreibtisch. »Glauben Sie wirklich, Sie dürfen *offen* reden? Glauben Sie allen Ernstes, Sie dürfen Schwierigkeiten machen? *Schwierigkeiten machen?* Wir haben die Befugnis, alles mit Ihnen zu machen, *alles*. Wussten Sie das nicht?«

»Aber was habe ich denn gesagt …?«

»Welcher Partei gehören Sie an?«, warf Das Gesicht ein. »Sagen Sie's uns! Niemand spricht so offen, wenn er kein Parteimitglied ist. Also, in welcher Partei sind Sie? Oder ist es vielleicht eine Rebellengruppe? Na los! Wenn es keine politische Partei ist, kann es ja nur eine Rebellengruppe sein!«

»Ich bin doch nur Ärztin …«

»Hören Sie auf zu lügen!«, schnauzte mich Das Gesicht an. »Sie glauben, Sie können uns Lügen auftischen? Wir wissen alles! Wir wissen, dass Sie Ihren Leuten Medikamente geben. Wir wissen, dass Sie ihnen helfen. Wir wissen, dass Sie die schwarze Zaghawa-Ärztin sind, zu der sie alle wollen. Also, machen Sie es sich doch nicht so schwer. Sagen Sie die Wahrheit! Mit wem stecken Sie unter einer Decke?«

»Meine Aufgabe als Ärztin besteht darin, Menschen zu heilen …«

»Idiotin! Idiotisches Ding! Halten Sie uns für blöd? Glauben Sie, wir wissen es nicht? Ich sag Ihnen mal, was wir wissen. Wir wissen, was Sie der Zeitung gesagt haben. Wir wissen …«

So tobte Das Gesicht weiter. Er ließ mich kein einziges Wort zu meiner Verteidigung sagen. Ich war nicht hier, um zu sprechen. Ich war hier, um die Macht zu spüren, die sie über mich hatten, um ihren Zorn und ihren Hass zu spüren und um das kalte, schauderhafte Grauen panischer Angst zu erfahren. Immer wenn ich etwas sagen wollte, schnitt mir Das Gesicht das Wort ab, oder die stehenden Männer brüllten mich an. Ich gab auf. Ich sagte nichts mehr. Ich saß schweigend da, während Das Gesicht keifte, tobte und drohte.

Irgendwann zog Das Gesicht ein Blatt Papier aus dem Ordner. »So, Frau Doktor, und jetzt unterschreiben Sie das hier! Da steht drin, dass Sie nie wieder mit einer Zeitung über irgendwen oder irgendwas reden werden. Sie werden nie wieder über irgendetwas reden! Und wenn Sie sich nicht daran halten, werden wir Sie uns vornehmen, haben Sie verstanden? Sagen Sie, dass Sie das verstanden haben!«

Ich nickte. »Sagen Sie's!«, knurrte er. »Ich will es hören.«

»Ich habe verstanden.«

Er schob das Blatt Papier auf der Schreibtischplatte zu mir herüber. »Unterschreiben!«

»UNTERSCHREIBEN!«

»UNTERSCHREIBEN!«

»UNTERSCHREIBEN!«

»UNTERSCHREIBEN! UNTERSCHREIBEN!«

Das Gebrüll aus den Ecken war ohrenbetäubend. Ich nahm den Kugelschreiber und kritzelte mit zittriger Hand meinen Namen auf das Papier. Kaum hatte ich den Stift vom Blatt gehoben, riss Das Gesicht es auch schon an sich.

»Gehen Sie!«, zischte er mich an. »Raus hier! Ich will Ihr hässliches schwarzes Gesicht nie wiedersehen!«

Die Rückfahrt verlief ebenso lautlos wie die Hinfahrt. Zwei der Männer kamen mit – der Fahrer und einer von den Eckenstehern. Am Marktplatz ließen sie mich wortlos aussteigen. Ich stand auf dem Gehsteig und sah zu, wie der Wagen davonfuhr und im Verkehr verschwand. Meine Knie zitterten. Ich lehnte mich an ein Auto und atmete tief durch, um mich zu beruhigen. Doch plötzlich wurde mir übel, und ich erbrach mich in den Rinnstein.

Nach einer Weile hatte ich wieder genug Kraft, um weiterzugehen. Auf dem Weg zum Krankenhaus kam ich am hässlichen Betonklotz des Fußballstadions vorbei. In diesem Moment packte mich die kalte Wut. Ich wusste jetzt, dass ich ein Teil dieses Krieges war und dieser Krieg ein Teil von mir. Für die Männer, die mich verschleppt hatten, war es ein Krieg gegen mein Volk, und jeder, der meinem Volk half, war ein Feind. Sie hatten mich bloß abgeholt, um mich einzuschüchtern und daran zu hindern, dass ich meinen Leuten half. Und sie hatten keinen Zweifel daran gelassen, was passieren würde, wenn ich damit nicht aufhörte.

Während ich weiterging, wurde mir bewusst, dass dies erst der Anfang war. Ich würde mich nicht verändern. Ich würde nicht aufhören, meine Leute zu unterstützen. Jeder, der ins Krankenhaus kam und meiner Hilfe bedurfte, würde sie auch erhalten, egal, welchem Stamm er angehörte. Aber ich musste vorsichtiger sein. Mit Zeitungsleuten würde ich nie wieder reden. Und ich musste weniger offen vorgehen – denn irgendwer hatte mich gemeldet, weil ich den schwarzafrikanischen Kriegsversehrten geholfen hatte.

Ich fragte mich, wer es wohl gewesen war. Welchen Kollegen, welche Kollegin hatten sie geschmiert, erpresst oder so eingeschüchtert, dass er oder sie mich ausspionierte? Als Erster kam mir Kayan in den Sinn, der freundliche alte Oberpfleger. Ihm hatte ich meine geheimsten Gedanken, meine größten Hoffnungen und Ängste mitgeteilt, und an der Behandlung der schwarzafrikanischen Verwundeten waren wir beide beteiligt gewesen. Doch ich schloss diese Möglichkeit gleich wieder aus. Niemals hätte ich es ihm wirklich zugetraut. Es konnte jeder Mitarbeiter im Krankenhaus gewesen sein, aber nicht er.

Als ich im Krankenhaus ankam, war es schon später Abend. Ich ging sofort ins Wohnheim, denn mir drehte sich alles, und ich hatte keine Lust, mit irgendwem zu sprechen. Ich fiel in mein Bett in dem Raum, den ich mir mit einem halben Dutzend anderer Ärztinnen teilte. Zum Glück war keine von ihnen anwesend. Ganz allein lag ich in der Stille und dachte darüber nach, was mir widerfahren war und was ich nun tun sollte.

Der menschliche Körper reagiert auf einen Schock unter anderem mit Schlaf, und ich schlief wie ein Stein. Am nächsten Morgen versuchten ein, zwei andere Ärztinnen in Erfahrung zu bringen, was mit mir geschehen war, doch ich sagte ihnen, dass ich nicht darüber reden wolle. Ich wusste einfach nicht mehr, wem ich trauen konnte. Aber ich fragte sie, ob sie den Bericht in der Zeitung gelesen hätten, und sie bejahten und erzählten mir, dass ich darin, zusammen mit einigen anderen Ärzten, zitiert worden sei, dass aber keiner so umstrittene Äußerungen getan hätte wie ich.

Trotz des Vorfalls behandelten Kayan und ich weiterhin *alle* Kriegsopfer. Ich warnte ihn davor, im Krankenhaus offen zu reden, da man nicht wisse, wem zu trauen sei. Kayan war derselben Ansicht. Nicht einmal den eigenen Brüdern und Schwestern könne man noch Vertrauen schenken, meinte er – den Menschen, die von derselben Mutter geboren seien wie man selbst!

Jeder wandte sich gegen jeden. Das Land stand in Flammen.

17. KAPITEL

Auftrag in Mazkhabad

Einige Wochen danach besuchte mich mein Vater. Ich war überglücklich, ihn wiederzusehen. Was mir geschehen war, hatte ich niemandem anvertraut, und ich brannte darauf, es ihm zu erzählen. Doch stattdessen saßen wir bei Onkel Ahmed herum, und die beiden diskutierten über den Krieg. In unserer Gegend hatte es mehrere kleinere Attacken gegeben, Blitzüberfälle, aber die Dorfbewohner hatten die Angreifer vertrieben. Dennoch klang es sehr beunruhigend. Als mein Vater zu Ende erzählt hatte, beschloss ich, ihm nichts von meinen eigenen Problemen mitzuteilen. Er musste schon mit so vielem fertig werden.

Kurz nach seinem Besuch wurde ich ins Büro des Krankenhauschefs gerufen. Er bot mir einen Platz an und las mir dann einen Brief vor, den er vor sich liegen hatte. Das Schreiben stammte vom Gesundheitsministerium – die arabischen Buchstaben spiegelten sich in seinen dicken Brillengläsern. In dem Brief wurde ich angewiesen, die Leitung des Regionalkrankenhauses in Mazkhabad zu übernehmen.

Mazkhabad ist ein Dorf im äußersten Norden Darfurs. Ich fragte den Chef, warum man mich versetzen wolle, obendrein in eine so abgelegene Gegend. Das wisse er nicht, sagte er achselzuckend. Aber in dem Brief stehe nun einmal mein Name, und ich müsse gehen. Ich sollte die Reise sogar schon am nächsten Morgen antreten und damit an diesem Tag zum letzten Mal im Krankenhaus arbeiten. »Es tut mir leid, Frau Dr. Bashir«, sagte er und hob den Blick von dem Brief. »Für mich ist das genauso überraschend, wie es für Sie sein muss.«

»Aber ich bin doch noch viel zu unerfahren!«

Wieder zuckte er mit den Achseln. »Da stimme ich Ihnen zu. Kein Assistenzarzt sollte in eine abgelegene Gegend geschickt werden, ohne seine Ausbildung vollständig abgeschlossen zu haben.« Er drehte den Brief so um, dass ich ihn lesen konnte. »Aber wie Sie sehen, kommt die Anweisung direkt vom Ministerium – da lässt sich nichts machen.«

»Ich will aber keine Versetzung. Ich fühle mich hier sehr wohl. Ich habe ja auch gar nicht darum gebeten. Ich bin überhaupt noch nicht so weit.«

Er nickte mitfühlend. »So etwas ist hier noch nie vorgekommen. Und Sie haben bei uns hervorragende Arbeit geleistet. Ich bedauere es sehr, Sie zu verlieren. Aber leider können weder Sie noch ich etwas dagegen tun.«

Ich wusste nicht, was ich darauf erwidern sollte. Es blieb nichts mehr zu sagen. Er gab mir den Brief. »Hier, bitte. Ich habe sehr gern mit Ihnen zusammengearbeitet, Frau Doktor, wirklich.«

Auf dem Weg zurück in die Notaufnahme wurde mir ziemlich klar, warum man mich wegschickte. Ich sah mich um, betrachtete die verwundeten Männer, Frauen und Kinder. So viele von ihnen waren schwarzafrikanische Opfer dieses Kriegs, und so viele von ihnen waren auf mich angewiesen. Was würde geschehen, wenn ich ab morgen nicht mehr da war? Dann blieb nur noch Kayan, und es war nur eine Frage der Zeit, dass sie auch ihn abholten und verhörten und fortschickten.

Am Abend verabschiedete ich mich von Dr. Salih, dem Zaghawa-Arzt, unter dem ich anfangs in der gynäkologischen Abteilung gearbeitet hatte. Als ich ihm erzählte, dass ich gehen müsse, reagierte er völlig verblüfft. Warum schickten sie mich in ein so abgelegenes Gebiet, obwohl ich meine praktische Ausbildung erst zur Hälfte absolviert hätte, fragte er mich, und ich antwortete ihm, dass ich das nicht wisse, diese Anweisung aber nun einmal erhalten habe.

Als Nächstes sprach ich mit Kayan. Er war sehr überrascht und sehr traurig darüber, dass ich ging. Ich sagte ihm, er solle weiterhin Gutes tun, aber niemandem vertrauen, sonst würden sie mit ihm dasselbe machen wie mit mir.

Zum Schluss verabschiedete ich mich von Dr. Rashid, dem Chef der Notaufnahme. Ich hatte gern unter ihm gearbeitet, und als ich in sein lächelndes Gesicht blickte, wusste ich genau, dass er ein guter Mensch war. Er nahm die Nachricht fassungslos auf und wurde dann wütend. Es sei unmöglich, mich schon so früh zu versetzen, noch dazu in eine solche Gegend, ich solle mich weigern. Er werde persönlich zum Krankenhausleiter gehen und die Angelegenheit mit ihm besprechen. Daraufhin erklärte ich ihm, dass die anderen Mitarbeiter nur Schwierigkeiten zu erwarten hätten, wenn ich bliebe. Ich würde diese Versetzung schon überleben und das Ganze irgendwie durchstehen.

Im Wohnheim verstaute ich meine Sachen in dem grünen Metallkoffer und ging dann zu meinem Onkel, um ihm von der Versetzung zu erzählen. Seine Frau und er hatten kein gutes Gefühl. Es sei doch viel besser, in der Nähe der Familie zu bleiben, wandten sie ein. Warum ich beschlossen hätte, zu gehen? Das sei nicht mein Entschluss, erklärte ich ihnen, sondern eine ministerielle Anweisung. Ich versprach, mich sofort nach meinem Eintreffen in Mazkhabad zu melden und zu bestätigen, dass ich wohlbehalten angekommen sei. Und ich bat sie, meinen Vater zu informieren. Als tröstlich empfand ich die Tatsache, dass Mazkhabad im Gebiet der Zaghawa lag, so dass ich wenigstens bei meinen eigenen Leuten leben würde.

Ich übernachtete bei meinem Onkel und bei meiner Tante und brach früh am nächsten Morgen auf.

Die Fahrt nach Mazkhabad legte ich im Lastwagen zurück. Diesmal musste ich auf der Ladefläche sitzen, weil die Zeit zu knapp gewesen war, um einen Platz in der Fahrerkabine zu buchen. Die Ladefläche war völlig überfüllt. Da hockten Frauen mit kleinen Kindern im Schoß, die zu schlafen versuchten, und Männer, die sich an den Bordwänden festhielten und ein waches Auge auf ihre mit Hirsemehl und Mais gefüllten Säcke hatten. Obendrein standen zwischen den Mitfahrenden eingekeilt Unmengen von nervösen Schafen und Ziegen. Als wir die Stadt hinter uns gelassen hatten, wurde die Straße holperig und schwer befahrbar.

Der Lastwagen rumpelte so heftig durch die Schlaglöcher, dass die Leute umfielen. Die Räder wirbelten eine Menge Staub auf, der sich bald überall festsetzte: in den Haaren, in den Augen und sogar in den Nasenlöchern. Aber trotz dieser Beschwernisse blieben die Leute freundlich und lächelten.

Ich kam mit ein paar Frauen ins Gespräch. Sie fragten mich, wohin ich wolle und was ich dort vorhätte. Nachdem ich ihnen mein Ziel genannt hatte, machten sie mich mit mehreren Frauen aus Mazkhabad bekannt. Sie hatten dieselben Familiennamen wie meine Mutter und mein Vater, und wir besaßen gemeinsame Vorfahren. Ich fragte sie, ob ich irgendwelche Verwandten in dem Dorf hätte, aber davon wussten sie nichts.

Da beugte sich ein alter Mann, der in meiner Nähe stand, zu mir hinunter. »Ich habe euer Gespräch gehört, Schwester«, sagte er, übers ganze Gesicht grinsend. »Herzlich willkommen! Willkommen in unserem Dorf! Ich heiße Bushara. Sagen Sie noch mal, wie Ihre Leute heißen – vielleicht kenne ich jemanden.«

Ich nannte ihm die Namen aller meiner Verwandten.

Da sagte er lächelnd: »Ja, ich glaube, da ist jemand. Ich bin mir sogar ziemlich sicher. Wenn wir angekommen sind, bringe ich Sie zu ihm.«

Ich bedankte mich. Ich war so froh. Allein die Vorstellung, dort Verwandte zu haben, tröstete mich schon.

Gegen Mittag hielt der Lastwagen an, damit wir eine kurze Pause machen konnten, und Bushara lud mich zum Essen ein. Am Straßenrand standen Buden, in denen man gegrillte Maiskolben, gekochte Süßkartoffeln, gesalzene und gewürzte Erdnüsse und in Scheiben geschnittene, hart gekochte Eier auf Fladenbrot kaufen konnte. Während wir aßen, fragte mich Bushara, was mich nach Mazkhabad führe. Erst zögerte ich, doch dann sagte mir mein Gefühl, dass ich ihm vertrauen konnte. Ich erzählte ihm, dass ich Ärztin sei und man mich an das Krankenhaus des Ortes versetzt habe. Kaum hatte ich das gesagt, hellte sich seine Miene auf.

»Eine Ärztin! Eine richtige Ärztin!«, rief er begeistert. »Allah – haben wir ein Glück! Als Allererstes müssen Sie zu uns kommen und meine Frau und die Kinder kennenlernen!«

»Ich fühle mich sehr geehrt, Bushara«, sagte ich. »Aber erst muss ich zu meinen eigenen Leuten, zu dieser Familie, die Sie kennen. Gleich danach komme ich zu Ihnen.«

Er lächelte. »Ja, so ist es besser, das stimmt. So muss man es machen. Aber eine richtige Ärztin für unser Dorf! Ich kann es immer noch nicht glauben ...«

Als wir weiterfuhren, fiel mir eine Geschichte ein, die meine Großmutter uns Kindern erzählt hatte. Eines Tages traf ein Fremder in einem Zaghawa-Dorf ein und bat darum, zum Haus eines bestimmten Mannes geführt zu werden. Als man das Haus gefunden hatte, war es schon sehr spät. Trotzdem wurde der Mann hereingebeten, man gab ihm zu essen und zu trinken und ließ ihn übernachten. Am nächsten Morgen wollte der Gastgeber den Fremden wecken, um ihm das Frühstück zu servieren, doch der Mann war in der Nacht gestorben.

Das ganze Dorf kam zusammen, um zu beraten, was zu tun sei. Niemand kannte den Namen des Fremden, niemand wusste überhaupt, woher er kam. Doch die Dorfältesten entschieden, dass er trotzdem ein ordentliches Dorfbegräbnis erhalten solle. Und so begruben sie den Mann noch am selben Tag auf dem Friedhof und betrauerten seinen Tod, als hätte er zur Familie gehört. Danach beschloss der Gastgeber, die Identität des Fremden in Erfahrung zu bringen. Er bereiste die ganze Gegend und erfuhr schließlich, dass der Mann sein lange verloren geglaubter Halbbruder gewesen war, den er schon seit vielen Jahren gesucht hatte.

Die Moral dieser Geschichte war, dass kein Zaghawa jemals einem Fremden die Gastfreundschaft verweigern durfte. Wir mussten fragen, ob der Besucher eine angenehme Reise gehabt habe, ob er müde sei und ob er etwas essen oder trinken wolle. Denn niemand konnte wissen, ob es sich nicht vielleicht um einen nahen Verwandten handelte. Umgekehrt konnte ich mich auf meine Leute in Mazkhabad verlassen, wie entfernt unsere Verwandtschaft auch immer sein mochte.

Spätnachts kamen wir im Dorf an. Ich konnte schmale, unbefestigte Straßen erkennen und hin und wieder eine Öllampe, die in der Dunkelheit flackerte.

Es erinnerte mich sehr an mein eigenes Dorf; irgendwie fühlte ich mich zu Hause und war doch voller Heimweh. Bushara half mir von der Ladefläche herunter, nahm meinen Koffer und marschierte in die Dunkelheit hinein. Unterwegs sprachen wir miteinander, er zeigte mir alles und hieß mich immer wieder in meiner neuen Heimat willkommen.

»Herzlich willkommen!«, rief er. »Morgen schicke ich meine Frau und die Kinder zur Begrüßung, dann haben Sie schon mal ein paar Freunde hier. Und sollten sie etwas haben – Kopfweh oder so –, können Sie ihnen ja helfen. Wir haben schon so lange keinen richtigen Arzt mehr gehabt und sind so froh, dass Sie jetzt da sind!«

Ich bedankte mich kleinlaut bei ihm. Ich empfand mich noch nicht als richtige Ärztin. Schließlich hatte ich meine Ausbildung noch gar nicht abgeschlossen.

»Hier ist das Haus Ihrer Verwandten.« Bushara deutete darauf. »Der Mann hat drei Ehefrauen, ich hoffe, er ist heute Nacht überhaupt da. Wenn nicht, müssen wir zu den anderen gehen. Aber keine Sorge – sie wohnen ganz in der Nähe, das ist kein Problem.«

Wir blieben an einem Zaun stehen. »*Assalam alaikum* – Möget ihr in Frieden leben!«, rief Bushara in das dunkle Haus hinein. »Seid ihr da? Ich habe einen ganz besonderen Gast mitgebracht!«

Einige Sekunden lang blieb alles still; dann wurde der hölzerne Riegel zurückgeschoben. »Willkommen!« Die Stimme klang schläfrig. »Seid willkommen, meine Gäste!«

Das Tor wurde geöffnet, und ein Kopf lugte hervor. Der Mann hatte ein lustiges Gesicht und einen grau melierten Schopf. Er winkte uns herein, schloss das Tor und führte uns zu seinem Wohnbereich.

»Willkommen!«, sagte er noch einmal. »Bitte – setzen Sie sich. War es eine weite Reise? Sie müssen ein bisschen Tee trinken. Warten Sie, meine Frau schläft, aber ich werde sie wecken.«

Bevor wir etwas einwenden konnten, war er in der Dunkelheit verschwunden. Kurz darauf kam er zurück, beugte sich über die

Kochstelle, blies in die Glut und legte ein paar Strohhalme darauf. Sofort flackerte eine muntere Flamme inmitten der Düsternis.

»So. Ich heiße Abakher«, sagte der Mann. »Noch einmal: Herzlich willkommen! Ich freue mich immer über Besuch!«

»Diese junge Dame hier ist Ärztin«, erklärte Bushara. »Ich habe sie auf der Lastwagenfahrt kennengelernt. Sie ist auch eine Bashir, sie kommt vom Coube-Clan, aus dem Dorf Hadurah. Du kennst doch ihre Leute? Ich dachte mir, ich bringe sie gleich mal zu dir.«

»Ah – sie ist eine Verwandte, sie ist meine Tochter!«, verkündete Abakher überglücklich. »Willkommen, Tochter! Wie froh ich bin, noch eine Tochter zu haben, obendrein eine, die Ärztin ist!«

Ich musste lachen. »Danke, Abakher, vielen Dank. Und ich bin froh, noch einen Vater zu haben!«

Abakhers Alter war tatsächlich dazu angetan, ihn zu einer »Vaterfigur« für mich zu machen, denn er war mindestens Mitte sechzig. Er stellte mir seine Frau Safia vor, die jüngste der drei. Sie wollte unbedingt etwas kochen, aber ich sagte, ich hätte unterwegs etwas gegessen. Da brachte sie mir warme Milch und zeigte mir meinen Schlafplatz in ihrer Hütte. Abakher verbrachte die Nacht in der Männerhütte.

Am Morgen bereitete Safia ein köstliches Frühstück aus *acidah*-Brei zu, und während wir aßen, erzählte ich Abakher mehr von meiner Familie. Dabei stellte sich heraus, dass wir auf der Coube-Seite ganz eng miteinander verwandt waren. Abakher hatte von der Existenz seiner Verwandten im südlichen Darfur gewusst, aber kaum je etwas von ihnen gehört. Er berichtete ein wenig über sein Leben. Er war Bauer und ritt jeden Tag mit dem Esel auf die Felder. Dann zählte er die Kinder auf, die er mit jeder seiner drei Frauen hatte.

Ich bat Abakher, mich zum Dorfkrankenhaus zu bringen, damit ich mich dort vorstellen könne. Sobald ich mein Frühstück beendet und meinen Tee ausgetrunken hätte, werde er das gern tun, erklärte er. Er kenne den Leiter der Klinik und könne ihn mir persönlich vorstellen.

Abakhers Haus lag in der Nähe der Ortsmitte, deshalb hatten wir die Klinik schon nach einem kurzen Spaziergang erreicht. Es war ein niedriger Ziegelbau mit einem Dach aus feuerverzinktem Blech, der im Schatten mehrerer Akazien stand. An der Vorderseite befand sich eine Veranda mit grasgedecktem Dach; dort warteten die Patienten auf ihre Behandlung. Die Veranda führte in den einzigen Behandlungsraum. An jeder Seite standen sechs Metallbetten mit vinylbezogenen, schon ganz flach- und blankgelegenen Matratzen. Die Ausstattung war denkbar dürftig, aber wenigstens wirkte alles sauber, und es roch nach Reinigungs- und Desinfektionsmitteln.

An einer Seite schloss sich ein winziges Büro an, in dem Abakher mich dem Krankenhausleiter Sayed vorstellte.

»Das hier ist meine Tochter!«, verkündete er strahlend. »Sie ist Ärztin und wird hier in der Klinik arbeiten.«

»Davon weiß ich gar nichts …«, sagte Sayed und erhob sich von seinem Schreibtischstuhl, um mich zu begrüßen. »Herzlich willkommen! Ich hatte keine Ahnung, dass Sie kommen würden. Aber wir freuen uns natürlich sehr, Sie hier zu haben!«

Ich gab ihm die Hand und murmelte irgendetwas davon, wie geehrt ich mich fühlte.

»Kommen Sie, Sie müssen die anderen kennenlernen!«, sagte Sayed. »Wir hatten hier schon so lange keinen Arzt mehr. Die schweren Fälle müssen nach Hashma gebracht werden, wissen Sie, und das ist eine schreckliche Fahrt. Manchmal sterben die Schwerstkranken unterwegs … Aber jetzt haben wir ja Sie!«

Als ich Sayed in den Behandlungsraum folgte, spürte ich geradezu körperlich die große Verantwortung, die ich hier übernahm. Es machte mir Angst. Wie sollte ich das schaffen? Ich hatte meine Lehrbücher studiert und gelernt und gelernt, aber ich verfügte kaum über praktische Erfahrung, und gerade die gab in einem solchen Krankenhaus den Ausschlag. Während ich Sayeds Vierer-Team vorgestellt wurde, bemühte ich mich darum, mir nichts anmerken zu lassen.

Zuerst wurde ich mit den beiden Krankenschwestern Sumah und Makka bekannt gemacht. Ich erzählte ihnen, dass die eine den Namen meiner Großmutter, die andere den der Schwester meiner Mutter trug, und fragte sie, wo sie ausgebildet worden seien. Da stellte sich heraus, dass sie nur ganz normale Erste-Hilfe-Kurse absolviert hatten – Makka in Geburtshilfe, Sumah in Allgemeinmedizin. Dann gab es noch den Pfleger, einen jungen Mann, dessen Aufgabe darin bestand, die Patienten aufzunehmen und dafür zu sorgen, dass sie sich in einer ordentlichen Schlange aufstellten. An der Rückseite der Klinik befand sich eine Apotheke, in der das vierte Teammitglied über die Vorräte wachte und die rezeptpflichtigen Medikamente ausgab.

Sayed erklärte mir, dass er die Klinik nicht nur leite, sondern auch Diagnosen stelle und Rezepte ausstelle. Da ich jetzt hier sei, könne er sich in Zukunft mehr auf Ersteres konzentrieren. Ehe ich Einwände erheben konnte, bat er mich, eine alte Frau zu untersuchen, die als einzige stationäre Patientin im Behandlungsraum lag. Ihr Bettzeug war von ihren Verwandten gestellt worden, da dem Krankenhaus selbst für einen so einfachen Luxus das Geld fehlte. Die Frau, teilte mir Sayed mit, könne kein Essen bei sich behalten.

Die alte Dame war bis auf die Knochen abgemagert. Ich nahm ihren Arm, fühlte ihr den Puls und betrachtete gründlich ihre Augen. Sie waren gelblich verfärbt, und ich tippte auf ein Problem mit der Leber. Ich sah mir ihre Hände an – und tatsächlich, sie hatte »Klumpfinger«, deren Nägel wie Tierklauen nach unten gewölbt waren, ein sicheres Anzeichen für eine chronische Fehlfunktion der Leber. Ihre Familie hatte sie mit der traditionellen Brenn-Behandlung zu heilen versucht, aber die Brandwunden hatten sich entzündet. Die Frau konnte kaum etwas essen. Ich teilte Sayed meine Diagnose mit und sagte ihm, dass die Patientin ins Krankenhaus von Hashma eingeliefert werden müsse.

Sayed nickte. »Das dachte ich mir schon. Wir haben versucht, sie zu der Fahrt zu überreden, aber sie weigert sich. Versuchen Sie Ihr Glück, Frau Doktor! Sie ist ein bisschen schwerhörig, Sie müssen laut sprechen!«

Ich beugte mich dicht an ihr Ohr hinunter. »Tantchen, mit Ihrem Bauch stimmt etwas nicht, genauer gesagt mit Ihrer Leber.

Sie müssen in die große Stadt und sich dort im Krankenhaus untersuchen lassen.«

Sie beäugte mich argwöhnisch. »Das sagen die ständig. Und wer bist du?«

»Ich bin die neue Ärztin. Man hat mich aus der großen Stadt hierhergeschickt.«

Sie schnaubte. »Du – und Ärztin? So ein junges Mädchen? Das glaube ich nicht. Ein richtiger Arzt ist ein alter Mann mit grauen Haaren und einer Brille!«

»Ich bin aber wirklich Ärztin.«

»Stimmt doch gar nicht! Du bist nur eine Studentin, und man hat dich hierhergeschickt, damit du an uns herumexperimentieren kannst! Geh, ich will nicht mit dir reden!«

Ich war sprachlos. Makka fasste mich an der Hand und drückte sie aufmunternd. »Ach, Doktor Halima, machen Sie sich keine Gedanken – die Dame ist sehr alt, und Sie wissen ja, wie alte Leute sind. Ständig streitet sie sich mit uns herum, und dann lacht sie plötzlich wieder. Beachten Sie sie gar nicht!«

Ich erwiderte den Händedruck. »Schon gut, Schwester, ich mache mir keine Gedanken.«

In diesem Augenblick erschien die Tochter der alten Dame mit dem Frühstück. Offenbar hatte sie den letzten Teil unseres Wortwechsels gehört. »Du kannst doch mit der Frau Doktor nicht in diesem Ton reden!«, schimpfte sie mit ihrer Mutter. »Immer bist du so grob! Sie versucht doch nur zu helfen.«

»Du glaubst vielleicht, dass sie Ärztin ist, aber *ich* nicht!«, entgegnete die alte Dame. »Ich fahre nirgendwohin. Wenn ich schon sterben muss, dann in meinem Dorf. Daran ist doch wohl nichts falsch, oder?«

Einerseits ärgerte ich mich, andererseits sah ich in ihr einfach eine ältere Ausgabe von Großmutter Sumah. Sie war genauso stur und genauso wenig bereit, zu tun, was man ihr sagte – und genau das liebten wir ja gerade so an meiner Großmutter.

Ich lächelte ihre Tochter an. »Keine Sorge, wenn sie es unbedingt will, lasse ich sie in Ruhe. Aber sie muss wirklich ins Krankenhaus. Vielleicht könnten Sie mal mir ihr reden …«

Im Verlauf dieses ersten Tages kamen nur einige wenige Leute in die Klinik. Aber die Nachricht vom Eintreffen der richtigen Ärztin hatte sich schnell im ganzen Dorf verbreitet, und Sayed rechnete mit einem großen Ansturm neuer Patienten. Abends ging ich zurück zum Haus von Abakhers dritter Ehefrau – meinem vorläufigen Zuhause, bis eine dauerhafte Bleibe für mich gefunden war – und folgte dabei einem schmalen Pfad, der sich zwischen den hohen Maispflanzen hindurchschlängelte.

Unterwegs dachte ich über den vergangenen Tag nach. Ich war mit der Befürchtung hierhergekommen, irgendwelche dunklen Mächte hätten mir eine Falle gestellt. Ich war hierhergekommen mit der Angst, die Sicherheitskräfte wären hinter mir her und Mazkhabad würde sich für mich als ein Ort der Furcht und der Vergeltung erweisen. Doch was auch immer in Wahrheit hinter meiner Versetzung steckte – ich hatte ein einfaches Dorf vorgefunden, dessen Bewohner Hilfe brauchten. Es war alles andere als eine Strafversetzung. Ich hatte im Gegenteil das Gefühl, dass es mir hier gefallen könnte.

Am nächsten Morgen schienen sich Sayeds Prophezeiungen zu bewahrheiten: Aus der Handvoll Patienten am Vortag war geradezu ein Ansturm geworden. Eine Schlange aus zumeist älteren Menschen wand sich über die Veranda hinaus bis auf das offene Gelände vor der Klinik, und es kamen immer mehr. Sayed teilte sich die Arbeit mit mir: Während ich die Diagnosen stellte, schlug er vor, welche Medikamente verschrieben werden sollten.

Ziemlich schnell war mir klar, dass die meisten Patienten keinerlei Beschwerden hatten. Aber wenn ich sie einfach so wieder weggeschickt hätte, wäre es zu einem wahren Aufstand gekommen. Deshalb verschrieb ich einfach allen Aspirin. Doch dann nahm sich Sayed ziemlich schnell des Problems an. Er nahm zwei Aspirintabletten, teilte sie und steckte sie in eine Plastiktüte, wobei er mich warnte, dass wir bald keine Medikamente mehr hätten, wenn wir sie nicht rationierten.

Sobald die Patienten ihre Tüte mit der halben Tablette in der Hand hielten, waren sie glücklich. Alle wollten zu Hause etwas zeigen können, das die neue Ärztin ihnen gegeben hatte. Die meisten schluckten die Tablette nicht einmal, sondern hoben sie für später auf, wenn sie vielleicht wirklich einmal krank werden würden ...

Es war ein anstrengender Tag gewesen, aber ich hatte ihn sehr genossen. Am Abend kehrte ich zu Abakhers Haus zurück und schlief sofort ein.

Irgendwann wachte ich auf, weil mich jemand rief. Es war Sayed, und ich erkannte an seinem Tonfall, dass es sich um etwas Dringendes handelte. Er entschuldigte sich, weil er mich geweckt hätte, aber es gebe einen Notfall in der Klinik. Er fragte mich, ob ich mitkommen wolle. Mich wunderte, wie viel Vertrauen er schon jetzt in mich setzte, und ich war entschlossen, ihn nicht zu enttäuschen.

Während wir zur Klinik eilten, berichtete mir Sayed in aller Kürze, was geschehen war. Ein Mann aus dem Dorf hatte einen großen Kanister mit Bratöl geöffnet. Sein sechsjähriger Sohn hatte ihm dabei geholfen, indem er den Kanister festhielt. Dabei hatte sich ein Blechsplitter gelöst und war in den Schenkel des Kindes eingedrungen. Sayed hatte die Wunde noch nicht gesehen, aber die Blutung war sehr stark, und es schien ernst zu sein. Wir zündeten die Öllampen in der Klinik an und brachten den Mann und seinen Sohn rasch in den Behandlungsraum.

Dem Jungen lief das Blut am Bein hinab; er war sehr verängstigt und stand unter Schock. Ich untersuchte die Wunde und tastete sie mit dem Finger ab, wobei das Kind vor Schmerz schrie. Dem Vater sah ich an, dass er kurz davor war, in Tränen auszubrechen. Er flehte mich an, seinem Sohn zu helfen. Er sei sich unsicher gewesen, ob er ihn zum Krankenhaus in der Stadt fahren oder hierherbringen solle, sagte er. Den Ausschlag habe die Tatsache gegeben, dass jetzt eine richtige Ärztin im Dorf sei. Aber könne ich denn überhaupt irgendetwas für sein Kind tun?

Als Erstes müsse die Blutung gestillt werden, erklärte ich ihm. Mit Sayeds Hilfe band ich das Bein des Jungen knapp über der Wunde ab. Das Blut floss das Bein hinauf und drang durch die zerrissene Vene nach außen, aber zumindest reduzierte die Aderbinde den Blutverlust. Ich bat Sayed, Wasser zum Kochen zu bringen und eine Nadel und einen Faden darin zu sterilisieren. Er heizte den Kohleofen an und stellte einen Topf Wasser auf. Sayed war nicht aus der Ruhe zu bringen; das gab mir den Mut, zu tun, was nun zu tun war.

Ich hatte noch nie eine so gravierende Wunde wie diese genäht. Das Blechstück hatte den Muskel des Jungen glatt durchschnitten. Aus der Fleischwunde konnte ich den Oberschenkelknochen gespenstisch weiß hervorschimmern sehen. Die größte Sorge bereitete mir der Blutverlust. Wir hatten keine Schmerzmittel, und ich musste schnell arbeiten, denn die lange Fahrt zum Krankenhaus in Hashma hätte den Tod des Jungen bedeutet, dessen war ich mir sicher.

Sayed reichte mir die sterilisierte Nadel und den Faden. Ich bat den Vater des Jungen, seinen Sohn festzuhalten, weil er jetzt starke Schmerzen haben werde. Während der Junge wie am Spieß schrie, zog Sayed die beiden Seiten der klaffenden Wunde zusammen, und ich begann zu nähen. Als ich fertig war, lief mir der Schweiß in Strömen über den Körper, und ich fühlte mich zittrig und völlig erschöpft. Wir säuberten und verbanden die Wunde, und dann hatten wir es geschafft.

Ich wandte mich an die Eltern des kleinen Jungen – in der Zwischenzeit war auch die Mutter eingetroffen – und sah die Angst und die Dankbarkeit in ihren Augen. Ich teilte ihnen mit, dass ihr Sohn zur Beobachtung in der Klinik bleiben müsse. Früh am nächsten Morgen sollten sie wiederkommen, damit wir mit der Antibiotikumgabe beginnen könnten, die eine Infektion der Wunde verhindern solle.

Bevor die beiden nach Hause gingen, wollte sich der Vater unbedingt formell vorstellen. Sein Name war Osman, seine Frau hieß Mounah. Sie hatten vier Kinder. Der kleine Junge, den ich behandelt hatte, war das jüngste, er hieß Ibrahim. Sie gehörten dem Berti-Stamm an, einer schwarzafrikanischen Volksgruppe, deren Land an das der Zaghawa grenzt. Mounah hatte ungefähr das gleiche Alter wie ich, und ich spürte, dass sie mir sehr zugetan war. Ich hatte das Gefühl, dass sie, Osman und ich gute Freunde werden würden.

Der kleine Ibrahim schlief die ganze Nacht durch, und am Morgen hatte sich sein Zustand stabilisiert. Die ganze erste Woche hindurch verbot ich ihm, zum Spielen hinauszugehen oder auch nur das Bett zu verlassen. Danach, dachte ich, würde das Schlimmste überstanden sein. Mounah und Osman bestanden darauf, mich zum Essen und Trinken, zum Plaudern und Entspannen in ihr Haus einzuladen. Die beiden waren vergleichsweise wohlhabend, denn der Händler Osman verfügte über beste Beziehungen zu den Zaghawa-Häuptlingen der Gegend. Ich war gern mit ihnen zusammen und freute mich sehr über diese Freundschaft. Und sosehr ich auch widersprach – sie ließen sich nicht von der Überzeugung abbringen, dass ich ihrem Sohn das Leben gerettet hatte.

Vielleicht hatte ich ihm ja wirklich das Leben gerettet. Wie auch immer – sie sollten sich schon bald in der Situation sehen, mir meines zu retten.

18. KAPITEL

Rebellenärztin

Abakhers erste Frau, die älteste, wohnte nah bei der Klinik. Ihre Kinder waren erwachsen und aus dem Haus, deshalb hatte sie eine leer stehende Hütte. Da ich nun seine »Tochter« war, duldete Abakher es nicht, dass ich woanders wohnte. Seine erste Frau hieß Asia, genau wie meine kleine Schwester. Sie war Mitte fünfzig, hatte also eher das Alter von Großmutter Sumah als das meiner Mutter. Asia nahm mich sofort unter ihre Fittiche und wurde mir Mutter und beste Freundin in einem. Sie wusch meine Wäsche und kochte mir abends meine Lieblingsspeisen.

Tagsüber trieb Asia ein bisschen Handel auf dem Dorfmarkt. Sie verkaufte *ghou* – das Mehl, aus dem *acidah* gemacht wird –, Gewürze und *mousarran* – getrocknete und zu Bündeln geschnürte Tiereingeweide, die für den traditionellen Zaghawa-Eintopf verwendet werden. Jede dritte Nacht kam Abakher sie besuchen. Dann kochte sie ihm sein Leibgericht und plauderte mit ihm, und wenn er fertiggegessen hatte, schickte sie ihn mit den Worten, er solle bei einer der jüngeren Ehefrauen übernachten, weg. Sie sei alt und unfruchtbar, sagte sie, da solle er sein Glück doch besser gleich bei den Jüngeren versuchen.

Abahker war Mitte sechzig, hatte aber bereits vier Kinder mit seiner jüngsten Frau. Er wollte weiter Kinder zeugen, bis es nicht mehr ging oder bis er starb. Nach seinem Tod würden seine jüngsten Kinder in einer riesigen Großfamilie aufwachsen und von ihren älteren Geschwistern umsorgt werden. Abakher schleppte zu jeder Tages- und Nachtzeit Leute heran, damit sie seine neue »Tochter« kennenlernten. Sie sei eine echte, richtige Ärztin, erzählte er dann immer voller Stolz. Mir machte es nichts aus, und ich war gern bereit, die Beschwerden, die der eine oder andere hatte, zu behandeln.

Jeden Abend saßen Asia und ich nach dem Essen draußen unter den Sternen. Manchmal entdeckte sie eine tiefe Traurigkeit in mir. Ich machte mir immer noch Sorgen um die Zukunft. Ich hatte weder die Geheimpolizei in Hashma noch ihre dunklen Drohungen vergessen. Aber die größte Angst galt meinem Dorf. Jeden Moment konnte der Krieg dorthin kommen, und ich würde es hier im abgelegenen Mazkhabad nicht einmal erfahren.

Doch so nah mir Asia auch war, meine Probleme konnte ich nicht mit ihr teilen. Ich behielt meine Sorgen für mich. Niemand in Mazkhabad sollte meine wahre Geschichte erfahren. Ich befürchtete, dass Asia, wenn ich ihr davon erzählte, zu dem Schluss käme, dass es hier zu gefährlich für mich sei. Ich befürchtete, sie würde mir raten, meine Arbeit aufzugeben, damit ich mir nicht noch mehr Schwierigkeiten einhandelte, und in mein Dorf zurückkehren. Doch genau das wollte ich nicht. Ich war immer noch überzeugt, dass meine Arbeit wichtig war und ich meinem Volk damit gute Dienste erweisen und es in seinem Kampf unterstützen konnte.

Ich überlegte, was mein Vater von mir erwarten würde, und war mir sicher, dass er es gern sähe, wenn ich mich so lange wie möglich engagierte. Seiner Ansicht nach sollte ich mein medizinisches Wissen für die gemeinsame Sache einsetzen. Auf jeden Fall hatte ich das Gefühl, in Hashma eine Grenze überschritten zu haben und nun ein Teil dieses Krieges zu sein. In Asias Augen war ich natürlich nur aufgrund meiner Lebensumstände so unglücklich. Wie sollte ich jemals glücklich werden, fragte sie mich, wenn ich allein und kinderlos blieb?

Asia sagte so etwas ganz sanft. »Warum bist du nicht verheiratet, Tochter? Du solltest Kinder bekommen, anstatt herumzureisen und allein zu leben.«

»Ach, es ist jetzt einfach nicht der richtige Zeitpunkt«, gab ich zurück. »Und überhaupt möchte ich, dass du mir keine Fragen mehr stellst und mich einfach mein Leben leben lässt.«

Auf meine Witzeleien reagierte Asia immer mit leisem Kichern.

»Du müsstest eigentlich schon drei, vier Kinder haben, so wie Abakhers jüngste Frau. Was soll denn aus deinem komischen Leben noch werden?«

»Immer diese Kritisiererei!«, entgegnete ich dann scherzhaft. »Du solltest mir mehr Respekt entgegenbringen. Immerhin bin ich Ärztin!«

»Diese ganze Lernerei hat dir doch nur den Kopf wirr gemacht! Ich werde dir einen Mann suchen müssen. Irgendwo in diesem Dorf wird es doch einen Mann geben, der frei ist ...«

Etwa einen Monat nach meiner Ankunft in Mazkhabad brachte Abakher abends einen Besucher für mich an. Daran war ich zwar inzwischen gewöhnt, aber dieser junge Mann sah sehr merkwürdig aus. Sein Kopf war fast vollständig mit einem Tuch verhüllt, so dass nur die Augen hervorlugten. Nachdem wir uns eine Zeitlang unterhalten hatten, fragte ich ihn, ob er krank sei. Er verneinte die Frage, teilte mir aber mit, sein Freund sei verletzt. Er brauche Kompressen, Verbände, eine antiseptische Salbe und Antibiotika. Ich sagte ihm, sein Freund solle in die Klinik kommen. Ich konnte nicht einfach jedem, der darum bat, Arzneimittel aushändigen.

Der junge Mann warf Abakher einen Blick zu, und Abakher nickte. »Du zeigst es ihr besser. Sie ist so etwas wie meine Tochter. Du kannst ihr vertrauen.«

Der junge Mann hob sein Gewand. Darunter kam ein verschmutzter, blutgetränkter Verband zum Vorschein. Er sah mich kurz an, dann zeigte er mir die Verletzung.

»Sie selbst sind der Verwundete!«, rief ich. »Aber warum haben Sie behauptet ...«

Ich sprach den Satz nicht zu Ende. Mir war ziemlich klar, warum er gezögert hatte, sich mir zu offenbaren. Es war besser, wenn ich es nicht erfuhr. Dann würde ich mich wenigstens auf meine Unwissenheit berufen können, falls mir irgendetwas passierte, weil ich ihm geholfen hatte.

»Darf ich?« Ich griff nach seinem verwundeten Bein, um es zu untersuchen. Er zuckte zusammen und sah wieder zu Abakher hinüber. »Ich muss mir die Wunde ansehen. Ich bin Ärztin. Ich kann dir helfen.«

Im Licht einer Öllampe entfernte ich den schmutzigen Verband. Er hatte Glück gehabt. Die Kugel hatte den Wadenmuskel glatt durchschossen und den Knochen um Haaresbreite verfehlt. Trotzdem war es eine schlimme Wunde, die zu vereitern drohte.

»Wann ist das passiert?«, fragte ich.

»Vor drei Tagen. Ich hörte, dass es hier eine Zaghawa-Ärztin gibt, eine hilfreiche Schwester.«

Ich wandte mich an Abakher. »Er muss in die Klinik. Die Wunde muss gesäubert und verbunden werden, das kann ich hier nicht machen.«

»Was immer du willst, Ärztin-Tochter«, sagte Abakher lächelnd.

Ich legte den jungen Mann so auf eines der Klinikbetten, dass er es bequem hatte. Dann bat ich Abakher, die Instrumente in kochendem Wasser zu sterilisieren. Dem jungen Mann sagte ich, er solle sich genau ansehen, was ich machte, damit er es in Zukunft selbst tun könne, denn es war nicht anzunehmen, dass er bald wieder ins Dorf käme. Ich wickelte den Verband ab, tupfte die Wunde aus, entfernte das tote Gewebe und trug antiseptische Salbe auf. Dann deckte ich die Wunde mit frischen Kompressen ab und legte einen neuen Verband an.

»Kannst du ein, zwei Tage hierbleiben?«, fragte ich. »Ich möchte die Wunde beobachten, falls es zu einer Infektion kommt.«

Er schüttelte den Kopf. »Nein, Schwester. Aber danke für das, was du getan hast …«

»Also – glaubst du, du schaffst es allein?«, fragte ich ihn.

Er lächelte. »Na ja, ich bin zwar kein Arzt, aber ich werde es schon schaffen.«

»Ich gebe dir alles mit, was du brauchst, um die Wunde selbst zu säubern und zu verbinden, ja?«

Er streckte mir seine Hand entgegen. »Da ist noch etwas, Schwester. Ich habe einen Freund im Busch, der schwere Schussverletzungen hat. Für ihn ist es zu riskant, ins Dorf zu kommen. Kannst du mir Medikamente für ihn geben?«

»Wenn du mir seine Verletzungen beschreibst, mache ich auch für ihn ein Päckchen zurecht.«

Als der verwundete Kämpfer weiterzog, war es schon nach Mitternacht. Während Abakher und ich zu Asias Haus zurückgingen, verloren wir kein einziges Wort über das Geschehene. Zwischen uns herrschte schweigendes Einvernehmen darüber, dass es so am besten war. Mittlerweile wusste ich, dass Abakher die Zaghawa-Kämpfer unterstützte, und er konnte von nun an sicher sein, dass ich als Ärztin bereit war, ihnen ebenfalls zu helfen. An diesem Tag hatte ich die Grenze ganz und gar überschritten.

Die Neuigkeit verbreitete sich offenbar sehr schnell unter den Kämpfern im Busch, denn zwei Tage später tauchte ein weiterer auf, und er kam direkt in die Klinik. Er trug ein langes Gewand, das seine Verletzungen vollständig verhüllte. Er sprach Zaghawa mit mir, eine Sprache, die keiner der anderen verstand. Sayed gehörte dem Berti-Stamm an, und die Krankenschwestern waren Massalit. Ich versorgte ihn mit einem Päckchen, das Kompressen, Salben und Antibiotika enthielt.

Schussverletzungen sind fast immer sofort als solche zu erkennen, aber er hatte es geschafft, seine Wunden zu verbergen. Jetzt kamen immer mehr verletzte Kämpfer. Wenn ich sie untersuchen sollte, kamen sie zu mir nach Hause, ansonsten ins Krankenhaus. Letztere beschrieben mir ihre Beschwerden nur; ich stellte ihnen ein Päckchen mit Medikamenten zusammen und erklärte ihnen, wie sie sich selbst behandeln sollten.

Eines Tages bat ich Sayed, mir ein Päckchen mit Heilmitteln aus dem Lager zu holen. Die Klinik hatte keinen eigentlichen Etat, sondern uns wurde ein bestimmtes monatliches Kontingent an Arzneimitteln zugewiesen. Für die Verschreibung von Medikamenten verlangten wir eine geringe Gebühr von den Patienten und verwendeten das Geld, um Kohle für die Öfen, Öl für die Lampen und andere benötigte Dinge zu kaufen. Das Päckchen, um das ich Sayed gebeten hatte, enthielt vorwiegend Verbände für Schusswunden.

Er warf mir einen skeptischen Blick zu und fragte mich dann, für wen das sei. Ich sagte, Verwandte von mir seien krank, ich würde das Päckchen nach Hause schicken. Ich war mir sicher, dass er – wie der Rest des Klinikpersonals – wusste, was ich tat, aber weder er noch die anderen hatten je Einwände erhoben. Sollten sie je das Gefühl gehabt haben, dass ich sie durch meine Aktivitäten in Gefahr brachte, hätten sie mir das hoffentlich gesagt.

Einmal pro Woche aß ich bei Mounah und Osman zu Abend. Mit diesen Einladungen wollten sie sich dafür bedanken, dass ich das Leben ihres Sohnes gerettet hatte. Ich spürte instinktiv, dass ich ihnen vertrauen konnte. Wir unterhielten uns bis in die späte Nacht hinein, und unser Hauptthema war natürlich der Krieg. In unserer Gegend war es zu einigen kleineren Zwischenfällen gekommen, aber im Dorf selbst fühlten die Menschen sich noch sicher. Wir redeten darüber, wie friedlich das Leben gewesen war, ehe die arabischen Stämme mit ihren Überfällen auf die Dörfer und mit der Ermordung der Menschen begonnen hatten. Wer würde je verstehen, wie es zu diesem Hass gekommen war?

Ich gestand, dass ich mich im Dorf nicht richtig zu Hause fühlte. Ich war mir zwar sicher, gute Arbeit zu leisten, was ja das Wichtigste war, doch hin und wieder fragte ich mich, warum ich eine solche Klinik nicht in meinem Heimatdorf leitete. Dort hätte ich, falls irgendetwas geschah, wenigstens meine Familie in der Nähe gehabt, während ich mich in Mazkhabad ganz auf mich allein gestellt fühlte. Mounah und Osman versuchten mich zu beruhigen. Ich sei ganz und gar nicht allein, versicherten sie mir, ich hätte ihrem Sohn das Leben gerettet und sei für sie wie eine Schwester. Sollte irgendetwas passieren, würden sie mir ganz bestimmt helfen.

Nach jedem dieser Abendessen bei Mounah und Osman kehrten meine Gedanken in mein Heimatdorf zurück. Ich beschloss, Onkel Ahmed zu kontaktieren. Meine größte Angst war, dass mein Dorf überfallen werden könnte, ohne dass ich davon erfuhr. Am Marktplatz von Mazkhabad gab es ein Funktelefon mit einem langen Antennenkabel, das um einen Baum geschlungen war. Die Leute nannten es das »Funkgerät-Telefon«, und gegen eine kleine Gebühr konnte man damit jeden beliebigen Anschluss im Land erreichen.

Zumindest theoretisch. In der Praxis funktionierte es so gut wie nie. Ein- oder zweimal hatte ich Onkel Ahmed schon zu erreichen versucht, aber seine Stimme hatte völlig verzerrt geklungen und war von zahlreichen anderen Stimmen und Gesprächsfetzen überlagert gewesen. Da sich das Radio-Telefon auf dem öffentlichen Marktplatz befand, musste ich mich sehr vorsichtig äußern. Man konnte nie wissen, wer mithörte.

Diesmal gelang es mir, eine einigermaßen klare Verbindung zu Onkel Ahmed zu bekommen. Meiner Familie gehe es gut, erzählte er mir. In unserer Gegend habe es vereinzelte Kämpfe gegeben, aber im Dorf selbst sei bisher nichts passiert. Wie lange das so bleiben werde, sei allerdings eine andere Frage. In Mazkhabad riss der Strom der verwundeten Kämpfer, die die Klinik aufsuchten, nicht ab, also musste es auch Gefechte geben. Meine größte Angst war, dass es entweder hier oder in meinem Heimatdorf schon bald zu einem Überfall kommen würde.

Ich verließ den Marktplatz und ging gedankenverloren nach Hause. Plötzlich heulte hinter mir ein Motor auf, und ich sprang zur Seite. Der Landrover der Polizei von Mazkhabad raste dröhnend an mir vorbei. Während er sich in einer Staubwolke entfernte, sah ich mehrere Gesichter, die mich aus dem Rückfenster heraus anstarrten. Wenigstens war es die normale Polizei gewesen und nicht ein Wagen der gefürchteten Geheimpolizei. Trotzdem beschlich mich das grauenhafte Gefühl, dass sie mich beobachteten und früher oder später entdeckten, was ich in der Klinik machte.

Eine Woche später fuhr, als ich gerade die letzte Patientin des Tages behandelte, draußen ein Auto vor. Das kam äußerst selten vor, denn nur wenige Dorfbewohner besaßen einen Wagen. Ich hob den Blick und sah den Polizei-Landrover. Einen Moment lang hoffte ich inständig, es möge nur ein ganz harmloser Besuch sein. Sayed hatte mich bereits darüber informiert, dass die Polizei ab und zu vorbeikam, um nachzusehen, wie wir unsere Arbeit machten. Vielleicht war ja auch ein Polizist krank geworden oder hatte sich verletzt.

Drei arabisch aussehende Männer stiegen aus dem Wagen. Ich sah, dass sie die Schultern strafften, wie um aggressiver zu wirken. Dann gingen sie forsch auf mich zu. Das war kein offizieller Besuch, und es schien auch keinem von ihnen schlecht zu gehen. Sayed schoss aus dem Behandlungsraum, um die Polizisten schon auf der Veranda zu begrüßen. Ich wusste nicht genau, warum sie gekommen waren, aber ich hatte sofort ein schlechtes Gefühl.

»Guten Tag, Kommandant, herzlich willkommen! Bitte, treten Sie ein!«, rief Sayed kriecherisch. »Welch angenehme Überraschung! Willkommen! Alles ist in bester Ordnung. Alles ist gut. Was können wir für Sie tun?«

Der Polizeikommandant pflanzte sich mit kühlem Blick und ohne ein Wort zu sagen in der Tür auf. Dann musterte er den Raum, als gehörte ihm die Klinik.

»Äh, und das hier ist die neue Ärztin«, fuhr Sayed fort. »Dr. Halima Bashir, die erst vor kurzem ihr Studium in Khartoum abgeschlossen hat. Kennen Sie die Dame? Sie leistet Großes hier!«

Der Kommandant brachte Sayed mit einer Handbewegung zum Schweigen. »Das reicht! Ja, wir kennen sie. Wir wissen alles über sie. Wir haben schon viel, sehr viel von ihr gehört.«

Ich bemühte mich, sie zu ignorieren. Meine Patientin war eine hochschwangere junge Frau. Ich versuchte die genaue Lage des Kindes zu ertasten, um herauszufinden, ob sie eine leichte Geburt haben würde oder andernfalls in Hashma entbinden müsste. Ich drückte auf ihren Bauch und versuchte das Köpfchen des Babys zu lokalisieren. Dabei spürte ich förmlich, wie sich der Blick des Kommandanten in meinen Rücken bohrte.

Scharrende Stiefel näherten sich. Die drei Männer blieben stehen – einer rechts, einer links und der Kommandant direkt vor mir, auf der anderen Seite des Bettes. Sayed hatte sich verdrückt, aber ich wusste, dass er vom Fenster aus zuhörte, denn ich sah seinen Schatten. Der Kommandant schob seine Daumen in den

Gürtel, über dem sich ein mächtiger Bauch wölbte. Mit vorgestreckter Brust wartete er darauf, dass ich seine Anwesenheit zur Kenntnis nahm.

»Sie sind also die neue Ärztin«, sagte er höhnisch. »Wie wir gehört haben, sind Sie hierhergekommen, um Ihrem Volk, den Zaghawa, zu helfen. Stimmt das?«

Ich hob den Blick. Er strahlte nicht die geringste Wärme aus, sondern starrte mich nur düster und feindselig an. »Ich bin Ärztin. Ich behandle jeden, egal, wer er ist.«

»Ach, tatsächlich? Wie edel von Ihnen! Das Problem ist nur, dass wir anderes gehört haben. Völlig anderes. Es heißt nämlich, dass Sie die Zaghawa-Ärztin sind, die hier ihre Zaghawa-Leute behandelt.«

»Wie gesagt, ich behandle jeden, egal wen.«

Der Kommandant beugte sich vor und brachte sein Gesicht ganz nah an meines. »Hören Sie, Frau Doktor, wir wissen, was Sie hier treiben!« Sein Atem roch so widerlich, dass ich glaubte, ersticken zu müssen. »Wir wissen alles … Und jetzt wollen wir etwas von Ihnen, nämlich eine Namensliste. Eine Liste mit den Namen aller männlichen Zaghawa, die hierherkommen. Wenn Sie diese Liste erstellen, müssen wir Sie vielleicht nie wieder behelligen.«

Ich schüttelte den Kopf. »Das geht nicht. Ich bin Ärztin. Ich bin hierhergekommen, um Menschen zu behandeln und nicht, um sie zu überwachen. Das ist nicht meine Aufgabe.«

Er riss die Augen auf. »Nicht Ihre Aufgabe? *Nicht Ihre Aufgabe?* Glauben Sie, Sie könnten entscheiden, was Ihre Aufgabe ist? Ha! Sie werden uns diese Namensliste geben, Frau Doktor, das sage ich Ihnen!«

»Nein, ich bin Ärztin«, wiederholte ich ruhig. »Ich bin nicht hier, um Listen für die Polizei zu erstellen.«

Seine Hände zuckten, und sein Gesicht verzerrte sich vor Wut. »Zu uns sagt niemand ›nein‹, *niemand*, haben Sie gehört? Für wen halten Sie sich? Passen Sie bloß auf, Frau Doktor, passen Sie bloß auf …«

Ein paar Sekunden lang herrschte Stille. Ich verschränkte die

Arme vor der Brust und versuchte den Blick des Kommandanten niederzuzwingen. Er zog die Augen zusammen, bis sie nur mehr Schlitze waren, senkte die Stimme und flüsterte drohend: »Besser, Sie lernen, meine Befehle zu befolgen. Ich erwarte diese Liste von Ihnen. Ich befehle Ihnen, sie zu erstellen, also werden Sie es tun. Andernfalls können Sie sich auf einiges gefasst machen.«

Dann gingen sie. Der Kommandant verließ den Raum als Erster, die beiden anderen folgten ihm. Ich sah ihnen nach, wie sie durch die Tür hinausstolzierten. Kaum waren sie weg, kam Sayed zurück. In der Anwesenheit der Männer war er ängstlich und unterwürfig gewesen; jetzt täuschte er lässige Gleichgültigkeit vor.

»Machen Sie sich keine Sorgen, Frau Doktor. Die sind immer so – dumme Polizisten eben. Sie drohen den Leuten und machen sich wichtig. Am besten beachten Sie sie gar nicht weiter.«

Ich nickte. »Danke. Das hatte ich sowieso vor.«

Irgendwer in der Klinik hatte mich verpfiffen, das stand fest. Sayed hielt ich nicht für den Schuldigen. Er war schwach und feige, aber er besaß ein gutes Herz und spionierte niemandem hinterher. Ich hatte keine Ahnung, wer von den anderen es gewesen sein könnte. Ich würde einfach vorsichtiger sein müssen. Aber ich war jetzt beunruhigt, und die Angst in Erinnerung an die Geheimpolizei in Hashma kehrte sofort zurück.

Am Abend ging ich zu Osman und Mounah und erzählte ihnen, was passiert war. Auf keinen Fall würde ich der Polizei irgendwelche Listen liefern. Aber ich machte mir Sorgen, was als Nächstes geschehen würde. Osmans Cousin war ein wichtiger Stammeshäuptling in Hashma, ein Mann mit Macht und Einfluss. Ich wollte, dass er erfuhr, was geschehen war, falls es für mich noch schlimmer kommen sollte.

»Die stecken überall ihre Nase hinein und kommandieren mich herum«, sagte ich. »Aber da spiele ich nicht mit. Ich bin Ärztin und nicht Spionin.«

»Ignorier sie einfach«, riet mir Osman. »Und wenn sie nach der Liste fragen, sagst du, dass sie noch nicht vollständig ist. Aber du darfst dich nicht offen widersetzen.«

Ich sah Osman in die Augen. »Was passiert, wenn sie mir Schwierigkeiten machen? Kannst du mir irgendwie helfen?«

»Ja, ich kann mit bestimmten Leuten reden. Aber es ist wesentlich besser, sich gar nicht erst in Schwierigkeiten zu bringen. Du bist eine Frau – du willst doch nicht den Kampf gegen diese Polizisten aufnehmen!«

Ich beschloss, Osmans Rat anzunehmen und jede offene Konfrontation zu vermeiden. Ich hielt mich nun schon seit drei Monaten in Mazkhabad auf, und meiner Schätzung nach waren etwa zwanzig Zaghawa-Kämpfer in der Klinik gewesen. In den meisten Fällen hatte ich ihre Wunden gesäubert und verbunden. Gravierender aber war, dass ich sie mit Arzneimitteln versorgt in den Busch zurückgeschickt hatte. Und ich würde nicht damit aufhören, dazu war es einfach viel zu wichtig. Aber ich musste in Zukunft verschwiegener vorgehen.

Ich entschied, dass alle verwundeten Kämpfer künftig nur nachts kommen durften und immer nur in das Haus von Abakher und Asia. Ich würde dort eine improvisierte Klinik einrichten und mir einen Vorrat an Arzneimitteln anlegen. Auf diese Weise konnte ich meine Aktivitäten vor demjenigen verbergen, der mich bei den Behörden gemeldet hatte. Dass es Sayed war, hielt ich für ausgeschlossen. Er war ein guter Freund von Abakher; beide wussten von meinen Aktivitäten – und waren daran beteiligt. Aber irgendwer hatte mich ausspioniert, und diesem Menschen musste ich einen Strich durch die Rechnung machen. Vielleicht würde mir das gelingen, wenn ich das Haus als Operationsbasis benutzte.

Zwei Wochen später saßen Sayed und ich vormittags draußen vor der Klinik und tranken Tee. Das Dorf wirkte seltsam, ja geradezu unheimlich still – als hielte es den Atem an, als wartete es auf etwas. Wir besprachen gerade, welche Klinikvorräte aufgestockt werden müssten, als plötzlich vom Marktplatz her tumultartiger Lärm zu uns drang. In der Ferne waren Schreie und Getrampel wie von vielen rennenden Menschen zu hören. Einen Augenblick lang fragte ich mich ängstlich, ob das ein Überfall war, verwarf den Gedanken aber wieder, weil keine Schüsse fielen.

Plötzlich strömte eine Menschenmenge auf den Marktplatz, machte geschlossen kehrt und lief auf uns zu. Einige trugen schwere Lasten in den Armen. Ich konnte nicht genau erkennen, was es war, aber es sah aus wie menschliche Körper. Während die Menge näher kam, wurde mir klar, worum es sich handelte: Es waren die Mädchen aus der Dorfschule. Ich sah herabhängende Köpfe und im Wind flatternde beigefarbene *nyangours* – lange Kleider, die Standarduniform der Mädchenschulen.

Sayed und ich sahen einander bestürzt an. *Was um alles in der Welt war geschehen?* Wie eine einzige keuchende, panische Masse stürmten die Menschen heran. Wir gingen ihnen entgegen. Ich sah den Schmerz und die Wut in den Gesichtern der Erwachsenen und hörte das Wimmern der Mädchen. Ich erkannte eine Lehrerin wieder; sie zerkratzte sich das Gesicht und raufte sich das Haar, als hätte sie den Verstand verloren. Als die Menge uns umschloss, bemerkte ich, dass die *nyangours* der Schülerinnen zerrissen, verschmutzt und blutbefleckt waren.

Mein Gott, was war geschehen? *Was um alles in der Welt war geschehen?*

Rings um mich gellten verwirrende, ohrenbetäubende Schreie. Ich versuchte, etwas herauszuhören.

»… Bestien …«

»… die Schule überfallen …«

»… Monster …«

»… der leibhaftige Teufel …«

»… Kinder …«

»… vergewaltigt …«

»… zerstört …«

»Die Dschandschawid! Die Dschandschawid!«

Verzweifelte Hände griffen nach mir und zerrten mich rückwärts in den Behandlungsraum. Als ich das erste kleine Mädchen in meine Arme bettete und ihren blutbeschmierten Körper auf das Bett legte, war mir, als würde ich ertrinken.

19. KAPITEL

Schwarze Hunde und Sklaven

Komm, mein Kind,
Ich hab ein Herz für dich.
Komm, mein Kind,
Ich schenk dir meine Tränen …

Nie, nicht in meinen dunkelsten, schwärzesten Alpträumen, hatte ich jemals etwas so Grauenhaftes gesehen. Was war mit meinem Land passiert? Wo war all die Liebe hin, all die Güte, die Menschlichkeit? Wer hatte dem Teufel Zutritt verschafft und ihm die Herrschaft überlassen? Wie konnten Menschen so böse sein? Sie waren erwachsen, und dies hier waren kleine Kinder … Hatten sie denn keine eigenen Kinder? Waren sie nie selbst einmal Kinder gewesen? Besaßen sie kein Herz, keine Unschuld, keine Liebe eines Erwachsenen zu Kindern? Waren sie überhaupt *Menschen?*

Diese Gedanken schossen mir durch den Kopf, als ich das erste Mädchen aufs Bett hob, um nachzusehen, was die Araber, die Dschandschawid, ihm angetan hatten. Während ich entsetzt den schlaffen Körper betrachtete, entrang sich dem Kind aus tiefster Kehle ein wehklagendes, leeres Winseln – immer und immer wieder. Einen solchen Laut hatte ich noch nie gehört: ein hohler Schrei geschändeter, für immer verlorener Unschuld. Diesen Laut werde ich mein Lebtag nicht vergessen.

Gegen den Schock, die Verwirrtheit, das Trauma setzte sich meine medizinische Professionalität durch. Ich berührte das Gesicht des kleinen Mädchens, das auf einer Seite geschwollen und blutig war. Ich betastete die Wunde. Das Kind war mit einem stumpfen Gegenstand geschlagen worden – wahrscheinlich mit einem Gewehrkolben –, und musste genäht werden. Aber es gab noch wesentlich Dringlicheres. Ich untersuchte die Augen. Der Schock hatte den Blick des Mädchens glasig und leer gemacht wie den einer Blinden. Aber wenigstens war die Kleine noch bei Bewusstsein. Ich fühlte ihr den Puls. Er raste. Aber er war stark, und ich wusste, dass sie überleben würde. Sie würde überleben – falls ich die Blutung stillen konnte.

Ich hob ihr *nyangour* an, das glitschig von geronnenem Blut war. So sanft es ging, versuchte ich ihre zitternden, blutbeschmierten Knie voneinander zu lösen. Die weiche Kinderhaut an den Schenkeln war kreuz und quer mit Schnitten übersät, als hätte eine Meute wilder Tiere sie zerkratzt. Ich spürte, wie sie sich versteifte, wie ihre Beinmuskeln sich anspannten und meiner Bemühung entgegenwirkten, und gleichzeitig schwoll diese grauenhafte, leere Wehklage aus ihrer Kehle zu einem Schrei des Entsetzens an. In Wellen durchströmte dieses Kind jetzt die Panik – *nein, nein, nein, nein, nicht noch mal, nicht noch mal, nicht noch mal.*

Ich sprach sie an. »Es tut mir leid, kleine Schwester, aber ich muss es mir ansehen. Ich bin Doktor Halima von der Klinik. Ich muss es mir ansehen, es muss sein … Aber ich werde dir nicht wehtun und nichts Schlimmes machen, das verspreche ich dir.«

Sie drehte den Kopf in meine Richtung, aber ihr Blick blieb starr und glasig, und die Schreie ertönten ohne Unterlass. Sie hatte sich an einen Ort in ihrem tiefsten Inneren zurückgezogen, in die Märchenlandschaft ihrer kindlichen Unschuld, wo sie unerreichbar war für das Grauen. Doch nun drohte ich, sie durch das, was ich tat, in die schreckliche Gegenwart zurückzuzerren. Dennoch musste sie untersucht werden, denn sie blutete stark, und es war meine Pflicht, über die Art der Behandlung zu entscheiden. Vom Verstand her war mir klar, was geschehen war, aber mein Herz weigerte sich, es einzusehen. Ich wusste ganz genau, was ich tun musste – und fürchtete mich davor.

Ich sah zu ihren Eltern hinüber. Das Gesicht ihres Vaters war tränennass. Er weinte hemmungslos und völlig unverhohlen –

ein junger Zaghawa-Mann, geradezu gelähmt von seelischer Qual und der Angst um sein achtjähriges Mädchen. Ich berührte ihn am Arm und sagte, den Blick auf seine Tochter gerichtet: »Rede mit ihr! Du musst mir ihr reden. Sag ihr, dass du da bist. Sag ihr, dass alles gut ist. Sag ihr, dass ich es mir ansehen muss, dass sie es mich ansehen lassen soll. Ich werde ihr helfen. Wir alle hier helfen ihr. Aber rede mit ihr!«

Der Mann nickte, und ich konnte förmlich sehen, wie er sich zusammenriss. Er wischte sich mit dem Ärmel seines Gewands das Gesicht trocken und beugte sich zu seiner Tochter hinunter.

»Ich bin's, dein Papa«, flüsterte er. »Papa ist hier. Papa ist hier. Papa ist hier. Ich halte deine Hand, kleine Aisha, ich werde dich beschützen. Ich werde immer bei dir sein. Jetzt kann dir niemand mehr wehtun. Aber du musst die Ärztin nachsehen lassen. Du musst sie nachsehen lassen …«

Ich spürte, dass mir die Tränen übers Gesicht liefen. Ich konnte sie nicht verbergen. Ich weinte ganz offen. Alle anderen taten es auch – warum sollte ich da nicht weinen? Warum sollte ich besonders stark sein? Ja, ich war Ärztin, aber ich war auch eine Frau – und jedes einzelne dieser kleinen Mädchen erschien mir wie meine eigene Tochter, wie mein eigenes Kind.

Vorsichtig spreizte ich der kleinen Aisha die Beine und erblickte rohes, blutiges Fleisch. Sie war beschnitten, so wie ich. Der erste Araber, der in sie eingedrungen war, hatte sie förmlich zerrissen. Mich überkam ein Ekelgefühl, das mir geradezu Übelkeit bereitete, und gleich darauf befiel mich heiße, panische Angst. Es war genau so, wie ich es erwartet hatte. Ich würde die Wunde säubern und nähen müssen – und ich hatte keine Narkosemittel.

Ich ließ den Blick durch den Raum schweifen. Er war angefüllt mit einer wogenden Masse schreiender, traumatisierter Schülerinnen und schockierter, trauernder Eltern. Wie viele Mädchen mochten es sein? Ein Dutzend? Zwei Dutzend? Drei Dutzend? Oder noch mehr? Wir hatten nicht genug Betten für alle. Und noch mehr Sorgen machte mir die Frage, ob genug Arzneimittel vorhanden waren, um sie alle zu behandeln.

»Ich brauche kochendes Wasser!«, rief ich Sayed zu. »Kochendes Wasser und Nadeln und Faden – so viel Sie auftreiben können!«

»Sumah und Makka – zwei Mädchen in jedes Bett!«, brüllte ich die Krankenschwestern an. »Gebt ihnen Paracetamol – jeder eine halbe Tablette. Säubert die Wunden mit abgekochtem Wasser und antiseptischer Salbe. Ich komme dann und nähe …«

»Und Sayed – holen Sie Malik aus der Apotheke, er soll mithelfen. Und dann kommen Sie sofort zu mir, ich brauche Sie beim Nähen.«

Nichts in meiner medizinischen Ausbildung hätte mich je auf das, was nun bevorstand, vorbereiten können. Als ich Aishas zerrissenes Geschlechtsteil gesäubert und genäht hatte, waren ihre Angstschreie für immer in mein Gedächtnis eingebrannt. Und sie war nur die Erste von vielen. Mir war inzwischen klar, dass wir nicht genug Vorräte hatten, um alle zu behandeln, und dass ich improvisieren musste.

Und ich wusste auch, dass alle – die Eltern, die Lehrerinnen, das Krankenhauspersonal – von mir erwarteten, dass ich die Führung übernahm. Aber was konnte ich schon machen? Wie sollten wir die Mädchen ohne ausreichendes Material behandeln? Zu keinem Zeitpunkt während meiner Ausbildung hatte ich gelernt, wie man in einem kleinen Krankenhaus mit achtjährigen Opfern einer Massenvergewaltigung umgeht, ohne genug Wundfaden zur Verfügung zu haben.

Während ich die ausgefranste, blutige Wunde eines zweiten Mädchens nähte, tauchte plötzlich ein Bild aus der Kindheit in mir auf. Ich sah meine Mutter und Großmutter Sumah vor mir, wie sie mir nach der Beschneidung das Geschlechtsteil verbanden. Sie hatten meine Schenkel fest mit einem Strick zusammengebunden – so fest, dass ich mich nicht mehr bewegen konnte. Vielleicht sollten wir dasselbe mit den verletzten Mädchen machen? Ich rief Sayed und erklärte ihm, was ich vorhatte. Wir mussten einige Eltern anweisen, Stricke zu holen, da wir in der Klinik keine hatten, aber auf dem Markt gab es mehr als genug.

Ich nähte die Wunde des zweiten kleinen Mädchens zu Ende

und trat leicht taumelnd einen Schritt zurück. Das Kind ergriff meine Hand und hielt sie ganz fest. Seine Augen waren vor Angst und Schmerz geweitet, das Gesicht tränennass. Die Mutter stand bei ihr, aber der Vater war draußen auf den Feldern und hatte keine Ahnung, was seiner Tochter zugestoßen war. Die Kleine versuchte etwas zu sagen, sie bewegte die Lippen, doch kein Laut drang hervor. Ich beugte mich zu ihr hinunter. Sie versuchte es noch einmal, und jetzt vernahm ich ein ängstliches Flüstern.

»Die Dschandschawid … die Dschandschawid …«

Ich nickte und zwang mich zu einem Lächeln. »Ich weiß, ich weiß. Mach dir keine Sorgen …«

»Warum … warum … Warum haben sie das mit uns gemacht?«

»Ich weiß es nicht, kleine Schwester, ich weiß es nicht. Sie sind schlechte Menschen, böse Menschen …«

»Aber warum? Warum ist das passiert? Was haben wir ihnen getan?«

»Ich weiß es nicht. Aber keine Angst, wir werden das in Zukunft verhindern. So etwas wird euch nie wieder geschehen …«

Ich wandte dem kleinen Mädchen den Rücken zu und fuhr mir erschöpft mit der Hand übers Gesicht, das vom Blut ganz glitschig war; aber das spielte längst keine Rolle mehr. Ich hatte dröhnende Kopfschmerzen, ein Gefühl, als würde mein Kopf jeden Augenblick bersten. Die Mutter des kleinen Mädchens stand neben mir, sie hatte die Arme um meine Schultern geschlungen und hielt mich fest. Ein paar Sekunden lang stützte ich mich auf sie. Ich kannte die meisten Eltern im Dorf und auch die Kinder beim Namen. Wir waren wie eine große Familie, miteinander verbunden im Schmerz und im Grauen dessen, was sich ereignet hatte.

»Gott gebe dir Kraft«, flüsterte sie. »Gott gebe dir Kraft. Gott gebe dir die Kraft, ihnen zu helfen. Und wenn Gott es will, werden sie wieder gesund. Alles wird gut.«

Ich lehnte mich an sie und sammelte Kraft für das nächste kleine Mädchen. Ich nahm allen Mut zusammen, um weiterzumachen, um den Schmerz zu ertragen. Ich sah sie an. Nickte. Ich war bereit.

Unsere Blicke trafen sich. Aus ihren dunklen Augen sprachen Schmerz und Fassungslosigkeit. Sie schüttelte ungläubig den Kopf. »Wie konnten sie so etwas tun? Wie können Menschen kleinen Kindern so etwas antun?«

Ich zuckte mit den Schultern. »Das weiß nur Gott, nur Gott.«

»Die Dschandschawid … die Dschandschawid …«, flüsterte sie. »Sie wollen unsere Kinder in den Wahnsinn treiben …«

»Gott ist mächtiger als sie«, erwiderte ich. »Sie sind teuflisch, aber sie sind schwach. Gott ist stark. Er wird sie zerstören. Sie überfallen Kinder, feige wie sie sind. Aber eines Tages wird Gott sie alle hinwegfegen …«

Während ich das nächste kleine Mädchen zu behandeln begann, sagte ich mir, dass ich nun stark sein müsse. Ich musste stark sein für sie alle, für jedes einzelne Kind. Sie waren alle auf mich angewiesen, und wenn auch nur eines dieser Mädchen nicht überlebte, würde ich mir immer den Vorwurf machen, es nicht gerettet zu haben. Aber ich wusste nicht, ob ich es schaffen würde, stark zu sein. Die Wut stieg scharf und ätzend wie Säure in mir hoch und drohte mich zu überwältigen. Ich wollte kämpfen. Ich wollte gegen sie alle kämpfen. Ich wollte jeden Araber bekämpfen und töten, abschlachten, aus meinem Land verjagen.

Der Hass brannte in mir wie Feuer und Weißglut in einem Ofen, brannte auf Rache. Ich versuchte diesen Hass zu steuern, ihn zu nutzen, um mir aus ihm die Kraft zum Weitermachen zu holen. Ich nahm die Nadel und den Faden und wandte mich dem nächsten Kind zu …

An diesem quälend langen Vormittag gerannen die Ereignisse zu einem einzigen Trauma, zu einem riesigen, grauenhaften Höllenbild. Es war, als wäre das Böse selbst in unser Dorf gekommen, als wäre der Teufel persönlich erschienen, um uns seine hässliche Fratze zu zeigen.

Das jüngste Mädchen war knapp sieben Jahre alt, das älteste dreizehn. Alle waren beschnitten. Jede hatte mehrmals in unvorstellbar brutaler Weise sexuelle Gewalt erleiden müssen. Von zumindest einer der beiden Lehrerinnen wusste ich, dass man auch sie vergewaltigt hatte. Ich sah den Schmerz in Miss Sumiahs Gesicht, die Angst und den Abscheu in ihren Augen.

Miss Sumiah war ungefähr so alt wie ich. Eine großgewachsene, elegante, wunderschöne Schwarzafrikanerin vom Stamm der Massalit. Und sie war ein sehr herzlicher, liebenswürdiger Mensch. In der sudanesischen Kultur galten Lehrer und Lehrerinnen als absolute Respektspersonen, was die Vergewaltigung zu einer noch größeren Schandtat machte. Offenbar hatten sich die Dschandschawid die Schule als Ziel gesucht, um zu zeigen, dass sie mit uns machen konnten, was sie wollten – wie um uns damit das größtmögliche Entsetzen einzuimpfen.

Sumiah erwähnte mir gegenüber mit keinem Wort, was ihr widerfahren war. Sie versuchte es zu verbergen, und ich konnte sie verstehen. Die Lehrerin war verheiratet und wollte nicht, dass ihr Mann es erfuhr. Sie fühlte sich schuldig, weil sie sich den Angreifern nicht widersetzt, sie nicht abgewehrt hatte oder in dem Versuch, dies zu tun, nicht gestorben war. Besser zu sterben und die eigene Würde zu bewahren, als den seelischen Tod einer Vergewaltigung zu erleiden – so sahen es die Massalit und die Zaghawa.

Doch ich konnte das nicht akzeptieren. Für mich war jede einzelne Frau, jedes einzelne Kind in diesem Raum ein Opfer. Denn wie hätten sie sich wehren können? Gerüchteweise hatte ich bereits von Vergewaltigungen erfahren. Alle hatten wir davon erfahren. Sie gehörten zum dunklen, bösen Wesen dieses Krieges. Aber ich hatte den Gerüchten keinen rechten Glauben geschenkt.

Und nicht einen Augenblick lang hätte ich es für möglich gehalten, dass erwachsene Männer kleinen Kindern so etwas antun könnten. Jetzt aber sah ich es mit eigenen Augen und wusste, dass das Undenkbare Wirklichkeit war.

Als die Wunde des letzten Mädchens geschlossen war, dämmerte der Abend. Sayed und ich hatten genäht, wobei Makka – die Krankenschwester mit der Hebammenausbildung – uns zur Hand gegangen war. Schwester Sumah hatte die Wunden gesäubert, während der für unsere medizinischen Vorräte zuständige

Mann die Kohleöfen befeuert und einen Topf Wasser nach dem anderen abgekocht hatte. Als einzig Tröstliches an diesem Tag des Grauens hatte sich herausgestellt, dass nahezu alle Mädchen zu jung waren, um von ihren Peinigern geschwängert worden zu sein – auch wenn das den traumatisierten Opfern im Augenblick keine Erleichterung brachte.

Über vierzig Mädchen hatte man ins Krankenhaus getragen, aber mir war klar, dass es noch mehr Vergewaltigungsopfer gab. In manchen Fällen schämten sich die Eltern so sehr, dass sie ihre Töchter mit nach Hause genommen hatten, um sie mit traditionellen Heilmethoden zu behandeln und die Gewalt, die man ihren Kindern angetan hatte, nach Möglichkeit geheim zu halten. Es war eine traurige Tatsache, dass die Opfer einer Vergewaltigung in unserer Kultur gewissermaßen als beschädigte Ware betrachtet wurden und ihr Leben durch das erlittene Unglück als zerstört galt.

Am Ende dieses Tages konnten die meisten Mädchen nach Hause entlassen werden. Acht Kinder – die kleinsten, die jüngsten und die schwersten Fälle – blieben. Sie standen unter schwerem Schock und weinten unablässig. Zu diesen acht Kindern gehörte auch die kleine Aisha, die ich als Erste behandelt hatte. Sie mussten alle liegen und erhielten eine Tropfinfusion aus einer Salzlösung und Glukose in den Arm, die sowohl gegen den Blutverlust als auch gegen den Schock wirkte. Den Eltern der acht Mädchen sagte ich, es sei wichtig, dass ihre Töchter jetzt etwas äßen, und sie sollten ihnen eine Kleinigkeit holen. Am besten sei Suppe – Hühner- oder Lammbrühe, etwas Leichtverdauliches. Ich selbst hatte keine Zeit zum Essen gehabt, aber auch nicht eine Sekunde lang daran gedacht. Dazu war ich viel zu schockiert und erschüttert gewesen.

Nachdem die Kinder etwas gegessen hatten, gab ich jedem eine halbe Schlaftablette, damit sie im Schlaf die Ruhe des Vergessens finden konnten, und sie glitten hinüber ins Land der Träume. Ich konnte nur hoffen und beten, dass ihr Traumland frei von allen dunklen, bösen Alpträumen blieb.

Ich setzte mich an meinen Schreibtisch und vergrub das Gesicht in den Händen. Ich schloss die Augen und legte den Kopf auf die glatte Holzplatte. Abgesehen von den Eltern der Mädchen war ich jetzt allein: Sayed, Makka und die anderen Mitarbeiter waren nach Hause gegangen, um sich auszuruhen. Nach einiger Zeit spürte ich jemanden neben mir stehen. Ich sah auf. Es war Sumiah, die Lehrerin, die vergewaltigt worden war.

Sie deutete auf die Mädchen. »Ich bin nur kurz zurückgekommen, weil ich wissen wollte, wie es ihnen geht.«

»Sie schlafen, und das ist gut. Hoffentlich geht es ihnen morgen früh besser.«

»Du siehst völlig fertig aus …«

Ich zuckte mit den Achseln. »Nach dem heutigen Tag werde ich wohl kaum viel Schlaf finden …«

»Trotzdem brauchst du jetzt ein wenig Ruhe.«

»Erzähl mir, was passiert ist, Sumiah … Wenn du es nicht kannst, ist das auch in Ordnung, aber ich habe das Bedürfnis, es zu erfahren …«

»Du willst es wirklich hören?«

Ich nickte. Ich musste es erfahren – warum, konnte ich nicht erklären. Vielleicht weil mir das Wissen helfen würde, mit meinem quälenden Schmerz und der rasenden Wut fertig zu werden. Weil ich dann vielleicht das ganze Ausmaß des Grauens anfangen würde zu verstehen und es verarbeiten könnte …

»Es war morgens, gegen neun Uhr«, erzählte Sumiah. »Der Unterricht hatte gerade begonnen. Plötzlich hörte ich Hufeklappern und lautes Gebrüll. Türen und Fenster wurden eingetreten. Wir hatten nicht einmal Zeit, nach Hilfe zu rufen. Plötzlich waren sie da …«

Sie schwieg eine Weile. Den Kopf gesenkt, den Blick nach innen gerichtet, so durchlebte sie alles noch einmal.

Ich berührte sie sanft an ihrem Arm. »Hör auf, wenn es nicht geht …«

Sie zuckte mit den Schultern. »Es ist besser zu reden … Ich muss es erzählen. Es war, als würde sich eine Meute wilder Tiere auf uns stürzen und uns zu Boden werfen. Rings um mich wurden Mädchen vergewaltigt, egal wie alt sie waren. Die Dschandschawid hatten Schusswaffen, Messer, schwere Stöcke – die Stöcke, mit denen sie ihre Pferde schlagen. Wenn sich ein Mädchen zu wehren versuchte, wurde es mit solch einem Stock geschlagen …«

Sumiah sah mich an. »Sie schrien und brüllten. Weißt du, was sie gesagt haben? ›Wir sind gekommen, um euch zu töten, um euch alle zu erledigen! Ihr seid schwarze Sklaven! Ihr seid schlimmer als Hunde! Entweder töten wir euch oder wir machen euch arabische Kinder. Dann gibt es keinen schwarzen Sklaven mehr in diesem Land.‹ Aber weißt du, was das Schlimmste war? Das Schlimmste war, dass sie lachten und vor Freude kreischten, während sie diese schrecklichen Dinge taten. Diese erwachsenen Männer hatten Spaß daran, die kleinen Mädchen herumzureichen …

In dem ganzen Durcheinander schafften es ein oder zwei Kinder zu fliehen. Sie rannten nach Hause und schlugen Alarm. Doch als die Eltern auf die Schule zuliefen, wurden sie von Regierungssoldaten aufgehalten, die eine Postenkette um das Gebäude gebildet hatten und niemanden hineinließen. Wer zu dicht herankam, wurde beschossen. Die Eltern hörten ihre Töchter schreien, konnten ihnen aber nicht helfen.

Zwei Stunden lang belagerten sie die Schule. Sie missbrauchten die Mädchen vor deren Freundinnen und zwangen diese, zuzusehen. Jedem Mädchen, das Widerstand leistete, wurde mit einem Stock oder Gewehrkolben auf den Kopf geschlagen.

Bevor sie wegritten, spuckten und urinierten sie auf uns«, flüsterte Sumiah. »Sie sagten: ›Wir lassen euch am Leben, damit ihr euren Müttern und Vätern und Brüdern erzählen könnt, was wir getan haben. Richtet ihnen von uns aus, dass mit ihnen allen dasselbe und noch Schlimmeres passiert, wenn sie bleiben. Beim nächsten Mal gibt es keine Gnade mehr. Verlasst dieses Land! Der Sudan gehört den Arabern, nicht den schwarzen Hunden und Sklaven!‹«

Ich blieb bis spätnachts in der Klinik. Durch meinen Kopf wirbelten erschöpfte Gedanken. Immer wieder rief ich mir Sumiahs Worte ins Gedächtnis zurück. *Der Sudan gehört den Arabern, nicht den schwarzen Hunden und Sklaven.* Woher kam dieser blinde, unsinnige Hass? Wer außer bösen und verrückten Menschen war zu einem so bestialischen Vorgehen gegen unschuldige Kinder fähig? Es war *unmenschlich.* Und wo würde es enden? *Wo würde es enden?*

Eigentlich gab es keinen Grund mehr dazubleiben. Die Mädchen schliefen fest, und auch ihre Eltern hatten sich hingelegt. Ich blieb aus einem einzigen Grund: Ich hatte Angst, unfassbare Angst, allein zu sein. Ich zwang mich aufzustehen und sagte zu den Eltern, falls irgendetwas – egal was – geschehe, müssten sie mich holen. Ich wohnte ja ganz in der Nähe, und die Wahrscheinlichkeit, dass ich einschlief, war nicht sehr groß.

Auf dem Weg durch das dunkle Dorf versuchte ich mich meiner Angst zu stellen. Ich fürchtete die Nacht an sich, hielt mich aber trotzdem im Schatten, um nicht gesehen zu werden. Ich hatte Angst, die Dschandschawid könnten zurückkommen. Asia war aufgeblieben und hatte auf mich gewartet. Sie hatte am Morgen ihre Waren auf dem Markt feilgeboten und die Menschenmenge gesehen. Als ich ihr die Einzelheiten erzählte, reagierte sie zutiefst erschüttert.

»Sogar die Kinder? *Sogar die Kinder?* Die kleinen Mädchen?«

»Sogar die Kinder. Sie haben sich ganz bewusst die Schule ausgesucht, um unsere Seele zu zerstören.«

»Wir müssen gegen sie kämpfen«, erklärte Asia. »Wir müssen sie alle töten. Sie sind wie etwas Dunkles, Böses, das sich im ganzen Land ausbreitet … Wir müssen sie alle umbringen.«

Ich schwieg. Asia warf mir einen Blick zu. Im Schein des Feuers konnte sie sehen, dass ich weinte. Da hielt sie mich fest und wiegte mich in ihren Armen. Den Kindern gegenüber hatte ich versucht, stark zu sein, meine Gefühle zu verbergen und meine Tränen zurückzuhalten. Jetzt konnte ich sie fließen lassen.

Als wir uns zum Schlafen zurückzogen, nahm ich einen Stock mit in meine Hütte und versteckte ihn unter dem Bett. Die ganze Nacht lang lag ich da und lauschte in die Dunkelheit hinein. Sollte ich sie kommen hören, würde ich weglaufen und zu fliehen versuchen. Aber wenn sie mich erwischten, würde ich den

Stock nehmen und mich wehren. Schreckliche Bilder drängten sich in meinem Bewusstsein: Bilder aus der Schule an jenem Vormittag, Bilder des Schmerzes und der verlorenen Unschuld aus der Klinik an jenem Tag.

Während ich mich im Bett herumwälzte, verwandelten sich die Bilder allmählich, und ich sah vor mir, wie mein eigenes Dorf überfallen wurde und meine eigene Familie den kreischenden Dschandschawid-Horden zu entkommen suchte. Vielleicht war dieses Böse, diese Dunkelheit schon überall in unserem Land. Ich war so weit weg von Zuhause, so weit entfernt von meiner Familie und meinem Volk.

Kaum wurde es hell, eilte ich in die Klinik, um nach den Mädchen zu sehen. Die meisten schliefen immer noch tief und fest. Diejenigen, die aufgewacht waren, hatten Schmerzen und trauten sich nicht einmal, zur Toilette zu gehen, weil es so weh tat. Ich erhitzte Wasser, damit sie sich waschen konnten. Das würde den Schmerz lindern und ihnen das Wasserlassen erleichtern. Aishas Eltern waren da und bedankten sich unablässig dafür, dass ich ihrer Tochter geholfen hatte.

»Ich weiß nicht, was wir ohne Sie getan hätten«, erklärte der Vater. »Glauben Sie, unsere Tochter wird nach dem, was ihr geschehen ist, verrückt im Kopf? Das ist unsere größte Angst …«

»Sie hat sehr schlecht geschlafen …«, fügte die Mutter hinzu. »Sie hat geweint und sich im Bett herumgeworfen und beim Aufwachen entsetzlich geschrien. Sie hat gesagt, dass sie immer noch die Männer vor sich sieht, sogar im Schlaf.«

»Die Zeit heilt alle Wunden«, sagte ich. »Mit der Zeit werden sie das alles vergessen und auch körperlich heilen. Alles wird wieder normal, ganz bestimmt.«

Ich ging von einem Bett zum nächsten und sah nach den Mädchen. Als ich zur kleinen Aisha kam, packte sie mich fast schmerzhaft am Arm.

»Ich will nicht, dass diese bösen Menschen wiederkommen«, flüsterte sie. »Das müssen Sie verhindern. Sie halten sie auf, ja? Bitte, ich will nicht, dass die Dschandschawid mich kriegen …«

»Keine Angst, kleine Schwester, du musst nicht weinen«, tröstete ich sie. »Wir beschützen dich. Du bist in Sicherheit. Bei uns bist du ganz sicher.«

Wenn es nur wahr wäre. Wenn es nur wahr wäre.

Ich verbrachte den Tag bei den Mädchen und versuchte, sie zu beruhigen. Viel mehr gab es in der Klinik bis zum Nachmittag nicht zu tun. Die kleinen Patientinnen mussten essen und schlafen, um sich seelisch und körperlich zu erholen. Und sie mussten versuchen, zu vergessen. Das konnten sie am besten zu Hause. Nach und nach verließen sie mit ihren Eltern die Klinik. Währenddessen fragte ich mich, wo der dicke Polizeikommandant während des Angriffs gewesen war. Normalerweise entging ihm nichts, was im Dorf geschah, aber während des schlimmen Vorfalls war er nirgends zu sehen gewesen.

Sayed und ich räumten gerade das Behandlungszimmer auf, als ich draußen einen Wagen vorfahren hörte. Vielleicht war das der Polizeikommandant. Vielleicht hatte er beschlossen, doch zu existieren. Doch dann kamen zwei elegant gekleidete Männer herein und stellten sich vor. Sie seien von den Vereinten Nationen, erklärten sie, und besuchten das Dorf, um Berichten über den Angriff auf die Schule nachzugehen. Ob ich irgendetwas darüber wisse. Ob ich irgendetwas darüber gehört oder etwas gesehen hätte. Ob die schrecklichen Berichte, die ihnen zu Ohren gekommen seien, wirklich der Wahrheit entsprächen.

Ich erklärte mich dazu bereit, ihnen alles zu erzählen, was ich wusste – unter einer Bedingung: Sie durften meinen Namen nicht erwähnen. Ich sagte ihnen, dass ich mich fürchtete und bereits Schwierigkeiten mit den Behörden gehabt hätte, die ich nicht noch einmal durchleben wolle. Zwei der Mädchen waren noch da, und ich teilte den UN-Mitarbeitern mit, dass sie, das Einverständnis der Eltern vorausgesetzt, auch mit den beiden Kindern sprechen könnten, um von zweien der Opfer selbst zu erfahren, was genau sich abgespielt habe.

Der Bericht vom Angriff auf die Schule nahm die UN-Leute sichtlich mit. Sie machten sich Notizen und fotografierten sogar die zwei kleinen Mädchen. Dann fuhren sie weg, nicht ohne versprochen zu haben, dass ihre Organisation sofort einen Bericht über den Überfall veröffentlichen werde. Und sie sicherten mir zu, in den folgenden Tagen mit Nachschub an Arzneimitteln in die Klinik zurückzukommen.

In den Tagen darauf war es mir wichtig, die Vergewaltigungsopfer daheim zu besuchen, damit ich sie persönlich begutachten und die Verbände wechseln konnte. Doch im Dorf ging jetzt die Angst um, und während ich meine Hausbesuche machte, fühlte ich diese dunkle Macht hinter jeder Ecke lauern. Alle redeten über den Krieg und über die Schrecknisse, die er mit sich brachte.

Die Schule blieb geschlossen; ihre eingetretenen Türen und zerborstenen Fenster wirkten wie leere Augenhöhlen. Warum hätte man sie auch wieder öffnen sollen? Die Eltern fürchteten um ihre Kinder, denn was hätte eine Wiederholung des grauenhaften Geschehens verhindern können? Regierungssoldaten hatten die Schule umringt, während die Dschandschawid ihr Werk verrichteten. Diese Greueltat hatte die Regierung zu verantworten, sie war von den Herrschern in Khartoum gebilligt worden.

Was hatten die Bewohner des Dorfs Mazkhabad getan, um so etwas zu verdienen? Was hatten die Schülerinnen getan, um von ihrer eigenen Regierung so behandelt zu werden? Im Dorf war nur mehr ängstliches Flüstern zu hören, und niemand konnte das Geschehene verstehen. Was hatte man damit bezweckt? Es war einfach nur verrückt, sinnlos böse. Was hatte das Dorf getan, um solches Grauen zu verdienen?

Und was konnte irgendein Kind je getan haben, um so behandelt zu werden?

20. KAPITEL

Sie kommen mich holen

Knapp eine Woche nach dem Überfall auf die Dorfschule holten sie mich. Gegen Mittag hörte ich ein Auto vorfahren. Einen Moment lang hoffte ich, es wären die UN-Leute mit den versprochenen Arzneimitteln. Stattdessen traten drei Männer in ungepflegter khakifarbener Uniform ein. Noch im Gehen zogen sie mich am Kragen meines Arztkittels hoch, wobei sie meinen Schreibtisch umstießen.

»Los!«, befahl einer der Soldaten. »Los, mitkommen!«

Ich versuchte mich zu widersetzen. »Was soll das? Hände weg!«

Da schoss ein Gesicht ganz dicht an meines heran. In den blutunterlaufenen Augen brannte Hass, und auf dem grausamen Mund glänzte Speichel: »Halt die Fresse! Halt die Fresse! Halt die Fresse! HALT DIE FRESSE!«

Während sie mich vor Sayeds Augen aus der Klinik zerrten, kreuzten sich einen Augenblick lang unser beider Blicke. Ich hatte ganz kurz den Eindruck, dass er etwas sagen wollte, doch dann senkte er den Blick ängstlich zu Boden. Sie führten mich zu dem Jeep und warfen mich auf die Rückbank. Je einer setzte sich rechts und links neben mich, dann wurden die Türen zugeknallt. Der dritte Soldat nahm auf dem Fahrersitz Platz und gab Gas.

Während der Fahrt herrschte düsteres, furchteinflößendes Schweigen. Keiner sprach ein Wort. Ich fragte erst gar nicht, wohin sie mich brachten. Diesmal, das wusste ich, war es tödlich ernst. Mein Herz raste, und in meinen Kopf bohrte sich ein Schmerz wie ein Presslufthammer. Mir war klar, dass sie mich töten würden. In mir schrie eine Stimme immer wieder: *Heute werden sie dich töten! Heute werden sie dich töten!*

Ich wusste nicht genau, warum sie mich umbringen würden. Weil ich den verwundeten Kämpfern geholfen hatte? Weil ich die Vergewaltigungsopfer versorgt hatte? Wem hatte ich noch geholfen und dafür in ihren Augen den Tod verdient? Oder lag mein Fehler darin, dass ich keine Namensliste geführt hatte? Irgendwie war es mir egal. Wir alle wussten, dass die Dunkelheit früher oder später auch über uns kommen würde. Allen in Mazkhabad war im Grunde klar, dass das Grauen bevorstand.

Mich hatten sie nun schon früh geholt. *Na und?* Das Land stand in Flammen. Kinder wurden gruppenweise vergewaltigt. Das Böse schlich durchs Land, und früher oder später würden wir alle es zu spüren bekommen – die Zaghawa, die Fur, die Massalit, wir schwarzen Hunde und Sklaven. Wer Glück hatte, würde überleben. Wer Pech hatte, würde sterben. Mich hatte das Glück offenbar verlassen. Sei's drum! *Aber lass mich wenigstens schnell sterben, Gott! Bitte lass es einen schmerzlosen Tod sein! Und bitte lass nicht zu, dass sie meine Seele foltern!*

Sie brachten mich in ein Militärlager am anderen Ende des Dorfes. Wir blieben vor drei Hütten stehen, die von einem Maschendrahtzaun umgeben waren. Die Soldaten zerrten mich aus dem Wagen und führten mich in die nächstgelegene Hütte. Sie hatte einen harten Betonboden und kahle Ziegelwände. Die Fenster waren vergittert und mit Läden aus Metall verschlossen. Im Licht der einzigen Glühbirne wurden dunkle, klecksige Flecken auf dem Boden sichtbar. Ich wollte mir gar nicht erst vorstellen, was für Flecken das waren.

Kaum hatte ich den Raum betreten, begannen sie sofort, ohne jede Vorwarnung, auf mich einzuschlagen. Sie traten mir heftig in den Bauch. Als ich mich vor Schmerz krümmte, hagelte es weitere Tritte und Hiebe auf die Beine, die Hüften, die Schultern. Ich fiel zu Boden und versuchte meinen Kopf mit den Armen zu schützen. Dann landete ein Stiefel in meinem Gesicht, und durch mein Auge schoss brennendes weißes Licht. Ein weiterer Kopftritt zerschmetterte meine Finger mit dem knackenden Geräusch brechender Knochen.

Knirschend drehen sich Sohlen auf dem kahlen Betonboden.

Dumpf treten Stiefel in meine Weichteile. Dann Stille. In Erwartung des nächsten Schlags spanne ich mich an, aber es kommt nichts mehr. Nur mehr Stille, während ich zusammengekrümmt auf dem kalten, harten Boden liege. Nur mehr Stille und ihr atemloses, erregtes Tiergekeuche. Stille – dauert sie eine Sekunde, eine Minute oder eine Stunde? Meine Schmerzen sind zu groß, als dass ich derartige Dinge noch erfassen könnte. Warum muss meine Ermordung mit solchen Schmerzen beginnen?

»Du bist die Zaghawa-Ärztin«, brüllt mich einer an. »Wir kennen dich!«

»Du redest mit den Ausländern!«, kreischt ein anderer. »Du erzählst ihnen Lügen. LÜGEN! Warum erzählst du ihnen Lügen?«

Eine Hand packt mein Haar und reißt mir den Kopf nach oben. Mehrere heftige Schläge ins Gesicht, die meinen Kopf von einer Seite zur anderen schnellen lassen. Ein Soldat geht in die Hocke. Sein Gesicht ist wutverzerrt, sein fauliger Atem dringt mir widerlich in die Nase, sein toter Blick starrt mir in die Augen, während er sich eine Strähne um den Finger wickelt und meinen Kopf noch ein Stück höher vom Boden weghebt.

»Hör zu! Wir wissen, dass du den Ausländern Informationen gegeben hast«, sagt er mit krächzender, eiskalter, hassverzerrter Stimme. »Warum hast du das gemacht? Du hast doch eine Erklärung unterschrieben. Oder hast du das schon vergessen? Du hast eine Erklärung darüber unterschrieben, dass du schweigst. Du hast es versprochen. Warum hast du dein Versprechen gebrochen?«

»Diesmal bist du dran!«, brüllt einer von der Seite. »Diesmal erteilen wir dir eine Lektion, die du nicht mehr vergisst!«

Der Hockende hebt den Blick und lächelt seinen Kollegen, den Brüller, dünnlippig an. »Zenil will sich auf seine ganz spezielle Art um dich kümmern. Soll ich ihn lassen? Willst du, dass ich ihn lasse?«

»Sie redet von Vergewaltigung!« Das ist wieder der Brüller. »Dieses schmutzige Gerede! Vergewaltigung! Solche Lügen erzählt sie den Ausländern! Über kleine Mädchen … Dabei hat sie keine Ahnung von Vergewaltigung, nicht die geringste Ahnung …«

»Zenil möchte dein Lehrer sein.« Das ist wieder der Hockende, seine Stimme klingt aalglatt und bedrohlich. »Er bietet dir an, bei ihm in die Lehre zu gehen. Na, willst du? Möchtest du, dass er dir alles beibringt, was er kann?«

»Wir werden dir beibringen, den Mund zu halten!« Ein Tritt ins Kreuz, brennender Schmerz schießt mir das Rückgrat hinauf. »Den Mund zu halten, und zwar für immer!«

»Wir können dich zu allem zwingen«, faucht der Hockende, der mich noch immer am Haar gepackt hält. »Zu allem, Frau Doktor. Zu allem, wonach uns ist. Weißt du das nicht?«

Ich spüre, dass der Hockende sich aufrichtet und mein Haar loslässt. Mein Kopf knallt auf den harten Boden. Der Mann dreht sich um und spricht mit dem Dritten, dem Fahrer, dem Mann, der sich bisher aus dem Verhör herausgehalten hat.

»Ali, hol ein Stück Seil und fessle sie, und zwar gut. Sie darf nicht weg, bevor wir sie uns vorgeknöpft haben.« Der Hockende dreht sich um und starrt mich an. »Steck sie in die Arrest-Hütte. Sie soll ein bisschen nachdenken. Sie soll ein bisschen über ihre Verbrechen nachdenken, bevor wir sie bestrafen.«

Der Fahrer und der Brüller ziehen mich auf die Füße und führen mich ab. Sie stoßen die Tür einer anderen Hütte auf und schleudern mich hinein. Der Brüller kniet mit seinem ganzen Gewicht auf mir, während der Fahrer mir die Handgelenke fesselt. Dann packt er meine Arme und biegt sie auf den Rücken – so weit nach oben, dass es unglaublich weh tut. Es fühlt sich an, als würden sie aus den Gelenkpfannen gedreht. In dieser Position bindet er sie fest – so fest, dass die Gelenke vor Schmerz brennen. Jetzt kann ich mir nicht mehr helfen. Zum ersten Mal seit meiner Verschleppung beginne ich zu weinen.

»Hol einen Lappen«, befiehlt der Brüller. »Wir müssen dieser schwarzen Schlampe den Mund stopfen. Ihr blödes Gegreine will schließlich keiner hören.«

Ein schmutziges Stück Stoff wird mir in den Mund gerammt und um den Kopf gebunden. Dann steigt der Brüller von mir herunter. Ich sehe die beiden Männer zur Tür gehen. Da dreht sich der Brüller noch einmal um.

»Und bloß nicht abhauen!«, sagt er höhnisch. »Wir kommen wieder. Dann kriegst du deine erste Lektion.« Er wirft dem Fahrer einen lüsternen Blick zu. »Schließlich nennt man mich nicht umsonst Zenil der Lehrer …«

Der Fahrer kichert. Die Tür wird zugeknallt. Ich höre, wie sich ein Schlüssel im Schloss dreht, wie sich Schritte knirschend entfernen. Dann herrscht Stille. Es ist dunkel in der Hütte. Stockdunkel. Ich bin allein – abgesehen von den Ratten und Mäusen. Ich kann sie nicht sehen, aber ich höre sie. Oben in den Dachsparren sind sie, und sie huschen über den Boden. Sie riechen mein Blut und meine Angst. Mit schwerfälligen, schmerzhaften Bewegungen rutsche ich bis dicht an die Wand und beginne dagegenzutreten. Das Gesindel soll hören, dass ich noch bei Bewusstsein und am Leben bin und Schaden anrichten kann. Noch bin ich keine Leiche. Noch lasse ich mich nicht auffressen.

Ich weiß, was als Nächstes kommt: Vergewaltigung und Tod, Tod und Vergewaltigung. Den Tod kann ich akzeptieren, nicht aber die Gewalt, die diese Teufel mir zufügen wollen – sie werde ich nicht erdulden. Es muss einen Ausweg geben, eine Möglichkeit, mich selbst umzubringen. Es muss in diesem Raum irgendetwas sein, womit ich meinem Leben ein Ende setzen kann. Mein Körper ist zwar eine Ansammlung von Platzwunden und Blutergüssen, und der Schmerz durchbohrt mich, aber wenn ich mich von den Fesseln befreien könnte, gäbe es bestimmt eine Möglichkeit, Selbstmord zu begehen. *Wenn ich die Fesseln löse, kann ich mich vielleicht an den Dachsparren erhängen.*

Ich versuche mit aller Kraft, meine Hände zu befreien. Ich drehe die Arme und spanne die Muskeln an, aber jeder Versuch verursacht nur noch größere Schmerzen. Nach einer Weile bin ich zu erschöpft, um weiterzumachen. Ich liege still da. Der Kampfgeist hat mich verlassen. Mit dem Gesicht auf dem schmutzigen Betonboden liege ich da und weine. Ich weine, und ich bete. Ich bete, Gott möge mich vor dem Fahrer, dem Hockenden und dem Brüller bewahren. Ich flehe Gott an, er möge mich erlösen, mir den Tod schenken, mir dieses Leben voller Schmerz und Pein nehmen. Ich bete um Erlösung.

Gott, erlöse mich.

In dieser Nacht holen sie mich. Draußen ist es dunkel. Das sehe ich, als die schemenhaften Figuren die Tür entriegeln. Einer zündet eine Lampe an. Aber es ist nicht der Brüller, auch nicht der Hockende und der Fahrer. Es sind drei Fremde, alle in schmutzigen Uniformen. Sie kommen näher, und ich sehe das Böse und die Lust in ihren Augen brennen. Einer packt mich an den Haaren und kniet sich auf mich, zwingt meine Brust zu Boden, dreht mir die Arme noch weiter den Rücken hinauf. Ich sehe ihn grinsen, als er die Angst und das Entsetzen in meinem Blick entdeckt.

Der Zweite packt mich an den Beinen. Eine Messerklinge blitzt auf. Ich fühle, wie der Stoff zerreißt, während er mir die Hose vom Leib schneidet. Aber meine Beine sind nicht gefesselt, und ich trete mit aller Kraft nach ihm, so dass er hinterrücks an die Wand geschleudert wird. Aus seinem unrasierten, verrohten Idiotengesicht ertönt Wutgeheul. Er stürzt sich auf mich und stößt mir die Klinge tief in den Schenkel. Ich brülle vor Schmerz, aber der tief in meiner Kehle steckende Lappen dämpft meine Schreie. Ich versuche noch einmal zu treten, doch der dritte Mann drückt mir die Beine zu Boden.

»Halt ihre Beine fest! Halt der schwarzen Schlampe die Beine fest!«, drängt der Messermann, während er mir die Hose bis zum Bund aufschlitzt. »Die ist stark, richtig stark ist die …«

»Stark genug für uns alle?«, ruft der Mann, der auf meinem Brustkorb kniet.

»Allerdings! Vielleicht sogar für das ganze Regiment!«

Der Knier lacht. »Da – das wird die schwarze Hündin zum Schweigen bringen!«

Er zieht etwas aus der Tasche. Es ist ein Rasiermesser. Er lässt die funkelnde Klinge aufschnappen und hält sie ins Licht, damit ich sie gut sehen kann. Dann zerfetzt er meine Bluse. Er lächelt. Ganz langsam lässt er die Klinge sinken und schlitzt mit einer raschen Bewegung meine nackte Haut auf. Ein Schmerz fährt mir durch die Brust, dann spüre ich einen Schwall warmen Bluts. Er führt die Klinge zur anderen Seite und legt den kalten Stahl an meine andere Brust. Ich schließe die Augen und bete. Ich bete. Ich bete.

»Das war's, du kannst dich wieder entspannen«, höhnt er. »Wenn du dich wehrst, kriegst du noch mehr. Wäre doch schade, wenn die andere auch noch verschandelt wird, oder? Leg dich zurück und nimm es wie eine schwarze Sklavin – schließlich bist du ja eine!«

Weiter unten sitzt der Messermann inzwischen mit gespreizten Beinen auf mir. Ich spanne meine Muskeln an und versuche Widerstand zu leisten, aber jetzt spreizen sie mir zu zweit die Beine. Dann durchfährt mich ein brennender Schmerz: Der Messermann stößt in mich, und ich glaube zu zerreißen.

»Mein Gott, ist die eng!«, ruft der Messermann. »Richtig eng! Diese Zaghawa-Weiber sind einfach enger als die anderen ...«

»Dann mach sie mal ein bisschen weiter für uns!«, ruft der Knier über die Schulter hinweg und dreht sich zu mir um. »Jetzt weißt du, was Vergewaltigung bedeutet, schwarze Hündin! Jetzt weißt du es!«

Nacheinander vergewaltigten mich alle drei. Als der Dritte fertig war, begannen sie von vorn. Und die ganze Zeit über verbrannten sie mich mit ihren Zigaretten und ritzten mich mit ihren Messerklingen. Sie vergewaltigten mich, bis ich das Bewusstsein verlor. Als ich aus meiner Ohnmacht erwachte, war ich allein in der Hütte. Ich hatte mich in einer Ecke zusammengerollt. Ich wünschte, ich wäre tot. Niemand konnte mir mehr irgendetwas tun. Mein Leben war vorbei.

Am zweiten Tag kamen sie wieder. Diesmal waren es der Fahrer und der Brüller. Sie vergewaltigten mich, bis ich ohnmächtig wurde, vergewaltigten mich, bis einer dieser viehischen Angriffe mit dem nächsten verschmolz. Am dritten Tag wurde die Tür der Hütte erneut geöffnet. Sonnenstrahlen drangen herein. *Bitte, Gott, bitte – nicht schon wieder. Nicht schon wieder.* Der Hockende kam herein. Er war allein. Er trat vor mich hin, die ich wie ein Embryo zusammengerollt dicht an der Wand lag. Er ging in die Hocke und betrachtete mich schweigend.

»Weißt du, was wir mit dir tun werden?«, fragte er leise. »Wir lassen dich leben. Wir werden dich nicht töten. Kapiert? Nicht sterben. Nicht sterben. Leben.«

Ich sagte nichts. Ich reagierte kaum. Ich war irgendwo, wo sie nicht an mich herankamen. Ich hatte keine Worte mehr.

»Und weißt du, warum wir dich am Leben lassen?«, fragte er weiter. »Wir lassen dich am Leben, weil wir wissen, dass du lieber sterben würdest. Ganz schön raffiniert, was? Sind wir nicht raffiniert, Frau Doktor? Wir sind zwar vielleicht nicht so gebildet wie du, aber wir sind verdammt clever, findest du nicht?«

Ich sah ihn mit dumpfem, blindem Blick an. Ich sah nichts. Ich war weit weg an einem Ort, an den Gott mich gebracht hatte, an einem Ort, an dem mich keiner mehr erreichen konnte. Dort war ich in Sicherheit. Es war nicht der Tod, um den ich gefleht und gebettelt und gebetet hatte. Aber es war das Nächstbeste – das Nächstbeste, was Gott unter diesen Umständen für mich hatte tun können.

Der Hockende zuckte mit den Achseln. »Du kannst gehen. Geh! Fürs Erste hast du's hinter dir. Jetzt weißt du, was Vergewaltigung ist, also geh. Der Lehrer und die anderen haben es dir gezeigt. Ich selbst würde eine schwarze Hündin wie dich nicht mal anrühren, wenn mein Leben davon abhinge. Geh jetzt! Geh und erzähl's der Welt. Du wirst den Rest deines Lebens damit leben müssen. Geh und erzähl jedem, der es hören will, was Vergewaltigung ist.«

Irgendwann fand ich mich im Haus von Osman und Mounah wieder. Ich hatte keine Ahnung, wie ich dorthin gekommen war. Mounah brauchte mich nur kurz anzusehen, um zu wissen, dass etwas Schreckliches passiert war. Meine Kleidung war zerrissen und verschmutzt, mein Gesicht eine einzige blutige Wunde, Hose und Bluse mit entsetzlichen Flecken übersät. Mounah führte mich hinein und versuchte mich dazu zu bringen, dass ich mich wusch und etwas aß und trank. Ich hatte tagelang nichts gegessen, verspürte aber nicht den geringsten Hunger. Ich konnte nur dasitzen und ins Feuer starren, mich vor und zurück wiegen und weinen, weinen.

Irgendwann gelang es Mounah, mir alles zu entlocken. Als ich zu Ende erzählt hatte, warnte sie mich davor, jemals wieder in Aishas Haus oder in die Klinik zurückzugehen. Vielleicht warteten sie dort auf mich, meinte sie, und würden mich wieder mitnehmen. Ich müsse in mein Dorf. Nur dort sei ich in Sicherheit. Ich solle warten, bis Osman heimkomme. Er sei geschäftlich unterwegs, werde aber bald da sein und mir bei meiner Flucht helfen.

Osman kehrte in dieser Nacht erst spät zurück. Mounah erzählte ihm so rasch es ging, was geschehen war. Osman war ebenfalls der Meinung, dass ich verschwinden müsse. Die Männer, die mich überfallen hätten, würden niemals vergessen oder vergeben, und es werde nie ein Ende finden, bis sie es für beendet erklärten. Er schulde mir ein Leben, sagte er. Ich hätte seinen Sohn Ibrahim gerettet, und nun werde er diese Schuld begleichen, indem er mein Leben rette. Er brauche vierundzwanzig Stunden, um meine Flucht vorzubereiten. Wir würden in der folgenden Nacht aufbrechen. In der Zwischenzeit solle ich mich in seinem Haus versteckt halten.

Als sich am nächsten Abend die Dunkelheit über Mazkhabad senkte, sattelte Osman sein Kamel. Abakher und Asia hatte er gebeten, meine Kleider, meine Bettdecke und ein paar andere Habseligkeiten in dem grünen Metallkoffer zu verstauen. Er schnallte dem Kamel den Koffer und ein bisschen Reiseproviant auf den Rücken. Er wollte, dass wir auf abgelegenen Wüsten- und Bergpfaden blieben, deshalb mussten wir uns unterwegs selbst verköstigen und uns eine Schlafstatt bereiten können.

Osman bestieg das Kamel und zog mich auf den Sitz hinter sich hinauf. Es war schwierig und schmerzhaft, und Mounah und Asia mussten mir helfen. Allein das Sitzen auf dem harten Sattel war die reine Hölle. Gott allein wusste, wie ich diese Reise überleben sollte. Aber das war mir egal. Sollte ich unterwegs sterben, dann war es eben so. Ich musste nur fort aus Mazkhabad – fort von meinen Peinigern. Nach einigen wenigen geflüsterten Abschiedsworten ritten wir leise durch das schlafende Dorf, hinaus in die Wüste und in den Busch.

So ritten wir die ganze Nacht dahin, über flache Wüstenebenen und ausgetrocknete Flussbetten. Kurz vor Tagesanbruch ging es ins Felsgebirge hinauf. Osman kannte alle Schleichwege, denn sein Leben als Händler hatte ihn irgendwann zu jedem dieser Pfade geführt. Hin und wieder kamen wir an einem schlafenden Dorf vorbei, aber Osman machte um alle einen großen Bogen.

Im Osten graute der Morgen, mit Stäben aus glühendem Stahl brach sich der Himmel Bahn. Osman hielt Ausschau nach einem Versteck und fand hoch oben zwischen den Felsen, was er gesucht hatte. Eine baumbestandene Stelle mit gutem Überblick, eine Stelle, an der das Kamel weiden und er Wache halten konnte, ohne dass wir gesehen wurden. Wir stiegen ab und suchten Unterschlupf im Busch. Osman gab mir ein Stück trockenes Brot und ein paar Datteln und befahl mir zu essen. Und auch schlafen sollte ich, denn ich bräuchte Kraft für die Reise. Er werde Wache halten.

Ich wusste, dass Osman recht hatte, und legte mich hin, um mich auszuruhen. Doch in meinem Unterleib brannte ein unglaublicher Schmerz – ich hatte mich infiziert. Der harte, holprige Ritt auf dem Kamel hatte den Schmerz noch verschlimmert. Mir war klar, dass Osman befürchtete, verfolgt zu werden, und deshalb die unwegsamste, einsamste Route wählte. Er war ein tapferer Mann, ich stand in seiner Schuld, was immer auch geschehen mochte. Ich fiel in einen unruhigen, von düsteren Alpträumen begleiteten Schlaf, aus dem ich mehrmals weinend erwachte.

Zwei Tage später trafen wir in meinem Dorf ein. Die Unterleibsschmerzen waren schlimmer geworden, aber mir ging es nur noch darum, meine Familie wiederzusehen. Außerdem war der körperliche Schmerz nichts im Vergleich zu den Qualen in meinem tiefsten Inneren, dem Schmerz über Verlust und Schändung. Das Leben, das ich geführt hatte, das Leben, das ich mir erträumt hatte, war so gut wie vorbei. Ich konnte nicht verbergen, was geschehen war. Und kein Zaghawa-Mann würde eine Frau wollen, die von arabischen Soldaten vergewaltigt worden war. Ich hatte meine Ausbildung, sie würde mir das Überleben sichern – aber was das Thema Ehemann und Kinder betraf …

Wir waren die Nacht durchgeritten und erreichten bei Sonnenaufgang das Dorf. Als wir uns meinem Haus näherten, entdeckte ich als Erstes meine Mutter. Sie hob den Blick, sah ein zweites Mal hin, dann erkannte sie mich. Sie wusste sofort, dass etwas geschehen war, und lief mir entgegen. Ich stieg vom Kamel und warf mich in ihre Arme. Da überwältigte mich mein Leid, und ich weinte hemmungslos.

Immer wieder fragte meine Mutter, was passiert sei, aber ich fand keine Worte, um es ihr zu erzählen. Mein Vater kam und hielt mich fest umarmt. Er sah so besorgt drein. Nach einer Weile schlug Osman vor, ich solle mich ausruhen. Er müsse zwar gleich wieder aufbrechen, könne aber noch kurz bleiben, um meinem Vater alles zu erzählen. Meine Mutter brachte mich in die Hütte meiner Großmutter, führte mich zu meinem alten Bett und deckte mich zu.

Osman sprach mit meinem Vater. Er erzählte ihm, dass ich meinem Volk in der Klinik geholfen hatte und deswegen zur Zielscheibe für Polizei und Militär geworden war. Ich sei geschlagen und verhört worden. Er, Osman, habe es auf sich genommen, mir bei meiner Flucht zu helfen, indem er über Schleichwege zu unserem Dorf geritten sei. Mein Vater dankte ihm aus ganzem Herzen. Nie würden er und seine Familie vergessen, was er für mich getan habe. Da erklärte ihm Osman, dass er mir ein Leben geschuldet habe, da ich das Leben seines Sohnes gerettet hätte. Hiermit sei diese Schuld beglichen.

Osman verabschiedete sich, stieg auf sein Kamel und ritt in den Busch hinaus. Die Vergewaltigung hatte er meinem Vater verschwiegen, weil die meisten Frauen so etwas verheimlichen wollten. Aber ich konnte das nicht. Am späteren Vormittag kam meine Mutter, um mit mir zu reden. Ich brach vor ihr zusammen und gestand alles. Ich bat sie, es meinem Vater zu erzählen, weil es mir selbst zu peinlich war. Meine Mutter versuchte mich zu trösten, aber gleichzeitig war sie sehr wütend. Der Krieg war jetzt zu uns gekommen. Zuvor hatte er um uns herumgetobt, jetzt war er in unserem Haus.

Irgendwann kam mein Vater zu mir in die Hütte. Nachdem meine Mutter ihn informiert hatte, war er in schreckliche Wut geraten. Er stand unter Schock und war aschfahl im Gesicht. Nie hatte ich ihn so erschüttert und gramerfüllt gesehen. Er nahm sanft meine Hand und sagte mir, ich solle mir keine Sorgen machen. Ich sei jetzt zu Hause und in Sicherheit. Was passiert sei, spiele keine Rolle. Nichts sei wichtig, außer dass ich wieder daheim sei.

Dann sah er mir in die Augen und schwor, die Leute zu finden, die mir das angetan hatten. Er werde sie aufspüren und töten. Ich hatte solche Schuldgefühle. Ich glaubte, dass es meine Pflicht gewesen sei, diese Männer abzuwehren oder aber zu versuchen, den Tod zu finden. Doch das Wissen, dass ich die Gesichter der Männer kannte, die mich überfallen hatten, hielt mich am Leben. Diese Gesichter waren für immer in mein Gedächtnis eingebrannt. Ich kannte sie und konnte versuchen, sie zu finden und umzubringen. Ich malte mir aus, wie ich mit einem Messer auf sie einstach – und diese Hoffnung hielt mich am Leben.

»Wo ist Großmutter?«, fragte ich meinen Vater. Ich hatte sie nirgends gesehen und spürte das Bedürfnis, sie mit ihrem starken Willen bei mir zu haben.

Mein Vater schüttelte den Kopf. »Wusstest du das nicht? Wir haben über Onkel Ahmed eine Nachricht an dich geschickt. Großmutter ist tot. Sie ist gestorben. Großmutter Sumah ist tot.«

Meine Großmutter war knapp eine Woche vor meiner Rückkehr gestorben. Mein Vater hatte versucht, mir über Onkel Ahmed und über das Funktelefon in Mazkhabad eine Nachricht zukommen zu lassen. Sie hätten mich gern zum Begräbnis dagehabt, aber die Nachricht war nicht zu mir durchgekommen. Ihr Tod sei schnell und schmerzlos gewesen, offenbar ein Schlaganfall, sagte mein Vater. Es war mitten in der Nacht geschehen, und am frühen Morgen war sie hinübergegangen.

Als ich ihren kämpferischen Geist und ihre Kraft am meisten gebraucht hätte, war Großmutter Sumah nicht mehr da.

21. KAPITEL

Eine Fernhochzeit

Tagelang blieb ich in der Hütte meiner Großmutter und versteckte mich vor der Welt. Ich wollte ihren Tod beweinen, aber mein Seelenzustand ließ mir nur die Kraft, um mich selbst zu trauern. Doch ich vermisste sie schrecklich, ganz besonders jetzt. Wäre meine Großmutter noch am Leben gewesen, hätte sie bestimmt etwas Dramatisches getan, um zu ahnden, was geschehen war. An jedem Araber, der ihr über den Weg gelaufen wäre, hätte sie sich gerächt, ohne auch nur einen einzigen Gedanken an die Konsequenzen zu verschwenden – so war sie nun einmal gewesen.

Was die restliche Familie betraf, so reagierte jeder auf seine Art. Meine Mutter brach psychisch zusammen. Mein »kleiner« Bruder, der neunzehnjährige Omer, stapfte aufgebracht und wütend umher. Aber was sollte er machen, gegen wen sollte er kämpfen, wie diesen Angriff erwidern? Mo und er bedurften noch der Führung meines Vaters, und dessen Pläne waren auf eine eher längerfristige, wohlüberlegte Herangehensweise ausgerichtet: Er setzte alle Hoffnung darauf, mit den Zaghawa-Rebellen in Kontakt zu treten.

Am Tag meiner Rückkehr beschloss er, sich ihnen anzuschließen. Ihm war klargeworden, dass wir keine Wahl hatten. Wenn wir nicht kämpften, mussten wir sterben. Die Wahrheit ließ sich nun nicht mehr leugnen. Er hatte gesehen, was man mir angetan hatte, und Osman hatte ihm von dem Überfall auf die Dorfschule erzählt. Er teilte meinen Brüdern sein Vorhaben mit; von da an war fast nur noch vom Kämpfen die Rede. Sobald wie möglich wollten er, Mo und Omer sich den Rebellen anschließen.

Nur meine engsten Verwandten wussten, was mir zugestoßen war, und so sollte es auch bleiben. Wenn irgendwer fragte, warum ich nach Hause gekommen sei, antworteten sie, dass ich mich vor dem Krieg in Sicherheit gebracht hätte. Weil ich niemanden sehen wollte, erzählten sie jedem Besucher, ich müsse mich von der langen, strapaziösen Reise erholen. Ich verbarg mich in der Hütte meiner Großmutter und verzehrte mich vor Kummer. Ich fiel in eine schwere Depression, in ein tiefes Loch. Einsamkeit und Düsternis ergriffen Besitz von meiner Seele.

Nach etwa einem Monat begann ich mich auf dem Gelände unseres Gehöfts zu zeigen. Ich half meiner Mutter bei der Hausarbeit. Mehr schaffte ich nicht. Ich hatte das Gefühl, wieder Kind zu sein – ein Kind zu Hause, das kindliche Dinge macht und von seiner Familie beschützt wird. Am liebsten kümmerte ich mich um die Wäsche. Ich brauchte den ganzen Tag, um einen Korb voll Wäsche zu waschen, und irgendwie war mir, als würde ich mich dabei selbst wieder sauber machen. Manchmal ertappte ich mich dabei, wie ich meine eigene Haut immer und immer wieder abschrubbte, als könnte ich mich dadurch von dem befreien, was die Männer mir angetan hatten.

Mein Vater blieb jetzt oft mehrere Tage am Stück weg – viel länger als früher. Keiner sprach offen darüber, aber ich nahm an, dass er fortging, um Kontakt zu den Rebellen zu knüpfen. Mir fehlte immer noch sowohl die Energie als auch der Wille, Interesse dafür aufzubringen. Meine tägliche Kommunikation mit den anderen beschränkte sich auf Belanglosigkeiten. Ein leise dahingesagtes »Hallo, wie geht's?« – viel mehr war es nicht. Dann ging ich weg und kümmerte mich um die Hausarbeit.

In Wirklichkeit versteckte ich mich immer noch. Ich versteckte mich vor meiner Familie, vor meinen Freunden und vor dem Leben überhaupt. Je offensichtlicher es wurde, dass ich mich meiner Familie eigentlich nicht mehr zugehörig fühlte, umso mehr litt sie darunter. Vor allem meinem Vater ließ diese Sorge keine Ruhe.

Vier Monate nach meiner Rückkehr kam er zu mir in die Hütte meiner Großmutter. Er setzte sich neben mich und nahm meine

Hand. Ihm sei klar, dass ich mich isolierte, sagte er sanft, und er verstehe ja auch, warum. Er wisse, dass ich Angst hätte, von den Menschen, die ich liebte, zurückgewiesen zu werden. Er wisse auch, dass ich mich selbst zu schützen versuche, indem ich von vornherein abweisend gegen die anderen sei. Ich sei ein Opfer, und nichts werde jemals etwas an seiner Liebe zu mir ändern. Er werde mich immer von Herzen lieben. Er wolle mich einfach nur zurückhaben.

Mein Vater erklärte mir, dass ich etwas bräuchte, wofür ich leben könne, etwas, das mich aus der Dunkelheit hinausführe. Und so habe er sich erlaubt, die Eltern meines Cousins Sharif zu fragen, ob sie in eine Heirat einwilligen würden. Wenn ich einverstanden sei, werde Sharif der Eheschließung zustimmen. Er denke gern an mich zurück, und da wir beide Akademiker seien, würden wir gut zusammenpassen. Sharif sei ein gebildeter, liberaler Mann, der sich enorm für den Kampf engagiere. Mein Vater fragte mich, ob ich mir vorstellen könne, diesen Antrag anzunehmen und die Ehe mit Sharif einzugehen. Wenn ja, gebe es noch viel zu organisieren …

Ich umarmte meinen Vater und vergrub mein Gesicht an seiner Schulter. Er liebte mich so sehr: Er versuchte, mich vom Tod ins Leben zurückzubringen. Die Zeit, in der er weg gewesen war, hatte er zum größten Teil nicht bei den Rebellen, sondern auf der Suche nach einem Ehemann für mich verbracht, der verstehen würde, dass ich schwer traumatisiert war, und der mich nicht als die Schuldige an einer unaussprechlichen, grauenhaften Tat betrachtete.

So schrecklich es klingt – das Opfer einer Vergewaltigung wird von der Dorfgemeinschaft und sogar von der eigenen Familie meist verstoßen, und genau das hatte die ganze Zeit so sehr an mir genagt. Wer würde mich jetzt noch haben wollen, hatte ich mich gefragt. Ich wäre besser tot. *Ich war tot* – zumindest innerlich. Aber aus Mitleid wollte ich nicht geheiratet werden. Lieber tot als das.

»Hast du es ihm erzählt?«, fragte ich flüsternd. »Hast du ihm die Wahrheit gesagt? Weiß er es? Wie hat er reagiert?«

»Keine Sorge«, sagte mein Vater beruhigend. »Du kennst doch Sharif. Er engagiert sich für die Sache, für unseren Kampf. Er hat im ganzen Land schon so viel Leid gesehen. Er weiß, was Leid bedeutet. Er wusste, dass es nach Darfur kommen würde, dass das unser unausweichliches Schicksal war. Keine Angst – er akzeptiert dich, wie du bist.«

Das war zwar keine Antwort auf meine Frage, aber ich fand sie ausreichend. Ich konnte nur hoffen, dass mein Vater recht hatte und Sharif ein guter Mann war, ein aufgeklärter Mann, der wusste, dass keine Frau der Welt es darauf anlegt, vergewaltigt zu werden – ein Mann, der vielleicht sogar verstand, dass ich unsagbares Leid und ein schweres Trauma erlitten hatte, und dem das nicht egal war.

»Also, Rathebe, heißt das nun ›ja‹?«, drängte mein Vater. »Kann ich seiner Familie mitteilen, dass du einverstanden bist?«

Ich nickte und lächelte ihn mühsam und unter Tränen an. Mir war dabei, als würde mein Gesicht zerreißen. Zum ersten Mal, seit ich von den Männern so gequält worden war, hatte ich wieder gelächelt, und dieses Lächeln hatte mir mein Vater ins Gesicht gezaubert. Ich liebte ihn so sehr! Er erklärte mir, dass es allerdings eine Schwierigkeit mit der Hochzeit gebe: Sharif hielt sich nicht mehr im Sudan auf. Er hatte sich nach England geflüchtet, weil die Sicherheitskräfte auch hinter ihm her waren. Wir waren beide Überlebende – Überlebende des Wahnsinns und des Bösen, das unser Land zerstörte.

»Du bist selbst eine Rebellin, Rathebe«, sagte mein Vater. »Das liegt dir nun mal im Blut, ob es dir gefällt oder nicht. Und Sharif ist genauso. Ihr seid beide die geborenen Rebellen.«

Da musste ich wieder lächeln. *Rathebe* – es war so lange her, dass ich diesen Namen gehört hatte. Mein Vater hatte mir den Spitznamen zu Recht gegeben, denn er bezeichnete genau den Menschen, der ich geworden war. Aber er hatte mich auch zu Recht nach Halima, der Medizinfrau unseres Dorfes, benannt. Diese beiden Namen definierten mich jetzt: Ich war die Zaghawa-Ärztin, die Mediziner-Rebellin.

Mein Vater fuhr los, um Sharifs Eltern die gute Nachricht zu überbringen. Ich versuchte mir vorzustellen, wie Sharif jetzt aussah. Meine letzte Erinnerung an ihn galt einem dreizehnjährigen Bauernjungen, der uns in seinem schäbigen Eselskarren nach Hause fuhr. Ich hatte immer eine klare Vorstellung von dem Mann gehabt, den ich einmal heiraten würde. Doch das Recht, diesen Traummann auszuwählen, war mir durch die Vergewaltigung genommen worden, und so musste ich einen fast Fremden heiraten. Dennoch war die Neuigkeit, die mein Vater mir mitgeteilt hatte, wie eine Wiedergeburt für mich. Wie Phönix stieg ich aus der Asche meiner zerstörten Träume.

Am nächsten Morgen kamen meine Onkel und Tanten zu Besuch. Sie setzten sich mit meinem Vater zusammen und einigten sich auf den Tag, an dem die Lesung aus dem heiligen Koran abgehalten werden sollte, damit man Sharif und mich zu Mann und Frau erklären konnte. Danach sollte ein bescheidenes Festmahl stattfinden. Mein Bräutigam würde natürlich nicht da sein, doch sobald er sich im Sudan wieder sicher fühlen konnte, würde eine richtige traditionelle Zaghawa-Hochzeit gefeiert werden.

Mein Hochzeitstag verlief sehr unaufgeregt. Ich saß mit Sharifs Verwandten zusammen und nahm ihre Glückwünsche entgegen. Sie sagten mir, sie seien stolz darauf, dass ihr Sohn eine Ärztin heirate. Das sei eine große Ehre für die ganze Familie. Sharifs Mutter schenkte mir eine Kuh, damit ich Milch trinken und Kraft sammeln konnte, während ich auf die Rückkehr ihres Sohnes wartete. Das Ganze unterschied sich sehr von dem, wie ich mir als Kind meine eigene Hochzeit vorgestellt hatte, aber das machte nichts. Ich hoffte nur, dass mir die Ehe mit dem so weit entfernten Sharif neuen Lebenswillen geben würde.

Ich beschloss, mich nicht länger zu verstecken und wieder etwas zu tun. Im Dorf war eine Klinik eröffnet worden. Eine von *khawajat* geleitete Hilfsorganisation hatte die medizinische Versorgung im Dorf überprüft. Die traditionellen Medizinfrauen waren ein paar Tage lang angelernt und mit einem Vorrat an wichtigen Medikamenten ausgestattet worden. Jeden Tag arbeitete eine andere Medizinfrau in der Klinik; bezahlt wurden sie aus einem Gemeinschaftsfonds, den die Dorfältesten eingerichtet hatten. Ich ging hin und bot meine Dienste an.

Die Klinik war ein Schuppen aus Holzpfosten und einem grasgedeckten Dach, in dem ein paar Tische standen. Das Ganze war primitiv, erfüllte aber seinen Zweck. Die Medizinfrauen kamen aus demselben Dorf wie ich und waren Freundinnen von Freundinnen, so dass wir bei der Arbeit miteinander plaudern und lachen konnten. Sie waren dankbar, eine Ärztin da zu haben, die ihnen einiges an Arbeit abnehmen konnte.

Eines Tages erschien eine alte Frau, die über Kopfschmerzen und körperliche Schwäche klagte. Ich untersuchte sie. Sie hatte geschwollene Hände und Füße und einen alarmierend hohen Blutdruck. Ich teilte ihr mit, dass wir in der Klinik nichts mehr für sie tun könnten, dass sie ins Krankenhaus müsse, wo sie blutdrucksenkende Tabletten bekomme.

Da sah die Frau mich zornig an. »Sie werden mir eine Tablette geben, damit es mir bessergeht! Ihrer Nachbarin haben Sie auch eine gegeben, ich habe es genau gesehen – und was ist mit mir?«

»Sie brauchen andere Tabletten«, erklärte ich ihr. »Und die haben wir hier nicht. Außerdem müssen Sie gründlich untersucht werden.«

Sie schüttelte angewidert den Kopf. »Ach, diese Ärztin – egal, was man sagt, auch wenn es nur Kopfschmerzen sind – immer heißt es, man muss ins Krankenhaus!«

Viele der Frauen, die zu uns kamen, waren schwanger und wollten den Geburtstermin erfahren. Ihnen konnte ich helfen. Ich tastete den Bauch ab, legte das Stethoskop an und sagte dann, wann die Entbindung wahrscheinlich stattfinden werde. Diesen Teil der Arbeit liebte ich, und ich wurde nach und nach zufriedener. Ich half meinen Leuten und konnte mit ihnen lachen, und ich war zu Hause. Hier war ich glücklicher, und ich hatte das Gefühl, nun könnte mir kein Leid mehr geschehen.

Tief im Inneren waren die Ängste natürlich noch da. Ich war aus Mazkhabad geflohen und sozusagen verschwunden. Herauszufinden, wohin, war allerdings nicht schwer – ein kurzer

Blick in meine Krankenhausakten verriet, aus welchem Dorf ich stammte. Aber diesen Gedanken hing ich nicht nach. Ich wollte alle Sorgen und das durchlebte Grauen unbedingt hinter mir lassen. Und die Heirat war der Schlüssel gewesen, mit dem ich aus meiner selbstauferlegten Isolation herausgefunden hatte.

Heute weiß ich, dass die Heirat kein Ende darstellt, sondern der Beginn von etwas Neuem ist. Doch in der damaligen Phase meines Lebens war ich noch tief in meiner Kultur verwurzelt und glaubte, die Ehe sei alles. Nach dem Grauen der Vergewaltigung und den Schuldgefühlen, die ich danach gehabt hatte, empfand ich meine Hochzeit wie eine Wiedergeburt. Gleichzeitig hatte ich das Gefühl, als würde ein Todesurteil über mir schweben. Ich wusste nicht, ob Sharif die ganze Wahrheit kannte, und so gab es eben auch das Risiko, dass mir mein neues Leben wieder weggenommen wurde.

Eine Zeitlang spielte ich mit dem Gedanken, diesen dunklen Punkt vor ihm geheim zu halten, aber mir war klar, dass ich ihn nicht ewig verbergen konnte. Im tiefsten Herzen wusste ich, dass ich es ihm sagen musste. Ich wollte seine Rückkehr in den Sudan abwarten und ihn dann bitten, mich als die anzunehmen, die ich war – eine beschädigte Frau, Opfer einer Vergewaltigung, aber doch eine Frau.

In der Zwischenzeit hoffte und betete ich, dass wir uns in unserem Land eine gemeinsame Existenz aufbauen könnten. Ich träumte von einer Familie, von Kindern, von einer Art Leben, das ich nach den schrecklichen erlittenen Dingen für immer verloren geglaubt hatte. Ich träumte vom Glücklichsein, von der Liebe meines Mannes und meiner Kinder. Ich träumte davon, meine Eltern zu Großeltern zu machen, und ich träumte von der Freude, die ich ihnen damit bereiten würde. Ich träumte einen Traum, den mein liebevoller Vater mir ermöglicht hatte.

Doch diese Träume sollten wenig später für immer zerstört werden.

22. KAPITEL

Die teuflischen Reiter

Fünf Monate nach meiner Rückkehr aus Mazkhabad kamen sie und überfielen unser Dorf. Es war der Morgen des 23. Dezember, zwei Tage vor dem Fest, das ich heute kenne und als Weihnachten feiere. Ich half meiner Mutter gerade bei der Zubereitung des *acidah*-Breis für das Frühstück. Mein Vater, meine Brüder und meine kleine Schwester warteten auf ihr Essen, um den Tag dann auf den Feldern beziehungsweise – im Fall meiner Schwester Asia – in der Schule zu verbringen.

Ich rührte den *acidah*-Brei, den Blick auf den Topf gerichtet, um die Konsistenz zu prüfen. Wenn der Brei zu dick war, blieb er am Topfboden kleben; war er zu dünn, konnte man ihn nicht mit der Hand aufnehmen und in den Mund stecken. Da hörte ich plötzlich von fern ein merkwürdiges Geräusch – ein dumpfes Vibrieren in der Luft. Ich lauschte angestrengt, während das seltsame Geknatter immer lauter wurde. Es musste ein Flugzeug oder etwas Ähnliches sein, aber ich glaubte diesen Lärm noch nie gehört zu haben.

Kleine Kinder liefen auf die Straße, hopsten aufgeregt herum und deuteten in die Richtung, aus der das Geräusch kam.

»*Khawajat! Khawajat! Khawajat!*«, hörte ich sie singen. Sie klatschten und tanzten im Takt des Geknatters. »Flugzeug Nummer drei! Flugzeug Nummer drei!«

Ich lächelte, als ich sie dieselben Lieder singen hörte, die ich selbst als Kind gejohlt hatte. »Flugzeug Nummer drei. Flugzeug Nummer drei.« Wie wir wohl darauf gekommen waren, fragte ich mich. Und warum hatten wir immer angenommen, dass in Flugzeugen *khawajat* saßen – Weiße?

Ich wandte mich wieder dem Topf zu und begann den Brei auszuteilen. Vor mir lag eine Platte, von der wir gemeinsam aßen, indem wir uns den Maisbrei mit den Fingern nahmen. Plötzlich stand mein Vater auf und blickte, die Augen mit der Hand beschattend, in die Ferne. Der seltsame Lärm nahm zu – das Geknatter klang, als käme es dicht am Dorf vorbei.

Die Kinder riefen einander zu: »Flugzeuge mit Ventilator! Flugzeuge mit Ventilator!« So nannten wir Hubschrauber.

Jetzt konnte mein Vater sie sehen. Eine Flotte von fünf Hubschraubern raste aus der aufgehenden Sonne heraus. Er versuchte, mehr zu erkennen. Er war sich nicht sicher, aber die Helikopter schienen in dumpfem Militärgrün lackiert zu sein. Schlagartig veränderte sich die Atmosphäre im Dorf. Die Menschen begannen zu spüren, dass etwas nicht stimmte. Eine wachsende Anspannung, ja Panik lag in der Luft. Ich hob den Blick von der Frühstücksplatte und sprang auf. Wir betrachteten die heranbrausende Luftarmada und versuchten herauszufinden, wohin sie flog.

Plötzlich ging der voranfliegende Hubschrauber über dem Dorf in die Schräglage. Unter den stummelartigen Flügeln schossen mehrere grelle Blitze und Rauchwolken hervor. Gleich darauf explodierten die Hütten direkt unter dem Helikopter. Lehm, Dachstroh, Äste und menschliche Körper wurden in die Luft geschleudert. Ich konnte nicht fassen, was ich sah. Ich sagte mir, dass meine Augen mir einen Streich spielten, dass es einfach nicht wahr sein konnte. Doch während mein Herz sich weigerte, es zu glauben, wusste mein Verstand, dass es nur zu real war.

Sie griffen mein Dorf an!

Allen Leuten in der Nähe wurde klar, dass ein Überfall stattfand, und sie schrien entsetzt auf.

»*Kewoh! Kewoh!*« – »Lauft weg! Lauft weg!«

»*Souf! Souf!*« – »Versteckt euch! Versteckt euch!«

Ich war wie gelähmt vor Angst, doch dann packte mein Vater mich an den Schultern.

»Lauf!«, rief er. »Lauf! Nimm deine Geschwister und lauf! Zum Wald! Versteckt euch! Und kommt erst wieder, wenn wir euch holen. Los, lauf! Ihr habt keine Zeit zu verlieren!«

»Ich bleibe da!«, schrie Omer. »Ich bleibe da und kämpfe!«

»Du tust, was ich sage!«, brüllte mein Vater. »Ich bin dein Vater, und du wirst mir gehorchen! Du gehst mit deiner Mutter und deinen Geschwistern mit und beschützt sie! Los jetzt – LAUFT WEG!«

Die Augen von Mo und Omer waren angstgeweitet, das Gesicht meines Vaters dagegen blieb ruhig und ernst, während er sich darauf vorbereitete, dem Feind entgegenzutreten. Er wirkte so entschlossen und so beherrscht, als er nach seinem Dolch griff und uns befahl, um unser Leben zu laufen. Dass meine Brüder – besonders Omer – Angst hatten, erschütterte mich. Das Dorf hatte sich in eine so grauenhafte Hölle verwandelt, dass selbst meine streitbaren Brüder starr vor Schreck waren. Doch mein Vater – mein Vater blieb unerschütterlich wie ein Fels, und das gab mir Kraft.

Ich sah ihn ein letztes Mal an, dann wandte ich den Blick ab. Ich packte meine Schwester und meine Mutter an der Hand, wir drehten uns um und rannten los. Wir liefen zum Tor hinaus und schlossen uns der Menschenmenge an, die durch das Dorf hastete. Alle schrien wie verrückt, während sie rannten, so schnell sie konnten. Meine Brüder waren dicht hinter uns. Standhaft blieb mein Vater allein zurück.

In der Ferne stürmte unter den Hubschraubern eine dicht gedrängte Reihe von Reitern heran. Unter pausenlosem Schießen fielen sie mit Gebrüll ins Dorf ein.

Die Dschandschawid! Die Dschandschawid kamen!

Asia, meine Mutter und ich liefen. Rings um uns waren die Frauen des Dorfes, manche hielten ihr Baby fest an sich gedrückt. Ältere Brüder rannten, ihre jüngeren Geschwister auf dem Rücken tragend. Alle schrien vor Entsetzen, alle rannten, um die Menschen vor ihnen zu überholen.

»Lauft! Lauft!«

»Lauft! Die Dschandschawid dürfen uns nicht kriegen!«

»Sie dürfen uns nicht töten!«

»Gott, rette uns! Gott, rette uns!«

Die Dschandschawid spornten ihre Pferde an und warfen brennende Fackeln in die Hütten. Die trockenen Strohdächer gingen sofort in Flammen auf. Ich sah mich immer wieder ängstlich nach dem Mündungsfeuer der Gewehre und den Flammen um, die wie eine tödliche Feuerwelle durch das Dorf rauschten. Ich hörte die teuflischen Reiter wie Tiere brüllen, eine heulende Woge des Bösen, eine Woge aus Hass, die unser Dorf zerschmetterte. Immer näher kamen sie, und plötzlich konnte ich die einzelnen arabischen Sätze verstehen, die sie unablässig skandierten.

»Wir holen euch alle und töten euch!«

»Tötet die schwarzen Sklaven! Tötet die schwarzen Sklaven!«

»Tötet die schwarzen Esel!«

»Tötet die schwarzen Hunde!«

»Tötet die schwarzen Affen!«

»Keiner entkommt uns! Wir töten euch alle!«

»Tötet sie! Tötet sie alle!«

Über uns kreisten die Hubschrauber, wendeten, um erneut zum Angriff auszuholen, und dann waren da wieder die Blitze und der Rauch, Kugeln und Raketen bohrten sich in die fliehenden Frauen und Kinder, zerfetzten ihre Körper. Omer packte mich an der Hand und zog meine Mutter, meine Schwester und mich auf die Seite, weg vom mörderischen Pfad dieses Angriffs.

Wir schlugen Haken, wir duckten uns und rannten wieder weiter auf den sicheren Wald zu, liefen an blutigen Haufen vorbei, die einmal unsere Nachbarn und Freunde gewesen waren. Von den Kugeln aus dem Himmel zerrissene Körper. Manche lebten noch, sie krochen und taumelten weiter. Sie schrien uns an, streckten uns die Hände entgegen und flehten um Hilfe. Doch wenn wir stehen geblieben wären, hätten uns die Dschandschawid erwischt, und wir wären alle umgekommen. Deshalb liefen wir weiter und überließen die Verletzten, die Alten, die Langsamen und die kleinen Kinder dem Terror der Dschandschawid.

Meine Mutter war langsamer als wir, ich merkte, dass ihre Kräfte nachließen. Sie bat uns, dass wir uns von ihr trennten – sie werde in ihrem Tempo weiterlaufen und im Wald zu uns stoßen. Doch wir weigerten uns. Halb trug, halb zog ich sie mit Hilfe meiner Brüder weiter, und ich schrie dabei laut, Gott möge uns helfen, Gott möge uns alle retten.

Wir rannten und rannten und entfernten uns mit jedem Schritt weiter von der Hölle des Dorfes. Ich hatte Angst um uns alle, aber meine Gedanken kehrten auch immer wieder zu meinem Vater zurück.

Mit dem Dolch als einziger Waffe hatte er beschlossen, standzuhalten und dem schrecklichen Angriff entgegenzusehen. Ich wusste, warum. Diejenigen, die geblieben und zum Kampf bereit waren, taten es, um zu verhindern, dass die Dschandschawid an die Frauen und Kinder herankamen. *Sie wollten, dass wir Zeit gewinnen.* Sie blieben, um ihre Familien zu schützen, nicht um das Dorf zu verteidigen. Sie blieben, um uns vor den Dschandschawid zu retten.

Endlich erreichten wir den dichten Wald und waren in Sicherheit, denn dort konnten die Hubschrauber nicht mehr Jagd auf uns machen. Wir versteckten uns unter den Bäumen. Rings um uns waren verstreute Grüppchen von Dorfbewohnern. Mo, Omer, Asia, meine Mutter und ich waren außer Atem und voller Angst. Wir kauerten uns in den Schatten, lauschten dem Kampflärm und versuchten herauszufinden, ob er näher kam und ob wir weiterlaufen sollten.

Nach einiger Zeit verklang der Lärm der Hubschrauber in der Ferne. Vom Dorf her hörte ich Schüsse und Geschrei und das dröhnende Echo vereinzelter Explosionen. Rings um uns war die Luft erfüllt vom Wimmern der kleinen Kinder. Unaufhörlich schrien die dünnen Stimmchen. Warum haben uns diese Männer angegriffen und unser Dorf zerstört, fragten sie schluchzend. Was haben wir ihnen getan? Verzweifelte Mütter versuchten herauszufinden, wo ihre Kinder waren, denn viele hatten auf der hektischen Flucht aus dem Dorf ihre Kleinen verloren.

Einzelne Mütter begannen sich selbst zu schlagen und hysterisch zu jammern, so schuldig fühlten sie sich, weil sie ihre Kinder zurückgelassen hatten. Wir versuchten sie zu beruhigen, um zu verhindern, dass ihre Schreie den Dschandschawid den Weg zu unserem Versteck verrieten. Einige wollten zurücklaufen und nach ihren verlorenen Kindern suchen; wir mussten sie festhalten, denn es wäre ihr sicherer Tod gewesen.

Entsetzliche Stunden verstrichen. Es war die Hölle. Erschöpft vom Weinen starrten die unter Schock stehenden Frauen und Kinder mit leeren Gesichtern vor sich hin. Ab und zu wurde die dumpfe, angsterfüllte Stille von prasselndem Gewehrfeuer durchbrochen. Bei jedem Schuss sprangen die Kinder auf, winselten, suchten mit dem Blick entsetzt nach dem Feind. Hatten sie uns irgendwie aufgespürt und würden uns jetzt alle töten? Doch ich war mit den Gedanken meist im Dorf, bei meinem Vater. Ich betete zu Gott, er möge ihn beschützen und am Leben lassen.

Etwa eine Stunde vor Sonnenuntergang erstarb der Kampflärm und wich einer tödlichen Stille. Eine dicke Rauchsäule stieg in der Ferne vom brennenden Dorf auf. Niemand war in den Wald gekommen, um uns zu holen, und mein Vater hatte uns angewiesen zu bleiben, bis er komme. Wir konnten nur hoffen, dass er und die anderen Männer sich im Dorf um die Verwundeten kümmern mussten. Wenn es so war, hatte ich als Ärztin die Pflicht, ihnen beizustehen. Wir sahen uns ängstlich an, während wir überlegten, was nun zu tun sei. Sollten wir im Wald bleiben oder das Risiko eingehen, ins Dorf zurückzukehren?

Alles flüsterte aufgeregt. Konnte irgendwer etwas hören? Nein, es war völlig still. Was hatte das zu bedeuten? Hieß es, dass der Feind weg war? Vielleicht ja, vielleicht aber auch nein – wer konnte das sagen? Vielleicht versteckten sich die Dschandschawid, um uns aus dem Hinterhalt anzugreifen. Die einzige Möglichkeit, das herauszufinden, bestand darin, sich ins Dorf zurückzuschleichen. Schließlich fassten alle gemeinsam einen Entschluss. Ganz langsam, ganz vorsichtig, immer wieder innehaltend, um zu lauschen, gingen wir den Weg durch den dunkelnden Wald zurück, bis wir den Rand des Dorfes erreichten.

Als die ersten Hütten sichtbar wurden, gab es für die Menschen kein Halten mehr. Sie liefen auf ihr Zuhause zu, um nach ihren Verwandten zu suchen. Mit meiner Mutter, meinen Brüdern und unserer kleinen Schwester rannte ich durch den erstickenden Rauch. Rings um uns leuchteten rot die Feuer, und das Knistern der Flammen erfüllte die Luft. Hinter jeder Biegung roch ich Brand und Tod. Überall lagen Leichen. Irgendwie bahnte ich mir durch diese Hölle einen Weg zu unserem Gehöft. Der Zaun war niedergerissen, und unsere Habe lag verstreut herum. Aber das war mir egal. Mir war nur eines wichtig – mein Vater. Mein Vater! Wo war mein Vater?

Ich rannte zum Haus unserer Nachbarn. Vielleicht war mein Vater dort und half einem Verwandten von Kadiga. Eine ihrer Schwestern hatte gerade ein Mädchen zur Welt gebracht, ich hatte bei der Geburt geholfen. Ich stieß die Tür ihrer Hütte auf. Auf dem Boden lag in einer Blutlache eine zusammengesunkene Leiche. Neben der toten Mutter glomm ein rauchendes Feuer, und in der Asche lag ein winziger verkohlter Körper. Die Dschandschawid hatten der Mutter in den Bauch geschossen und ihr Baby in die Flammen geworfen. Der Gestank in der Hütte war kaum zu ertragen.

Ich wandte mich ab und sank auf die Knie. Mir wurde übel, ich begann zu würgen. Als ich mich vorbeugte, um zu erbrechen, hörte ich von der Dorfmitte her Schreie, ein anschwellendes Wehklagen von herzzereißender Traurigkeit. Frauen riefen, sie hätten die Männer des Dorfes gefunden! Dort waren die Männer des Dorfes! Mit meiner Mutter und meinen Brüdern lief ich zur Quelle der gramvollen Schreie. Als wir das offene Gelände des Marktplatzes erreichten, senkte sich nächtliche Dunkelheit auf das brennende Dorf.

Der Boden war übersät mit schemenhaft erkennbaren Leichen, über denen die Frauen knieten und wehklagten. Sie riefen die Namen der Gefallenen und schlugen in ihrem Leid die Köpfe auf den blutgetränkten Boden. Doch unter all den Toten waren noch ein oder zwei Lebende. Wie wahnsinnig suchte ich alles ab, während es in mir schrie: Wo ist mein Vater? *Mein Vater! Mein Vater!* Wo ist er? Gott, lass ihn am Leben sein! Lass ihn verwundet sein, aber lass ihn überlebt haben! *Lass ihn am Leben sein!*

Plötzlich blieb mein Bruder Omer stehen. Mit verzerrten Gesichtszügen sank er auf die Knie, er griff sich an den Kopf und raufte sich die Haare. Dann beugte er sich hinunter und umarmte eine hingestreckte Gestalt, schlang die Arme um diesen Körper, vergrub das Gesicht in Gesicht und Haar des Leichnams. Er schluchzte und klagte und zitterte wie ein verwundetes Tier. Da sank auch ich zu Boden.

Ich wusste, das war mein Vater.

Erst einige Zeit später kam ich wieder zu mir. Ich lag auf dem Rücken. Neben mir saß meine Mutter. Ihr Gesicht war tränenüberströmt, ihr Ausdruck maskenhaft starr und leer. Ich betrachtete die klagenden Frauen rings um mich, und plötzlich hatte ich wieder das Bild von Omer vor Augen, der sich über meinen toten Vater beugte. Meine Mutter sah zu mir hinab. Aus ihren Augen sprachen der Schock und die Trauer über einen unfassbaren Verlust. Ich setzte dazu an, ihr eine Frage zu stellen, doch sie schüttelte nur den Kopf, und schon liefen ihr frische Tränen übers Gesicht. Da brüllte ich meinen Schmerz, meine Qual, meine innere Leere mit einem aus tiefster Kehle dringenden Schrei heraus, mit einem Schrei, der nicht mehr endete. Niemals würde ich aufhören, um meinen toten Vater zu klagen, egal wie lange ich lebte.

Viele Dorfbewohner waren zwar verletzt, hatten aber überlebt. Es gab Schussopfer, Verbrennungsopfer, Opfer mit Schrapnellverletzungen und solche mit Stichwunden. Ich hätte versuchen müssen, ihnen zu helfen, aber ich stand unter einem so schwerem Schock, dass ich zu nichts, zu absolut nichts fähig war. Die überlebenden Frauen und Kinder saßen in einer Gruppe zusammen. Ihre Wehklage, ihr Wimmern und das Ausrufen der Totennamen wären kaum zu ertragen gewesen, hätte ich mich nicht in die Trauer über den eigenen unsagbaren Verlust vertieft.

Wir waren eine einzige Masse des Jammers, unfähig zu verstehen, was man mit unserem Leben angerichtet hatte. Während wir trauerten, gingen die Männer – auch meine Brüder – umher und versuchten herauszufinden, wer tot und wer vielleicht noch zu retten war. Die größte Gruppe der Toten bestand aus den Männern, die geblieben waren, um zu kämpfen. Dann gab es noch diejenigen, die nicht schnell genug gerannt waren, um sich in Sicherheit bringen zu können – alte Leute, Kinder. Schwangere Frauen waren im Laufen dahingerafft worden. Dorfälteste waren bei lebendigem Leib in ihren Hütten verbrannt, Babys ins Feuer geschleudert worden.

Die ganze dunkle Höllennacht hindurch sammelten die Männer die Leichen ein. Bei Sonnenaufgang konnten wir sie begraben. Der erste Eselskarren fuhr knarzend aus dem Dorf hinaus mit seiner Fuhre aus steifen, blutverkrusteten Toten. In meinem Schockzustand lebte ich ganz in der Erinnerung, ich glaubte, mein Vater würde noch leben, ich sah sein Gesicht vor mir, hörte ihn sprechen, spürte, wie er mich lachend umarmte. Sobald ich mich in die Gegenwart zurückzuholen versuchte, war alles in einen roten Nebel getaucht. Erst ein noch größeres Grauen konnte mich aus meinem Stumpfsinn aufschrecken.

Eine überlebende Frau war versehentlich für tot gehalten worden. Während der Karren zum Friedhof fuhr, bemerkte jemand, dass ihr Arm zuckte, und schrie auf. Der Karren blieb stehen. Die Frau wurde aus dem Leichenberg gezogen und auf den Boden gelegt. Der Anblick dieser Toten, die doch lebte, brachte mich zur Besinnung. Sie hieß Miriam. Sie hatte ihren Mann, ihren Vater und zwei ihrer Kinder verloren. Das dritte Kind hatte überlebt und brauchte seine Mutter, denn es hatte sonst niemanden mehr auf der Welt.

Ich beugte mich über die daliegende Gestalt. Ich fühlte ihr den Puls. Er war schwach, und sie atmete kaum noch. Ich suchte nach Anzeichen von Verletzungen, konnte aber keine entdecken. Sie lag wohl einzig wegen des Schocks und des Traumas im Sterben. Ich beugte mich zu ihr hinunter und begann mit der Mund-zu-Mund-Beatmung. Nach jeder einzelnen Beatmung drückte ich mit aller Kraft auf ihren Brustkorb. Das machte ich etwa eine halbe Stunde lang. Ihr kleiner Sohn hielt dabei die Hand seiner Mutter, wie um sie zum Weiterleben zu drängen. Ich musste sie retten, und wenn es um dieses Kindes willen war …

Plötzlich schlug sie die Augen auf. Sie blickte um sich, als kehrte sie von den Toten zurück. Als ihr klar wurde, dass sie noch am Leben war, begann sie unaufhörlich zu schreien. Sie schrie die Namen der Toten heraus. Warum habe der Tod sie nicht behalten, wimmerte sie. Wo war die süße Erlösung durch den Tod? Ich versuchte ihr bewusst zu machen, dass ihr kleiner Sohn noch lebte, aber sie war keinen Vernunftgründen mehr zugänglich, sie war nicht mehr zu erreichen. Der einzige Mensch, dessen Leben ich tatsächlich gerettet hatte, wünschte nur noch, tot zu sein.

Irgendwann an diesem Tag tauchten drei junge Zaghawa-Männer im Dorf auf. Sie trugen das traditionelle weiße Gewand und hatten sich den Kopf mit einem weißen Tuch so umwickelt, dass nur die Augen hervorsahen. Jeder hatte ein Maschinengewehr. Sie stellten sich als Angehörige der SLA vor, der Sudanesischen Befreiungsarmee – einer der wichtigsten Rebellengruppen. Sie hatten von dem Überfall gehört und daraufhin ihren geheimen Stützpunkt in den Bergen verlassen, um der Sache nachzugehen. Die drei waren die ersten Rebellenkämpfer, die wir jemals im Dorf zu Gesicht bekommen hatten.

Wir umringten sie und erzählten ihnen von dem Angriff. Die überlebenden Männer des Dorfes – darunter meine Brüder – wurden wütend und begannen zu weinen. Sie wollten jetzt nur noch kämpfen, alles andere interessierte sie nicht mehr. Mo und Omer gehörten zu den Ersten, die sich freiwillig meldeten, ihnen folgten viele weitere. Ich selbst wollte mich melden, doch sie erklärten mir, Frauen dürften nicht kämpfen. Da bot ich mich als Rebellenärztin an, musste mir jedoch sagen lassen, dass es mit den vielen Verwundeten im Dorf genug Arbeit für mich gebe.

Wir hielten einen Familienrat ab und versuchten zu entscheiden, was als Nächstes zu tun sei. Der Tod meines Vaters hatte eine schmerzhafte Lücke gerissen. Ich als das älteste Kind musste jetzt zusammen mit meiner Mutter die Führung übernehmen. Ich brachte vor, dass es keinen Grund mehr gebe, im Dorf zu bleiben. Der größte Teil unseres Viehs war weg. Die Feldfrüchte waren verbrannt, als die Dschandschawid unser schönes Dorf in ein versengtes, blutgetränktes Stück Erde verwandelten. Sie waren über unsere Felder geritten und hatten die Bewässerungsgräben zerstört. Selbst die Obstbäume waren rußgeschwärzt.

Mos und Omers Entschluss stand fest. Die Rebellen wollten bei Sonnenuntergang losziehen, und sie würden mitgehen. Sie würden die Araber töten und den Tod unseres Vaters rächen. Nichts anderes zählte mehr. Einige Leute sprachen davon, in den Tschad zu fliehen oder bei Verwandten in den großen Städten Unterschlupf zu suchen. Aber viele der verwundeten Dorfbewohner waren nicht reisefähig, und im Inneren fühlte ich mich verpflichtet, ihnen beizustehen. Wenn ich schon keine Rebellensoldatin werden konnte, wollte ich wenigstens meine medizinischen Kenntnisse nutzen, um hier in meinem sterbenden Dorf so viele Menschenleben wie möglich zu retten.

»Vielleicht sollten wir doch bleiben«, sagte ich schließlich zu meiner Mutter. »Die Leute im Dorf brauchen uns. Wir könnten zumindest so lange warten, bis es ihnen wieder gutgeht. Dann werden wir, so Gott will, diesen Ort verlassen.«

Meine Mutter schüttelte den Kopf. »Wir sollten in den Tschad gehen. Wir haben Verwandte dort, sie werden uns bei sich aufnehmen. Unser Gold nehmen wir mit, dann haben wir etwas, womit wir zahlen können, falls unterwegs etwas passiert.«

»Unser Gold ist noch da?«, fragte ich. Ich hatte angenommen, alles sei gestohlen worden.

»Ja. Großmutter hat es gut versteckt. Wir könnten sogar versuchen, in einem der Nachbardörfer ein paar Kamele zu mieten. Dann finden wir unsere Verwandten schneller.«

Der Mann meiner Großmutter hatte sich eine zweite Frau im Tschad genommen; deren Kinder waren also die Halbgeschwister meiner Mutter. Meine Mutter kannte ihre Namen, hatte die Leute selbst allerdings nie kennengelernt. Wenn ihr Dorf überfallen worden wäre und sie uns um Hilfe gebeten hätten, wären sie von uns herzlich aufgenommen worden, und meine Mutter wusste, dass sie bereit waren, dasselbe für uns zu tun. Die Schwierigkeit bestand darin, den Tschad wohlbehalten zu erreichen. Schließlich drohte die Gefahr, unterwegs den Dschandschawid zu begegnen, was unser Ende bedeuten würde.

»Es ist eine lange Reise«, sagte ich, »wir könnten unterwegs angegriffen werden. Ich glaube nicht, dass der Feind ins Dorf zurückkommen wird. Es würde sich nicht mehr lohnen. Deshalb sind wir hier vielleicht fürs Erste sicherer. Ich glaube, dass es besser ist, zu bleiben.«

»Früher oder später müssen wir auf jeden Fall weg«, entgegnete meine Mutter achselzuckend. »Hier ist nichts mehr. Wir haben nichts zu essen. Das Dorf ist jetzt ein Ort des Todes. Warum sollten wir bleiben?«

»Es gibt hier Menschen, die überhaupt nichts mehr haben – kein Zuhause, kein Geld und keine Verwandten, zu denen sie sich flüchten können. Diese Leute dürfen wir nicht im Stich lassen. Und dann die vielen Verwundeten … Wir sollten noch eine Weile bleiben und ihnen helfen.«

Schließlich beschlossen wir, zu bleiben, auch weil meine Brüder dann wussten, wo sie uns finden konnten. Sobald sie zu Rebellenkämpfern ausgebildet waren, würden sie zurückkommen und uns beschützen. Zumindest in der Theorie. Am Abend zogen die Männer im kampffähigen Alter los. Ich verabschiedete mich von Mo und Omer, aber ich hatte keine Tränen mehr, um zu weinen, und brachte kaum die Kraft auf, wirklich traurig zu sein. Dann waren sie weg.

Nur die Alten, die Frauen und die Kinder blieben in unserem sterbenden Dorf zurück.

23. KAPITEL

Zeit der Angst

Damit begann die Zeit der Angst. Angespannt hielten wir Augen und Ohren in jedem wachen Moment offen. Und wenn wir schliefen, war es immer nur ein Halbschlaf, denn sie konnten ja nachts zurückkommen und uns angreifen. Wir lebten wie gejagtes Wild, und wie die Tiere fürchteten wir uns vor der Luft über uns und vor der Erde unter unseren Füßen. Und gleich verängstigten Tieren drängten wir uns dicht zusammen, als wäre es sicherer, eine Gruppe zu sein.

Die Hütten unseres Gehöfts waren zum größten Teil unversehrt geblieben. Meine Mutter, meine Schwester und ich bezogen zusammen eine Hütte, während unsere Nachbarn in den anderen unterkamen. Das wenige, was an Essen und Bettzeug noch da war, legten wir zusammen. Jeden Abend riefen wir die Überlebenden der Umgebung zu uns und aßen gemeinsam wie eine große Familie. Wir lauschten den Geschichten, die jeder zu erzählen hatte, und beklagten die schrecklichen Verluste, die wir alle erlitten hatten. Es war ein kollektiver Trauerprozess: Die Menschen nahmen gegenseitig Anteil an dem ihnen zugefügten Schmerz und Leid.

Mariam, die Frau, die ich von den Toten zurückgeholt hatte, wohnte mit ihrem kleinen Sohn bei uns. Jeden Abend weinte sie bitterlich, und alle weinten mit ihr. Durch ihren Kummer wurden wir gezwungen, uns zu erinnern und wieder und wieder zu jenem grauenhaften Tag zurückzukehren. Doch niemand war ihr deshalb böse. Sie lebte ganz in ihrem Schmerz, und unsere größte Angst war, dass sie nie wieder aus ihm herausfinden würde.

Denn sie musste aus ihm herausfinden – wenn nicht für sie

selbst, dann auf jeden Fall für ihren Jungen. Ich selbst hatte mich über Nacht verändert. Vor dem Angriff auf unser Dorf war ich immer noch Opfer gewesen, immer noch eine Frau, die versuchte, die eigenen Dämonen zu besiegen. Doch all das hatte sich in Wut verwandelt. Ich wollte kämpfen. Ich sehnte mich danach, zu kämpfen und die Araber zu töten – diejenigen, die so Böses getan hatten, diejenigen, die mir den Vater genommen hatten, meinen wunderbaren Vater, und die unser Dorf niedergebrannt und geschändet hatten.

Das Dorf war vollkommen verwüstet. Was die Dschandschawid nicht hatten mitnehmen können, hatten sie kaputt geschlagen, verbrannt, zerstört. Selbst die öffentliche Wasserpumpe hatten sie in Stücke gehauen und Leichen in den Brunnen geworfen, um das Wasser zu vergiften. Uns wurde klar, dass sie das offenbar von vornherein so geplant hatten, damit alle, die den Angriff überlebten, verhungern oder verdursten mussten. Sie waren nicht nur gekommen, um uns zu töten, sondern auch um unsere Überlebensmöglichkeiten zu zerstören.

Ständig fragten die kleinen Kinder, warum die Dschandschawid das getan hätten, warum sie unbedingt wollten, dass wir alle tot wären. Welche Antwort sollten wir auf diese Fragen geben? Wie sollten wir es ihnen erklären? Sobald die Kinder schliefen, unterhielten wir uns darüber. Die arabischen Stämme waren schon immer ärmer als wir gewesen. Sie hatten keine festen Dörfer, keine Felder und nur wenig Vieh. Woher kamen dann aber die schweren Waffen, mit denen sie uns angegriffen hatten?

Wir wussten, dass die Regierung ihre Hand im Spiel hatte. Es musste eine treibende Kraft geben, die den Arabern befahl, zu tun, was sie getan hatten. Denn wenn sie nur gekommen wären, um unsere Häuser zu plündern – warum dann die Zerstörung des ganzen Dorfes? Davon hatten sie rein gar nichts. Es musste auf Befehl von ganz oben geschehen sein. Als uns das allmählich bewusst wurde, begann es selbst dem einfachsten Dorfbewohner zu dämmern, dass die aus Arabern bestehende Regierung beschlossen hatte, ihre eigenen Leute zu unterstützen und uns vom Angesicht der Erde zu fegen.

Jetzt wussten wir, wo die Grenze verlief. Jetzt wussten wir, dass diese Regierung unser erbitterter Feind war. Für mich war das kaum eine überraschende Erkenntnis, ich hatte es schon lange vermutet. Ich hatte die Vergewaltigung der Kinder von Mazkhabad miterlebt, und nachdem ich Zeugin dieser Greueltat geworden war, hatten mich die Soldaten geholt. Man hatte mir gewaltsam die Augen geöffnet. Ich hatte gemeinsam mit meinem Vater gegen die arabische Regierung gewettert, die uns in unserem eigenen Land kleinhielt. Doch viele in unserem Dorf hatten bis zum Tag des Überfalls in naiver Hoffnung gelebt.

Drei Wochen lang hingen wir in dieser Schwebe zwischen Leben und Tod. Ich durchstöberte das zerstörte Dorf auf der Suche nach Lebensmitteln und kümmerte mich um die verletzten Menschen, indem ich Wasser abkochte und die Wunden mit allem, was gerade zur Hand war, verband. Ich ging in den Wald und sammelte die Pflanzen, aus denen meine Großmutter ihre Brandwundensalbe hergestellt hatte. Ich verbrannte die Blätter zu feiner Asche und vermischte sie mit Sesamöl. Diese Paste strich ich den Menschen täglich auf die verbrannte Haut, und bei vielen wirkte sie auch.

Bei einigen kleinen Kindern war die gesamte Körperoberfläche verbrannt. Dass sie nicht gestorben waren, grenzte an ein Wunder. Man hatte sie in brennende Hütten geworfen, und irgendwie hatten sie dieses Inferno überlebt. Aber sie litten schreckliche Schmerzen. Die Haut warf Blasen und schälte sich, es kam zu Entzündungen und Pustelbildung. Ich war zwar gut ausgebildet und verfügte über ein umfangreiches Fachwissen, aber ohne entsprechendes medizinisches Material konnte ich wenig ausrichten. Das brach mir fast das Herz. Es wäre besser gewesen, wenn sie gestorben wären, und jeden Tag erlöste der Tod das eine oder andere Kind von seinen Qualen.

Am allerschwierigsten ließen sich die psychischen Traumata behandeln. In den schlimmsten Fällen hatten Frauen ihre gesamte Familie verloren – Ehemänner, Kinder und Eltern, alle tot. Viele dieser Frauen hatten auch den Verstand verloren. Sie hockten da, murmelten vor sich hin, schrien, lachten laut. Sie umfassten sich selbst mit den Armen, wiegten sich vor und zurück und starrten stundenlang, ohne Unterlass in die Luft. Sie verweigerten die Nahrungsaufnahme und registrierten nicht mehr den Unterschied zwischen Tag und Nacht. Und ich konnte ihnen nicht helfen.

Auf meinem Rundgang hörte ich immer wieder dasselbe. Was machen wir, wenn sie uns noch einmal angreifen? Wie sollen wir entkommen, wenn es keine Männer mehr gibt, die uns verteidigen? Manche spielten mit dem Gedanken, zu Verwandten in anderen Dörfern zu ziehen, aber warum sollten nicht auch diese Dörfer überfallen werden so wie unseres? Andere hatten vor, nach Süden, in die Nuba-Berge, zu gehen, wo sie sich von unseren schwarzafrikanischen Brüdern Zuflucht erhofften. Würden wir in den Bergen sicher sein?

Oder floh man besser über die Grenze in den Tschad? Dort lebten unsere Zaghawa-Brüder, denn auch diese Region gehörte unserem Stamm. Aber war die Grenze bewacht? Würden uns die Regierungstruppen oder die Dschandschawid aufgreifen, während wir uns in Sicherheit zu bringen versuchten? Oder sollte man sich nicht eher in die großen Städte flüchten? Dort kam es kaum zu Gefechten – vielleicht boten sie den besten Schutz.

Das Dorf lag im Sterben. Wir wussten, dass es dem Untergang geweiht war. Bald würden die Bewohner wie Spreu in alle vier Winde der Wüste verstreut werden. Sie bereiteten sich ja schon darauf vor, indem sie sich einprägten, dass eine bestimmte abgebrannte Hütte einmal der Familie So-und-so gehört hatte, wie wunderschön das Hochzeitsfest im Hof von Dem-und-dem gewesen war und wie wir als Kinder auf diesem Feld gespielt, in jenem Obstgarten geklaut und mit unseren berittenen Lehmkriegern im Schlamm vor genau diesem Zaun gespielt hatten.

Es gab eine alte Frau im Dorf, deren einziges Kind getötet worden war. Ihr Mann war bereits verstorben, so dass sie niemanden mehr hatte. Sie saß immer ganz für sich und weinte: »Keine Familie … Keine Menschenseele … Alle sind fort …«

Eines Abends traf ich sie in ihrer versengten Hütte an, wo sie umherging und tränenüberströmt vor sich hinsang. Sie hatte ein Klagelied für die Toten des Dorfes komponiert:

Die Räuber ergriffen die jungen Männer
Und streckten sie nieder.
Die Räuber ergriffen die alten Männer
Und streckten sie nieder.
Die Räuber ergriffen die Frauen
Und streckten sie nieder.
Die Räuber ergriffen die Kinder
Und streckten sie nieder.

Wir haben kein Zuhause,
Es wurde zerstört.
Wir haben keine Felder,
Sie wurden zerstört.
Wir haben keine Milch,
Sie wurde verschüttet.
Jetzt ziehen unsere Kinder in den Kampf
Und werden niedergestreckt.

Die Dorfbewohner umringten sie und hörten ihr zu. Viele begannen wieder zu weinen. Als das Lied zu Ende war, sagte die alte Frau, sie werde das Dorf niemals verlassen. Sie wolle hier sterben. Sie habe keine Verwandten – wo solle sie denn hin? Wir versuchten sie zum Weggehen zu überreden, aber sie weigerte sich. Warum sollte sie überhaupt noch weiterleben? Alle gingen weg, das Dorf sei am Ende, sie wolle nur noch sterben. Andere hätten ihre Kinder, für die sie leben könnten. Sie aber habe nichts.

Ich hatte nun gewissermaßen die Rolle des Familienoberhaupts inne. Meine kleine Schwester Asia weinte die ganze Zeit. Meine Mutter bemühte sich, stark zu sein. Obwohl ich innerlich wie tot war, musste ich einen klaren Gedanken fassen und mir überlegen, wie wir fliehen konnten. Hin und wieder kam ich an einen Punkt, an dem ich am liebsten aufgegeben hätte, aber ich hielt durch.

Immer wieder sagte ich mir, dass uns Weinen und Wehklagen nicht weiterbrachten, sondern dass wir jetzt die Leidenschaft und Wut von Großmutter Sumah brauchten. Ich versuchte mir vorzustellen, was meine Großmutter in dieser Situation getan hätte, versuchte mich in sie hineinzuversetzen. Was hätte sie gemacht? Ich war mir sicher, dass sie weggegangen wäre. Sie hätte uns aus dieser Hölle hinausgeführt an einen Ort, an dem man überleben könnte. Sie hätte sich dafür entschieden, in den Tschad zu gehen.

Wir überstehen das, hätte sie gesagt. *Wir sind Zaghawa, wir sind stark.*

Da wir inzwischen zu verhungern drohten, blieb uns nicht viel anderes übrig, als zu gehen. Doch dann wurde uns die Entscheidung vollends aus der Hand genommen. An einem glühend heißen Nachmittag hörten wir den verhassten Lärm wieder – das Geknatter der die Luft zerschneidenden Rotorblätter. Diesmal zögerte keiner auch nur eine Sekunde lang – alle rannten gleichzeitig auf den Wald zu. Die Hubschrauber machten sich über das Dorf her, hinter uns ertönten donnernde Explosionen.

Wir hatten entsetzliche Angst. Da diesmal niemand zu unserer Verteidigung zurückgeblieben war, befürchteten wir, überrannt und getötet zu werden. Doch die Piloten begnügten sich damit, ihre Helikopter gemächlich über dem Dorf kreisen zu lassen und dessen letzte Überreste dem Erdboden gleichzumachen.

Dann verlor sich das Geknatter der Kampfhubschrauber in der Ferne. Wir blieben geduckt im Halbschatten, warteten stundenlang zitternd und bangend und lauschten angestrengt auf das grauenhafte Gebrüll und die Schüsse, die den Angriff der gefürchteten Dschandschawid ankündigen würden. Über dem Dorf hing eine Rauchwolke, aber es herrschte gespenstische Stille, was sogar noch beängstigender war, denn wir fragten uns, ob sie sich vielleicht gerade anschlichen, um uns zu überfallen.

Als die Sonne unterging, huschten wir ins Dorf zurück. Die Hütten, die den ersten Angriff überstanden hatten, brannten, aber vom Feind war nichts zu sehen. Es war, als hätte man die Hubschrauber nur geschickt, damit sie dem Dorf den Rest gaben. Im Feuerschein und umhüllt von beißendem Rauch schlugen wir in dichtgedrängten Grüppchen unser Nachtlager auf, wo immer es noch möglich war. Alle wussten, was es jetzt galt: Am nächsten Morgen würden wir fortgehen. Am nächsten Morgen würden wir alle fortgehen, und dann würde es das Dorf nicht mehr geben.

In aller Frühe beschloss ich, ein letztes Mal nach meinen Patienten zu sehen. Ich war immer noch ihre Ärztin und schuldete ihnen diesen Dienst. Ich verabschiedete mich von meiner Mutter und meiner kleinen Schwester mit der Aufforderung, sie sollten bei meiner Rückkehr reisefertig sein. Dann machte ich meine Runde. Ich sah mir die Wunden der Leute an, wechselte Verbände, half meinen Patienten, so gut ich konnte. Und ich sprach mit jedem Einzelnen darüber, wohin er gehen werde. Ich hatte Angst, dass einige von ihnen – vor allem die Kinder – die Reise nicht überleben würden. Aber was hätte ich noch für sie tun können?

Als ich mittags zurückkam, waren meine Mutter und meine Schwester verschwunden. Ich ging nach nebenan und fragte Kadigas Onkel nach den beiden. Auch er bereitete gerade seinen Aufbruch vor. Er stand im Hof seines Gehöfts und stopfte einige wenige Habseligkeiten in einen alten Sack.

»Wo ist meine Familie, Onkel?«, fragte ich ihn.

Er warf mir einen kurzen Blick zu und schüttelte den Kopf. »Deine Leute sind weg … Soldaten sind mit einem Auto vor euer Haus gefahren. Sie waren in Uniform und hatten Waffen. Sie haben deiner Mutter viele Fragen gestellt. ›Wo ist die Zaghawa-Ärztin, die aus Mazkhabad geflohen ist?‹, haben sie gefragt. Da hat deine Mutter gesagt, dass Asia ihre einzige Tochter ist und dass sie gar nicht weiß, wovon die Soldaten reden.«

»O mein Gott … Wo sind sie jetzt?«

»Die Soldaten haben bei deiner Mutter eine Botschaft an dich zurückgelassen. ›Wir wissen, dass sie Ihre Tochter ist. Wir wissen, dass Sie lügen‹, haben sie gesagt. ›Richten Sie ihr aus, dass wir sie suchen und dass wir sie bald finden werden. Sagen Sie Ihrer Tochter, dass sie uns niemals entkommt, niemals.‹ Das war die Botschaft. Deine Mutter und Asia bekamen große Angst und wollten nicht bleiben. Sie sind weg.«

»Aber wohin …?«

»Sie sind Richtung Hashma losgezogen, sie wollen zu deinem Onkel Ahmed. In den Tschad wollten sie ohne dich nicht. Deine Mutter sagt, du musst fliehen – irgendwohin, wo dich die Soldaten nicht finden. Irgendwann werdet ihr euch finden und wieder zusammen sein, hat sie gesagt.«

»Hat meine Mutter gesagt, wohin ich gehen soll?«, fragte ich verwirrt.

Kadigas Onkel zuckte mit den Achseln. »Sie wusste es auch nicht. An irgendeinen sicheren Ort. Nach Süden vielleicht, in die Nuba-Berge. Irgendwohin, ganz weit weg, wo diese Männer dich nicht aufspüren und verhaften können. Und dann hat deine Mutter noch etwas zu mir gesagt: ›Sie weiß, wo wir die Wertsachen versteckt haben, das Gold. Sag ihr, sie soll alles nehmen und sich damit durchschlagen.‹«

Wie im Traum ging ich zu unserem Gehöft zurück. Ich grub die Wertsachen aus dem Versteck aus und stopfte alles in meine Tasche. In eine schwarze Tragetüte legte ich eine Handvoll getrocknete Datteln, einen Extra-*tope* und ein Gewand aus dickem Stoff. Dann verabschiedete ich mich von Kadigas Onkel. Ich warf einen letzten Blick auf die Stätte meiner Kindheit, drehte mich um und ging los. Tief im Herzen wusste ich, dass ich nie mehr dorthin zurückkehren würde.

Ich hatte Kadigas Onkel nicht erzählt, wohin ich wollte. Erstens wusste ich es selbst noch nicht genau, und zweitens durfte ich keine Spur zurücklassen, der die Soldaten folgen könnten. Ich wusste nur, dass ich nach Süden gehen würde, vielleicht in die Nuba-Berge. Ein langer Weg, aber womöglich meine einzige Chance. Bei meiner Familie konnte ich nicht bleiben – das hätte den Zorn meiner Verfolger auf die Menschen gelenkt, die ich liebte. Deshalb zog ich ganz allein los, nach Süden, in den ausgedörrten Busch und in die Wüste.

Als junges Mädchen hatte ich mit angesehen, wie die Regierung Zaghawa-Männer für den Kampf in einem »Dschihad« gegen die »Ungläubigen« im Süden, unter ihnen auch die Nuba, zu rekrutieren versuchte. Viele Nuba waren Christen beziehungsweise gemäßigte Moslems, aber jetzt spielte die Religion in unserem Land sowieso keine Rolle mehr. Alles drehte sich um die Hautfarbe. Ein Mensch mit arabischer Haut war mein Feind; einer mit schwarzer Haut war mein Freund. Ich würde bei den Schwarzafrikanern Zuflucht suchen – egal, welchem Glauben sie anhingen.

Ich ging den ganzen Nachmittag und in den Abend hinein. Ich betete zu Gott, er möge mich leiten. Am Morgen wusste ich, was ich tun würde. Ganz in der Nähe war das Eisenbahngleis, das nach Süden, in den Bezirk Kordofan, führte, der wiederum an die Nuba-Berge grenzt. Ich beschloss, den ganzen Weg zu Fuß zurückzulegen und mich am Gleis zu orientieren. Wenn ein Zug käme, würde ich mich im Busch verstecken, denn jeder Zug bedeutete Gefahr. An den größeren Bahnhöfen stiegen immer Polizisten ein und suchten nach Schusswaffen und anderer Schmuggelware und überprüften die Papiere der Reisenden. Zu Fuß zu gehen war wesentlich sicherer.

Etwa eine Stunde nach Sonnenaufgang erreichte ich das Eisenbahngleis. Ich wandte mich nach Südosten und begann meinen Fußmarsch. Hin und wieder begegnete ich kleinen Menschengruppen. Auch sie folgten den Schienen irgendwohin. Das war durchaus üblich, denn es gab kaum eine besssere Orientierungsmöglichkeit. Mit gesenktem Kopf marschierte ich weiter. Am Mittag war ich so verschwitzt und ausgetrocknet, dass ich beschloss, während der größten Hitze zu schlafen und nachts weiterzuziehen. Dann würde es kühler sein, und das Risiko, von irgendwelchen Arabern auf Beutezug gesehen zu werden, wäre kleiner.

Ich breitete meinen Mantel unter einem Baum aus, bei dem sich schon mehrere Reisende niedergelassen hatten, und legte mich hin. Es waren Schwarzafrikaner wie ich, allerdings Angehörige der Stämme Fur, Massalit und einiger anderer. Sie fragten mich, wohin ich wolle, und ich antwortete, ich sei auf dem Weg zu meiner Familie in Kordofan. Dann schloss ich die Augen und versuchte zu schlafen. Ich hörte, wie sie sich miteinander unterhielten. Aus den arabischen Wörtern, die hin und wieder fielen, schloss ich, dass sie über Angriffe auf die Dörfer in ihrer Gegend sprachen. Der Irrsinn und das Morden machten offenbar nirgends mehr halt.

Bei Anbruch der Nacht zog ich weiter. Anfangs machte mir das in Dunkelheit gehüllte Eisenbahngleis Angst, doch dann merkte ich, dass man den im Mondlicht glänzenden Metallschienen ganz leicht folgen konnte. Ich ging und ging, ganz allein in der riesigen Leere der Wüstennacht, begleitet nur von meinen Gedanken. Während ich dem Gleis folgte, das im Mondlicht wolframblau schimmerte, dachte ich an glücklichere Zeiten zurück – an den Spaß und an das Gelächter beim Mond-Knochen-Spiel.

Gegen Mitternacht machte ich Rast und aß die letzten Datteln. Jetzt hatte ich keinen Proviant mehr und würde mir an den Buden längs der Schienen etwas kaufen müssen. Ich ging weiter, bis im Osten der Morgen dämmerte. Ich hatte noch Kraft und beschloss, bis zur Stadt El Dein weiterzugehen. Es war das Gebiet des Kordofani-Stamms, eines schwarzafrikanischen Volkes, und dort glaubte ich sicher zu sein.

Bei Sonnenaufgang hatte ich den Bahnhof von El Dein erreicht und sah mich um. Auf dem Boden schliefen dicht aneinandergedrängt viele Menschen – Männer, Frauen und Kinder. Waren sie auch alle Flüchtlinge? Ich legte mich hin, schob mir die Tragetasche unter den Kopf, mummelte mich in mein Gewand ein und fiel in tiefen Schlaf.

Als ich Stunden später aufwachte, stand die Sonne hoch am Himmel. Eine Frau heizte gerade einen Holzkohleofen an, um Kaffee zu verkaufen. Als sie sah, dass ich allein war, bot sie mir eine Tasse an. Er war heiß, schwarz und süß und machte mich sofort munter.

»Wohin bist du unterwegs, meine Schwester?«, fragte mich die Frau.

Ich schüttelte meine Schläfrigkeit ab und antwortete: »Das weiß ich selbst noch nicht. Wohin kommt man denn von hier aus?«

Sie deutete hinter sich. »Von hier aus fahren Lastwagen in alle Richtungen, sogar nach Khartoum – aber dorthin willst du ja wahrscheinlich nicht.«

»Ich hatte eher vor, weiter nach Kordofan hineinzufahren – in Richtung Nuba.«

Sie nickte. »Dann musst du in einen Lastwagen steigen, der nach Khartoum fährt, und irgendwann umsteigen. Das ist das Einfachste.«

Ich dankte der Frau für ihre Freundlichkeit und wartete an einer Lastwagenkneipe, vor der ein Fahrer gerade den Motor warm laufen ließ. Er war Schwarzafrikaner, Anfang vierzig, und er hatte einen jungen Helfer dabei. Ich sagte dem Fahrer, ich wolle gegen Bezahlung im Führerhaus mitfahren, und fragte ihn, ob er noch freie Plätze habe, was er bejahte. Doch er wollte unbedingt wissen, wer ich sei – eine junge, gutgekleidete Frau, viele, viele Kilometer von zu Hause weg und ganz allein unterwegs. Vor allem die Tatsache, dass mein einziges Gepäckstück eine halbleere, schmutzige Tragetasche war, erregte seine Neugier.

»Also nur du, sonst niemand?«, fragte er.

»Ja.«

»Und wohin soll's gehen, Schwester? Nach Khartoum?«

Ich antwortete, ich wolle bis Khartoum mitfahren. Das sagte ich, weil ich befürchtete, er würde mich nicht mitnehmen, wenn feststand, dass ich schon bald umsteigen würde.

»Eine ziemlich lange Strecke«, meinte er grinsend. Er hatte ein sehr sympathisches Lächeln. »Das wird teuer. Ich sage das nur schon mal, damit du nicht denkst, ich will dich übers Ohr hauen.«

Wir vereinbarten einen Preis, ich gab ihm das Geld, und dann fuhren wir los. Ab und zu hielt er an und nahm weitere Passagiere auf. Allzu viele konnte er nicht mitnehmen, weil auf der Ladefläche Bauholz lag. Mit entwaffnender Offenheit erklärte er mir, dass er umso mehr Geld verdiene, je mehr Passagiere er chauffiere. Das sei sein kleiner Nebenerwerb, ohne den er niemals über die Runden käme. Er sei verheiratet und habe Kinder, und das Leben sei teuer. Schulgebühren, Schuluniformen, und die Frau gebe zu viel Geld für Kleider aus … Innerhalb kürzester Zeit hatte er mir seine ganze Lebensgeschichte erzählt.

Er warf mir einen Blick zu. »Jetzt weißt du so ziemlich alles über mich. Und du? Woher kommst du und warum willst du nach Khartoum?«

»Ich bin eine Zaghawa«, antwortete ich. Dann fügte ich eine kleine Lüge hinzu. »Ich habe Verwandte in Khartoum.«

»Du bist eine Zaghawa? Aber wo sind deine Familienangehörigen? Es ist nicht gut, allein zu reisen, noch dazu so weit weg von zu Hause.«

»Mir macht das nichts aus. Habe ich schon oft gemacht.«

»Aber wieso denn? Hat es was mit deiner Arbeit zu tun?«

Er stellte mir eine Frage nach der anderen, bis ich mich irgendwann dazu durchrang, ihm einen Teil der Wahrheit zu sagen, in der Hoffnung, ihn damit zum Schweigen zu bringen.

»Hör mal, ich habe keine Lust, alles zu erzählen. Ich gehe weg, Punkt. Ich muss weg. Wenn du mir helfen kannst, freue ich mich. Wenn nicht, steige ich bei der nächsten Haltestelle aus und fahre mit einem anderen Lastwagen weiter.«

»Nein, nein, nein!« Er hob erschrocken die Hände vom Lenkrad. »Ich helfe dir gern. Und du hast ja für die Fahrt bezahlt … Kommst du aus Darfur? Hat es damit zu tun?«

»Ja, ich komme aus Darfur. Und dort stehen die Dinge im Moment nicht zum Besten. Ich muss weg, das ist alles.«

»Ich helfe dir gern, Schwester«, wiederholte er. »Ich heiße Abdul Rasul. Du kannst mir vertrauen … Meine Kinder sind fast so alt wie du. Du bist gewissermaßen meine Tochter. Irgendwem muss man doch vertrauen, wenn man Hilfe braucht, nicht wahr?«

Ich warf einen verstohlenen Blick auf ihn. Er hatte ein rundliches, gütiges Gesicht, und mein Gefühl sagte mir, dass ich ihm tatsächlich vertrauen konnte. Aber vor allem erinnerte mich irgendetwas an ihm an meinen Vater. Er strahlte etwas Warmes, Offenes, Liebenswertes aus. Und er hieß sogar wie mein Vater. Auf dem langen Weg durch die Wüste hatte ich zu Gott gebetet, er möge mich leiten.

Vielleicht war dieser Mann, Abdul, die Antwort auf meine Gebete.

VIERTER TEIL

Wüste ohne Wiederkehr

24. KAPITEL

Flucht aus Darfur

Wir fuhren den ganzen Tag auf holprigen Pisten durch die Wüste. Kurz vor Einbruch der Dunkelheit knirschte plötzlich etwas unter dem Lastwagen, und wir blieben stehen. Abdul stieg aus dem Führerhäuschen und sah sich den Unterboden des Lasters an. Er hatte nichts Gutes zu berichten. Die unebene Piste und die starke Belastung des Wagens hatten dazu geführt, dass die Antriebswelle abgerissen war. Wir mussten auf einen anderen Lastwagen warten und dessen Fahrer darum bitten, das Ding in die nächstgelegene Stadt zu bringen, um es reparieren zu lassen.

Wie es der Zufall wollte, kam wenig später ein Lastwagen vorbei. Alle Passagiere stiegen auf dieses Gefährt um, auch Abduls junger Helfer, der sich um die Reparatur der Metallwelle kümmern sollte. Da ich beschlossen hatte, Abdul zu vertrauen, blieb ich bei ihm und dem liegengebliebenen Laster. Die Panne hatte sich mitten im Busch ereignet, und er bot mir an, in der Fahrerkabine zu schlafen, während er sich auf den Boden legen wollte. Im Führerhäuschen sei es wärmer, sagte er, und ich würde mich dort sicherer fühlen.

»Weißt du, mein ganzes Leben ist eine einzige Pechsträhne«, sagte ich zu ihm. »Und jetzt das! Du hättest mich nicht mitnehmen dürfen.«

Abdul grinste. »Ach, keine Sorge, wir haben ständig Probleme mit der alten Karre. Das kriegen wir schon wieder hin. Ist immer so.«

Am nächsten Morgen setzten wir uns unter einen Baum. Abdul machte Tee auf einem Holzkohleofen, den er immer dabeihatte – ebenso wie einen Kessel aus Blech, mehrere Gläser, ein Töpfchen

Zucker und frische Minzeblätter. Es könne eine Weile dauern, meinte er, während wir den köstlichen Pfefferminztee tranken. Wir sollten uns auf eine Geschichte einigen für den Fall, dass jemand Fragen stellte.

Ein Mann und eine Frau, gemeinsam unterwegs, obwohl weder miteinander verwandt noch verheiratet – das würde sofort Verdacht erregen. Wir sollten so tun, als ob wir ein Ehepaar wären, schlug er vor. Und er hatte recht. Wenn irgendjemand fragte, war ich Frau Rasul.

An diesem Tag wurde mir Abdul immer sympathischer. Er war ein netter Mann. Er ging ins nächste Dorf, um Essen zu besorgen, das er dann auf seinem Holzkohleofen wärmte. Er drängte mich, etwas zu mir zu nehmen, damit ich Kraft für die bevorstehende lange Fahrt hätte. Er ließ mich im Führerhäuschen sitzen und Musik aus seinem Radio hören. Er mahnte mich, nicht ständig über die Vergangenheit nachzudenken, sondern zu versuchen, wieder glücklich zu sein. Er erzählte mir witzige Geschichten und brachte mich zum Lachen. Und ganz allmählich begann ich, mehr von mir preiszugeben.

Er glaubte nicht, dass ich einfach vor dem Krieg floh. Er fragte mich, was ich angestellt hätte. Wovor ich davonliefe. Ob ich jemanden umgebracht hätte. Ich erklärte ihm, dass ich auf der Flucht vor den Militärs, vor der Geheimpolizei sei. Dass ich eine Zielperson sei. Dass sie mich töten würden, wenn sie mich fänden. Ausführlicher wollte ich nicht werden. Es war zu schrecklich und zu persönlich.

»Bist du sicher, dass sie hinter dir her sind?«

Ich nickte. Ja, ich war mir sicher.

»Wenn du dir wirklich sicher bist, musst du das Land verlassen. Wenn du im Sudan bleibst, finden sie dich auch. Die Gefahr wird nie verschwinden.«

»Ich weiß«, sagte ich achselzuckend. »Aber wohin soll ich denn?«

Abdul sah mich an. »Hör zu, ich muss dich jetzt etwas fragen, aber das ist *nicht* der Grund, weshalb ich dir helfen will. Hast du das verstanden?«

Ich nickte.

»Gut. Hast du Geld? Ich kenne Leute, die dich aus dem Sudan herausbringen könnten, aber es ist teuer. Deshalb frage ich ...«

Einerseits hatte ich Bedenken, Abdul die Wahrheit zu sagen, weil ich befürchtete, er könnte mich ausrauben und den Behörden ausliefern. Nach allem, was ich gesehen und erlebt hatte, war es schwer, noch irgendeinem Menschen Vertrauen zu schenken.

»Wohin könntest du mich denn bringen lassen?«, fragte ich, der Frage nach dem Geld ausweichend. »In welches Land?«

»Ehrlich gesagt habe ich keine Ahnung. Das hängt nicht von mir ab. Diese Dinge werden von Fluchthelfern entschieden, die alles in die Wege leiten, aber dafür natürlich Geld wollen.«

»Wie viel?«

Abdul hob die Schultern. »Ich weiß nicht genau. Billig ist es jedenfalls nicht. Ein paar Millionen sudanesische Pfund wahrscheinlich. Es hängt davon ab, ob du so viel Geld hast ...«

»Und wie würden wir das organisieren?«

Abdul dachte kurz nach. »Du könntest nach Khartoum mitfahren und bei meiner Familie wohnen. Ich habe eine Frau und vier Kinder. Du siehst nicht viel anders aus als wir – wir könnten dich als eine Verwandte ausgeben. Und wenn alles vorbereitet ist, verlässt du das Land.«

Die Reparatur des Lasters dauerte vier Tage. Als alles wieder in Ordnung war, hatte ich die Entscheidung getroffen, mit Abdul nach Khartoum zu fahren. Ich hatte versucht, alles ganz rational zu durchdenken, aber letztlich sah ich mich immer wieder auf mein Gefühl zurückgeworfen. Abdul war wie mein Vater, das empfand ich ganz stark so. Und deshalb hatte ich das Gefühl, ihm vertrauen und mich von ihm leiten lassen zu können. Als wir unsere Fahrt fortsetzten, hoffte und betete ich, mich nicht geirrt zu haben.

Eine Tagesreise später erreichten wir die Stadt Khosti. Von da ab ging es bis Khartoum auf einer geteerten Fahrbahn weiter. Am Abend erreichten wir die Außenbezirke. Ich hatte ein ungutes Gefühl dabei, wieder in dieser Stadt zu sein, denn ich war jetzt eine gesuchte Person und befand mich mitten im Herzen des arabischen Regimes, das mich töten wollte. Wir fuhren direkt zu Abduls Haus, einem niedrigen Betonsteingebäude mit einem Hof, in dem er den Lastwagen abstellte. Abduls Kinder rannten aus dem Haus, um ihren Vater zu begrüßen.

»Papa! Papa!«, riefen sie. »Papa ist wieder da!«

Dann entdeckten sie mich. »Wer ist das?«, wollten sie voller Neugier wissen. »Wer ist die Frau in Papas Laster?«

Da kam Abduls Frau aus dem Haus. Sie war noch verblüffter als ihre Kinder, versuchte es aber zu verbergen. Sie hieß Malaika, eine große, schlanke, sehr schöne Frau. Sie bat mich ins Haus und servierte mir Tee. Wenig später zogen sich Abdul und Malaika ins Schlafzimmer zurück. Ich nahm an, dass Abdul seiner Frau unter vier Augen erklären wollte, wer ich war und warum ich da war.

Währenddessen umringten mich die neugierigen Kinder. Ich gab mir große Mühe, sie anzulächeln und ihre Fragen zu beantworten. Dabei sah ich mich ein wenig im Haus um. Außer der Küche, in der auch gegessen wurde, gab es noch das Schlafzimmer von Abdul und Malaika sowie einen weiteren Raum, der wohl das Kinderzimmer war. Die Küche war gut ausgestattet und verfügte über einen Elektroherd, einen Kühlschrank und einen Fernseher. Das Haus war vollgestopft, aber gemütlich. Es strahlte etwas Glückliches aus. Abduls Familie schien eine glückliche Familie zu sein.

Als die beiden aus dem Schlafzimmer herauskamen, lächelte Malaika mich an, und dann umarmte sie mich. Sie zeigte mir, wo die Kinder schliefen, und entschuldigte sich dafür, dass sie kein Gästezimmer hätten. Ich sollte mit der ältesten Tochter ein Bett teilen, während sich die anderen Kinder in das zweite Bett legen würden. Eines der Kinder holte die Nachbarskinder, die sofort kamen und den Neuankömmling anstarrten und mit Fragen löcherten. Malaika erklärte hastig, ich sei ihre jüngere Schwester und wolle ihr mit den Kindern helfen.

Nach dem Abendessen setzte ich mich zu Abduls Kindern, die ihre Hausaufgaben machten. Während ich ihre Rechenaufgaben überprüfte und ihre Rechtschreibung und Grammatik korrigierte, bemerkte ich, dass Malaika mich intensiv beobachtete. Als die Kinder im Bett waren, setzten sich Abdul, Malaika und ich vor den Fernseher. Es kam nur eine Sportsendung. Abdul konnte den Blick gar nicht davon wenden, aber Malaika und ich interessierte es nicht. Da wandte sich Malaika zu mir, und ich spürte, dass sie reden wollte.

»Du bist so klug«, sagte sie. »Ich habe es bemerkt, als du den Kindern bei den Hausaufgaben geholfen hast. Wo hast du das alles gelernt? Hast du studiert?«

»Nein, das nicht«, antwortete ich. »Aber ich war eine gute Schülerin.«

»Hast du etwa als Lehrerin gearbeitet? Du bist sehr gebildet. Das lernt man nicht einfach in der Schule.«

Ich schüttelte den Kopf. »Nein, ich war nie Lehrerin. Ich kann einfach gut rechnen, das ist alles. Das habe ich von meiner Großmutter mitbekommen.«

Malaika erwiderte grinsend: »Ich *weiß* aber, dass du gebildet bist. Warum muss ein so gebildeter Mensch wie du fliehen?«

»Manchmal muss man einfach deshalb weg, weil man vom Pech verfolgt wird ...«

Malaika nahm aufgeregt meine Hand. »Du läufst vor deiner Familie davon, stimmt's? Haben sie dich mit irgendeinem schrecklichen alten Mann verheiratet? Du kannst es mir ruhig sagen!«

»Nein, das ist es nicht. Ich muss einfach raus aus dem Sudan, Punkt.«

Enttäuscht lehnte sich Malaika zurück. Ich machte es ihr nicht zum Vorwurf, dass sie so neugierig war. Ich spürte, dass sie sich mit mir anfreunden wollte. Sie wollte ein bisschen Aufregung in ihr Leben bringen, und die Geschichte einer Frau auf der Flucht hätte bestimmt für Aufregung gesorgt. Aber ich hatte nicht vor, mich ihr anzuvertrauen. Ihrem Mann hatte ich alles erzählt, was ich bereit war zu erzählen. Meine größte Befürchtung war, dass die beiden mich, falls ich ihnen die Wahrheit enthüllte, vor lauter Angst den Behörden ausliefern würden. Abdul war sicherlich ein guter und tapferer Mensch, aber seine Frau kannte ich nicht gut genug, um sie einschätzen zu können.

Ich blieb acht Wochen bei ihnen und verließ kaum je das Haus. Ich hatte selbst große Angst und fühlte mich sicherer, wenn ich in meinem Versteck blieb. Abdul meinte, je weniger Menschen von meiner Anwesenheit wüssten, umso besser. Ich half Malaika beim Putzen und passte auf die fünfjährige Tochter Mayay auf. Malaika hatte mich gern um sich, das spürte ich. Ich war freundlich und hilfsbereit, und sie hatte jemanden zum Reden. Aber für mich war es schlimm. Ich langweilte mich, fühlte mich einsam, und mein Leben hing in der Schwebe. Und Tag für Tag musste ich mit meiner Angst fertig werden.

Jeden zweiten Tag ging Malaika einkaufen. Sobald ich allein im Haus war, kehrten meine Gedanken zu meiner Familie zurück, zu meinem toten Vater und unserem geschändeten Dorf. Dann dachte ich an meine Mutter und an meine Schwester und versuchte mir vorzustellen, wo sie jetzt waren und ob sie sich in Sicherheit befanden, und an meine Brüder, die als Rebellen kämpften. Unsere Familie war auseinandergerissen und im ganzen Sudan verstreut. Keiner wusste mehr, wo der andere war, ja nicht einmal, wer überhaupt noch lebte. Wie hatte es nur so weit kommen können. Wie war das möglich?

Bei ihrer Rückkehr traf mich Malaika jedesmal in Tränen aufgelöst an. Dann legte sie mir den Arm um die Schulter und flehte mich an, ihr zu sagen, was los sei, ihr mein Herz zu öffnen und sie wie eine echte Schwester zu behandeln. Doch ich konnte es nicht. Ihr Mann und sie waren gut zu mir gewesen, aber meine Geschichte konnte ich ihnen nicht erzählen. Zu groß war meine Angst, sie könnten mich im Stich lassen, wenn sie von meinen Erlebnissen mit dem Krieg, mit Folter, Vergewaltigung und der Verfolgung durch Polizei und Militär erfuhren. Dieses Risiko durfte ich nicht eingehen. Ich ließ Malaika in dem Glauben, ich würde aus einer aufgezwungenen Ehe fliehen.

Etwa zwei Monate nach meinem Einzug brachte Abdul einen arabisch aussehenden Mann Anfang dreißig mit nach Hause. Das war der Fluchthelfer, der meine Ausreise organisieren sollte. Ich konnte ihn von Anfang an nicht ausstehen. Er sagte mir, seine

Dienste würden acht Millionen sudanesische Pfund kosten. Ich erwiderte, ich hätte nur zwei Millionen in bar, besäße aber ein bisschen Gold. Da leuchteten seine Augen auf. Er sei gern bereit, das Gold für mich zu verkaufen, erklärte er. Dann würden wir ja sehen, wie viel Geld ich hätte.

Mir war klar, dass er das alles nur des Geldes wegen machte. Aber was hatte ich auch erwartet – noch einen so guten Menschen wie Abdul? Ich zeigte ihm, was ich besaß, das ganze Familienvermögen. Es war das Gold meiner Großmutter, das Gold meiner Mutter, das meiner Schwester und mein eigenes. Das schwere Goldarmband meiner Großmutter und ihre drei Rubinringe. Ihre wunderschöne *agadi* – eine traditionelle Zaghawa-Halskette aus altem Stammesgold. Der Fluchthelfer betrachtete es entzückt.

Er brauche alles, sagte er. *Alles*. Und selbst das werde wahrscheinlich nicht reichen. Einen Moment lang sträubte ich mich. So viele Erinnerungen, so viel von meiner Familie steckte in dieser funkelnden Pracht. Doch dann dachte ich darüber nach, was es mir hier im Sudan noch nützen könnte, mir, einer Todgeweihten. Es war ein großer Ring dabei, der Lieblingsring meiner Großmutter. Ich sagte dem Mann, er könne alles haben, nur nicht diesen Ring. Er beharrte darauf, dass er alles brauchte. Schließlich gab ich nach. Ich händigte ihm sogar die vier wunderschönen goldenen Armreifen aus, die mein Vater mir zur Hochzeit geschenkt hatte.

Nach dieser Begegnung fragte ich Abdul jeden Tag, was mit dem Fluchthelfer sei. Hatte er sich womöglich mit all meinen weltlichen Besitztümern abgesetzt? In diesem Fall wäre ich erledigt gewesen. Doch Abdul beruhigte mich. Er wisse, wo der Fluchthelfer wohne. Der Mann könne nicht einfach verschwinden. Er versprach mir, mich nicht im Stich zu lassen. Ich solle Ruhe bewahren und ihm vertrauen.

Einen Monat später kam der Fluchthelfer wieder und verkündete, dass alles vorbereitet sei. Am nächsten Tag werde er mich mit dem Auto zum Flughafen fahren. Ich fragte ihn, wohin ich fliegen würde, aber er sagte nur, an einen sicheren Ort, wo mir gute Menschen helfen würden. Wir würden gemeinsam reisen und uns als Ehepaar ausgeben. Ich solle einfach mitkommen und tun, was er mir sage. Es sei eine Grundvoraussetzung seiner Arbeit, dass ich ihm nie mehr irgendwelche Fragen stellte. So lauteten die Regeln, ob es mir passe oder nicht.

Ich kannte nicht einmal seinen vollen Namen. Wahrscheinlich nannte er ihn mir nicht für den Fall, dass wir angehalten wurden. Je weniger ich wusste, umso weniger konnte ich den Behörden mitteilen. Jetzt, so kurz vor meiner Abreise, war ich gleichzeitig glücklich und voller Angst. Ständig fragte ich mich, wohin ich wohl fliegen würde und was am Ziel mit mir geschähe. Und was, wenn er mich unterwegs irgendwo im Stich ließ? Doch jetzt hatte es keinen Sinn mehr, sich Sorgen zu machen. Mein Schicksal lag in Gottes Hand. Wenn Gott es wollte, würde ich wohlbehalten ankommen.

In dieser Nacht fand ich keinen Schlaf. Ich konnte Gott noch so sehr darum bitten, mich in meiner Angst zu beruhigen – die sorgenvollen Gedanken ließen einfach nicht nach. Würden sie mich fangen? Oder endete meine schreckliche Reise mit diesem Abschied? Würde ich jemals in mein Land zurückkehren? Jemals meine Familie wiedersehen? Wie sollte ich sie wiedersehen, wenn ich mich weit weg in einem fremden Land aufhielt?

Am nächsten Morgen gab Malaika mir eine kleine Handtasche für meine wenigen Habseligkeiten. Ich hatte nur noch meinen Extra-*tope*, meinen Reisemantel, ein Kopftuch und eine Zahnbürste – und nichts mehr, was an meine Heimat erinnerte, keinen Stein, keinen Zweig, nicht einmal ein Sandkorn. Nur noch meine Erinnerungen. Malaika wünschte mir Glück. Sie lächelte. Sie werde mich nie vergessen, sagte sie, und vielleicht würde ich ihr ja eines Tages meine Geschichte erzählen. Abdul versicherte mir, ich bräuchte mir keine Sorgen zu machen. Alles werde gut, das spüre er in den Knochen.

Um drei Uhr erschien der Fluchthelfer mit einem Mann, der am Steuer des Wagens saß. Wir setzten uns auf die Rückbank und fuhren schweigend durch die Stadt. Ich hatte Angst und drückte mich tief in den Sitz, um nicht von außen gesehen zu werden. Doch der Fluchthelfer befahl mir, mich aufzurichten und mich normal zu verhalten. Da überkam mich die Angst, er würde direkt zur Polizei fahren und mich ausliefern. Was hinderte ihn denn daran? Es wäre wesentlich leichter, als die nun vor uns liegende Reise tatsächlich anzutreten. Mir wurde klar, dass ich mich erst an Bord des Flugzeugs wirklich sicher fühlen konnte.

Kurz bevor wir den Flughafen erreichten, gab mir der Fluchthelfer weitere Anweisungen. »Du machst genau, was ich dir sage. Ohne meine Erlaubnis sprichst du kein Wort und tust nichts. Wenn du dich daran hältst, ist alles in Ordnung.« Doch wenn ich vergäße, was er gesagt habe, und eine Dummheit machte, würden sie mich entdecken. Ich solle stets daran denken, dass wir ein Ehepaar spielten, und immer folgsam sein und ein paar Schritte hinter ihm gehen wie eine gute moslemische Ehefrau.

Der Fahrer hielt vor dem Flughafen und warf einen Blick in den Rückspiegel. »Wann kommst du zurück?«

Der Fluchthelfer zuckte mit den Achseln. »Ich weiß nicht genau. Ich muss sie nur auf den Weg bringen, weiter habe ich dort nichts zu tun. Wenn alles glattläuft, bin ich morgen wieder da.«

»Soll ich dich abholen?«

»Ja, zur üblichen Zeit. Andernfalls gebe ich Bescheid.«

In der Abflughalle herrschte zunächst dichtes Gedränge, doch nach und nach verschwanden die Leute, nachdem sie ihr Gepäck eingecheckt hatten. Der Fluchthelfer wartete absichtlich und ging erst, als alle anderen weg waren, zur Passkontrolle. Bevor er dem uniformierten Beamten die zwei Pässe reichte, schüttelte er ihm die Hand. Ich war, ganz die folgsame Frau, ein Stück hinter ihm stehen geblieben. Der Beamte warf einen kurzen Blick auf mich und lächelte den Fluchthelfer an. Es war ein vielsagendes Lächeln. Sie unterhielten sich etwa eine Minute lang, dann wurden unsere Pässe abgestempelt, und man winkte uns durch.

»Auf Wiedersehen und guten Flug!«, rief der Beamte dem Fluchthelfer noch zu. »Wir sehen uns bald wieder, ja?«

Der Fluchthelfer lächelte. »Aber klar doch. Und danke!«

Dann kamen wir vor einer Gruppe weiterer Uniformierter zu stehen. Diesmal wurde unser Gepäck durchsucht, danach durften wir weitergehen. Wir durchquerten den Flughafen, stiegen eine

Treppe zum Hallenvorfeld hinunter und warteten dort mit den übrigen Passagieren auf den Flughafenbus. Nach einer kurzen Fahrt über das Vorfeld konnten wir das Flugzeug besteigen, das gedrungen und glänzend auf der Startbahn wartete.

Daneben standen mehrere Weiße in schicken blauen Uniformen. Eine der weißen Frauen begrüßte den Fluchthelfer mit einem Lächeln und führte uns ins Flugzeug. Während ich die Gangway hinaufstieg, schlug mir das Herz bis zum Hals. Ich warf nur einen ganz kurzen Blick zurück, dann ging ich an Bord. *Ich war in Sicherheit*. Ich war wohlbehalten in dieser Maschine, die mich in Sicherheit bringen würde.

Gleich würde ich den Sudan verlassen und mich an einen Ort begeben, an dem die Verfolger mich nicht finden konnten. Gott allein wusste, in welches Land ich fliegen würde, aber das war jetzt noch nicht wichtig. Jetzt zählte nur, dass ich aus meinem Land herauskam, aus einem Land, das meine Heimat und mein Volk vernichtete. Ich lehnte mich in meinem Sitz zurück und war plötzlich völlig erschöpft. Ich war so müde. So müde. So müde. Noch nie im Leben war ich so müde gewesen …

Als das Flugzeug sich in den Himmel bohrte, hätte ich eigentlich Angst haben müssen. Ich war noch nie geflogen, und unter normalen Umständen hätte ich es wohl als grauenhaft empfunden. Doch nach allem, was ich durchgemacht hatte, kümmerte mich das nicht mehr. Was vermochte mich überhaupt noch zu berühren? Was konnte mich denn jetzt noch verletzen oder erschrecken? Was verlor ich schon, wenn wir in einem Feuerball explodierten? Ich hatte so oft um den Tod gefleht, und der Tod hatte mich nicht gefunden. Wenn er es jetzt tat, hatte ich nichts zu befürchten.

Flugzeuge hatte ich bisher nur vom Boden aus gesehen, und jetzt saß ich hier, hoch über der Erde, und raste durch den Himmel. Während des Steigflugs jagten die Wolken am Fenster vorbei. Mein Blick fiel auf die bauschige weiße Fülle. Wir waren in den Wolken, und ich fragte mich, wie wir uns hier oben halten konnten. Weich und still zog der Himmel am Fenster vorbei, und einen Moment lang verlor ich mich in seinem Zauber.

Ich sah mir die Passagiere an. Gaben sie irgendeinen Hinweis darauf, welches Ziel wir ansteuerten? Die meisten trugen die traditionellen Gewänder der Golf-Araber, demnach flogen wir wahrscheinlich in eines dieser Länder. Aber in welches? Ich versuchte mich an den Erdkundeunterricht in der Schule zu erinnern. Dubai? Saudi-Arabien? Oder eines der kleineren arabischen Emirate? Eine der Damen in der schicken blauen Uniform kam zu uns. Sie hatte schneeweißes Haar und lächelnde Augen.

»Madam? Tee? Kaffee?«, fragte sie. »Oder vielleicht einen Softdrink?«

Ich schüttelte den Kopf. »Nein, danke.«

Ich war viel zu aufgeregt und viel zu besorgt, um an Essen oder Trinken zu denken. Außerdem hatte ich kein Geld, denn der Fluchthelfer hatte mir alles abgenommen, und ich ging davon aus, dass ich bezahlen müsse. Der Fluchthelfer bat um Tee. Die Dame beugte sich über mich, und ich roch ihr Parfum. Es duftete wunderbar. Als ich bemerkte, dass sie kein Geld forderte, überlegte ich es mir anders.

»Entschuldigung«, sagte ich. »Könnte ich bitte doch Tee haben?«

Zwei Stunden später begann der Landeanflug. Während der Reise war die Sonne untergegangen, und ich hatte das Gefühl, als würde das Flugzeug durch den düsteren Himmel auf die Erde fallen. Ich fragte mich, wo wir landen würden. Welcher Staat würde meine neue Heimat werden? Und wie sollte ich dort überleben? Sanft rumpelnd setzte die Maschine auf und rollte zum Flughafengebäude. Als alle Passagiere aufstanden, erhob auch ich mich, wurde aber von einer Hand am Arm gepackt. Es war der Fluchthelfer, der mir mit einer Geste befahl, mich wieder hinzusetzen.

Kopfschüttelnd sagte er: »Noch nicht. Es gibt einen zweiten Flug. Du wartest hier an Bord.«

Eine Stunde lang standen wir auf dem Rollfeld. Neue Passagiere stiegen zu. Die meisten kamen aus den arabischen Golfstaaten, aber es waren auch ein paar weiße Europäer dabei. Ein Weißer mittleren Alters setzte sich freundlich lächelnd neben mich.

Ich klopfte ihm auf den Arm und fragte, wie lange der Flug dauern werde. Sechs Stunden, antwortete er. In sechs Stunden würden wir in London sein.

Ich flog also nach London, nach England, in das Land, über das ich in der Schule einiges gelernt hatte.

Ich war auf dem Weg ins Land der *khawajat* – der Weißen.

25. KAPITEL

Das Haus der Verzweiflung

In den frühen Morgenstunden wachte ich auf. Eine Stewardess reichte mir ein Plastiktablett mit dem Frühstück. Das Flugpersonal war so hilfsbereit und freundlich! Der Fluchthelfer hatte gesagt, ich käme in ein Land, in dem die Menschen mir helfen würden, und ich fragte mich, ob wirklich alle in England so waren. Ich zog den Aluminiumdeckel ab und sah mir mein Frühstück an. *Acidah*-Brei war es jedenfalls nicht!

Der Fluchthelfer schob das Essen auf dem Teller zur Seite. »Schweinefleisch!«, murmelte er. » Sei gewarnt – du kommst in ein Land, in dem sie für ihr Leben gern Schweinefleisch essen.«

Mit diesen Worten schob er seinen Teller beiseite und begann aus dem Fenster zu starren. Meine Flucht aus dem Sudan war offenbar nicht schwer zu bewerkstelligen gewesen; jetzt fragte ich mich, wie er mich nach England hineinzuzaubern gedachte. Er hatte zwei Pässe, also war einer davon wahrscheinlich auf Frau Osman, seine angebliche Ehefrau, ausgestellt. Ich hatte keine Gelegenheit gehabt, mir den Pass näher anzusehen, und der Fluchthelfer hatte mir eingebleut, keine Fragen zu stellen. Aber in Khartoum hatte er ein Foto von mir gemacht – für die Reisedokumente, wie es hieß –, also war vielleicht tatsächlich mein richtiges Foto darin.

Jetzt bekam ich wieder Angst. Was sollte ich tun, wenn es dem Fluchthelfer nicht gelang, mich nach England einzuschleusen? Er hatte nur gesagt, dass ich ihm folgen solle, er werde mich an einen sicheren Ort bringen. Ich fragte mich, ob ich es schaffen würde, meinen Ehemann Sharif ausfindig zu machen. Soweit ich wusste, hielt er sich immer noch in England auf, aber der letzte Kontakt zu ihm lag Monate zurück. Ich kam zu dem Schluss, dass es jetzt das Wichtigste war, überhaupt einzureisen, denn dann war ich in Sicherheit vor dem Sudan. Sharif und die Frage, wie ich dort leben würde, meine gesamte Zukunft – das alles musste warten.

Während wir durch die Morgendämmerung flogen, sah ich unter mir London – zumindest glaubte ich das. Ich sah Blinklichter, die aber durch so etwas wie Wolken gleich über dem Boden abgedämpft waren. Die Landung verlief so sanft, dass ich es kaum wahrnahm, als wir aufsetzten. Ich fragte mich, wie das zuging, obwohl das Flugzeug doch eben erst vom Himmel gefallen war. Ich griff nach meiner Handtasche, stand auf und verließ ein paar Schritte hinter dem Fluchthelfer die Maschine. Wir schlossen uns den anderen Passagieren an, die in das Flughafengebäude drängten, und gingen durch mehrere Korridore zu einer Reihe von Schaltern.

Dort blieben wir stehen. Zwei Schlangen bildeten sich. Die eine war für die Leute mit dunkelroten Pässen, die andere für den Rest. Die meisten Passagiere mit dunkelrotem Pass waren *khawajat*, deshalb nahm ich an, dass es sich um die Schlange für britische Staatsbürger handelte. Umso erstaunter war ich, als der Fluchthelfer sich dort anstellte. Ich folgte ihm. Es ging nur langsam voran, aber dann standen wir endlich vor dem Schalter. Der Beamte streckte die Hand aus und nahm dem Fluchthelfer die beiden Pässe ab. Er schob sie in ein Gerät, betrachtete sie kurz, warf einen Blick auf den Fluchthelfer und mich und winkte uns durch.

Ich konnte es nicht glauben. Wie hatte der Fluchthelfer das zustande gebracht? Wie hatte er unsere Einreise nach England über den Schalter für Briten bewerkstelligt? Da wir kein Gepäck hatten, führte er mich rasch durch den Terminal und dann hinaus in die Kälte. Die Sonne drang kaum durch den dichten Nebel, der das Flughafengebäude umgab und den ich schon vom Flugzeug aus gesehen hatte. Alles war voller Wassertropfen – die Autofenster, die Kleider und sogar das Haar der Leute. Und es war unglaublich kalt.

Ich zog meinen Mantel aus der Tasche und legte ihn mir über die Schultern, aber auch so fror ich noch. Wir stellten uns in eine Schlange. Ein schwarzer Wagen hielt vor uns. Auf dem Dach befand sich ein gelbes Lämpchen mit der englischen Aufschrift »TAXI«. Ich hatte nur grundlegende Englischkenntnisse. Sie bestanden aus dem, was man mir in der Schule beigebracht hatte, hin und wieder aufgefrischt beim Betrachten englischer Fernsehsendungen. Und aus diesen Sendungen kannte ich auch das Wort »Taxi«. Der Fluchthelfer sprach durch das heruntergekurbelte Wagenfenster mit dem Fahrer und bedeutete mir dann mit einer Handbewegung, ich solle einsteigen.

»Mein Job wäre hiermit erledigt«, sagte er. »Dieser Mann bringt dich an einen sicheren Ort. Ich habe die Fahrt bereits bezahlt. Das wär´s. Auf Wiedersehen.« Damit drehte er sich um und verschwand.

Das Taxi fuhr los. Ich versuchte mich zu entspannen – zumindest war es warm hier drin. Ich sah aus dem Fenster, betrachtete die Stadt. Es schien zu stimmen – es sah aus wie auf den Fotos von London in meinen Schulbüchern. Aber ich traute dem Fluchthelfer keine Sekunde lang über den Weg. Der Taxifahrer war ein Weißer und wirkte freundlich. Ich klopfte an die Trennscheibe.

»Ist das hier London? Ist das wirklich London?«

Er sah mich im Spiegel an. »Ja, klar. Das gute alte neblige London. Ziemliches Kaff, was?«

Wir fuhren ewig durch diese ausgedehnte Stadt. Ich konnte nicht fassen, dass eine Stadt so groß sein konnte. Es gab so viele Gebäude und Autos und Menschen, und die Hochhäuser ragten hoch in den Himmel, genau wie in unseren Schulbüchern. Endlich blieb der Fahrer am Straßenrand stehen und deutete auf zwei Männer in dunkler Uniform.

»Polizei. Sagen Sie den Polizisten, dass Sie Asyl wollen, okay? *Asyl.*«

Ich versuchte das Wort auszusprechen. »Asul. Asul. Was ist das?«

»Keine Sorge, einfach sagen, das reicht. Los jetzt, ab mit Ihnen!«

Ich bahnte mir einen Weg über die verkehrsreiche Straße und ging auf die beiden Polizisten zu. Ich hatte Angst. Immerhin hatte ich im Sudan mt der Polizei alles andere als angenehme Erfahrungen gemacht.

»Guten Morgen, Asul«, sagte ich nervös. »Kennen Sie Asul?«

Der vorn stehende Polizist lächelte. »Neu hier, was? Zum ersten Mal hier?«

Ich nickte. »Ich komme vom Flughafen.«

»Sie suchen *Asyl*, richtig?«

»Ja. Asyl.«

»Gut, folgen Sie mir!«

Er brachte mich zu einem grauen Betonhochhaus, vor dem zwei Schlangen standen, und führte mich zu einer davon. Die Menschen, die dort warteten, kamen aus ganz verschiedenen Ländern und sprachen völlig verschiedene Sprachen. In der Schule hatte man uns erzählt, dass in London Menschen aus allen Ländern der Welt lebten. Und das war kein Scherz gewesen. Trotz der frühen Morgenstunde hatte die Schlange bereits eine beträchtliche Länge. Viele Leute trugen einen Koffer bei sich.

Aus der Schlange heraus lächelte mich ein Schwarzer an. »Somalia?«

Ich schüttelte den Kopf. »Nein, Sudan.«

Ich suchte in meiner Tasche nach dem Kopftuch. Ich zitterte schon vor Kälte. Am Eingang des Gebäudes kontrollierte ein Weißer mittleren Alters die Leute. Er hatte ein freundliches Gesicht. Er kam auf mich zu.

»Woher?«, fragte er mich. »Sudan? Darfur?«

Ich nickte. »Darfur.«

Er lächelte mitfühlend. »Ist alles in Ordnung mit Ihnen?«

Ich schüttelte den Kopf. »Kalt.«

»Dachte ich mir schon.« Er zog sein schwarzes Jackett aus und gab es mir. »Da – schauen Sie mal, ob es Ihnen passst. Na los, ziehen Sie's an! Ich bin an die Kälte gewöhnt.«

Ich lächtelte schüchtern. »Danke. Sehr freundlich …«

»Kommen Sie, ich bringe Sie hinein. Sie holen sich sonst noch den Tod.«

Er führte mich an die Spitze der Schlange, drückte mir einen kleinen Zettel in die Hand und wies mir den Weg zu einem Nebenraum.

»Warten Sie hier«, sagte er. »Ich hole jemanden für Sie. Warten Sie hier, okay?«

Wieder nickte ich. Jetzt ging es mir schon bedeutend besser. Dieser Mann war so nett zu mir gewesen. Ich rollte mich auf einem Stuhl zusammen und versuchte, mich aufzuwärmen. Langsam wurde ich schläfrig. Zwei indisch aussehende Damen kamen und fragten, ob ich Hunger hätte. Ich war zu schüchtern und zu verlegen, um ja zu sagen, deshalb murmelte ich nur, dass ich müde sei. Sie sagten, ich solle warten, bis die Nummer auf dem Zettel aufgerufen würde.

Ich schlief immer wieder kurz ein. Doch plötzlich wurde ich hellwach. In der Eingangshalle schrie jemand. Ich blickte durch die Glastür und sah, dass der Somalier, der mich in der Schlange begrüßt hatte, von zwei Polizisten abgeführt und aus dem Gebäude gezerrt wurde.

»Nein, meine Brüder, nein!«, brüllte er. »Tötet mich nicht! Lasst mich hier!« Schockiert und verwirrt fragte ich mich, was er getan hatte, um so hinausgezerrt zu werden.

Drei Stunden später erschien meine Nummer auf dem Bildschirm. Ich wurde zu einem Fenster geführt und nahm vor der Glasscheibe Platz. Neben mir saß eine arabisch aussehende Frau. Sie stellte sich als meine Dolmetscherin vor. Ich solle mit dem Mann hinter der Scheibe sprechen und alle seine Fragen beantworten.

Auf der anderen Seite erschien ein junger Weißer. Er sah sehr merkwürdig aus. Er war ziemlich dick und hatte sich die Haare zu spitzen Zacken geformt. So etwas hatte ich noch nie gesehen, und ich fragte mich, warum dieser Mann wie *Shaitan* – wie Satan – aussehen wollte. Und das Gesicht unter der Zackenfrisur wirkte auch nicht besonders freundlich.

»Antworten Sie nur auf das, was ich frage«, sagte er. »Und sagen Sie die Wahrheit. Wenn Sie uns Lügen auftischen, stecken wir Sie zur Strafe ins Gefängnis. Haben Sie verstanden?«

Ich nickte. »Ja.« Jetzt stieg wieder Angst in mir hoch.

»Wie heißen Sie?«

Ich sagte es ihm.

»Wie sind Sie hierhergekommen?«

Ich erzählte von beiden Flügen.

»Wie hieß die Luftfahrtgesellschaft?«

Ich sagte ihm, dass ich das nicht wisse.

»Natürlich wissen Sie es«, widersprach er. »Also?«

»Ich bin mit meinem Fluchthelfer geflogen. Er hat mich hergebracht. Ich habe keine Ahnung …«

»Also bitte! Wollen Sie mir weismachen, Sie hätten den Namen auf dem Flugzeug nicht gesehen? Oder in der Kabine?«

»Ich habe ihn nicht gesehen«, sagte ich kopfschüttelnd.

Verwirrt sah ich die arabische Dolmetscherin an. »Warum wird er so wütend? Warum sollte ich in diesem Punkt lügen?«

»Was sagt sie?«, fragte der Mann hinter der Scheibe.

»Sie hat nur überprüft, ob sie die Frage verstanden hat«, log die Araberin. Dann sagte sie zu mir: »Versuchen Sie auf den Namen zu kommen, bevor sich der Mann noch mehr aufregt. Können Sie sich an irgendetwas in der Flugzeugkabine erinnern? An Buchstaben oder Ziffern oder Abbildungen?«

Ich dachte kurz nach. Auf den Frühstückssachen hatte etwas gestanden, aber das war das Letzte, was ich mir gemerkt hatte.

Ich schüttelte den Kopf. »Ich weiß nichts mehr. Ich erinnere mich an nichts. Es tut mir leid.«

Das Gesicht des Zackenmannes lief rot an. Er warf einen Blick auf seine Uhr und verkündete, er werde jetzt eine Teepause einlegen und erwarte bei seiner Rückkehr eine Antwort. Meine Dolmetscherin verabschiedete sich von mir, denn ihr Dienst war zu Ende.

Ich saß da und wartete. Eine neue Dolmetscherin erschien. Sie stellte sich mir als Alicia aus dem Libanon vor. Der Zackenmann kam zurück, und ich sah zu meiner Erleichterung, dass er sich etwas beruhigt hatte.

»Also, fangen wir mal mit dem Grundsätzlichen an. Woher genau kommen Sie?«

Ich nannte ihm den Namen meines Dorfs und der größeren Städte in der Nähe. Er sah auf einer Landkarte nach. Er bat mich um die Namen meiner Schulen, und ich sagte sie ihm.

»Warum sind Sie nach Großbritannien eingereist?«

»In meiner Heimat herrscht Krieg. Ich hatte ein Problem mit den Behörden. Sie wollten mich umbringen. Mein Dorf wurde überfallen, meine Familie auch. Ich musste aus dem Land fliehen.«

»Sind Sie verheiratet? Haben Sie Kinder?«

»Ich bin verheiratet, aber wir haben noch keine Kinder.«

»Wo ist Ihre Heiratsurkunde?«

»Das weiß ich nicht. Vielleicht hatte mein Vater sie, aber er wurde getötet.«

»Also, sind Sie verheiratet oder nicht?« Wieder warf er mir einen finsteren Blick zu. »Keine Eheschließung ohne Urkunde.«

»Ja, ich bin verheiratet.«

»Aber ohne die Urkunde können Sie das nicht beweisen. Wo ist Ihr Ehemann?«

»Ich glaube, er ist in England. Aber ich bin mir nicht sicher.«

Der Zackenmann starrte mich fassungslos an. »Also, jetzt stellen wir das mal klar. Sie sind verheiratet, haben aber keine Heiratsurkunde. Sie behaupten, einen Ehemann zu haben, wissen aber nicht, wo er sich aufhält. Möglicherweise in England, möglicherweise aber auch anderswo. Stimmt das so?«

»Ja, das stimmt.«

»Stammt das Geld für den Fluchthelfer von Ihrem Ehemann?«

»Nein, ich habe unseren Familienschmuck verkauft, sogar die Ringe meiner Großmutter, und mit dem Geld den Fluchthelfer bezahlt.«

»Na klar.« Er verdrehte die Augen. »Und wo ist Ihr Ehemann nun? In welchem europäischen Land hält er sich auf?«

»Ich habe es Ihnen doch schon gesagt, ich weiß es nicht. Wahrscheinlich ist er in England, aber ich bin mir nicht sicher.«

»Wie kann es sein, dass Sie den Aufenthaltsort Ihres Ehemannes nicht kennen? Das ist doch völlig unmöglich!«

Ich schwieg. Ich versuchte, kooperativ zu sein. Ich sagte die Wahrheit. Was wollte er denn noch von mir? Er fragte mich nach Sharifs vollem Namen und nach seinem Geburtsdatum und dem Geburtsort. Er warf mir einen kurzen Blick zu.

»Und ist er Ihr einziger Ehemann oder gibt es da noch mehr?«

Ich wandte mich an die Dolmetscherin. »Warum stellt er mir eine solche Frage? Haben die Frauen hier in England mehrere Männer?«

Sie zuckte mit den Achseln. »Tut mir leid, aber so läuft es hier immer.«

»Fragen Sie ihn doch bitte, wie viele Ehefrauen er hat. Keine einzige wahrscheinlich. Wer würde einen so grauenhaften Mann heiraten!«

Die Dolmetscherin verkniff sich ein Grinsen. »Was sagt sie denn?«, fragte der Zackenmann.

»Sie sagt, dass sie nur einen Ehemann hat«, log die Dolmetscherin. »Nur diesen einen.«

Der Zackenmann schickte mich zur »nächsten Stelle«. Ich setzte mich, und man nahm mir die Fingerabdrücke ab. Dann wurde ich fotografiert und erhielt eine Karte, meinen Lichtbildausweis. Daraufhin wurde ich zum ersten Schalter zurückgeführt, wo inzwischen ein dritter Dolmetscher saß. Diesmal war es ein alter Schwarzer mit grau meliertem Haar. Er war elegant gekleidet, trug Jackett und Krawatte, und er hatte eine warme, freundliche Ausstrahlung. Ich sah sofort, dass er Sudanese war.

Während wir auf die Rückkehr des Zackenmannes warteten, erzählte er mir, dass er aus Kordofan stamme, dem Gebiet, durch das ich auf meiner Flucht aus Darfur marschiert war. Eine seiner Töchter studierte sogar an »meiner« Universität. Der Zackenmann kam, aber er schien es jetzt eilig zu haben. Wahrscheinlich wollte er nach Hause. Er gab mir die Adresse einer Unterkunft für die Nacht und einen Stadtplan.

»Es ist auf dem Plan markiert, sehen Sie? Wenn Sie sich verirren, fragen Sie einfach. Irgendjemand wird Ihnen den Weg schon zeigen.«

Verwirrt starrte ich auf den Stadtplan. Bei uns im Dorf hatte es natürlich keine Pläne gegeben, und ich wusste überhaupt nicht, wie man damit umging.

»Aber ich kenne mich doch in dieser riesigen Stadt nicht aus«, sagte ich. »Wie soll ich mich zurechtfinden?«

»Wie gesagt – schauen Sie auf den Plan und fragen Sie nach dem Weg. Los jetzt! Sie müssen es schon selbst finden!«

»Aber wenn Sie in mein Land kämen und ich würde Sie auffordern, sich in Khartoum zurechtzufinden, würden Sie sich auch verirren, und so geht es mir hier.«

Der Zackenmann seufzte. »Hören Sie, es ist schon spät, wir schließen gleich. Ich bin ab jetzt nicht mehr für Sie zuständig. Noch mal – Sie müssen den Weg allein finden.«

Da legte mir der Dolmetscher besänftigend die Hand auf den Arm. »Machen Sie sich keine Sorgen. Warten Sie draußen auf mich, ich helfe Ihnen.«

Als wir auf die Straße traten, war es neun Uhr abends. Der alte Mann brachte mich zu einem nahe gelegenen Gebäude.

»Diese Leute werden Ihnen eine Unterkunft besorgen«, sagte er, während er mich hineinführte. »Ich war selbst einmal Asylbewerber, ich weiß, wie das ist …«

Ich lächelte ihn an. »Danke. Sie waren so freundlich zu mir.«

»Da«, sagte er und gab mir eine Zehn-Pfund-Note. »Nehmen Sie! Es ist nicht viel, ich kann leider nicht mehr erübrigen. Aber es ist wenigstens ein bisschen Geld …«

In dieser Nacht wurde ich in ein Asylbewerberheim in Croydon geschickt. Man brachte mich in einem Zimmer mit zwei anderen Frauen unter, einer aus Eritrea und einer aus Burkina Faso. Die Eritreerin war hochschwanger und legte sich auf das untere Etagenbett, während ich das obere nahm. In dem Heim herrschte eine entsetzliche Atmosphäre der Verzweiflung. Ich spürte förmlich den Schmerz, die Entwurzelung und die quälende Frustration in diesem Gebäude. Ich lag die ganze Nacht wach, dachte an mein Zuhause, an die Liebe und Geborgenheit in meiner Familie, und ich begann zu weinen.

Mein erster Eindruck vom Asylbewerberheim erwies sich am nächsten Tag als vollkommen richtig: Dies war ein Ort wahrer Verzweiflung. Die Regeln lernte ich schnell. Jeden Morgen mussten wir uns in ein Buch eintragen, um unsere Anwesenheit zu dokumentieren. Dann hatten wir uns zur Verteilung des Frühstücks – Tee und Brot – anzustellen. Es gab eine Kantine, in der es nach Frittieröl stank, und den Eingangsbereich mit zwei Fernsehgeräten. Da so gut wie nichts zu tun war, konnte man die Zeit nur herumbringen, indem man schlief.

Wer es einmal versäumte, sich in das Buch einzutragen, erhielt eine Verwarnung. Beim zweiten Mal drohte der Rauswurf. Zumindest lautete so die Theorie. In der Praxis lief es völlig anders ab. In dem Heim wohnte ein irakischer Schreiber, dessen gesamte Familie ermordet worden war. Er war immer noch wie besessen vom Schreiben. Jeden Morgen stand er früh auf und unterschrieb bei allen aufgeführten Namen. Er kopierte sogar äußerst kunstvoll die Unterschriften der Leute. Er hatte den Verstand verloren, war aber harmlos – und wir hatten nichts dagegen, dass er unterschrieb!

Meine eritreische Zimmergenossin Sarah nahm mich schon bald unter ihre Fittiche. In ihrem Land herrschte Krieg, und auch die Frauen wurden zum Kämpfen gezwungen. Bei ihrer Flucht hatte sie vier Kinder und einen Ehemann zurückgelassen. Ich konnte kaum glauben, dass sie schon mehrere Monate in dem Heim wohnte. Die Einwanderungsbehörde hatte ihre Akte verloren und sie gezwungen, einen neuen Asylantrag zu stellen. Sie war schon so lange da, dass sie das Gebäude in- und auswendig kannte, und alle Neuzugänge suchten bei ihr Rat.

Als ich es nicht schaffte, die Waschmaschinen in Gang zu setzen, zeigte Sarah mir, wie man die Wäsche einfüllte und hinterher trocknete. Da ich kaum Appetit hatte, ließ ich die meisten Mahlzeiten ausfallen und blieb in meinem Zimmer. Aber Sarah überredete mich, etwas zu essen. Mit den anderen wollte ich möglichst wenig zu tun haben, weil die meisten sich so hängenließen. Selbst nach allem, was ich durchgemacht hatte, war ich immer noch stolz auf mich, auf meine Identität. Es gab aber Leute, die grundlos miteinander stritten oder in den Gängen zusammenbrachen und sich schreiend auf dem Boden wälzten.

Diese Menschen waren an dem Grauen, das sie in ihren Heimatländern durchlitten hatten, zerbrochen. Da war die Irakerin, die ihre zehnjährige Tochter hatte zurücklassen müssen. Wann immer sie daran dachte, bekam sie einen hysterischen Anfall. Ganze Nächte lang brüllte und wimmerte sie, und ihre Schreie hallten durch die Gänge. Es war schrecklich. So dazuliegen, ohne schlafen zu können, und diese Schreie zu hören, trieb einen fast in den Wahnsinn. Ich wusste, dass sie gelitten hatte, ich sah es in ihren Augen. Aber wir hatten alle gelitten.

Täglich musste das Heimpersonal die Polizei rufen, um jemanden mit Gewalt festzuhalten oder abzuführen. Jeder hatte Probleme, keiner war allein mit seinem Leid. Mir war klar, dass diese Menschen die Hölle hinter sich hatten, aber ich wollte nicht so sein wie sie. Nachdem ich die Hölle von Darfur überlebt und die Flucht vor meinen Verfolgern durchgestanden hatte, wollte ich nicht, dass dieses Heim mich fertigmachte.

Aber ich tat mich schwer. Da ich mich kaum bewegte und nur wenig aß, wurde ich krank. Die Krankheit saß aber ebenso sehr in meinem Kopf und in meinem Herzen wie in meinem Körper. Ich war depressiv. Ich war schwer depressiv und so einsam wie noch nie zuvor. Meine Angehörigen waren entweder tot oder weit verstreut. Mein Dorf war verschwunden. Mein Stamm wurde vom Angesicht der Erde gefegt. Wofür sollte ich noch leben?

Ich blieb vier Monate lang in dem Heim, aber mir kam es vor wie ein ganzes Leben. Immer wieder fragte ich mich, warum ich überhaupt hierhergekommen war. Um in diesem grauenhaften Schwebezustand, in diesem Irrenhaus, in diesem Nichts zu landen? Vielleicht hätte ich mein Glück doch im Sudan versuchen sollen. Hier war ich am Leben. Ich hatte mein Leben gerettet. Aber davon abgesehen – wofür lebte ich hier? Mir war klar, dass ich das Heim unbedingt verlassen musste.

Sarah meldete dem Personal meinen schlechten Gesundheitszustand, und ich wurde in eine nahe gelegene Praxis für Allgemeinmedizin geschickt. Der Arzt, ein Engländer mittleren Alters, hörte sich mit echtem Mitgefühl an, was ich ihm erzählte. Ihm als Kollegen glaubte ich vertrauen zu können, und aufgrund seines Alters war er eine Art Vaterfigur. Ich erzählte ihm alles. Ich erzählte ihm von meiner Frustration und von der Düsternis in meinem Herzen. Ich war Ärztin, ich wollte etwas tun, etwas beitragen, mir einen Lebenssinn schaffen. Ich wollte nicht in diesem Haus der Verzweiflung herumsitzen und Däumchen drehen.

Der Arzt reagierte sehr verständnisvoll, konnte aber auch nicht viel tun. Er gab mir Antidepressiva und überwies mich ins Krankenhaus. Nach allem, was ich durchgemacht hatte, sollte ich von Kopf bis Fuß medizinisch untersucht werden. Außerdem sagte er, ich solle normal essen und wieder gesund werden. Wie sich herausstellte, hatte ich eine schwere Ohrenentzündung, die durch die Kopfschläge der Soldaten in Mazkhabad hervorgerufen worden war. Aber es fehlte mir auch sonst noch so einiges.

Ich blieb drei Wochen im Krankenhaus und wurde wieder kräftiger. Dann gab es keinen Grund mehr, mich länger dortzubehalten, und ich musste ins Asylbewerberheim zurück. Ich hasste es dort. Sarah, meine eritreische Freundin, sagte mir, dass ich, wenn ich wirklich rauswollte, einen Anwalt bräuchte. Ich fragte nach dem Grund. Ich hatte doch nichts Unrechtes getan. Warum brauchte ich einen Anwalt? Sarah erklärte mir, dass der Anwalt mich vor der Einwanderungsbehörde vertreten werde, was die ganze Sache beschleunigen werde.

Sie ging mit mir in eine Anwaltskanzlei, wo man mir eine Anwältin zuwies, eine Engländerin mittleren Alters. Wieder musste ich meine ganze Geschichte erzählen, damit sie eine Zeugenaussage beibringen konnte. Diese Aussage brauche sie, um meinen Fall vor der Einwanderungsbehörde darzulegen, erklärte sie mir. Als wir fertig waren, überflog sie noch einmal ihre Notizen.

Dann hob sie lächelnd den Blick. »Ich habe kaum je einen aussichtsreicheren Fall erlebt. Sie kommen aus Darfur, und nach allem, was geschehen ist, grenzt es an ein Wunder, dass Sie noch leben. Ich denke, man wird Ihnen sofort Asyl gewähren.«

Meine Stimmung hellte sich auf. Vielleicht änderte sich ja jetzt alles.

Zwei Wochen später brachte Sarah ein wunderschönes Mädchen zur Welt. Sie nannte sie Tashana. Als Mutter mit einem Neugeborenen hatte Sarah Anspruch auf ein eigenes Zimmer. Eine Freundin von ihr fand auf der Straße ein altes, ausrangiertes Fernsehgerät und trug es ins Heim. Wir schlossen es in Sarahs Zimmer an und machten es funktionstüchtig. Jetzt hatten wir eine kleine Oase der Ruhe, in der wir uns treffen, fernsehen und miteinander plaudern konnten.

Ein paar Wochen lang wurde das Leben dadurch ein winziges bisschen erträglicher. Aber so blieb es nicht.

26. KAPITEL

In London – und verliebt

Zwei Wochen später bekam Sarah die Chance umzuziehen. Jeden Morgen sahen die Heimbewohner am Schwarzen Brett nach, ob neue Unterbringungsmöglichkeiten ausgeschrieben waren. Wem eine Wohnung beziehungsweise ein Zimmer irgendwo im Land zugeteilt wurde, der konnte das Haus der Verzweiflung verlassen. Ich freute mich sehr für Sarah und ihr Baby. Gleichzeitig war ich traurig, denn mit ihr verlor ich meine beste Freundin und Beraterin – ganz zu schweigen von dem Zimmer, unserem selbst geschaffenen Zufluchtsort.

Kaum hatte Sarah die Neuigkeit gehört, brach sie in Tränen aus. Mehrere Leute kamen und gratulierten ihr, auch Heimmitarbeiter. Sarah lebte schon so lange dort, dass alle sie kannten und liebten.

Nachdem Sarah und Tanasha ausgezogen waren, sank mein Lebensmut wieder. Da suchte ich meinen freundlichen Arzt auf, der mir einen Termin im Therapiezentrum für Folteropfer besorgte. Er war zuversichtlich, dass man mir dort würde helfen können.

Auf dem Weg zurück ins Wohnheim kam ich durch einen kleinen Park. Es war ein sonniger Tag, der Park war wunderschön, und ich war frei. Ich legte mich ins Gras, sah zum Himmel hinauf und träumte von meiner Heimat. Irgendwann muss ich eingeschlafen sein. Als ich aufwachte, saßen nahe bei mir ein Mann und eine Frau. Sie hielten sich umschlungen, küssten sich und fummelten an ihrer Kleidung herum.

Zuerst konnte ich gar nicht hinsehen, aber dann starrte ich sie offen an. Warum machen sie das nicht bei sich zu Hause, fragte ich mich. Kannten sie denn keine Scham? Was war das für ein Land, in dem die Menschen so etwas in aller Öffentlichkeit taten? Es gab viele sonderbare Gewohnheiten und Traditionen hier, die ich schlicht und einfach nicht verstand.

Die Dame, mit der ich im Therapiezentrum sprach, war sehr nett und freundlich. Ich musste ihr meine Geschichte bis ins kleinste Detail erzählen. Sie bat, meine Narben sehen zu dürfen, und ich zeigte ihr die Schnitte und Verbrennungen, die die Soldaten mir zugefügt hatten. Es machte mir nichts aus, denn die Frau war sichtlich ergriffen. Ich würde in Zukunft von ihr betreut werden und solle alle zwei Wochen kommen. Dann würden wir über meine Probleme spreche, und sie werde versuchen, mir zu helfen.

Sie versicherte mir, dass ich ihr alles erzählen könne. Was die praktischen Dinge betreffe, so werde sie mit meinem Arzt über die Antidepressiva sprechen, die ich einnähme. Außerdem werde sie sich nach Collegekursen für mich erkundigen, damit ich endlich »rauskäme«. Ich müsse unter Menschen und mich wieder intellektuell betätigen. Mein Selbstbewusstsein müsse wiederhergestellt werden, und ich müsse einen Lebenssinn finden. Sie hatte natürlich recht. Wenn das alles nur so leicht gewesen wäre …

Ich belegte einen Englischkurs in einem College in der Nähe des Asylbewerberheims. Alle zwei Wochen ging ich ins Therapiezentrum. Und hin und wieder sprach ich mit meiner Anwältin. London empfand ich jedes Mal wieder als sehr merkwürdig. Niemand sagte jemals »hallo«. Die Leute sprachen offenbar nicht einmal mit ihren Nachbarn, sondern liefen mit versteinerter Miene herum. Von der Spontaneität und menschlichen Wärme, die ich aus meinem Dorf kannte, war hier nichts zu spüren.

Wenn ich mich verirrt hatte, was häufig vorkam, versuchte ich, einen alten Menschen anzusprechen und nach dem Weg zu fragen. Denn die Alten hatten normalerweise wenigstens Zeit für mich, während die Jungen stets in Eile zu sein schienen und hektisch herumliefen. Fast immer wollten die alten Leute, dass man stehen blieb und möglichst lange mit ihnen redete. Mir wurde bewusst, dass sie einsam waren – noch einsamer als ich. Ich hatte zwar keine Verwandten in diesem Land, aber ich hatte die Menschen im Wohnheim, mit denen ich reden konnte.

Eines Tages begegnete ich einer alten Dame. Wir kamen auf einer Parkbank miteinander ins Gespräch, und sie erzählte mir ihre Geschichte. Sie hatte vier Kinder, die schon erwachsen und aus dem Haus waren. Ab und zu riefen sie ihre Mutter an, trafen sich aber nur an Weihnachten und an Geburtstagen mit ihr. Ich sagte der alten Dame, dass es in unserer Kultur undenkbar sei, die Eltern im Alter allein zu lassen. Die Mutter hatte ihr Kind neun Monate lang in sich getragen und dann ernährt. Der Vater hatte das Kind beschützt. Deshalb musste das Kind im Alter für seine Eltern sorgen und sie achten. Als ich zu Ende gesprochen hatte, standen der alten Dame Tränen in den Augen.

Nach vier Monaten im Asylbewerberheim konnte ich endlich ausziehen. Ich sollte nach Newcastle fahren, einer Stadt im Norden Englands, wie man mir sagte. Ich wurde vom Haus der Verzweiflung in eine Gemeinschaftsunterkunft in Crystal Palace geschickt, von der aus die Asylbewerber im Land verteilt wurden. Doch am Abreisetag war ich wegen einer Magenentzündung zu krank, um die Fahrt antreten zu können. Ich aß immer noch nicht richtig und erbrach alles wieder.

In dieser Gemeinschaftsunterkunft blieb ich vierzehn Tage. Die Woche über war dort niemand, weil man alle Bewohner an ihre jeweilige Zieladresse gebracht hatte. An den Wochenenden dagegen war das Heim zum Bersten voll mit dem nächsten Schub Menschen, die auf ihre Verteilung warteten. Außer mir blieb dort nur ein Mädchen, das wie ich krank und nicht reisefähig war. Wir beide gaben der Unterkunft den Namen »Gespensterhaus«.

Am Ende der zweiten Woche meines Aufenthalts dort traf ein neuer Schub Asylbewerber ein, darunter ein Mann, den ich sofort als einen Zaghawa erkannte. Wir kamen miteinander ins Gespräch. Als ich seine Geschichte hörte, brach es mir fast das Herz. Ich hatte immer wieder versucht, etwas über Sharif in Erfahrung zu bringen, hatte aber immer noch nichts von ihm gehört. Nun fragte ich diesen Mann, ob er von einem Zaghawa-Mann wisse, dessen Frau Ärztin und auf der Suche nach ihm sei. Er sagte, er kenne diesen Mann nicht, bot mir aber an, die Zaghawa-Selbsthilfegruppe in Coventry zu kontaktieren, dort wisse man vielleicht mehr.

Ich nannte ihm meinen und Sharifs vollen Namen, und er rief an. Schon nach wenigen Sekunden ging ein strahlendes Lächeln über sein Gesicht. Er nickte, lächelte wieder, nahm sich ein Blatt Papier und kritzelte etwas darauf. Es war die Nummer von Sharifs Handy. Die Selbsthilfegruppe in Coventry wusste alles über Sharif und mich, hatte aber keine Möglichkeit gehabt, mich ausfindig zu machen beziehungsweise den Kontakt zwischen uns beiden herzustellen.

Mit zitternder Hand und bebendem Herzen wählte ich Sharifs Nummer. Er nahm ab und sagte: »Hallo?«

»Sharif? Sharif? Bist du es? Hier spricht Halima, deine … Frau.«

Es war so merkwürdig, diese zwei Wörter auszusprechen – »deine Frau«. Ich hatte nämlich nicht das Gefühl, wirklich verheiratet zu sein. Ich wusste zwar, dass ich verheiratet war, aber es war ja bisher in meinem Leben nichts davon zu spüren gewesen.

»Halima! Herzlich willkommen! Seit wann bist du hier? Und wie hast du mich gefunden? Ich bin ja so glücklich – ich habe überall nach dir gesucht!«

»Es ist so schön, deine Stimme zu hören«, sagte ich schüchtern. »Wo bist du eigentlich?«

»In Southampton.« Er lachte. »Ist nicht wichtig, wo diese Stadt liegt. Du wirst sie ja bald selbst sehen. Wo bist du denn? Ich will zu dir!«

Wir vereinbarten, dass Sharif am nächsten Tag nach London fahren würde. Wir wollten uns im Asylbewerberheim treffen und den Tag in der Stadt verbringen. Es war Ende September, und mit ein bisschen Glück würde die Sonne scheinen.

Am nächsten Vormittag stand ich nervös am Eingang des Wohnheims und wartete auf meinen Mann. Der Himmel war so strahlend blau – meine Gebete um einen schönen Tag waren erhört worden. Aber ich hatte Angst, solche Angst. Wusste er es? Wusste Sharif davon? Würde er mich ansehen und die Narben der Vergewaltigung sofort erkennen? Würde er meine Angst spüren, meine Scham und meine Schuld?

Ein Mann kam auf das Wohnheim zu. Ich wusste sofort, dass er es war. Ich erkannte den Cousin aus meiner Kindheit wieder, obwohl er jetzt ganz anders aussah als der halbwüchsige Bauernjunge aus dem Dorf. Vor mir stand ein großer, dunkler, unglaublich gutaussehender Mann, der einen schicken Schafspelzmantel, eine dunkle Hose und dunkle Schuhe trug. Wir lächelten uns scheu an und begrüßten einander.

Wir stiegen in einen der roten Londoner Busse und fuhren zum Markt in Shepherd's Bush, einem Treffpunkt für Sudanesen aller Ethnien. Dort könnten wir original sudanesische Gerichte essen, sagte Sharif. Auf der Fahrt tauschten wir Neuigkeiten aus der Heimat aus. Ich fragte Sharif, ob er etwas von meiner Familie gehört habe. Er schüttelte den Kopf. Nein, er hatte nichts gehört. Ich solle mir aber keine Sorgen machen, denn inzwischen befänden sich meine Verwandten bestimmt schon längst in der Sicherheit eines Flüchtlingslagers im Tschad.

Der Markt in Shepherd's Bush besteht aus zahlreichen Buden und kleinen Läden, die dichtgedrängt in den Bogengängen einer Hochbahntrasse untergebracht sind. Dort war es voll und chaotisch, und ich fühlte mich sofort an die Märkte zu Hause erinnert. Wir blieben vor einer der Buden stehen, und Sharif kaufte mir ein Prepaid-Handy, damit wir in Kontakt bleiben konnten. An einem anderen Stand gab es *foul* – den Bohneneintopf mit frischen Tomaten und Sesamöl, den ich immer so gerne gegessen hatte.

Wir schlenderten über den Markt und aßen unseren *foul*. Ich konnte kaum glauben, dass ich endlich bei meinem Mann war. Sharif sprach eher leise, und seine feinen Gesichtszüge umspielte fast immer ein schüchternes Lächeln. Er erzählte mir, dass er fleißig an seinem Studienabschluss arbeite. Sein Studium an der Universität von Khartoum war durch seine Flucht abrupt unterbrochen worden. Nachts arbeitete er als Wachmann, und er wohnte mit drei Zaghawa-Freunden in einer kleinen Wohnung in Southampton, die zwar eng war, in der er sich aber zu Hause fühlte.

»Zieh doch zu mir!«, schlug er vor. »Es ist schön in Southampton. Wir müssten die Wohnung zwar mit meinen Freunden teilen, aber es würde schon funktionieren, schließlich sind wir alle Zaghawa.«

»Wo würden wir denn schlafen?« Ich fand die Idee wunderschön – aber war sie auch durchführbar?

»Keine Sorge, ich habe schon mit meinen Freunden darüber gesprochen. Sie würden im Wohnzimmer schlafen und uns das Schlafzimmer überlassen. Wie gesagt – es wird schon funktionieren!«

Ich konnte es kaum erwarten, das Asylbewerberheim zu verlassen. Eine Woche nach Sharifs Besuch zog ich bei ihm ein. Die Zweizimmerwohnung war zwar winzig, aber das machte mir nichts aus. Endlich war ich dem Haus der Verzweiflung entkommen.

Sharif kannte praktisch jeden Zaghawa in Southampton, und der Besucherstrom riss nicht ab. Für diese Menschen war ich neu in England, neu in der Stadt, und ich war Sharifs neue Braut. Sie behandelten mich, als wäre ich frisch verheiratet. Ich bekam viele wunderschöne Hochzeitsgeschenke: ein neues Kleid, herrlichen Schmuck und Kochutensilien.

Ich war glücklich, wieder unter Angehörigen meines Stammes zu leben. Dass wir so viele waren, hatte nichts Belastendes, es gab mir vielmehr das Gefühl, in einer kleinen Ausgabe meines Dorfs zu sein. Weil einige nachts und einige tagsüber arbeiteten, wurde »schichtweise« geschlafen. Aber wir versuchten immer, mindestens einmal am Tag eine Mahlzeit gemeinsam, als »Familie«, einzunehmen. Das Essen war Gemeinschaftssache, und zu den Mahlzeiten trug jeder bei, was er hatte. In unserer englischen Wohnung lebten die Dorftraditionen weiter.

Doch die größte Erleichterung brachte mir die Tatsache, dass ich nicht mehr *im System* war. Hier gab es keine Drohungen, keine Regeln und Vorschriften. Ich musste zwar weiterhin nach London fahren, um mit meiner Anwältin zu sprechen und meine Termine im Therapiezentrum wahrzunehmen, aber ich war jetzt wenigstens frei und unabhängig. Mein Gesundheitszustand und meine Stimmung besserten sich rasant, und nach und nach fand ich auch den Mut, Sharif von dem zu erzählen, was mir passiert war. Ich konnte den Gedanken, mein glückliches neues Leben auf einer Lüge zu gründen, nicht ertragen. Sharif war mein Mann, er musste es erfahren.

Ich erzählte ihm von meiner Verhaftung durch die Geheimpolizei in Hashma, von der Vergewaltigung der Schülerinnen in Mazkhabad, und ganz allmählich enthüllte ich ihm auch die restlichen Greuel, die mir widerfahren waren. Sharif hörte schweigend zu. Ich sah den Schmerz in seinen Augen. Dann war alles gesagt. Ich spürte, dass er wütend war, aber nichts von dieser Wut war gegen mich gerichtet. In ihm loderte der Hass auf diejenigen, die mir das alles angetan hatten. Am liebsten wäre er sofort hingeflogen, um sie zu bekämpfen und zu töten.

Er erzählte mir von dem Leid, das er im Sudan mit angesehen hatte, besonders auf seinen Reisen in den Süden des Landes. Damals sei ihm klargeworden, dass Männer dazu fähig seien, Frauen und selbst kleinen Kindern unvorstellbar Unmenschliches zuzufügen. Wie so viele andere sei auch ich Opfer eines ungeheuerlichen Verbrechens geworden. Mich treffe keine Schuld, und es gebe keinen Grund, sich zu schämen, versicherte er mir. Menschen, die so etwas täten, seien schlimmer als Tiere. Sein einziger Wunsch sei es, sich an ihnen zu rächen.

Da ich Sharif meine Geheimnisse anvertraut hatte, war nun er an der Reihe, mir seine »Fehler« und »Unsicherheiten« zu gestehen. Er teilte mir mit, dass er die Wohnung, in der wir lebten, mit einer sehr kurzen Kündigungsfrist hatte mieten müssen und wir jederzeit rausfliegen konnten. Noch schlimmer war, dass sein Antrag auf Asyl in Großbritannien im Sande verlaufen war und er nicht mehr wusste, welchen genauen Status er innehatte. Da es ihm sein Zaghawa-Stolz verbot, sich von der Gnade des sozialen Sicherungssystems abhängig zu machen, arbeitete er für seinen

Lebensunterhalt und studierte gleichzeitig intensiv, um sein Studium abzuschließen.

Sharif hatte sich entschieden, seinen Stolz zu bewahren und zu arbeiten, aber viele Aslybewerber nutzten das System nur aus. Die Schlimmsten waren die Somalier: Sie kannten wirklich jeden Trick. Wenn ihnen eine Wohnung zugewiesen wurde, vermieteten sie sie einfach und zogen zu Verwandten. Sie betrogen das System und brachten ihre ganze Familie nach London, indem sie unwahre Berichte über deren angebliche Misshandlung in der Heimat ablieferten. Sie waren völlig skrupellos.

Sharif sagte, dass es schwer werden würde, unseren eigenen Lebensunterhalt in Großbritannien zu erwirtschaften, aber er versprach mir, dass es klappen werde. Es blieb uns ja auch nichts anderes übrig – und es wurde noch wichtiger, nachdem ich erfahren hatte, dass ich schwanger war.

Mit der körperlichen Zweisamkeit war es anfangs natürlich schwierig gewesen. Nach den grauenvollen Dingen, die mir der Hockende, der Brüller und der Fahrer angetan hatten, wusste ich nicht, ob ich jemals wieder einem Mann vertrauen könnte. Aber ich hatte solches Glück mit Sharif! Irgendwie schaffte er es, das kraftvolle Auftreten eines Zaghawa-Kriegers mit Zärtlichkeit und einer sanften Hand zu verbinden. Und weil er selbst gelitten und großes Leid gesehen hatte, brachte er Geduld und Verständnis für mich auf.

Im Lauf der Zeit fühlte ich mich immer wohler mit ihm und konnte unsere Intimität immer besser annehmen.

Anfang Januar rundete sich mein Bauch sichtlich. Sharif und ich waren so glücklich! In unserer Kultur bedeutet eine Ehe nichts, wenn keine Kinder aus ihr hervorgehen. Im Exil, Tausende Kilometer von der Heimat entfernt, waren Sharif und ich die einzige Familie, die wir hatten. Und wenn alles klappte, würden wir bald ein drittes »Clanmitglied« begrüßen können.

Ende Januar erhielt die Zaghawa-Gemeinde in Southampton Besuch von zwei Frauen. Sie kamen von einer Organisation namens

Aegis Trust, die Beweise für Kriegsverbrechen in Darfur sammelt. Sie wollten vor allem mit den Frauen reden. Eine Zaghawa-Freundin brachte die beiden Frauen zu uns in die Wohnung. Sie fragten mich, ob ich bereit sei, anonym meine Geschichte zu erzählen. Sechs Zaghawa-Männer hätten bereits berichtet, aber noch keine einzige Frau. Und in unserer Zaghawa-Gemeinde gab es ohnehin nur wenige Frauen.

War ich wirklich bereit, das Schweigen als Erste zu brechen?

27. KAPITEL

Das Schweigen brechen

Zuerst war ich dagegen. Sharif und ich hatten uns darauf geeinigt, die Schrecknisse, die ich durchlebt hatte, als unser Geheimnis zu betrachten. Ich telefonierte mit Sharif und fragte ihn, was er darüber denke. Er antwortete, wenn es vertraulich bleibe und ich es tun wolle, dann solle ich es machen. Ich fragte die beiden Frauen, wozu sie die Informationen nutzen würden, und erfuhr, dass sie an mächtige Staaten weitergegeben würden, um die schrecklichen Misshandlungen in Darfur aufzudecken. Und gerade die Stimme der Frauen sei dabei wichtig.

Ich dachte kurz an meinen Vater. Ich wusste, was er von mir erwartet hätte. Er hätte erwartet, dass ich mich wie meine Namensschwester Dolly Rathebe verhielt und die Stimme erhob. Ich erzählte den Frauen meine Geschichte, verschwieg jedoch einige der schlimmsten Dinge. Sie versuchten nicht, irgendetwas aus mir herauszubekommen. Ich erzählte von den Überfällen, schilderte, was ich gesehen hatte und wie ich geflohen war. Nachdem ich begonnen hatte zu reden, sah ich die ganze Sache in einem immer positiveren Licht. Es war gut, alles loszuwerden und zu wissen, dass meine Worte vielleicht sogar etwas bewirken würden. Vielleicht erhielt mein Leid dadurch einen gewissen Sinn.

Nach dem Gespräch mit den beiden Frauen kehrte schnell wieder der Alltag ein. Ich hatte viel zu tun, musste beispielsweise alles für die Geburt meines Kindes vorbereiten. Ich war überzeugt, dass es ein Mädchen sein würde. Ich kaufte Mädchensachen in Mädchenfarben, alles in Rosa und geblümt. Doch im Verlauf der Schwangerschaft fühlte ich mich zunehmend schwach und müde.

Ich wurde ins Krankenhaus eingewiesen. Diverse Tests ergaben, dass ich an chronischer Anämie litt. Ich hatte eine Blutung in der Gebärmutter, was sehr schwerwiegend war, denn es bedeutete, dass ich als Schwangere ständig Blut verlor. Man schickte mich zu einem Spezialisten in London, der jedoch auch nicht herausfand, was eigentlich los war. Diesen Spezialisten musste ich von nun an immer wieder aufsuchen, aber tief im Herzen war ich überzeugt, dass alles gutgehen würde.

Und dann platzte die Bombe.

Anfang Mai war ich im siebten Monat schwanger. Ich fühlte mich immer noch schwach, die Blutung war nicht gestillt, aber wenigstens hatte ich mein Kind noch. Da rief mich meine Anwältin an. Sie wusste nicht recht, wie sie es mir beibringen sollte, aber mein Asylantrag war abgelehnt worden. Sie konnte es sich überhaupt nicht erklären; auf jeden Fall sollte ich innerhalb von fünf Tagen nach London fahren und sofort Einspruch einlegen. Wenn der Einspruch nicht erfolge, werde man mich abschieben und in den Sudan zurückschicken.

Ich kann nicht in Worte fassen, wie ich mich fühlte, als ich diese Nachricht erhielt. Mein körperlicher Zustand war so schlecht, dass ich unmöglich mit dem Bus nach London fahren konnte. Durch die Schwangerschaft reagierte ich hypersensibel auf Gerüche und ertrug den Gedanken nicht, stundenlang in einen stickigen Bus gepfercht zu sein. Deshalb zweigte Sharif Geld für ein Zugticket ab – das wir uns im Grunde gar nicht leisten konnten.

Ich saß im Zug und starrte in die schöne englische Landschaft hinaus. Die Frühlingsblumen schossen aus den Wiesen, die Bäume standen in Blüte, aber in meinem Herzen herrschte Winter. Fast ein Jahr war vergangen, seit ich meinen Asylantrag gestellt hatte. Und wozu war dieses Jahr nun gut gewesen? Dazu, dass man mir gleich erzählen würde, meine Geschichte sei unwahr und ich müsse in den Sudan zurück? Mein Dorf war zerstört, mein Vater getötet und meine Familie irgendwohin vertrieben worden. Auf mein Volk wurde Jagd gemacht wie auf Tiere, und ich war vor denen geflohen, die mich gejagt hatten.

Und dennoch wollten sie mich in den Sudan zurückschicken?

Ich fragte mich, was der Mann mit der Zackenfrisur am Tag meiner Ankunft in London über mich geschrieben haben mochte. Was konnte es gewesen sein, dass es eine solche Entscheidung rechtfertigte?

Meine Anwältin las mir den Ablehnungsbrief vor. Soweit ich verstand, lautete das Hauptargument, dass mir nichts passieren könne, wenn ich nach Khartoum zurückkehrte. In Khartoum gebe es keine Gefechte, warum also sollte mir dort Gefahr drohen? Aber wie konnten sie so etwas behaupten? Hatten sie meine Akte überhaupt gelesen? Es war der reine Irrsinn – blinder, dummer Aberwitz.

Man wies mir einen neuen Anwalt zu, einen Fachmann für Einspruchsverfahren, einen netten jungen Engländer namens Albert Harwood. Wir trafen uns in seinem engen, mit Aktenstapeln vollgestopften Büro. Für meinen Einspruch musste eine völlig neue Zeugenaussage formuliert werden. Ich wiederholte meine Geschichte, schilderte diesmal aber auch die neuen Entwicklungen: Ich hatte meinen Ehemann gefunden, war schwanger geworden und hatte mit den Leuten von Aegis Trust gesprochen. Albert notierte sich alles, und während unserer gemeinsamen Arbeit wuchs mein Vertrauen in ihn. Er wirkte wirklich engagiert und sagte, ich solle mir keine Sorgen machen. Sobald der Einspruch eingelegt sei, könne mir nichts mehr passieren – es sei dann unrechtmäßig, mich in den Sudan abzuschieben.

Nach dem Gespräch mit Albert ging ich zu meinem Arzt. Er untersuchte mich und wies mich sofort ins Krankenhaus ein. Ich sei so geschwächt, dass man mich wohl kaum vor der Geburt wieder entlassen werde. Ich könne unmöglich nach Southampton zurückfahren. Er werde versuchen, mich als Notfallpatientin in einer Londoner Klinik unterzubringen.

Und tatsächlich erfuhr ich dort, dass ich im Krankenhaus bleiben müsse. Ich war inzwischen in der siebenunddreißigsten Woche der Schwangerschaft, und die Geburt sollte bald eingeleitet werden. Ich verbrachte ein paar Tage dort – gelangweilt, deprimiert und allein. Ich wollte das Baby in Southampton zur Welt bringen, damit Sharif und meine Freunde mich besuchen konnten. Ich bat die für mich zuständige Ärztin, mich zu entlassen. Sie flehte mich an zu bleiben. Noch eine Woche lang müsse ich ordentlich essen und Kraft sammeln, dann werde sie die Geburt einleiten. Ich blieb.

Am Tag der Geburtseinleitung kam Sharif nach London. Doch die Entbindung gestaltete sich von Anfang an schwierig. Ich bekam so heftige Blutungen, dass meine australische Hebamme die Notklingel betätigte, woraufhin ein Ärzteteam angelaufen kam. Eine Ultraschalluntersuchung ergab, dass die Plazenta am Kind festgewachsen war. Das Baby musste per Kaiserschnitt geholt werden. Sharif zog sich einen Krankenhauskittel über, um im OP bei mir sein zu können. Doch dann setzte die Geburt plötzlich ganz von selbst ein, und alle gerieten in Panik.

Mein Kind wurde spontan geboren, aber das bekam ich nicht mit. Erst später, in einem düsteren Raum, erlangte ich das Bewusstsein wieder. Rings um mich piepsten und blinkten Lämpchen mit jedem Schlag meines Herzens. Mir war so kalt, so kalt. Ich glaubte, tot zu sein. Dann sah ich über mir, in dem Meer aus gedämpftem Licht, ein weißes Gesicht schweben. Es war eine Krankenschwester.

Sie erklärte mir, dass ich auf der Intensivstation läge. Mein ganzer Körper war einbandagiert, und in meinen Arm floss eine Infusionslösung.

»Wie geht es Ihnen?«, fragte sie mich.

Ich versuchte mich an einem Lächeln. »Gut … Wo ist mein Baby?«

Die Krankenschwester richtete den Blick auf eine Stelle neben meinem Bett. Ich sah dorthin. Neben mir stand ein transparentes Plastikwägelchen, und darin lag ein kleines Bündel Leben. Aus dem Bündel ragten winzige Händchen und Füßchen hervor. Wuschelige rabenschwarze Locken. Fest geschlossene Augen. *Mein Baby.*

»Darf ich sie nehmen?«, fragte ich.

Die Schwester schüttelte den Kopf. »Sie sind noch zu schwach. Morgen vielleicht. Und außerdem ist es keine ›sie‹, sondern ein ›er‹. Sie haben einen bildschönen Sohn.«

Sie schob das Kinderbett näher zu mir heran, und ich betrachtete voll Entzücken das kleine, verrunzelte Gesicht.

Einen Moment lang öffnete mein Sohn die Augen und blinzelte in das gedämpfte Licht. Ganz kurz trafen sich unsere Blicke, und ich schwöre – er lächelte mich an. Mein kleiner Sohn hatte mich angelächelt.

»Ist er in Sicherheit?«, flüsterte ich. »Wird ihn auch niemand stehlen? Ich kann ja nicht über ihn wachen und ihn beschützen …«

Die Schwester lächelte. »Keine Angst. Wissen Sie, was? Ich lege ihm einen kleinen Warnmelder an. Wenn ihn jemand aus dem Bettchen hebt, merken Sie es. Okay?«

Sie griff in das Babybett und schnallte meinem Kind etwas um den winzigen Fußknöchel. Jetzt glaubte ich ihn sicher genug, und ich begann ihm etwas vorzusingen – ganz ruhig, ganz leise, ein geflüstertes Wiegenlied, ein Lied, das mein Vater und meine Mutter mir immer vorgesungen hatten, als ich noch ganz klein war …

Erst viele Tage später wurden mein Baby und ich aus der Klinik entlassen. Sharif und seine Freunde holten uns ab und fuhren uns nach Southampton. Nun war es höchste Zeit für die Zeremonie der Namensgebung. Da es unser erstgeborener Sohn war, mussten wir das Kind natürlich Mohammed nennen. Und weil ich keine blauen Sachen gekauft hatte, zogen Sharif und ich ihn an wie ein kleines Mädchen.

Alle Besucher sagten: »Ach, ist das aber ein süßes Mädchen!«

Da stellte ich die Sache klar und teilte ihnen mit, dass dieses süße »Mädchen« Mohammed heiße. Nach der Namensgebung verließen Sharif und seine Freunde die Wohnung und zogen zu Bekannten, während ich mit einer Schar Zaghawa-Frauen zurückblieb. Sie bekochten mich, wuschen den kleinen Mohammed und zogen ihn an, so dass ich mich ausruhen und wieder zu Kräften kommen konnte. Sharif besuchte mich täglich. So ging das vierzig Tage lang, und danach war ich gut erholt.

Sharif, Mo und ich waren eine glückliche Familie, auch wenn

uns der Schatten, der über uns hing, stets bewusst war. Wir bekamen eine kleine Wohnung in London. Unser neues Zuhause war ein winziges Apartment in einem viktorianischen Haus, das man in ein Dutzend gleich große Wohnungen aufgeteilt hatte. Unser neues Heim bestand aus einem Zimmer mit einem ausklappbaren Bett, einer Kochnische und einer Dusche. Es war unglaublich eng, aber es war *unser Zuhause*.

Mein Einspruch war endlich verhandelt worden, und die Einwanderungsbehörde teilte mir schriftlich das Ergebnis mit. Weil ich es nicht über mich brachte, den Brief zu öffnen, ging ich damit zu meinem Anwalt. Er musste ihn ohnehin lesen, denn die komplexe juristische Fachsprache verstand ich nicht. Ich reichte Albert den Umschlag. Er öffnete ihn lächelnd, denn er war sicher, dass das Schreiben gute Nachrichten enthielt. Doch wenige Sekunden nachdem er mit dem Vorlesen begonnen hatte, erstarrte sein Lächeln.

Er konnte es nicht glauben. Er war wie vom Donner gerührt. Mein Einspruch war abgewiesen worden. Die Hauptaussage lautete, dass die Zaghawa vom Krieg in Darfur nicht betroffen seien. Die Rückkehr nach Khartoum stelle für mich kein Sicherheitsrisiko dar. Zwar hätte ich mich dem Aegis Trust gegenüber offen geäußert, aber im Sudan herrsche Redefreiheit, so dass ich deswegen keine Probleme zu befürchten hätte. Der Brief endete mit dem Bescheid, dass Sharif und mir das Asyl in Großbritannien verweigert und man uns sofort in den Sudan abschieben werde.

Albert war wie betäubt. Seine Miene drückte tiefste Fassungslosigkeit aus. Ich selbst fühlte mich nur völlig ausgelaugt. Warum sollten wir noch weitermachen, fragte ich mich. Jetzt konnte man wirklich nur mehr aufgeben.

Doch dann rüttelte mich Alberts Wut wach. Wir würden ein zweites Mal Einspruch einlegen, erklärte er, und zwar beim höchsten Gericht des Landes. Und wenn nötig, würden wir ins Oberhaus gehen, aber aufgeben würden wir nicht!

Er machte sich an die Arbeit, einen zweiten Einspruch zu formulieren, und der kleine Mo, Sharif und ich kehrten in unsere winzige Londoner Wohnung zurück. Mir war elend zumute, und ich hatte Angst. Ich wollte doch nichts weiter, als friedlich hier zu leben. Ich wollte meine Würde wiederhaben, und ich wollte einen gesellschaftlichen Beitrag leisten. Ich war ausgebildete Ärztin und wusste, dass Großbritannien Ärzte brauchte. Stattdessen zwang uns die Einwanderungsbehörde, von Almosen zu leben, mit dem Argument, meine Geschichte sei von Anfang bis Ende erlogen.

Jede Woche musste ich in ein Meldezentrum, um für die Familie zu unterschreiben und um mir Fingerabdrücke abnehmen zu lassen. Dieses Meldezentrum war wie ein Gefängnis. An einer Wand befanden sich mehrere Zellen. Die Asylbewerber wurden dort von den Wachleuten gepackt und in die Zellen geworfen, damit man sie später zum Flughafen bringen und in die Länder ausfliegen konnte, aus denen sie gekommen waren. Der Aufenthalt dort machte mich unglaublich niedergeschlagen, und jedes Mal hatte ich Angst, dem kleinen Mo und mir könnte dasselbe passieren.

Der Aegis Trust trat ein zweites Mal an mich heran. Mein erster Bericht sei sehr beeindruckend gewesen, wurde mir mitgeteilt. Jetzt werde ein Welttag für Darfur organisiert – eine globale Publicity-Kampagne. Niemand wisse genau, wie viele Menschen in Darfur getötet worden seien, aber in manchen Berichten sei von Hunderttausenden die Rede – eine unfassbare Zahl. Wenn ich darüber nachdachte, stellte ich mir mein ganzes Heimatland in Blut getränkt und lichterloh brennend vor. Millionen waren in den Tschad geflohen und lebten in Flüchtlingslagern, aber auch dort herrschte großes Leid. Gott allein wusste, wo meine Familie jetzt war.

Die Leute von Aegis fragten mich, ob ich bereit sei, meine Geschichte öffentlich, in den Medien, zu berichten. Ich bat mir Bedenkzeit aus. Ich hatte Angst. Ich hatte schon einmal mit der Presse gesprochen, im Sudan – und was hatte es mir gebracht? Vielleicht würde ich in noch größere Schwierigkeiten geraten, wenn ich es hier in England tat? In einem Londoner Café traf ich mich mit David Brown, dem Pressesprecher. Er erklärte mir, dass sich der Welttag auf die Gewalt gegen Frauen konzentrieren werde, deshalb sei mein Bericht so wichtig. Die Welt müsse die Wahrheit erfahren. Er habe bereits einen Interviewtermin mit der BBC vereinbart.

Ich dachte über seine Worte nach. Ich war inzwischen selbst voller Wut. Ich war wütend, weil der Alptraum in Darfur kein Ende nahm, und ich war wütend auf den britischen Staat. Dreimal hatte man meine Geschichte als unglaubwürdig abgetan – einmal persönlich in der Einwanderungsbehörde und zweimal schriftlich. In kalter, blinder Ignoranz hatten sie beschlossen, mich mit dem kleinen Mo in den Sudan zurückzuschicken. David hatte recht. Die Welt musste es erfahren.

Ich wusste um den Einfluss der BBC. Ich kannte die Reichweite des Senders. Ich dachte daran zurück, wie mein Vater sein kleines Radio immer auf den BBC World Service eingestellt hatte. Ich brauchte mich gar nicht erst zu fragen, was er in dieser Situation von mir erwartet hätte. Es lag auf der Hand. Ich sagte David, dass ich bereit sei, mit der BBC zu sprechen. Tatsächlich würde ich mit jedem Zeitungsreporter und jedem Vertreter anderer Medien sprechen. Mir war völlig egal, was andere dachten, mein Schamgefühl spielte keine Rolle mehr.

In einem Punkt aber wollte ich Sicherheit haben. »Kann ich bestraft werden, wenn ich mit der Presse spreche? Kann ich dann gefoltert werden? Ist es auch wirklich ungefährlich? Ich muss doch an den kleinen Mo denken …«

»Wir sind hier nicht im Sudan«, sagte David lächelnd. »Hier gibt es eine freie Presse. Niemand kann dir etwas tun. Du kannst sagen, was du willst.«

Ich gab der BBC ein Interview, das in *Newsnight*, dem Flaggschiff der Nachrichtensendungen, ausgestrahlt wurde. Ich sprach auch mit Journalisten der Zeitungen *Sunday Telegraph* und *Independent*. Der *Sunday Telegraph* brachte ein Feature unter der Überschrift »Tony Blair gibt zu, dass Darfur eine Tragödie ist. Warum schickt er dann dieses Opfer mehrfacher Vergewaltigung zu ihren Peinigern zurück?«

Die Publikation beziehungsweise Ausstrahlung dieser ersten

Storys löste eine wahre Publicity-Flut aus. Die Nachrichten von Channel 4 brachten eine lange Reportage über den Missbrauch von Frauen als Waffe im Krieg. Ein arabischer Nachrichtensender lud mich in eines seiner Live-Nachrichtenstudios ein. Al-Arabija TV musste über meine Geschichte berichten. Amerikanische Fernsehsender wurden aufmerksam, und schon nach kurzer Zeit gaben sich Journalisten und Kameraleute in unserer winzigen Wohnung die Klinke in die Hand. Und so lautete mein Bericht über die Geschehnisse in Darfur:

Unschuldige Menschen sterben. Viele Menschen haben nichts zu essen und zu trinken. Die Leute sind obdachlos, leben auf der Straße oder im Busch. Sie verirren sich in der Wüste, verhungern, verdursten, sterben am Krieg. Warum? Was haben sie getan? Nichts. Vergessen wir nicht, dass wir alle eine Menschheit sind! Wenn all das Ihnen zustieße, würden Sie es hinnehmen? Wenn all das Ihrer Familie zustieße, würden Sie wortlos zusehen?

Wo ist die moslemische Welt? Wo ist die arabische Welt? Wo sind die Menschen der ganzen Welt? Wie können Moslems andere Moslems völlig grundlos töten? Gott hat es doch verboten. Gott hat gesagt: ›Nimm niemandem das Leben, es sei denn, es wäre gerechtfertigt und rechtmäßig.‹ Aber was in Darfur geschieht, ist weder rechtmäßig, noch kann es gerechtfertigt werden: Menschen töten Unschuldige ohne jeden Grund.

Darfur ist nicht von der Welt getrennt. Darfur ist nicht isoliert. Und doch stehen Menschen da und sehen zu – diejenigen, in deren Macht es stünde, dem Ganzen ein Ende zu setzen. Man sollte die Sache nicht politisch betrachten, denn die Opfer sind unschuldige Menschen. Sie sterben, ohne etwas Falsches gemacht zu haben. Was haben sie getan? Nichts, womit sie das verdient hätten.

Ich bin eine Überlebende, eine, die geflohen ist, und vielleicht hat Gott mich ausgesucht, um dem Rest der Welt eine Botschaft zukommen zu lassen, um die ganze Welt darauf hinzuweisen, dass dort Unschuldige sterben, damit die Welt sie beschützt und ihnen Unterstützung gewährt.

Zeitungen rund um den Globus brachten ganzseitige Anzeigen mit meinem Foto, die die Vergewaltigung von Frauen in meiner Heimat anprangerten. Mein Gesicht wurde zum Symbol, des Leids in Darfur. Es ging so weit, dass ich irgendwann nicht mehr wusste, wer der eine oder andere Journalist war oder woher er kam.

Ich konnte nicht mehr. Ich sagte David, dass ich aufhören müsse. Ich war erschöpft, und meine Familie brauchte wieder ihre Privatsphäre. David hatte volles Verständnis. Ich hätte ohnehin schon mehr als genug getan, sagte er. Ich hätte tatsächlich das Schweigen gebrochen.

Es hatte auch Probleme mit Nachbarinnen gegeben, zwei irakischen Schwestern, die ganz oben in unserem Haus wohnten. Sie hatten die Journalisten angepöbelt und sich bei ihnen beschwert, weil sie zu zweit nur ein Zimmer hatten.

»Kommen Sie, sehen Sie es sich an!«, riefen sie. »Mr. BBC, schauen Sie mal, was der britische Staat uns gibt! Wie soll man so leben? Es ist die Hölle! Selbst für zwei Hunde wäre es zu klein …«

»Ihr habt ein Zimmer«, sagte ich zu den beiden, als die Journalisten weg waren. »Ihr habt ein Dach über dem Kopf. Zeigt ein bisschen Respekt und hört auf zu jammern!«

Doch die beiden Irakerinnen beklagten sich weiter. Bei jedem, der bereit war, zuzuhören, beschwerten sie sich, und schließlich wurde ihnen eine bessere Unterkunft zugewiesen. So funktionierte das System offenbar. Wenn man sich beschwerte und das System ausbeutete, reagierte es. Blieb man, so wie wir, ruhig und respektvoll, landete man in der Sackgasse.

Dafür gab es in unserem Haus ein schockierendes Beispiel. Uns gegenüber wohnte eine hübsche blonde Albanerin namens Zamirah. Sie hatte eine kleine Tochter, und wir beide gingen mit unseren Kindern oft in eine Spielgruppe in der Nähe. Die Erzieherinnen und die Mütter waren alle sehr nett zu uns, wir fanden es dort herrlich. Diese Frauen mit ihrer unterschiedlichen Hautfarbe und ihrer unterschiedlichen Religionszugehörigkeit verstanden sich blendend. Mo und ich fanden es einfach toll.

Zamirah war eine stille, anständige Frau, die sich nie beklagte. Und im Gegensatz zu den irakischen Schwestern, die das ständig getan hatten, versuchte sie uns nie wegen unserer Hautfarbe schlechtzumachen. Eines Tages kam sie kreidebleich vom Meldezentrum zurück. Draußen fuhr ein Auto vor, und sie begann, hektisch hin- und herzulaufen und ihre Habseligkeiten darin zu verstauen. Ich traf sie an der Haustür. Plötzlich drückte sie mir die Spielsachen ihrer Tochter in die Hand. Sie sah völlig fertig aus. Aus ihren sonst so strahlenden Augen sprach schiere Angst.

»Für Mo!«, sagte sie atemlos. »Nimm alles!«

»Aber was …«

Bevor ich weiterfragen konnte, stieg sie in das Auto und fuhr mit ihrer kleinen Tochter auf dem Rücksitz los. Ich sah die beiden nie wieder. Von einer anderen Nachbarin, einer Engländerin namens Frances, erfuhr ich, was passiert war. Die Leute im Meldezentrum hatten Zamirah verhaftet, um sie abzuschieben. Dann hatte man sie aber wieder freigelassen, damit sie ihre Tochter holen konnte, die von einer Freundin betreut wurde.

Bei meinem nächsten Besuch in der Spielgruppe fragten die anderen Mütter nach Zamirah und ihrer Tochter. Ich wusste nicht, was ich sagen sollte. Wir beide waren die einzigen Asylbewerberinnen in der Gruppe, und was sollte ich den anderen berichten? Dass ihr Staat versucht hatte, Zamirah in das Land zurückzuschicken, aus dem sie geflohen war? Dass sie panische Angst gehabt hatte? Dass sie lieber untergetaucht war? Ich sagte nur, ich wisse nicht, was mit meiner Freundin und ihrer kleinen Tochter passiert sei.

Die Leiterin der Spielgruppe war eine bildschöne Schwarze namens Samantha. Ihr wundervolles Haar fiel ihr bis zu den Hüften. Wir freundeten uns an, und sie besuchte mich öfter zu Hause. Irgendwann erzählte ich ihr meine Geschichte, die sie sich tränenüberströmt anhörte. Sie sagte mir, wie leid ich ihr tue, und fragte mich, ob ich nicht Lust hätte, ehrenamtliche Tätigkeiten zu übernehmen. Dann käme ich ein bisschen heraus und würde Leute kennenlernen. Ich entgegnete, dass ich wegen meines Sohnes zu Hause bleiben müsse. Weil es mir so schwerfiel, den

Menschen zu vertrauen, ließ ich nicht zu, dass andere auf Mo aufpassten.

Der kleine Mo war das Kostbarste, was ich hatte. Er war mein Leben. Er hatte mir meinen Lebenswillen zurückgegeben.

28. KAPITEL

Überlebenswillen

Kurz vor Mos erstem Geburtstag war immer noch nicht über meinen Asylantrag entschieden worden. Ich hatte mich erkundigt, ob ich als Ärztin oder auch als Krankenschwester arbeiten könne, aber Asylbewerber durften nicht arbeiten. Sharif und ich hatten nach einer größeren Wohnung gesucht, doch uns war ziemlich schnell klargeworden, dass wir uns die Miete nicht leisten konnten, solange ich nicht arbeiten durfte. Wir konnten es kaum erwarten, aus dem Haus auszuziehen, und wunderten uns ständig darüber, wie manche Menschen lebten.

Ein Sprichwort der Zaghawa lautet: »Dein nächster Nachbar ist besser als dein Verwandter in der Ferne.« Es besagt, dass die Nachbarn im Alltagsleben eine größere Rolle spielen können als selbst die eigene Familie. Für unser Haus galt das allerdings ganz und gar nicht. Viele der Leute, die dort wohnten, waren böse Nachbarn, wie sie im Buche stehen.

Unsere unmittelbare Nachbarin hatte neun Kinder von den unterschiedlichsten Vätern. Offenbar lebte die gesamte Familie von staatlicher Unterstützung. Zu jeder Tages- und Nachtzeit kamen oder gingen die Kinder im Teenageralter, spielten laut Musik, stritten und rauften. Als ich eines Tages heimkam, hatte die Polizei die Straße abgesperrt, weil die Kinder unserer Nachbarin im Park einen kleinen Jungen entführt hatten und ihn als Geisel im Haus festhielten. Es war das reinste Irrenhaus; ich wollte einfach nicht von solchen Leuten umgeben sein.

Dann war da noch unsere Nachbarin Frances, die sich in eine noch unglaublichere Situation gebracht hatte. Kurz nach unserem Einzug fand ich sie zusammengesunken auf dem Fußabstreifer liegen. Ich wollte helfen und zerrte sie in ihre Wohnung. Dabei bemerkte ich, dass sie nach Alkohol roch. Offenbar konnte sie sich erinnern, dass ich ihr geholfen hatte, denn von nun an kam sie oft zu uns. Sie war einsam und wollte mit jemandem reden, und in unserer Kultur ist es undenkbar, einem Besucher die Gastfreundschaft zu verweigern.

Wir luden sie ein und kochten für sie. Sie schüttete uns ihr Herz aus, erzählte ihre Lebensgeschichte, und ich erschrak zutiefst. Sie hatte eine zweijährige Tochter, deren Vater der beste Freund ihres Sohnes war. Noch vier Jahre zuvor war sie verheiratet gewesen, hatte zwei Kinder und einen guten Job. Dann verliebte sie sich in den zwanzigjährigen Freund ihres Sohnes, begann eine Affäre mit ihm und wurde schwanger. Ihr Mann warf sie hinaus und reichte die Scheidung ein. Er bekam das Sorgerecht für seine beiden Kinder. Sie stand arbeitslos und obdachlos da. Dann hatte sie zu trinken begonnen, und man hatte sie in unserem Haus untergebracht.

Das alles erzählte sie mir mit großer Offenheit und sogar vor Sharif. In unserer Kultur ist ein solches Verhalten unvorstellbar. Ich hatte das Gefühl, dass sie auf einem völlig anderen Planeten lebte als wir, und sagte ihr das auch. Ich sagte ihr, dass sie selbst schuld an ihrer Lage sei. Wie hatte sie sich nur so verhalten können? Ich fragte sie, ob sie verrückt geworden sei. Sie entgegnete, in Großbritannien sei so etwas nicht ungewöhnlich. Die Leute seien zwar verheiratet, hätten aber ständig Affären. Ich wusste nicht, ob ich ihr das glauben sollte.

Frances kam sehr oft zu uns. Wir konnten nicht ungastlich sein, obwohl sie die Hälfte der Zeit sturzbetrunken war. Ich machte mir Sorgen um sie und wollte ihr helfen. Bei jedem Besuch kochten wir etwas und versuchten sie aufzumuntern. Schließlich baute Sharif ein Guckloch in unsere Tür ein, und wenn sie wieder mal kam, ich mich aber nicht mit ihr abgeben wollte, machte ich einfach nicht auf. Ich hatte ein schlechtes Gewissen dabei – es war ein für Zaghawa unmögliches Verhalten –, aber ich wollte sie nicht länger ständig in unserem Privatleben haben.

Eines Morgens ging Sharif Brot fürs Frühstück kaufen. Am

Abend zuvor war Frances bei uns gewesen und hatte uns geradezu die Haare vom Kopf gefressen. Er blieb ewig weg, und ich fragte mich schon, was ihn wohl aufhielt. Als ich den Müll hinunterbrachte, sah ich auf der anderen Straßenseite zwei Polizisten, die mit Sharif sprachen. Als der eine Beamte etwas Glänzendes aus der Tasche zog, fuhr mir der Schreck in die Glieder. Wenige Sekunden später hatte er meinen Mann mit Handschellen an sich gefesselt.

O mein Gott – was war los? Warum nahmen sie Sharif mit? Und wohin würden sie ihn bringen?

Ich lief über die Straße. »Was ist los? Was machen Sie da?«

Der Polizist warf nur einen kurzen Blick auf mich. »Tut uns leid, aber wir haben die Anweisung, ihn mitzunehmen ... Wer sind Sie überhaupt?«

»Er ist mein Mann. Warum nehmen Sie ihn mit? Weshalb?«

Der andere Polizist zog einen Stift und ein Notizbuch hervor. »Als Erstes brauchen wir mal Ihren Namen und Ihr Geburtsdatum.«

Ich nannte ihm beides. Er ließ sich über Funk bestätigen, dass meine Angaben stimmten. Dann erklärten die Beamten, sie würden Sharif ins Polizeirevier mitnehmen. Sie hätten mit der Einwanderungsbehörde gesprochen. Mein Mann solle unverzüglich in den Sudan abgeschoben werden.

»Ich weiß, das ist sehr hart für Sie«, fügte der Polizist hinzu. »Aber für uns ist es auch nicht einfach. Wir tun ja auch nur unsere Arbeit.«

Neben uns hielt ein Auto an. Sharif wurde hineinbugsiert. Der Polizist schrieb die Adresse des Reviers auf einen Zettel und gab ihn mir.

»Bringen Sie ihm persönliche Sachen, alles, was er so braucht. Kleider zum Wechseln und so weiter.«

Als der Wagen davonfuhr, sah mich Sharif durchs Fenster an. Erst da wurde mir bewusst, dass ich nicht einmal Gelegenheit gehabt hatte, mich von ihm zu verabschieden.

Die Krallen der Angst zerrissen mir das Herz. Sie hatten Sharif geholt. *Sie haben ihn geholt.* Das war es nun wohl. Was um alles in der Welt sollte ich jetzt tun? Wer konnte mir helfen? Ich dachte an Samantha, die Erzieherin. Sie würde mir bestimmt zur Seite stehen. Ich versuchte sie telefonisch zu erreichen, aber sie hob nicht ab. Ich geriet in Panik. Ganz allein stand ich auf der Straße; den kleinen Mo hatte ich in der Wohnung gelassen, und Sharif wurde in den Sudan zurückgeschickt. *Was sollte ich tun?*

Plötzlich fiel mir David ein, der Mann von Aegis Trust. Ich rief ihn auf seinem Handy an. Es klingelte und klingelte, und ich dachte schon, er würde nicht drangehen. Als ich seine Stimme hörte, brach ich in Tränen aus.

»Sie haben Sharif mitgenommen«, sagte ich schluchzend. »Sie haben ihn einfach mitgenommen. Sie schicken ihn zurück in den Sudan … «

»Wer hat ihn mitgenommen?«, fragte David. »Und aus welchem Grund?«

»Die Polizei. Gerade eben erst. Warum, weiß ich nicht. Aber er soll abgeschoben werden …«

»Wissen Sie, wohin sie ihn gebracht haben?«

Ich nannte David die Adresse des Polizeireviers.

»So, wir machen jetzt Folgendes. Als Erstes rufen Sie Ihren Anwalt an und fragen ihn, ob er die Abschiebung irgendwie aufhalten kann, okay?«

»Ja.«

»Ich werde ein paar Presseleute informieren. Falls ich sie dazu bringen kann, zu Ihnen zu fahren – wären Sie bereit mit ihnen zusammen aufs Revier zu gehen?«

»Natürlich. Ich würde alles tun. Wir müssen es verhindern.«

»Gut. Ich rufe Sie an, sobald ich mehr weiß.«

Das Gespräch war beendet. Ich lief in die Wohnung, um Mo zu beruhigen. Sein Geschrei hatte man bis auf die Straße gehört, und ich dankte Gott, dass er nicht wusste, was mit seinem Vater geschah. Mo war ihm wie aus dem Gesicht geschnitten, und Sharif und er hatten ein so enges Verhältnis. Sharif war für einen Zaghawa-Mann sehr liberal. Ständig trug er seinen kleinen Sohn auf dem Arm, ganz der stolze Vater. Normalerweise überließen die Zaghawa-Männer solchen »Babykram« der Mutter.

David rief schon nach kurzer Zeit zurück. Bei der BBC sei nichts zu machen gewesen, aber er habe mit Channel 4 News gesprochen. Eine Reporterin und ein Kameramann seien bereits auf dem Weg zu mir. Er könne zwar nichts garantieren, hoffe aber, dass der Druck durch die Medien die Einwanderungsbehörde zwingen werde, Sharifs Abschiebung auszusetzen.

Hektisch machte ich Mo und mich fertig. Ich war jetzt sehr wütend und spürte, wie sich Großmutter Sumahs Hitzköpfigkeit in mir regte. Das Team von Channel 4 erkannte ich von dem vorausgegangenen Interview her sofort wieder. Wir fuhren zum Polizeirevier. Der Kameramann postierte sein Equipment auf dem Gehsteig so, dass die Kamera direkt auf den Eingang des Reviers gerichtet war. Die Reporterin machte sich bereit. Gemeinsam gingen wir hinein und wurden dabei gefilmt. Sharif saß in einem Nebenraum. Ich deutete auf ihn.

Die Reporterin trat an den Schreibtisch und stellte sich vor. An ihrem Kragen hing ein Mikrofon, so dass alle Gespräche von der Kamera draußen aufgezeichnet werden konnten. Sie sagte den Beamten, sie wolle mit Sharif reden, und bat um ein Interview mit einem Polizeisprecher, der ihr erklären könne, warum ein Mann in ein Land abgeschoben werden solle, in dem sein Leben bedroht sei.

»Die beiden sind vor dem Krieg in Darfur geflüchtet«, sagte sie. »Wissen Sie, was in Darfur passiert? Mehrere Hunderttausend Menschen sind dort getötet worden, vorwiegend Frauen und Kinder. Millionen sind geflüchtet … Nicht gerade der angenehmste Ort, an den man jemanden zurückschicken kann …«

Der Polizeisprecher erwiderte, Anweisungen müssten nun einmal befolgt werden, und zeigte uns ein Fax der Einwanderungsbehörde. Darin wurde Sharif aufgefordert, im Meldezentrum zu erscheinen, von wo aus sie ihn abschieben würden. Genau genommen sei Sharif nicht inhaftiert, sagte der Sprecher, deshalb könne er durchaus ein Interview geben. Er durfte hinaus und sprach auf dem Gehsteig mehrere Minuten lang mit der Reporterin über die grauenhafte Aussicht, in den Sudan zurückgeschickt zu werden. Danach erklärte ich, welch traumatische und schmerzliche Erfahrung es wäre, wenn unsere Familie auseinandergerissen würde.

Schließlich teilte uns die Polizei mit, dass Sharif selbst ins Meldezentrum fahren dürfe. Das Channel-4-Team musste schnellstens ins Studio zurück, um den Beitrag noch am selben Abend bringen zu können. Was man mit uns mache, sei empörend, sagte die Reporterin, und die Story werde richtig einschlagen. Sharif war klar, was er jetzt zu tun hatte. Er musste untertauchen. Draußen auf der Straße verabschiedete er sich hastig von mir und drückte seinen Sohn fest an sich; dann verschwand er in der Menge der Passanten.

Einige Stunden später sprach ich mit David, der mir mitteilte, dass es an diesem Tag im ganzen Land zu Massenfestnahmen gekommen war. An zahlreichen Orten wurden Darfuris bis zu ihrer Abschiebung in den Sudan festgehalten. Noch besorgniserregender war der gesetzliche Hintergrund dieses Vorgehens. Im Oberhaus sollte in Kürze eine Anhörung dazu stattfinden, ob den Darfuris, die nach Khartoum zurückgeschickt wurden, Gefahr drohe. Allgemein wurde erwartet, dass die Einwanderungsbehörde verlieren würde, deshalb versuchte sie, zuvor noch so viele von uns wie irgend möglich abzuschieben.

Sharif war nur deshalb entkommen, weil ich durch die Medien einen gewissen Bekanntheitsgrad erlangt hatte, und das verlieh uns ein bisschen Einfluss. Trotzdem hörten sie nicht auf, ihm hinterherzujagen. Eine Woche später suchten sie schon wieder nach ihm. Um sechs Uhr morgens erwachte ich, weil jemand gegen unsere Wohnungstür hämmerte. Als ich aufmachte, standen mehrere Polizisten vor der Tür, sowohl uniformierte als auch Zivilbeamte. Die Zivilpolizisten zeigten mir ihre Dienstmarken und begannen sich im Zimmer umzusehen. Mir war klar, dass sie Sharif suchten.

»Was wollen Sie?«, fragte ich.

»Wer ist außer Ihnen noch hier?«

»Mein Sohn. Sonst niemand.«

Ich öffnete die Tür ganz weit, damit sie das Zimmer im Blick hatten. Eine uniformierte Polizistin ging ein paar Schritte in die Wohnung hinein und sah den kleinen Mo schlafend auf dem Bett liegen. Mo muss ihren Blick gespürt haben, denn er wachte auf und begann zu wimmern.

»Entschuldigen Sie bitte«, sagte die Polizistin. »Das Baby ... Haben Sie etwas dagegen, wenn ich mich mal in den anderen Zimmern umsehe?«

»Es gibt keine anderen Zimmer«, sagte ich achselzuckend. »Aber bitte – machen Sie nur!«

Sie warf einen Blick hinter die Kochnische und die Dusche. Währenddessen begannen die Zivilbeamten, an die Türen der anderen Hausbewohner zu klopfen. Ich hörte, wie sie fragten, ob »Mustaffa« da sei. Mir war nicht klar, ob sie einfach Sharifs Namen falsch verstanden hatten oder ob sie besonders clever vorgehen wollten. Aber es war mir ehrlich gesagt auch egal.

»Wissen Sie, wo sich Ihr Mann aufhält?«, fragte die Polizistin.

Ich schüttelte den Kopf »Nein. Und übrigens heißt er Sharif – *Sharif* – und nicht Mustaffa.«

»Sie wissen wirklich nicht, wo er sich aufhält?«

»Das letzte Mal habe ich ihn gesehen, als er ins Meldezentrum bestellt wurde. Seitdem habe ich nichts von ihm gehört.«

»Und Sie wissen nicht, wo er ist?«

»Nein. Ich wüsste es selbst gern. Sharif ist mein Ehemann und der Vater meines Kindes.«

Da gingen sie wieder. Die Polizistin entschuldigte sich noch einmal für die Störung. Ich wusste, sie machte ja nur ihre Arbeit. Sie war nett zu mir gewesen und hatte mich mit Respekt behandelt. Die englische Polizei war eine reine Freude verglichen mit den Vergewaltigern und Mördern, mit denen ich es im Sudan zu tun gehabt hatte.

Am nächsten Morgen war ich auf GMTV zu sehen. Ich erzählte davon, wie meine Leute in den Sudan zurückgeschickt wurden, wo sie Haft, Folter und noch Schlimmeres erwartete. Und ich sagte, dass ich wisse, was in den Fängen der Behörden mit ihnen geschehen werde – schließlich hätte ich es ja selbst erlebt.

Sharif war untergetaucht. Ich sprach regelmäßig mit David und erfuhr, dass sich die Situation verschlimmerte. In manchen Fällen wurden ganze Familien verhaftet und mit der Abschiebung bedroht. Einige waren bereits abgeschoben worden. David hatte die Spur zweier Darfuri-Männer verfolgt, die nach Khartoum zurückgeschickt und dort festgenommen und gefoltert worden waren. David war es gelungen, sie außer Landes zu bringen, hatte ihre entsetzlichen Narben gesehen, ihre Geschichte dokumentiert und diese an die internationalen Medien weitergegeben. Dennoch schob die Einwanderungsbehörde weiterhin Menschen ab.

Ich war wütend, und meine Wut ließ nicht mehr nach. Auch Sharif war wütend, und seine Wut steigerte sich Tag für Tag. Ich telefonierte auf seinem Handy mit ihm. Er sei jetzt bald so weit, dass er abgeschoben werden *wolle*, sagte er. Er hasse dieses Land, weil es uns so etwas antue, ihm so etwas antue. Ich beschwor ihn, nicht ohne Mo und mich zu gehen. Entweder flogen wir alle in den Sudan und sahen dem Grauen ins Auge oder wir blieben alle. Dass er allein zurückging, war undenkbar.

Sharif blieb zwei Monate lang untergetaucht; dann verkündete das Oberhaus sein Urteil. Die Einwanderungsbehörde hatte verloren. Das Oberhaus entschied, dass Khartoum nicht als sicherer Abschiebungsort für Asylbewerber aus Darfur anzusehen sei und dass die Abschiebungen eingestellt werden müssten. Ich rief Sharif an und teilte ihm die Neuigkeit mit. Wenigstens fürs Erste war er jetzt sicher und konnte zu uns zurückkehren, zu seinem kleinen Sohn und mir. Fürs Erste waren wir wieder eine Familie.

Ich setzte mir Mo auf den Schoß und ließ ihn hopsen. Dabei sang ich ihm etwas vor. Es war das Lied, das meine Eltern für mich gesungen hatten, als ich noch ganz klein war.

Komm, mein Liebling,
Ich singe dir ein Lied.
Komm, mein Liebling,
Ich schenk dir einen Traum …

Am 6. Mai 2008 wurden Halima, ihr Mann und ihre Kinder als Flüchtlinge anerkannt und erhielten Asyl in Großbritannien.

Epilog

Jeden Abend, wenn ich meine tägliche Arbeit an diesem Buch beendet hatte, legte ich mich in meiner Londoner Einzimmerwohnung schlafen und sah im Traum all die Menschen, die gestorben waren. Ich sah die Felder mit den toten Kindern. Die Vergewaltigungsopfer. Die niedergebrannten Dörfer. Das Gemetzel. Ich sah die Toten aus meiner Familie, die Toten, die mir so nahestanden.

In den dunkelsten Momenten dachte ich, dass das Schicksal es mit denen, die gestorben waren, vielleicht sogar besser gemeint hatte – denn die Hinterbliebenen müssen Tag für Tag bis an ihr Ende mit den Erinnerungen und dem Trauma weiterleben. Tag für Tag leben wir mit der dunklen Leere, an deren Stelle einst geliebte Väter, Brüder, Mütter und Kinder waren. Meine Narben sind tief, und ihre Heilung wird viele Jahre dauern.

Eines Tages – ich arbeitete gerade an dem Buch – begann ein Polizeihubschrauber über dem Viertel zu kreisen, immer und immer wieder. Offenbar war die Polizei hinter einem Autodieb oder einem anderen Kriminellen her. Das anhaltende Geknatter der Rotorblätter machte mich völlig fertig.

Ich hielt mir die Ohren zu und rollte mich auf meinem Stuhl zusammen. Meine Panik wurde immer größer. «Es ist in meinem Kopf … im Kopf … tief im Kopf …«, murmelte ich unablässig vor mich hin.

Ich war wieder in der Hölle jenes Tages, als die Kampfhubschrauber, gefolgt von den mordgierigen Dschandschawid-Milizen, mein Dorf überfielen.

Die Opfer des Darfur-Konflikts werden ihr ganzes Leben lang mit der Heilung des Traumas zu tun haben – wenn es denn überhaupt je heilen wird.

Vor fast sechs Jahren begann der Konflikt in Darfur. Etwa

400 000 Menschen sind umgekommen, und über zweieinhalb Millionen mussten sich in riesige Lager flüchten, in denen chaotische Bedingungen herrschen und die ihrerseits Orte der Hoffnungslosigkeit und des Leids sind.

So oft schon wurde die Welt aufmerksam gemacht auf das Gemetzel, die Vergewaltigungen, all die schrecklichen Ereignisse. Von »Völkermord« war die Rede, und wichtige Politiker führten wiederholt die Phrase »nie wieder« im Mund. Aber was wurde tatsächlich getan, um dem Schlachten ein Ende zu bereiten?

Niemand darf die Augen vor der Tatsache verschließen, dass die Lage in Darfur weiterhin sehr ernst ist. Im Folgenden zitiere ich hochangesehene Quellen aus den Jahren 2007 und 2008 mit Äußerungen über die anhaltende Krise in Darfur:

Manuel Aranda da Silva, Chefkoordinator der UN für humanitäre Hilfe im Sudan, sagte über Darfur: »Die Situation ist schlimmer denn je ... Die Gewalt und die Bedrohung, denen sich die Mitarbeiter von Hilfsorganisationen gegenübersehen, hält unvermindert an.«

Der Sprecher der UN-Welternährungsorganisation, Simon Crittle, berichtete: »Die humanitäre Situation in Darfur ist weiterhin äußerst kritisch. Sollte sich die Sicherheitslage noch verschlechtern, könnte es jederzeit zu einer Katastrophe kommen.«

Von einem Sprecher der Organisation Médecins Sans Frontières (Ärzte ohne Grenzen/MSF), die über 2000 Mitarbeiter in Darfur einsetzt, stammt folgende Äußerung: »Es ist sehr schwierig für die Mitarbeiter, sich außerhalb der Camps zu bewegen. Das bedeutet, dass sie Erkundungsfahrten in notleidende Gebiete nur unter härtesten Bedingungen unternehmen können. Die Situation ist sehr schlimm, und sie wird nicht besser.«

Die Hilfsorganisation Danish Church Aid konstatierte: »Wir setzen unsere Arbeit in Darfur trotz der sich verschlechternden Sicherheitslage fort ... In der westsudanesischen Provinz Darfur verschlechtert sich die Lage von Tag zu Tag.«

Der Sprecher der britischen Hilfsorganisation Oxfam, Alun Macdonald, erklärte: »Darfur ist zur Zeit gefährlicher denn je ... In den letzten drei Monaten kam es an jedem Einsatzort zu einem

Sicherheitsvorfall. Falls es noch schlimmer wird, müssen wir uns überlegen, ob wir bleiben können.«

Matthew Conway, Sprecher des UN-Flüchtlingshochkommissariats im Tschad, äußerte sich mit folgenden Worten zu der humanitären Krise: »Das Ganze hat ein unfassbares Ausmaß angenommen. Vollständige Verwüstung und Zerstörung. Und der Gestank, mein Gott, dieser Gestank.« Und in Hinblick auf die gezielt ethnisch ausgerichtete Gewalt sagte er: »Wir bekommen hier teilweise Dinge zu Gesicht, die stark an das erinnern, was wir beim Genozid in Ruanda 1994 gesehen haben.«

Der UN-Staatssekretär für Menschenrechtsfragen, Jan Egeland, stellte in seinem Bericht vor dem Sicherheitsrat der Vereinten Nationen fest: »Unsere gesamte humanitäre Aktion in Darfur – der einzige Rettungsanker für über drei Millionen Menschen – steht im Augenblick auf der Kippe. Wenn an der politischen Front nicht sofort etwas getan wird, könnte es zu einer humanitären Katastrophe mit großen Verlusten an Menschenleben kommen … Kurz gesagt – wir könnten es dann in Darfur mit einer hausgemachten Katastrophe beispiellosen Ausmaßes zu tun haben.«

Zu den vonseiten der Politik ergriffenen Maßnahmen gehört das an eine UN-Friedenssicherungstruppe ergangene Mandat für die Region Darfur. Im Rahmen der UN/African Union Hybrid Mission in Darfur (UNAMID) wurden etwa 26 000 Soldaten nach Darfur geschickt, um zur Beendigung des Konflikts beizutragen.

Theoretisch begann die UNAMID-Friedensmission im Dezember 2007, doch erwies sich die Durchführung als nicht gerade einfach. In der Praxis ist die Friedenstruppe nach wie vor chronisch unterbesetzt sowie unzureichend ausgestattet, und es steht ihr nur ein kleiner Teil der militärischen Ausrüstung (z. B. Hubschrauber) zur Verfügung, die für den Einsatz in einer so abgelegenen und schwierigen Region erforderlich wäre.

UNAMID ist bereits so stark gefährdet, dass selbst der UN-Staatssekretär für Friedenserhaltende Operationen, Jean-Marie Guehenno, meinte, die Mission könnte scheitern, noch ehe sie richtig begonnen habe.

»Sollen wir den Einsatz einer Truppe fortführen, die letztlich nichts ausrichten kann?«, fragt Guehenno. »[Einer Einsatztruppe], die nicht über die entsprechenden Kapazitäten verfügt, um sich selbst zu verteidigen, die den Sicherheitsrat und die Vereinten Nationen zu blamieren und gegenüber den Menschen in Darfur zu versagen droht?«

Zu Beginn des Jahres 2008, als die UNAMID-Friedenstruppen bereits in großer Zahl am Einsatzort sein sollten, hat Jean-Marie Guehenno darauf hingewiesen, dass es in Darfur noch nie so unsicher gewesen sei wie zu jenem Zeitpunkt.

Während die Friedenstruppen im Einsatzgebiet immer noch nicht vollständig stationiert sind, dauert die humanitäre Krise unvermindert an. Im Jahr 2007 strömten ca. 300 000 frisch Vertriebene in die bereits chronisch überfüllten Flüchtlingslager, wodurch die Zahl der Binnenvertriebenen und Flüchtlinge insgesamt auf 2,6 Millionen stieg.

Im Dezember 2007 veröffentlichte die UN einen schonungslosen Bericht, in dem vor den Auswirkungen des verzögerten UNAMID-Einsatzes auf die Region gewarnt wird. »Die Menschen in Darfur verlieren allmählich die Hoffnung, was zu einer weiteren Verschlechterung ihres Gesundheitszustands führen kann … Diese Menschen leben nun schon seit Jahren in Flüchtlingslagern, und die Energie, die noch vor wenigen Jahren zu spüren war, ihre Hoffnung, die Lage könnte sich bald ändern und sie könnten heimkehren – das alles ist verschwunden.«

Wer trägt die Verantwortung dafür, dass es nicht gelungen ist, in Darfur einzugreifen, um die Krise zu beenden? Auf der einen Seite ist die internationale Gemeinschaft daran gescheitert, eine starke, schlagkräftige Friedenstruppe aufzustellen – eine Friedenstruppe, die entsprechend ausgerüstet, personell besetzt und mit einem Mandat ausgestattet ist, um einen brutalen Konflikt zu beenden, der an Völkermord grenzt.

Auf der anderen Seite ist es der Regierung in Khartoum – der Nationalen Islamischen Front (die sich kürzlich in Nationale Kongresspartei umbenannt hat) – anzulasten, dass sie alles in ihrer Macht Stehende tut, um die internationalen Bemühungen zur Beilegung dieses anhaltenden »Völkermords durch Zermürbung« zu vereiteln, indem sie beispielsweise Resolutionen des UN-Sicherheitsrates, die ein Ende des Tötens zum Ziel haben, immer wieder missachtet.

Im Januar 2008 griffen die sudanesischen Streitkräfte vorsätzlich einen UNAMID-Transportkonvoi an. Mit diesem Angriff sollte die eben erst im Entstehen begriffene Friedenstruppe erschreckt und eingeschüchtert und der Weltgemeinschaft signalisiert werden, dass Khartoum in Darfur auch weiterhin ungestraft agieren wird.

Durch die Behinderung der Friedensmission widersetzt sich die Regierung in Khartoum öffentlich den Bemühungen der internationalen Gemeinschaft, dem Leid ein Ende zu machen. Wie kann es sein, dass sie sich über die Weltmeinung hinwegsetzt, wiederholt Resolutionen des UN-Sicherheitsrats missachtet und sich der insbesondere von den Vereinigten Staaten eingenommenen eindeutigen Haltung zu Darfur offen widersetzt?

Die Antwort lautet im Wesentlichen: wegen China. Die bedingungslose Unterstützung des sudanesischen Regimes durch China – wobei das lange Register von Gewaltakten und entsetzlichen Greueln einfach ausgeblendet wird – nimmt mittlerweile starke wirtschaftliche, militärische und diplomatische Formen an.

China hat sich im Zusammenhang mit den Darfur-Resolutionen des UN-Sicherheitsrates wiederholt der Stimme enthalten bzw. solche Resolutionen blockiert oder entscheidend abgeschwächt – jedes Mal zum Vorteil des Regimes in Khartoum.

China hat Khartoum praktisch zu der Möglichkeit verholfen, sich nach Belieben über die internationale Gemeinschaft hinwegzusetzen. Welche Gründe hat China dafür? Hier lautet die Antwort: Öl. China ist ein Nettoimporteur von Erdöl und hat einen steigenden Energiebedarf. Sein größter Einzellieferant in Übersee ist der Sudan, wo täglich ca. 500 000 Barrel Öl gefördert werden. Außerdem ist China inzwischen auch der größte Einzelinvestor im Sudan.

Und die trauliche Beziehung zwischen China und Khartoum hat einen noch unheilvolleren Aspekt: Ein Großteil der Petro-

Dollars, die China dem Sudan für Öl zahlt, kehrt durch Waffenkäufe nach China zurück. Während die Ölproduktion im Sudan wuchs, wurde China zum führenden Waffenlieferanten des Regimes und versorgte es mit den Panzern, mit der Artillerie und den Luftfahrzeugen, mit denen dann in Darfur Chaos und Verwüstung angerichtet wurden.

Zwar haben die Vereinten Nationen ein Waffenembargo gegen Darfur verhängt, aber das zuständige UN-Expertengremium musste wiederholt feststellen, dass Khartoum dieses Embargo vollständig ignoriert. Die Menschenrechtsorganisation Amnesty International berichtete, dass sich unter den nach Darfur verschickten Waffen Rüstungsprodukte und militärisches Zubehör aus chinesischer Produktion befinden.

Khartoum ist sich seiner Macht, der internationalen Gemeinschaft trotzen zu können, so sicher, dass es den Vereinten Nationen und dem Internationalen Strafgerichtshof (IStGH) in Den Haag geradezu ins Gesicht lacht. Im März 2005 verwiesen die Vereinten Nationen den Fall der in Darfur begangenen Kriegsverbrechen zur Ermittlung an den IStGH.

Im Frühjahr 2007 erhob der IStGH erstmals Anklage, und zwar gegen Ali Kushyb, einen Milizenführer der Dschandschawid, sowie gegen Ahmed Haroun, einen Politfunktionär. Beiden wurde eine ganze Reihe von Menschenrechtsverletzungen vorgeworfen. Das Regime in Khartoum aber hat sich nicht nur geweigert, die beiden Männer auszuliefern, damit sie sich der Anklage stellen, sondern begegnete der Anklage durch den IStGH obendrein mit erschreckender Geringschätzung, indem es Haroun auch noch beförderte.

Der Chefankläger des IStGH, Luis Moreno-Ocampo, hat wiederholt die Auslieferung Harouns an das Gericht gefordert. »Wann, wenn nicht jetzt, sollte man Haroun verhaften? Wie viele Frauen und Mädchen müssen noch vergewaltigt werden? ... Es steht schlicht und einfach das Leben von 2,5 Millionen Menschen auf dem Spiel.«

2008 jährt sich zum sechzigsten Mal die Verabschiedung der »Konvention über die Verhütung und Bestrafung des Völkermordes«. Diese internationale Vereinbarung, für die lange gekämpft worden war, erklärt den Völkermord als ein Verbrechen gegen die Menschlichkeit zum Straftatbestand. Viele Länder der Welt haben die Konvention unterzeichnet, damit Völkermord ein für alle Mal ausgemerzt werde.

Der Kernsatz der Konvention lautet: »Die Vertragsparteien bestätigen, dass Völkermord, ob im Frieden oder im Krieg begangen, ein Verbrechen gemäß internationalem Recht ist, zu dessen Verhütung und Bestrafung sie sich verpflichten.«

Das Schicksal der Menschen in Darfur hängt jetzt vom Erfolg der UNAMID-Friedensmission ab und davon, ob sie den Hilfsorganisationen ermöglichen kann, weiterhin mehrere Millionen Binnenvertriebene und Flüchtlinge zu ernähren und zu versorgen.

Es ist höchste Zeit, das Schlagwort »Verhütung und Bestrafung« in Darfur Wirklichkeit werden zu lassen.

Zum Zeitpunkt der Niederschrift dieses Buches habe ich meine Familienangehörigen noch nicht wiedergefunden und konnte keinen Kontakt zu ihnen aufnehmen. Ich werde weitersuchen.

Halima Bashir
London, Februar 2008

Der Aegis Trust

Der im Jahr 2000 gegründete Aegis Trust ist die weltweit führende Nichtregierungsorganisation zur Verhütung von Völkermord. Sie hat ihren Sitz im 1995 eröffneten Holocaust Centre. Sie koordiniert die britische Parlamentarische Allparteien-Gruppe für die Verhütung von Völkermord und ist Träger des Kigali Memorial Centre in Ruanda, das an den Genozid von 1994 erinnnert und in dem eine neue Generation über die Gefahren der ethnischen Spaltung aufgeklärt wird.

Seit 2004 steht Aegis Trust an der Spitze der Kampagne zur Beendigung der Darfur-Krise. Die Organisation hat erfolgreich dafür gekämpft, dass sich der Internationale Strafgerichtshof mit Darfur beschäftigt, war an der Planung der weltweit durchgeführten »Tag für Darfur«-Demonstrationen beteiligt und versucht zu erreichen, dass Großbritannien aufhört, Überlebende aus Darfur – Menschen wie Halima – nach Khartoum abzuschieben. Im letzten Jahr befreite die Organisation zwei Darfuri aus Khartoum, die dort nach der Abschiebung aus Großbritannien gefoltert worden waren.

Aegis ist Träger des »Fund of Darfur«, einer Initiative, die im Dezember 2007 gestartet wurde, um Darfuri zu unterstützen, die Vergewaltigung, Folter und Massenverbrechen überlebt haben, und notleidenden Überlebenden außerhalb Darfurs, etwa in Großbritannien, unter die Arme zu greifen.

Weitere Informationen auf www.fund4darfur.org.

Wenn Sie mehr über Aegis Trust erfahren und sich erkundigen wollen, wie Sie helfen oder sich engagieren können, besuchen Sie bitte www.aegistrust.org.

Waging Peace (Feldzug für den Frieden)

Die im Buch abgedruckten Kinderzeichnungen wurden von der britischen Initiative »Waging Peace« aus Darfuri-Flüchtlingscamps im Tschad nach Großbritannien gebracht.

Anfang 2007 führte eine Entwicklungshelferin im Auftrag von »Waging Peace« Interviews mit Flüchtlingen durch, die aus dem Sudan in den Nachbarstaat Tschad gekommen waren. Im Verlauf dieser Gespräche wurde sie von einigen Frauen dazu ermuntert, mit den Kindern zu reden. Nachdem sie sich mit den Kindern darüber unterhalten hatte, was sie einmal werden wollten, gab sie ihnen Buntstifte und Papier und bat sie, ihre eindrücklichsten Erinnerungen zu malen.

Einige Kinder malten ihre Schulen und Dörfer vor dem jeweiligen Überfall, die meisten stellten jedoch die Zerstörung ihrer Heimat, die Ermordung ihrer Verwandten und Nachbarn und die Flucht der Überlebenden dar. Was auf den Bildern zu sehen ist, widerspricht allen Dementis der sudanesischen Regierung bezüglich einer Beteiligung an den Greueltaten: Auf vielen der 500 von »Waging Peace« gesammelten Zeichnungen stürmen Panzer, Flugzeuge und Hubschrauber mit sudanesischen Kennzeichen durch Dörfer und Städte. Einige der Kinder waren erst sechs Jahre alt, als die Dschandschawid-Milizen und Regierungstruppen ihre Dörfer überfielen, ihre Häuser zerstörten und ihre Angehörigen vergewaltigten und töteten.

Die Bilder wurden nach London gebracht und erschienen auf der Titelseite der Zeitung »The Independent« sowie in einer Reihe weiterer europäischer Presseorgane. Inzwischen hat »Waging Peace« sie auch dem Internationalen Strafgerichtshof vorgelegt, der sie als zusätzliche Beweismittel nutzen wird, um bei künftigen Verfahren nachvollziehbar zu machen, welch verheerende Auswirkungen der Darfur-Konflikt auf Hunderte, ja Tausende von Kindern hat.

Aber das ist nur ein Teil der Arbeit von »Waging Peace«. Die Organisation recherchiert darüber hinaus im Land selbst, nimmt Einfluss auf internationale Behörden und informiert die Öffentlichkeit über den Konflikt. Da sie sich aus Spenden finanziert, kann sie nur mit der Großzügigkeit anderer überleben, die sich für die Beendigung des Völkermords in Darfur einsetzen.

Wenn Sie spenden oder mehr über »Waging Peace« erfahren möchten, besuchen Sie bitte www.wagingpeace.info/.

Danksagung

Mein besonderer Dank gilt meiner ungemein hilfreichen Literaturagentin Felicity Bryan und allen ihren Mitarbeiterinnen und Mitarbeitern sowie meiner britischen Verlegerin, Judith Longman, und dem gesamten Team von Hodder: Sie waren von Anfang an der Überzeugung, dass meine Geschichte erzählt werden müsste. Auch bei meinem deutschen Verleger, Hans-Peter Übleis, und meiner Lektorin Carolin Graehl sowie bei allen Mitarbeiterinnen und Mitarbeitern des Droemer Knaur Verlags bedanke ich mich herzlich für ihr Engagement und ihre große Begeisterung. Des Weiteren geht mein Dank an meinen italienischen Verleger, Enrico Racca von Sperling & Kupfer, an meine kanadische Verlegerin, Jennifer Lambert von HarperCollins, und an meine amerikanische Verlegerin, Melody Guy von Random House. Auch Andrew Nurnberg von Andrew Nurnberg Associates, George Lucas von Inkwell und Vanessa Matthews von Anne McDermid & Associates bin ich sehr verpflichtet. Ganz besonders möchte ich mich bei folgenden Personen bedanken, die das Buch in frühen Fassungen gelesen und beurteilt haben: Alan und Fran Trafford, Adrian Acres, Eva Lewis und Christine Major. Ihre Anregungen und Gedanken waren mir eine große Hilfe. Dank auch an David Brown und alle Mitarbeiterinnen und Mitarbeiter des Aegis Trust: Unermüdlich setzen sie sich für Genozidopfer, ganz gleich, welcher Rasse, Hautfarbe oder religiösen Überzeugung, ein. Louise Roland-Gosselin und allen Mitarbeiterinnen und Mitarbeitern von »Waging Peace« sage ich danke für ihre Arbeit in Darfur und dafür, dass wir die erschütternden Kinderzeichnungen aus den Flüchtlingslagern hier abdrucken dürfen. Auch an Baroness Caroline Cox geht mein Dank – mit großem Einsatz half sie mir in meinem Kampf um die Anerkennung als Bonafide-Flüchtling. Für ihre hervorragende Arbeit und ihre Unterstützung bin ich allen Mitarbeiterinnen und Mitarbeitern meiner Anwaltskanzlei, White Ryland and Co., zu Dank verpflichtet. Ein ganz besonderes Dankeschön aber gilt meinem Mann, der mir, in Krankheit und in Gesundheit, für immer zur Seite steht.

Einen Teil der durch dieses Buch erzielten Einnahmen werden die Autoren dem Aegis Trust als Spende zukommen lassen: www.aegistrust.org